육십갑자 해설

육십갑자 해설

화원 선우인 지음

대양미디어

차 례

서 문

　오랜 세월 역학공부를 해왔지만 육십갑자에 담긴 뜻을 제대로
풀이해 놓은 책은 지금까지 본적이 없다. 과연 사주팔자 네 기
둥의 여덟 글자는 우리생활에 어떤 영향을 주는 것일까? 미신을
숭상하는 자들은 신들과의 접촉에 신들이 알려준 예언이라고 하
지만 동양철학은 개개인이 태어난 年·月·日·時 네 기둥과 여
덟 글자를 가지고 형이상학과 형이하학을 체와 용의 관계로서
풀이해 놓은 책이라 할 수 있다. 형이상학은 자연 그대로의 우
주와 인간의 근본원리를 바탕으로 한 정신적인 문화와 형이하학
적인 물질문명을 하도 낙서의 원리로 자연의 진리를 깨닫는 것
이다. 자연은 사욕이 없고 공욕만 있으나 인간에게는 공욕 보다
는 사욕이 많기에 우리인간들은 물질문명을 따라가고 욕심과 사
리사욕에 젖어 헤어 나오지 못한 소치에 불과할 뿐이다. 그러기
에 이 현실사회에서는 육십갑자와 내가 출생한 년도의 절기가
나에게 미치는 영향이 어떤 기운이기에 길흉화복이 결정되어 지
는가를 알아보는 공부인 것이다. 육십갑자중 천간이 여섯 번 움
직이고 지지가 다섯 번 움직여 육십갑자가 되는데 하늘의 오행
과 땅의 오행이 합하여 납음오행이라는 것을 형성하였다. 또한

木·火·土·金·水의 오행의 생극제화가 나에게 도움을 주는 것도 있고, 흉을 주는 것도 있어서 흉과 길의 갈림길에서 우리가 살아가고 있는 것이다.

이 책에 담긴 글 하나 하나가 나에게 어떤 영향을 주는 것일까? 잘만 풀이를 한다면 놀랍도록 신비스러운 하늘의 뜻이 담겨져 있고 좋아하는 글씨와 싫어하는 글씨가 만나 발생하는 반응은 실로 우리에게 미치는 영향이 크기에 이렇게 글자의 만남에 따라 풀이해 놓은 것이니 필자의 무지로 인한 곡필과 곡설이 있더라도 넓은 마음으로 이해해주시길 바라면서……

앞으로 이 육십갑자를 이용하여 나에게 맞는 직업은 무엇이며 돈을 벌 수 있는 직업은 무엇일까 하는 것과 자미두수로 초보자도 쉽게 볼 수 있고 자신의 운명을 알 수 있는 1000문답 정도를 저술할 계획을 가지고 있습니다.

앞으로도 역자는 운명론에 대해서 인간 본연의 삶이 무엇이고 인간 본연의 의미가 무엇인가를 알게 하여 흔들리는 자기중심사상을 바로 잡아주기 위한 연구에 정진할 것을 약속드리며 이만 마칩니다.

저자 화원 선우인

陰 陽 關 係

陽	天干	天	形而上學	精神	順應	順行	男子	自	물	上半身
陰	地支	地	形而下學	物質	征服	逆行	女子	他	山	下半身
陽	父	夫	春	夏	木	火	前	左	上	外
陰	母	婦	秋	冬	金	水	後	右	下	內
陽	明	正	始	與黨	地上	東	南	東洋	從	燥
陰	暗	反	終	野黨	地下	西	北	西洋	橫	濕
陽	暑	暖	有形	낮	旺	強	長	政府	主	善
陰	寒	冷	無形	밤	衰	弱	短	國民	客	惡
陽	動	重	午前	上半期	有情	生	生	合	大	我生
陰	靜	輕	午後	下半期	無情	死	剋	沖	小	他生
陽	생각	白	홀	我剋	多	正	得	吉	福	未來
陰	行動	黑	짝	他剋	小	偏	失	凶	禍	過去
陽	아들	純	勝	清	겉모양	生成	收入	表	實	深
陰	딸	雜	敗	濁	속모양	消滅	支出	裏	虛	淺
陽	前進	大將	五臟	五運	自由	太過	太陽	民主	流通	集
陰	後退	卒兵	六府	六氣	拘束	不及	太陰	共産	閉鎖	散
陽	藥	眞	喜	扶	樂	迎	人力	富	少陰	해
陰	病	假	怒	抑	哀	送	推力	貧	少陽	달
陽	節									
陰	氣									

甲子

■ 甲

形而上學형이상학 精神정신 始시 東 有情유정 上半期상반기 前進전진 得득 實실 생각 生成 上體상체 겉모양 外的외적 勝승 吉길 先 明 낮 地上 太過태과 自由. 天干은 天干끼리 生剋制化생극제화를 할 수 있다. 天干은 地支를 生剋制化 할 수 없다.

■ 子

形而下學형이하학 物質물질 終종 西 無情무정 下半期하반기 後退후퇴 失실 虛허 行動행동 消滅소멸 下體하체 속 모양 內的내적 敗패 凶흉 後 暗암 밤 地下 不及불급 拘束구속 地支는 天干을 生도 剋도 할 수 있고, 地支는 地支끼리 生剋制化생극제화를 할 수 있다. 子水가 生은 吝嗇인색하나 剋은 잘하고 變化변화가 없다.

■ 甲

十干之首십간지수 匣갑 雨雷우뢰 棟樑之木동량지목 陽木양목 死木사목 無根之木무근지목 驚蟄경칩 長木장목 巨木거목 直木직목 高林고림 山林산림

頭上두상 精神정신 家長가장 龍용 신맛 剛木강목 溫暖온난 雷뢰 酸素供給源산소공급원 靑龍청룡 大林木대림목 胞포 生育생육 寡默과묵 十干은 戶主호주다. 만물을 주제 動物동물은 여우 場所장소는 林 山中산중이요 性은 靑청.

■ 子

陰水음수 11月 一陽始生일양시생 冬至동지 子正 鼠서 揆규 始作시작 寒冷之水한냉지수 氷雪빙설 寒流한류 泉水천수 川水천수 外陽內陰외양내음 從流종류 風流풍류 流水유수 活水활수 生水생수 水氣수기 流下之性유하지성 첫 번째 地支 正北方 坎宮감궁 黑色흑색 1.6數 始시 짠맛 智慧지혜 天貴星천귀성 十二支의 首수. 하루의 始作시작 四旺之局사왕지국. 黑色흑색.

밤11시~01시까지 水生木은 인색하나 水剋火는 잘한다. 어둡다. 他 五行오행을 만나도 變化변화가 안 된다. 정신 집중한다. 의심을 안주는 것 같고 덜 주는 것 같다. 예민성이다. 象상은 陰極之水음극지수이다. 吝嗇인색. 부지런함.

職 業

■ 甲

木材목재, 家具가구, 紙物지물, 樂器악기, 竹細工죽세공, 木刻목각, 衣類의류, 造林조림, 敎育교육, 宗敎종교, 社會事業사회사업, 建設건설, 建築건축,

도자기, 不動産부동산, 保健衛生보건위생, 纖維섬유, 藝能예능, 粉食분식, 醫科의과, 藥科약과, 오래간다, 길게 간다, 앞장서는 것.

■ 子

水産物수산물 氷菓類빙과류 旅館여관 養殖業양식업 沐浴湯목욕탕 낚시 外國語외국어 海運해운 풀장 세탁 연못 水平線수평선 法曹界법조계 海洋業해양업 分水분수 漁場어장 旅行業여행업

性 格

인정은 많으나 아집이 강해 꺾을 자가 없으며 부모님에게 의지하려는 마음이 있어 의뢰심이 있다. 그러나 장남, 장녀의 역할을 하다보니 똑똑한 채 잘하고 자기 잘난 맛에 사는 팔자이다. 부모에 의지하다 보니 결혼생활이 힘들며 떠돌이 생활을 할까 염려되며 효신살이 되어 유실자모가 아니면 모 외 유모요, 편모슬하가 되기 쉽고 처의 내조는 있으나 모처불합은 면키 어렵다. 처의 신세를 톡톡히 져야 할 때가 있으니 처에게 잘해 주어야 할 것이다. 미모에 예쁜 여자만 좋아하는 스타일이니 만큼 주색을 가까이 하기 쉽고 이론가에 말이 앞서니 말 보다 행동이 앞선다면 금상첨화가 아니겠는가! 초년에 고생을 하였으면 말년에 행복이요. 초년에 행복하면 말년엔 고생이라. 중년에 공부를 다시 시작하는 것이 특징이니 처음부터 자기의 길을 가는 것이 좋을 듯 싶다.

여명은 남편 덕이 없으니 자기의 노력으로 살아가야 하며 자기의 본분을 알고 자기의 재주를 살리는 길이 최선의 방법이다. 직업은 교육, 행정, 예능, 경찰계통이 제격이고 건강은 지방간, 신·방광, 인후, 편도선, 위 무력증에 주의해야 할 것이다.

場所장소 : 林림 山中산중 動星동성, 建設現場건설현장, 酸素供給산소공급.

健康건강 : 肝臟간장, 膽담, 神經痛신경통, 咽喉인후, 手足수족, 毛髮모발, 風풍, 頭두, 痲痹마비, 關節관절, 中風중풍, 腎臟신장, 膀胱방광, 睾丸고환, 泌尿器비뇨기, 耳이, 수분, 睡液수액, 몸이 붓는 증상.

天干으로 甲木은 3數요 變化변화면 10數요 土다. 맛은 신맛과 짠맛이요, 색상은 청색과 흑색이다. 子水는 方位로는 坎宮감궁 北쪽이며, 季節계절로는 11月이고 冬至동지며 겨울이다. 하루로는 始作이요 밤 11時에서 다음날 새벽 1時까지이며, 一陽之氣일양지기요 地支子水가 數理수리로는 1數다. 水生木은 吝嗇인색하나 水剋火는 잘한다.

■ 地藏干 : 癸

암장은 비밀스러운 것, 생각이 많은 것이다. 남에게 밝히기를 싫어하며 장래의 계획도 된다. 暗藏合암장합은 다정하고 아름다우나 내심 명분을 따진다. 暗藏合에는 戊癸合이 있는데 天干에 戊土가 있으면 본인이 계획한대로 하려 하고, 沖에는 丁癸沖이 있는데 천간에 정화가 있으면 변화가 많고 계획에 없던 일이 생긴

다. 놀랄 일이 생기고 있던 것도 멀어진다. 실수를 잘하고, 모난
행동을 잘한다.

子는 申子辰, 子辰, 申辰, 申子는 三合局, 坎卦_{감괘}, 亥子丑은 方合,
　　　子丑은 六合, 子未는 怨嗔殺_{원진살}, 六害殺_{육해살}, 寅은 水隔殺_수
　　　_{격살}, 子卯는 刑殺_{형살}, 子酉는 六破殺_{육파살}, 酉는 大將軍_{대장군}.

■ 甲子가 아래 天干을 만나면

甲은 比肩_{비견} 甲子 浮木_{부목}, 凍木_{동목}, 漂木_{표목}, 沐浴宮_{목욕궁}, 梟人
　　　殺_{효인살}, 桃花殺_{도화살}, 生宮_{생궁}.

乙은 比劫_{비겁}, 浮木_{부목}, 病宮_{병궁}, 凍木_{동목}, 漂木_{표목}, 陰地_{음지}나무,
　　　天乙貴人_{천을귀인}.

丙은 食神_{식신}, 丙子, 絶地_{절지}, 火熄_{화식}, 地轉殺_{지전살} 직업에 변화가
　　　많다. 胎宮_{태궁}.

丁은 傷官_{상관}, 火熄_{화식}, 暗藏冲_{암장충}, 胞宮_{포궁}.

戊는 偏財_{편재}, 戊子, 土流_{토류}, 絶地_{절지}, 暗合, 胎宮_{태궁}.

己는 正財_{정재}, 土流_{토류}, 天干 甲己合, 絶地_{절지}, 胞宮_{포궁}, 天乙貴人
　　　_{천을귀인}.

庚은 偏官_{편관}, 甲狀腺_{갑상선}, 淋巴腺_{임파선}, 庚子, 金沈_{금침}, 死宮_{사궁}, 甲
　　　庚冲.

辛은 正官_{정관}, 金沈_{금침}, 生宮_{생궁}.

壬은 偏印_{편인}, 壬子, 天轉殺_{천전살}, 職業頻多_{직업번다}, 羊刃_{양인}, 比劫_{비겁},

旺宮왕궁, 月德貴人월덕귀인.

癸는 正印정인, 祿록.

■ 甲子가 아래 地支를 만나면

子는 正印정인, 同合, 太極貴人태극귀인, 浴宮욕궁, 梟神殺효신살, 天貴星천귀성, 天赦星천사성, 天孤星천고성, 將星殺장성살, 浮木부목, 凍木동목, 蔭地木음지목, 沐浴宮목욕궁, 坎卦감괘.

丑은 正財정재, 六合, 甲己合, 官庫관고, 子息자식에 病병 天厄星천액성, 攀鞍殺반안살, 帶宮대궁, 鬼神門귀신문, 六害殺육해살, 天乙貴人천을귀인.

寅은 祿록, 比肩비견, 夾협은 丑, 湯火殺탕화살, 冠宮관궁, 驛馬殺역마살, 天權星천권성, 離卦이괘, 甲寅은 孤鸞殺고란살, 水隔殺수격살, 三災天蟲삼재천충

卯는 羊刃殺양인살, 技術職기술직, 比劫, 刑殺형살, 桃花殺도화살, 六害殺육해살, 旺宮왕궁, 紅鸞星홍란성, 天破殺천파살, 三災天刑삼재천형.

辰은 偏財편재 甲辰, 子辰三合, 印綬庫인수고, 天奸星천간성, 衰宮쇠궁, 華蓋殺화개살, 白虎大殺백호대살, 十惡日십악일, 暗藏에는 戊癸合, 印綬인수는 死, 三災天劫삼재천겁.

巳는 傷官상관이 食神식신, 劫殺겁살, 病宮병궁, 天文星천문성, 天德貴人천덕귀인, 暗藏에는 戊癸合, 甲庚沖, 落井關殺낙정관살, 天廚貴人천주귀인, 文昌貴人문창귀인.

午는 傷官상관, 甲午, 天赦星천사성, 災殺재살, 死宮사궁, 天福星천복성, 暗合, 짝사랑, 相思病상사병, 暗藏沖, 病死宮병사궁.

未는 偏財편재, 怨嗔殺원진살, 鬼門關殺귀문관살, 暗合, 暗藏沖, 自己庫藏자기고장, 墓宮묘궁, 天驛星천역성, 鬼神門귀신문, 天殺천살, 天乙貴人천을귀인.

申은 偏官편관, 殺印相生살인상생, 三合, 絶地절지, 胞宮포궁, 地殺지살, 天孤星천고성, 甲申, 懸針殺현침살, 韓醫學한의학, 截路空亡절로공망.

酉는 正官정관, 六破殺육파살, 桃花殺도화살, 胎宮태궁, 술병, 金佛像금불상, 天刃星천인성, 桃花殺도화살, 絶地절지, 大將軍대장군, 天喜神천희신, 截路空亡절로공망, 鬼門關殺귀문관살.

戌은 偏財편재, 甲戌, 絶地절지, 月殺월살, 養宮양궁, 天藝星천예성, 暗藏에는 戊癸合, 旬中空亡순중공망, 財官同臨재관동림.

亥는 正印정인이 偏印편인, 方合, 生宮생궁, 亡身殺망신살, 天壽星천수성, 桃花殺도화살, 活人星활인성, 旬中空亡순중공망, 文曲貴人문곡귀인.

■ 甲子가

木에는 比肩비견, 比劫비겁, 印綬인수.

火에는 印綬인수, 官星관성.

土에는 官星관성, 財星재성.

金에는 財星재성, 傷官상관, 食神식신.

水에는 傷官상관, 食神식신, 比肩비견, 比劫비겁.

巳酉丑生은 亥子丑年에 三災殺삼재살이다. 地戶지호 亥子丑年에는 酉 西方이 大將軍方位대장군방위다. 大將軍方位는 白虎方位백호방위인데 일시정지와 같다. 增築증축이나 修理수리는 厄액이 따르는데 上下 구별이 없다. 子에는 寅이 喪門상문, 戌은 弔客조객. 戊癸日에 子丑이 截路空亡절로공망, 甲寅旬中갑인순중에는 子丑이 旬中空亡순중공망, 乙己日에는 子가 天乙貴人천을귀인, 寅卯辰月에는 子가 急脚殺급각살, 丑月에는 子가 斷橋關殺단교관살, 亥子丑月에는 甲子가 天赦星천사성, 丑月에 子는 活人星활인성, 乙庚日生에 子는 落井關殺낙정관살. 亥丑에 夾협은 子, 子月에 入胎月입태월은 卯. 入胎日은 子午日生은 276日. 싫어하는 것은 庚午.

甲子의 變化

甲木은 木生火도 잘하고 木剋土도 잘한다. 그러나 地支의 子水에는 生剋制化생극제화를 할 수 없으며, 甲己合은 中正之合중정지합이라하며 甲木은 天干을 生도 剋도 하며 形而上學的형이상학적으로는 地支子水에 生剋制化를 잘한다. 子水는 地支끼리도 生剋制化를 할 수 있으며 세력으로도 합치고 天干도 生剋制化를 할 수 있다.

비밀노출이 안 되며 지연성과 보수성 성향이 높아진다. 상하가 조율은 하나 합의점은 못 찾으며, 예년에 비해 강우량이 많고 나무가 없어지는 격이니 목재가격이 오르며 산불도 있다고 보며 목재의 사용도가 많다고 여겨진다. 수입은 있으나 지출은 인색하며 수출보다는 수입에 의존도가 높으며 평균적으로 습도가 높아지므로 병균이 많아질 수도 있으며 여행객은 늘어난다고 보며 의류업종이 좋아지며 건축현장은 잦은 비로 인하여 붕괴의 조짐도 있다고 본다. 또한 산에 나무가 없어지는 현상이라 산사태도 염려된다. 임의로 변화를 요구하나 혼자만의 생각이요, 학생은 건축과, 행정학과, 외국어학과, 미생물학과, 육군사관학교, 해군사관학교 등에 인기가 있으리라 예상된다. 생각이 변하며 착오가 생기고 말이 앞서며 나의 목적인 돈은 부동산투자 가운데 토지에 있으며 돈이라는 것을 알게되고 변화가 많으면 뜬구름을 잡으며 문명이 막혀있으니 비밀이 많으며 뒷거래가 성행하게 된다. 금리가 떨어지며 돈의 투자는 설비에 있으며 마음은 콩밭에 있어 불안하고 조급해지고 일해 놓고 후회하며 시시때때로 변한다. 채소가격에 변동폭이 심해 값이 오르내림이 많다.

甲子 비밀성 變化

보이지 않는 재물을 보니 비밀이 많은 검은 돈이 왕래라. 구설수는 유흥가에서 맴돌고, 관청에서 보상받으며, 비밀이 노출되고 거짓이 탄로 나며, 언론이 앞서며 유흥음식점이 잘되고, 명예를 돈으로 바꾸고 아들이 돈벌어다 주며, 친구로 인하여 연회석에 초대받으며, 형제와 처와 화합하며, 친구로 인하여 남자가 생기고 부군으로 인하여 돈이 생기고, 부군이 돈으로 보이며 자손 때문에 처가를 방문하고, 형제가 처의 대역을 하고 친구로 사귀다 결혼한다. 형제가 취직시켜주고 친구가 돈벌게 해주고, 형제로 인하여 유산 받고 보상받으며 자손 때문에 초대받고, 직장에서 애인이 생기며 부군보다는 돈이 우선이요, 정부의 계획은 경제에 있고 정부는 외화가 늘어나고, 나라의 살림이 잘되며, 일의 목적은 돈에 있으며, 돈의 투자는 사업확장에 있으며, 혼수비용이 많아지고, 생각이 앞서고 계획이 치밀하며 미래를 계획하고, 돈이라는 것을 알게되고, 처의 소중함을 알게 되며 가정이라는 것이 있어야 안정을 느끼게 된다. 부모는 내가 잘되라고 갖은 고생을 다하지만 나는 공부가 되는 것이 없이 한계점에 와있으며, 처가에서는 나를 좋게 평가를 하여주고 명예를 살려주며 처의 정신연령이 나보다 높으며 아는 것이 많고 현실주의자이며, 부모님 밑에서 보호를 받은 것이 후회가 되며 일찍이 부모 곁을 떠나 자수성가의 길을 가야 옳으며, 부모님 속상하게 하고 조부의 보호를 받고 살아왔으며.

甲子 노출성 變化

생각이 변하고 마음이 변하여 좌불안석에 불안이라. 돈 때문에 친구 잃고 형제는 돈으로 인해 암투가 발생하고, 먹는 것마다 걸리고 없는 집에 돈이 나간다. 욕심이 앞서고 계산은 빠른데 뜬구름 잡다 멍든다. 처가 말을 안 들으며 도와주고 뒤집어쓰며, 판단착오요 계산착오라. 여자가 개입하면 실패요 자신을 하지 마라. 승자가 아니라 패자요, 금전착오는 숫자가 둔갑이라 돈이 들어올 줄 알았는데 달고 나가고 돈 앞에서는 변덕이 심하다. 돈에 눈이 어두워 돈 앞에서는 무엇이든지 꾸며댄다. 먹는데 밝히고 가는 곳마다 패망수요 음식을 먹기가 두렵다. 급하게 먹지마라 욕심으로 시작하면 욕심 때문에 망한다. 계획과 행동이 달라지며 생각은 앞서나 방해가 많고 수입과 지출이 계산이 맞지를 않으며 들려오는 소식마다 압류에 대한 것이요, 여행하다 말고 계획이 취소되고, 이사가 잘못이요 싸움으로 전전긍긍하고, 집수리하고 집안 일이 잘 풀리지 않으며, 상사로 인해 근무했다 하면 불쾌지수가 높아지며 노복의 보증문제로 관재 구설이요, 대인관계에 두서 없이 말을 함부로 하게 되며 남의 가슴에 응어리를 지게 만들고 믿는 도끼에 발등 찍히며, 대중 앞에 나서기를 싫어하며 하찮은 일에 떨리며, 뜬구름에 한탕주의자요 직장에 들어갔다 하면 오래 붙어 있지 못하며 임시직이 아니면 대리근무가 적격이요, 예능이 발달되어 있으며 특히 입으로 부는 피리나 트럼펫, 색소폰, 관악기 등에 기능이 잘 발달되어 있다.

■ 乙

　形而上學형이상학　精神정신　春춘　始시　東　有情유정　上半期상반기　前進전진
得득　實실　생각　生成생성　上體상체　겉모양　外的외적　勝승　吉길　先　明　낮.
天干은　天干끼리　生剋制化생극제화를　할　수　있다.　天干은　地支를
生剋制化　할　수　없다.

■ 丑

　形而下學형이하학　物質물질　秋추　終종　西　無情무정　下半期하반기　後退후퇴
失실　虛허　行動행동　消滅소멸　下體하체　속　모양　內的내적　敗패　凶흉　後후
暗암　밤.　地支는　天干을　생도　剋도　할　수　있고　地支는　地支끼리
生剋制化를　할　수　있다.　丑土는　합이　될　때도　있고　안될　때도
있다.

■ 乙

　清明청명　矯木교목　陰木음목　生木생목　軋알　枝葉木지엽목　活木활목　濕木습목

柔木유목 草초 草木초목 風(바람) 同化作用동화작용 楊柳木양유목 動物동물
은 수달피 屈木굴목 넝쿨 綠色녹색 繁華之木번화지목 樹木수목 陰木음목
乙木은 辛金 서리를 싫어한다. 午時에 開門개문하고 霜降時상강시
(戌)에 꽃 문을 닫는다. 戊土를 忌기하고 己土를 好한다. 庚金을
따라갈 때는 놀이를 제공하는 職業직업이다.

■ 丑

大寒대한 寒土한토 紐유 牛우 陰土음토 凍土동토 濕土습토 二陽之氣이양지기
昆蟲類곤충류 胛骨動物갑골동물 金庫금고 墓宮묘궁 四庫之局사고지국 허리
옆구리 불모지 땅. 天厄星천액성 곡식이 안 되는 土. 言語寡默언어과
묵 乙丑이면 乾草건초다. 丑月에 酉는 死. 毒劇物독극물 艮方간방 背배
萬物만물이 자라지 못하는 不生土불생토다. 金庫금고인데 戌鍵술건으로
열어야 한다. 丑은 火가 반드시 必要필요하다. 官星관성 印星인성을
暗藏암장하고 있다. 土生金은 잘하나 土剋水는 못한다.

職 業

■ 乙

그림, 글씨, 藝術예술, 藥草약초, 農場농장, 韓醫師한의사, 言論언론, 피
아노, 花園화원, 粉食분식, 디자인, 娛樂오락, 씨앗, 衣類의류, 作曲작곡,
家具가구, 合版합판, 상자, 齒科치과, 理髮師이발사.

■ 丑

毒劇物取扱독극물취급, 消防소방, 鑛山광산, 炭鑛탄광, 개간, 古物商業고물상업,

性 格

　근면하고 성실하기는 하나 내성적인 면이 있으며 소심하고 마음이 여려 주체가 약한 것이 흠이라면 흠이요, 산림이 울창한 시골에서 소가 풀을 먹고 있는 형상이라 마음껏 산소를 마심은 좋은 일이나 겨울木이기에 동화 작용에 바람막이를 못하여 병원 출입이 잦고 약 먹기를 좋아하니 어렸을 때 화상을 입을 염려가 있고 약질에 해당한다고 보며, 그러나 손재주는 남보다 특별히 뛰어났으며 예능 분야에 소질이 있고 음악계나 그림, 글씨에도 재능이 있다하겠다. 부모 덕이 없어 끝까지 공부를 못하겠고 직업 전선에 빨리 뛰어들다보니 포부는 크고 급한 마음에 항시 좌불안석이라, 모든 일이 가다가 중단하는 상황이 많아 지장을 초래하게 된다. 어린 나무에 철분이 많은 땅이라 잘 자라지 못하고 풍전등화와 같은 삶을 살아가야 하니 공부하는 길이 최선의 방법일 것 같다. 직업으로는 관고가 있어 관청 일을 잘 보며 화공약품에 독극물을 취급하거나 토산품이나 광산 또는 정육점이 좋고 건강은 간담이 허약하고 풍질에 염려되니 항시 몸을 따뜻하게 보온하는 것이 좋으리라본다. 여명은 부군의 잔병이 있겠고

산후조리를 잘 해야 하며 인연 자는 뱀띠가 길하며 비관을 하지 말아야 할 것이다.

場所장소 : 빈 공간 놀이장소

健康건강 : 肝膽간담, 神經痛신경통, 咽喉인후, 手足수족, 毛髮모발, 風풍, 頭두, 痲痺마비, 關節관절, 頭痛두통, 大腸대장, 便秘변비, 齒痛치통, 冷帶河냉대하, 痔疾치질, 凍傷동상, 濕疹습진, 무좀, 糖尿당뇨, 氣管支기관지, 呼吸氣호흡기

天干으로는 乙木은 8數요 變化하면 9數에 金이 된다. 맛은 신맛과 단맛이요 색상은 綠色녹색과 황색이며 丑土에 方位로는 東北艮方간방이며 季節계절로는 12월 겨울이요 하루로는 새벽 1시에서 3시까지이며 二陽之氣이양지기요 地支에 있어서 丑土가 數理수리로 10數에 해당하며 土生金은 잘하고 土剋水는 못한다.

■ 地藏干 : 己 辛 癸

暗藏암장은 비밀스럽고 생각이 많은 것이다. 남에게 밝히는 것을 싫어하며 미래의 계획이 있게 된다. 暗藏合은 다정한 것 내심 명분을 따진다. 暗藏合에는 甲己合, 丙辛合, 戊癸合이 있는데 天干에 甲丙戊가 있으면 본인의 계획대로 하려 하고, 冲에는 丁癸冲, 乙辛冲이 있는데 天干에 乙丁이 있으면 변화가 많고 마음도 조급할 수가 있다.

丑은 巳酉丑, 巳丑, 巳酉, 酉丑은 三合局, 兌卦태괘, 亥子丑은 方合, 丑戌未는 三刑殺삼형살, 湯火殺탕화살, 丑辰은 六破殺육파살, 丑午는 六害殺육해살, 怨嗔殺원진살, 鬼門關殺귀문관살, 三殺삼살은 寅卯辰, 酉는 大將軍대장군.

■ 乙丑이 아래 天干을 만나면

甲은 比劫비겁, 羊刃殺양인살, 絶地절지, 凍土동토, 帶宮대궁, 甲己合, 湯火合탕화합, 天乙貴人천을귀인.

乙은 比肩비견, 乙丑, 凍土동토, 絶地절지, 暗藏에는 乙辛沖, 衰宮쇠궁, 乾草건초.

丙은 傷官상관, 暗藏에는 丙辛合, 財庫재고, 養宮양궁.

丁은 食神식신, 暗藏에는 丁癸沖, 丁丑, 白虎大殺백호대살, 財庫재고, 墓宮묘궁.

戊는 正財정재, 天乙貴人천을귀인, 羊刃殺양인살, 暗藏에는 戊癸合, 養宮양궁.

己는 偏財편재, 己丑, 凍土동토, 陰地土음지토, 不毛地불모지, 땅, 墓宮묘궁.

庚은 正官정관, 乙庚合, 天月德貴人천월덕귀인, 墓宮묘궁, 놀이기구 설치.

辛은 偏官편관, 乙辛沖, 辛丑, 養宮양궁, 辛金은 丑을 好.

壬은 正印정인, 浮木부목, 印綬庫藏인수고장.

癸는 偏印편인, 浮木부목, 癸丑, 白虎大殺백호대살, 懸針殺현침살, 偏官편관, 羊刃殺양인살.

■ 乙丑이 아래 地支를 만나면

子는 正印정인이 偏印편인, 方合, 六害殺육해살, 病宮병궁, 浮木부목, 漂
　　木표목, 天貴星천귀성, 六合, 天乙貴人천을귀인, 文曲貴人문곡귀인,
　　三災地戶삼재지호, 水隔殺수격살, 活人星활인성, 落井關殺낙정관살.

丑은 偏財편재, 官庫관고, 乙丑은 乾草건초, 同合, 絶地절지, 衰宮쇠궁,
　　暗藏에는 乙辛沖, 華蓋殺화개살, 湯火殺탕화살, 天厄星천액성, 方
　　合, 財殺地재살지, 財官同臨재관동림, 紅鸞星홍란성, 三災地刑삼재지형.

寅은 比劫비겁, 湯火殺탕화살, 陽地양지, 旺宮왕궁, 劫殺겁살, 丑寅艮合,
　　暗藏에는 丙辛合, 甲己合, 天權星천권성.

卯는 比肩비견, 乙卯, 祿록, 冠宮관궁, 根근을 함, 天轉殺천전살, 災殺재살,
　　暗藏에는 乙辛沖, 天破殺천파살.

辰은 正財정재, 六破殺육파살, 印綬庫藏인수고장, 羊刃財양인재(稅務財세무
　　재), 帶木之土대목지토, 帶宮대궁, 天殺천살, 暗藏에는 乙辛沖, 戊
　　癸合, 天奸星천간성.

巳는 食神식신이 傷官상관, 巳丑三合, 浴宮욕궁, 地殺지살, 泄氣설기, 天
　　文星천문성, 十惡日십악일, 暗藏에는 戊癸合, 乙庚合, 孤鸞殺고란살.

午는 傷官상관이 食神식신, 生宮생궁, 泄氣설기, 根근을 못함, 桃花殺도화살,
　　暗藏에는 丁癸沖, 天福星천복성, 文昌貴人문창귀인, 怨嗔殺원진살,
　　鬼門關殺귀문관살, 六害殺육해살.

未는 偏財편재, 地支, 丑未沖, 丁癸沖, 乙辛沖, 乙未, 白虎大殺백호대
　　살, 養宮양궁, 天驛星천역성, 月殺월살, 墓宮묘궁, 枯木고목(나무가
　　자라지도 않고 늙는 것).

申은 正官정관, 絶地절지, 胎宮태궁, 亡身殺망신살, 暗藏에는 乙庚合, 天喜神천희신, 天孤星천고성, 天乙貴人천을귀인, 殺印相生살인상생, 截路空亡절로공망.

酉는 偏官편관, 絶地절지, 懸針殺현침살, 飮酒음주, 佛像불상, 丑에 酉는 死. 酉丑三合, 大將軍대장군, 截路空亡절로공망, 乙辛冲.

戌은 正財정재, 丑戌刑殺축술형살, 攀鞍殺반안살, 傷食庫藏상식고장, 財庫재고, 墓宮묘궁, 旬中空亡순중공망, 暗藏에는 丁癸冲, 乙辛冲, 天門星천문성, 天藝星천예성.

亥는 偏印편인이 正印정인, 乙亥, 浮木부목, 冬木동목, 暗藏에는 甲己合, 死宮사궁, 驛馬殺역마살, 天壽星천수성, 方合, 天門星천문성, 旬中空亡순중공망, 梟神殺효신살.

■ 乙丑이

木에는 比肩비견, 比劫비겁, 財星재성.

火에는 印綬인수, 食神식신, 傷官상관.

土에는 官星관성, 比肩비견, 比劫비겁.

金에는 財星재성, 印綬인수, 自己庫자기고.

水에는 傷官상관, 食神식신, 官星관성, 印綬庫인수고.

巳酉丑生은 亥子丑年에 三災殺삼재살이다. 地刑지형 亥子丑年에는 酉 西方이 白虎方位백호방위다. 大將軍方位대장군방위는 白虎方位백호방위다. 나의 右側方位우측방위다. 일시정지와 같다. 增築증축이나 修理수리는 不可 厄액이 있다. 上下 구별 없이 액이 따른다. 丑에는 卯는 喪門상문, 亥는 弔客조객, 戊癸日에는 子丑이 截路空亡절로공망, 甲寅旬中갑인순중에는 子丑이 旬中空亡순중공망, 丑月에는 丑辰이 急脚殺급각살, 巳月에 丑은 斷橋關殺단교관살, 寅月에 丑은 活人星활인성, 丑月에 入胎月입태월은 辰, 丑未日生 入胎日은 266日이다. 丑에 申은 天喜神천희신, 子와 寅사이에 夾협은 丑, 丑戌未는 三刑殺삼형살, 背信之刑배신지형이다. 丑은 戌로 鍵건하고 開門개문한다. 鑛山광산, 炭鑛탄광으로 성공하려면 丑이 필요하다. 霜降以後상강이후 立春까지는 調喉不及조후불급하니 穀食곡식이 안 되는 土다. 丑은 戌이 있어야 不動産開發부동산개발을 잘한다. 丑日生은 言語寡默언어과묵하다. 外面은 陰이나 內心은 陽性이다. 丑日 己未時라면 月光월광이 柄枝병기에 照映조영하니 上格상격이다.

乙丑의 變化

乙木은 木生火에는 吝嗇인색하나 木剋土는 잘한다. 그러나 地支의 丑土에는 生剋制化생극제화를 할 수가 없으며, 乙庚合은 仁義之合인의지합이라 하며 乙木은 天干을 生도 剋도 하며 形而上學的형이상학적으로는 地支丑土에 生剋制化를 잘한다. 丑土는 地支끼리도 生剋制化를 할 수가 있으며 세력으로도 합하며 天干도 生剋制化를 할 수 있다. 多變化다변화, 갑작스런 변화, 사고, 혼란, 精神散漫정신산만, 집중이 안 된다.

생각 따로 행동 따로, 되지도 않는 변화를 요구하고 있다. 비밀 노출이 잘된다. 정보가 샌다. 조석으로 말이 바뀐다. 상하가 견제가 있으며 조율이 안 된다. 발전이 없는 계획이 발표가 되고, 일관성이 없는 계획이 난무하다. 무역은 성행하며, 일기는 기후변화가 심하고 냉해가 있다고 보며, 기계의 고장이 많으며, 소 파동이 우려된다. 목재나 나무는 값이 하락세에 머물며, 우유나 분유 값이 등락이 있겠으며, 지상에 사고가 많다고 본다. 변화는 많으나 힘없이 죽어가고 서민이 살기 어려워지고 직업을 잡기가 어려움이 있게된다고 보며, 개발하면 잘되고 토목이 잘되고 광산개발이 필요하다. 농작물의 피해가 우려되며 산불도 예상되니 경계가 필요하다. 피서지는 장사가 어렵고 고물장사는 잘된다고 본다. 여당과 야당의 대화가 필요하다고 예상되며, 서민의 목소리를 경청해야 인기를 얻게 된다고 예상된다. 병원은 한의원을 많이 찾게 되는 한해라고 본다. 냉병이 우려되며 또한 전염병의 주의가 필요하다고 예상된다.

乙丑의 비밀성 變化

친구로 인하여 초청 받고, 형제가 없어지고 돈이 되고 형제로 인하여 돈이 벌리고, 친구가 돈이 되고 내가 말하는 것은 바로 수입과 직결되고, 돈이 나가고 신용을 잃으며 돈 속에는 함정이 있으며, 형제와 처가 합하여 사업자금을 마련하여 주고, 형제와 아버지가 목돈 마련해 주며, 일이 나의 나아갈 길을 열어주며, 벼슬의 소식이 들려오고 갑자기 승진이요 나가고 들어오고, 내려갔다가 다시 올라오고, 돈이라는 것이 세상을 밝게 하여 주고 직장에서 상장 받으며 내가 형제에게 투자한 것이 도리어 형제가 더 투자해 도와주고 돈과 서류는 약속이 잘되며, 지나간 말로 직장을 부탁했더니 바로 소식을 받으며, 생각한 것이 벼슬이요 밝게 보이는 것이 소식이라. 친구 때문에 세상이 보이고 내가 한 말은 약속과 같고 눈만 뜨면 가격이 올라가고 올라가는 것이 눈에 보이지 않으며, 부모가 화합하며, 상사는 밀려나며 부모는 나의 앞날을 생각해 진로를 알려주며 나의 노력은 대가를 말하며, 아버지의 재산이 늘어나며 처의 재산도 늘어나며, 아버지는 어머니에게 재산을 맡기며 어머니의 생각은 미래를 약속하며 변화하여보니 나쁜 것보다는 좋은 것이 많으며 아랫사람으로 인하여 내가 승진하고 부정은 언론에 기재된다.

乙표의 노출성 變化

변화하여 응급조치 하여 보고 친구가 배신이라 형제도 배신한다. 눈병이 많아지고 서류는 빛을 잃으며, 돈과 친구를 알게 되며, 지출과 수입이 편차가 심하며 계산이 맞지 않으며, 배운 것에 비해 써먹는 것이 적으며, 돈을 알면 친구 형제를 잃게 되며, 물가의 변동이 언론에 제대로 등재가 안되며, 흉이라는 개념을 모르고 시작하며, 되로 주고 말로 받으며 아는 것도 없이 배짱이 두둑해지며, 무모한 행동을 자아내며, 내가 도와주고 욕먹으며, 자기 꾀에 빠져 넘어가고 자기 스스로 무덤을 파며, 지출부터 시작이요, 열매도 맺지 않는 시작이요, 노력은 해도 하나님은 나를 배신한 것 같고, 모든 일이 역행하여 반항심이 발생하고, 성격으로 인하여 사고가 발생하고, 부하와 상사가 조율이 안되며, 말 한번 잘해서 복 받으며, 무엇인가 보일듯하나 잡히지가 않으며, 예의가 변하고 지혜가 변하며, 원수가 변하여 대화를 요구하나 등돌리며, 부하 때문에 희생하고, 사랑을 베풀고 희생하며, 들어올 것 같으나 희생만 따르고, 돈 때문에 마가 침입하며 친구가 도둑으로 변한다. 친구 때문에 내 마음이 변하고 변한 것은 돈이요 재물이며, 말이란 천리를 가고 소식은 늦게 온다.

丙寅

■ 丙

形而上學형이상학 精神정신 始시 東 有情유정 上半期상반기 前進전진 得득 實실 생각 生成 上體상체 겉모양 外的외적 勝승 吉길 先 明 낮 地上 太過태과 自由. 天干은 天干끼리 生剋制化생극제화를 할 수 있다. 天干은 地支를 生剋制化 할 수 없다.

■ 寅

形而下學형이하학 物質물질 終종 西 無情무정 下半期하반기 後退후퇴 失실 虛허 行動행동 消滅소멸 下體하체 속 모양 內的내적 敗패 凶흉 後후 暗암 밤 地下 不及불급 拘束구속 地支는 天干을 生도 剋도 할 수 있고 地支는 地支끼리 生剋制化를 할 수 있다. 寅木은 합이 될 때도 있고 안될 때도 있다.

■ 丙

芒種망종 起火기화 陽火양화 炳병 사슴 밝다 太陽之火태양지화 君王之火군왕지화 爐冶之火노야지화 電氣전기 光線광선 電波전파 紫外線자외선 赤

外線적외선 放射線방사선 超能力초능력 透視力투시력 逆上역상 빛 불꽃 太陽태양 화려한 것 펼쳐만 놓는다. 소리는 웅장한 곳 性質성질은 明朗명랑 快活쾌활이다. 器物기물은 大衆대중 集合집합 場所장소다.

■ 寅

立春입춘 雨水우수 生木생목 演연 호랑이(虎호) 陽木양목 嫩木눈목 死木사목 三陽之氣삼양지기 燥木조목 仁情인정 正月之氣정월지기 初春초춘이요 三數삼수 靑色청색 危險物위험물 棟樑之木동량지목 山神산신 引火物質인화물질 湯火殺탕화살 3時~5時 만물을 일깨워준다 天權星천권성 비닐하우스 부지런하다 木剋土도 잘하고 木生火도 잘한다. 寅中 甲木은 土中에 싹이다. 어두운 세상을 밝혀준다. 暗藏丙火암장병화가 있어 때로는 變身변신을 잘하기도 한다.

職 業

■ 丙

雜貨商잡화상, 車차, 駐車場주차장, 石油석유, 가스, 燃料연료, 航空항공, 火藥화약, 煖房난방, 電話전화, 재래시장, 電氣전기, 通信통신, 美容室미용실, 硝子초자, 文敎문교, 言論언론

■ 寅

危險物위험물, 消防소방, 寺刹사찰, 宗敎종교, 塔탑, 社會事業사회사업,

文化院문화원, 藥局약국, 搭탑, 溫床온상, 寅中甲木은 纖維섬유, 紙類지류, 農場농장, 家畜가축, 牧場목장이다.

性 格

예의가 바르고 달변가에 화려하게 가꾸는 마음 하나는 아름답고 어디를 가나 똑똑한 체 잘하며 명랑하고 쾌활하며 현실적이며 직선적이다. 임기응변은 좋으나 지구력이 모자람이 흠이요 두뇌회전이 빨라 대처능력이 좋아 동시통역에도 잘 발달이 되어 있으며 대중적인 면에서는 바른말을 잘하고 잘 나서는 반면 앞장을 잘 서기도 한다. 나무로 불을 피우고 있는 형상이라 많이 배우고 써먹는 것이 적음이라 할 수 있다. 또한 남 달리 흰 머리가 빨리 나는 것도 있으며 머리의 숱이 적기도 하다. 인정이 많은 반면에 할 소리 다하는가 하면 조급하고 자기의 잘잘못을 가릴 줄 알며 상대방이 엉큼하게 하는 것은 싫어하는 반면에 현대인이라 할 수 있는데 본인이 마음에 들면 자기의 속마음을 다 털어놓으며 때에 따라서는 사리의 분별이 밝기도 하다. 조급한 성격이라 할 수 있지만 남달리 재물에 집착이 강하고 계산능력은 또한 높이 사줄 만하다. 五行이 火가 되어 남이 보지 못한 것까지 세심히 보는 관찰력이 남달리 뛰어나다 할 수 있다. 여명은 남편 궁이 좋아 사랑 받고 살아가나 남편의 변심이 흠이 된다. 직업으로는 언론, 교육, 통역 등이 좋으며 질병으로는 간염, 여드름, 피부염증이 자주 있을까 두렵기도 하다.

場所_{장소} : 搭_탑, 空間_{공간}, 밝은 곳 구경, 대중집합장소 볼만한 곳.

健康_{건강} : 心臟_{심장}, 小腸_{소장}, 心包_{심포}, 三焦_{삼초}, 舌_설, 視力_{시력}, 精神_{정신}, 體溫_{체온}, 血壓_{혈압}, 肝膽_{간담}, 神經痛_{신경통}, 手足_{수족}, 毛髮_{모발}, 關節_{관절}, 頭痛_{두통}, 咽喉_{인후}.

天干으로는 丙火는 7數요 變化_{변화}하면 1數에 水가 된다. 맛은 쓴맛과 신맛이요 색상은 적색과 청색이며 寅木은 方位로는 東北 艮方_{간방}이며 季節_{계절}로는 1월 봄이요 人物_{인물}로는 中女이며 하루로는 새벽 3時에서 5時까지이고 地支에 있어서 寅은 木으로서 修理_{수리}로 3이요, 木生火도 잘하고 木剋土도 잘한다.

■ 地藏干 : 甲 丙

暗藏_{암장}은 비밀스러운 것 생각이 많은 것 남에게 밝히기를 싫어하는 것, 술책 미래를 내다보는 것 다정한 것 내심 대가성을 따진다. 暗藏合에는 甲己合, 丙辛合이 있는데, 天干에 己土와 辛金이 있으면 본인의 계획대로 하려고 한다. 沖에는 甲庚沖, 丙壬沖이 있는데, 天干에 庚壬이 있으면 변화도 많고 성격도 조급해진다.

寅은 寅午戌, 寅午, 寅戌, 午戌은 三合局, 離卦_{이괘}, 寅卯辰은 方合,
　　寅巳申은 三刑殺_{삼형살}, 湯火殺_{탕화살}

■ 丙寅이 아래 天干을 만나면

甲은 偏印편인, 生宮생궁, 甲寅, 匠人精神장인정신, 生剋을 잘함.

乙은 正印정인, 生이라도 어려움이 많다. (눈물)生을 못함.

丙은 丙寅, 比肩비견, 生宮생궁, 文曲貴人문곡귀인, 月德貴人월덕귀인, 사
공이 둘.

丁은 比劫비겁, 死宮사궁, 異腹兄弟이복형제, 存在존재 가치가 없어짐,
天德貴人천덕귀인.

戊는 食神식신, 戊寅은 天赦星천사성, 文曲貴人문곡귀인.

己는 傷官상관, 盜氣도기, 晦氣회기, 못된 생각, 違法行爲위법행위, 暗藏
에는 甲己合.

庚은 偏財편재, 絶宮절궁, 暗藏에는 甲庚沖, 支出지출과 收入수입이 不
均衡불균형.

辛은 正財정재, 丙辛合, 地支 暗藏에는 丙辛合, 內外내외로 바람.

壬은 偏官편관, 壬寅, 天廚貴人천주귀인, 文昌貴人문창귀인, 暗藏에는 丙
壬沖.

癸는 正官정관, 變化변화는 바라지 않는다. 變하면 官災관재.

■ 丙寅이 아래 地支를 만나면

子는 偏官편관이 正官정관, 丙子, 絶地절지, 胎宮태궁, 囚獄殺수옥살, 天
貴星천귀성, 丑이 夾협, 大將軍대장군, 火熄화식, 急脚殺급각살.

丑은 傷官상관, 財庫재고, 丑寅艮合축인간합, 養宮양궁, 天殺천살, 火熄화식,
暗藏에는 丙辛合, 甲己合, 紅鸞星홍란성, 活人星활인성

寅은 偏印편인, 生宮생궁, 地殺지살, 丙寅, 才主재주가 發達발달, 天權星천권성, 方合, 同合, 文曲貴人문곡귀인, 梟神殺효신살, 斷嬌關殺단교관살.

卯는 正印정인, 沐浴宮목욕궁, 桃花殺도화살, 方合, 天破殺천파살.

辰은 食神식신, 丙辰, 晦氣회기, 泄氣설기, 官庫관고, 帶宮대궁, 月殺월살, 方合, 截路空亡절로공망, 天奸星천간성.

巳는 比劫비겁이 比肩비견, 寅巳刑殺인사형살, 亡身殺망신살, 冠宮관궁, 截路空亡절로공망, 天文星천문성, 祿록, 天廚貴人천주귀인.

午는 比肩이 比劫, 丙午, 羊刃殺양인살, 寅午三合, 暗藏에는 甲己合, 旺宮왕궁, 將星殺장성살, 天福星천복성.

未는 傷官상관, 着根착근, 羊刃殺양인살, 火에 長生宮장생궁, 衰宮쇠궁, 攀鞍殺반안살, 天驛星천역성, 天喜星천희성, 印綬庫인수고, 鬼門關殺귀문관살.

申은 偏財편재, 丙申, 財殺地재살지, 財官同臨재관동림, 不情胞胎부정포태, 病宮병궁, 驛馬殺역마살, 三災人皇삼재인황, 天孤星천고성, 暗藏에는 甲庚沖, 丙壬沖, 子宮閉塞症자궁폐색증, 文昌貴人문창귀인, 落井關殺낙정관살.

酉는 正財정재, 天乙貴人천을귀인, 暗藏에는 丙辛合, 絶地절지, 死宮사궁, 六害殺육해살, 天刃星천인성, 三災天權삼재천권.

戌은 食神식신, 丙戌, 白虎大殺백호대살, 自己庫藏자기고장, 華蓋殺화개살, 暗藏에는 丙辛合, 三災地災삼재지재, 旬中空亡순중공망.

亥는 正官정관이 偏官편관, 絶地절지, 火熄화식, 暗藏에는 丙壬沖, 天乙貴人천을귀인, 天壽星천수성, 寅亥六合, 胞宮포궁, 劫煞겁살, 旬中空亡순중공망, 急脚殺급각살.

■ 丙寅이

木에는 傷食상식, 肩劫견겁.

火에는 比肩비견 比劫비겁, 印綬인수.

土에는 印綬인수, 官星관성.

金에는 官星관성, 財星재성.

水에는 財星재성, 傷食상식.

申子辰生은 寅卯辰年에 三災殺삼재살이다. 天蟲천충 寅卯辰年에는 子北方이 大將軍方位대장군방위인데 나의 右側方位우측방위다. 大將軍은 一時停止일시정지와 같다. 增築修理不可증축수리불가 厄액이 따르고 上下 구별이 없다. 寅에는 辰이 喪門상문 子가 弔客조객이다. 丁壬日에는 寅卯가 截路空亡절로공망, 甲辰旬中갑진순중에는 寅卯가 旬中空亡순중공망, 申酉戌月은 寅은 急脚殺급각살 正月은 自體자체가 斷嬌關殺단교관살, 卯月에 寅은 活人星활인성, 寅은 湯火殺탕화살, 寅未는 鬼門關殺귀문관살, 天喜神천희신, 寅月에 入胎月입태월은 巳, 寅申日生 入胎日은 256日, 丙寅은 福馬복마, 文明馬문명마, 故로 外國語學외국어학이다. 丙寅은 梟神殺효신살, 文曲貴人문곡귀인, 寅月에 丙은 月德貴人월덕귀인, 亥子丑生에 寅은 喪妻殺상처살, 丑과 卯사이에 夾은 寅이다.

丙寅의 變化

丙火는 火生土도 잘하고 火剋金도 잘한다. 그러나 地支의 寅木

에는 生剋制化생극제화를 할 수 없으며, 丙辛合은 威制之合위제지합이 라하며 丙火는 天干에 生도 剋도 하며 形而上學的형이상학적으로는 地支寅木에 生剋制化를 잘한다. 寅木은 地支끼리도 生剋制化를 할 수 있으며 세력으로도 합할 수 있으며 天干도 生剋制化를 할 수 있다. 春節춘절의 丙火는 뜨겁지가 않고 따뜻하다. 丙火는 太陽태양 君主군주라서 政府정부도 되니 國民이 받드는 形象형상이다.

비밀이 없는 한해가 되고 부정으로 인한 것이 노출이 된다. 보수에서 신세대로 구축의 형상을 이룬다. 윗사람 하는 일이 잘되고 정부에서 추진하는 일도 잘된다. 언론이 바로 서며 발전에 발전이 거듭되고, 무역도 성행하며 사회가 안정되고 물가도 안정되고, 국민이 질서를 잘 지키고 처가 내조를 잘하며, 처가 똑똑하고 배우자가 생활력이 강하여지고, 문명이 발달하고 문교정책이 좋아지며, 학생은 의과, 외국어학과, 신문방송학과, 육군사관학교, 공군사관학교, 전자공학과, 기술학과에 인기가 집중하리라본다. 나라발전이 거듭되나 예년에 비해 가뭄이 걱정된다. 변화가 많아 주위로부터 도움을 많이 받고, 소비심리가 높아지는 것이 걱정이 된다. 문교정책은 기술교육에 발표가 예상되며, 외교정책이 활발해지고 관광사업이 활발하여지고, 호텔사업과 숙박업이 잘되며 고급인력 수출이 예상되며 상하가 서로 협력하여진다.

丙寅의 비밀성 變化

배운 즉시 응용하고 수입과 동시 지출이요, 귀인이 아니라 내가 도와주어야 하며, 문서로 지출이 예상된다. 아랫사람이 똘똘(단합이 잘 되며) 뭉치며 부하가 더 똑똑하며, 뇌물 주고 취직자리 구하며 친구로 인하여 취직하고, 친구 때문에 벼슬한다. 친구가 사장이 되고, 돈의 가치가 떨어지며 돈의 목적은 벼슬에 있다. 윗사람에게 봉사 정신이 투철하고, 부모가 사회사업 하여 보며 아버지가 승진하는 해다. 장인이 정치하여 보며 수하의 변화 있고 지출처가 많아지며, 보이지 않는 군주가 둘이라 작은 동업수가 많으며, 친구가 결혼하며 친구가 애인 소개 해주고, 사업하다가 벼슬하게 되고 사업하다 관재 구설이 따르고, 여자로 인해 경쟁이 많아지고 경쟁 입찰이 심하여지고, 독서의 계절이라 서적이 많이 팔리고, 주택수리가 많아지며 이동수가 번다해 진다. 주택 변화가 많으니 이사가 예상된다. 친구가 배신하고 친구 따라가면 함정에 빠진다. 옆 사람의 행동에 조심해야 하고, 친구가 친구끼리 싸우며 원수 될까 걱정된다. 취재 연후에는 명예가 뒤따른다. 상사에 뇌물 주고 아첨을 잘하고.

丙寅의 노출성 變化

문서를 서두른 것이 사고요 官災관재라. 친구가 거짓말하고 형제가 구속되며 필화사건과 관련 있어 보고 서류 조작에 관청도 무관심이라. 돈과 서류는 말로는 해결이 되지 않으며 부모 때문에 가정불화가 많게 되고, 부푼 꿈에 뜬구름 잡다 패망하고, 채소 값이 하락에 과일 값도 하락하고 돈에 官災요 서류에 官災요 친구하나 잘못 사귀어 官災라.

고철분야에 재료가 不足부족되며, 연구가 거듭되며 水溫수온이 높아지고, 체온이 올라가니 고기와 주류소비 증가가 예상되며 수입의 균형이 깨어지고 경쟁만 높아지니 일의 변화가 많고 금융의 변화가 있어봄이 예상된다. 지상에 열이 많으니 잘먹어야 본전이요 식중독에 주의를 기울여야 되겠으며 주택매매가 자주 이루어지며 君主군주가 둘이라 동업수가 있겠으며 관청에서 경쟁을 시키고 은행에서 빚 독촉에 이자독촉이라 돈에 분실수요 서류에 분실수라 도둑과 화재가 염려된다.

실업자가 늘어나며 직장이 별 따기요 음식이 먹기 싫고 급하게 먹으면 잘 체한다. 음식은 급하게 먹게 된다. 친구 때문에 직업 떨어진다. 고부간에 갈등이 생긴다. 혈압이 올라간지 모르게 올라간다. 조카와 형제간의 사이가 멀어진다. 기관장과의 시비구설이라. 직장에서 기술 모방하다 탄로 나고 의류판매업 하다 부도나고 여행 중에 분실 수 있게 된다.

丁卯

■ 丁

形而上學형이상학 精神정신 始시 東 有情유정 上半期상반기 前進전진 得득 實실 생각 生成 上體상체 겉모양 外的외적 勝승 吉길 先 明 낮 地上 太過태과 自由. 天干은 天干끼리 生剋制化생극제화를 할 수 있다. 天干은 地支를 生剋制化 할 수 없다.

■ 卯

形而下學형이하학 物質물질 終종 西 無情무정 下半期하반기 後退후퇴 失실 虛허 行動행동 消滅소멸 下體하체 속 모양 內的내적 敗패 凶흉 後후 暗암 밤 地下 不及불급 拘束구속 地支는 天干을 生도 剋도 할 수 있고 地支는 地支끼리 生剋制化를 할 수 있다. 卯木은 生이 인색하며 剋을 잘한다.

■ 丁

小暑소서 陰火음화 生火 별 燈등 燭촉 電波전파 逆上역상 壯丁장정 백

화점 祈禱기도 호텔 獐장 빛 燈臺등대 신호 禮式場예식장 消防소방 航空항공 羽族類우족류 電氣전기 光線광선 赤外線적외선 紫外線자외선 放射線방사선 불꽃 星辰성진 孤獨고독.

■ 卯

春分춘분 長木장목 二月之氣이월지기 四陽之氣사양지기 午前 5時~7時까지 陰木음목 濕木습목 活木활목 生木 柔木유목 楊柳木양류목 草根초근 正東정동 繁華之木번화지목 風풍 綠色녹색 仁情인정 觸角촉각 兎토 木生火는 인색하고 木剋土는 잘한다. 이는 木多火熄목다화식을 두고 하는 말이다. 鐵鎖開金철쇄개금 懸針殺현침살 丙火를 봄이 좋다. 昇승 특히 藝能分野예능분야에 특출하다. 오래가면 미워하게 된다. 상대방 가슴에 응어리지는 말을 잘한다. 꺼리는 것 癸酉.

職 業

■ 丁

禮式場예식장, 호텔, 運輸業운수업, 修道人수도인, 占術점술, 化粧品화장품, 眼鏡안경, 寫眞사진, 美容室미용실, 圖書館도서관, 절, 寺刹사찰, 祈禱기도, 어려운 일이 생기면 촛불 켜고 기도하면 좋은 일 생김.

■ 卯

醫藥의약, 法, 宗敎종교, 哲學철학, 農林농림, 三月에 卯木은 服飾業복

식업, 藝能_{예능}, 卯戌은 文章家_{문장가} 春色_{춘색}이다. 卯未는 果樹園_{과수원}, 植木_{식목}, 盆栽林_{분재림}이다.

性 格

　타인에 의존함이 강하고 명랑한 것 같으면서도 의심이 많고 강한 것 같으면서도 약하니 용두사미의 성격이라 할까 濕卯木_{습묘목}이 되어 木生火하기가 어려워 욕심은 많고 주는 것이 인색하여 상대방으로부터 지탄을 받기도 한다. 성격이 조급하다 보니 남의 폐부를 치르는 말을 함부로 하며 가는 말이 고와야 오는 말이 곱듯이 되로 주고 말로 받으니 눈물로 후회하는 격이 되어 언어를 조심해야 하겠다. 문곡귀인이 있어 영리하고 공부는 잘할 것 같은데 木生火를 시원스럽게 받지 못하니 조금은 아쉽다고 본다. 부모 덕도 없고 부모속도 썩여보며 부평초 같은 삶을 살아가야 하니 신세타령을 하게 된다. 남에게 의지하는 신세가 되다보니 자존심은 강하고 또 남에게 지기 싫어하며 대인관계가 원만치가 않으니 그 마음을 누가 알아주겠는가? 처궁이 부실하여 초혼에 실패하기 쉽고 작첩동거 귀자 두기는 어려운데 재복 또한 크게 주지는 않았다고 본다. 여명도 부군의 풍파가 대단한데 아니면 본인이 정부를 두게되어 회로 하기가 힘들고 산후조리와 건강에 힘써야 하겠다. 직업은 교육, 의약, 연예방면, 화원, 목재, 약초 재배 등에 적합하다.

天干으로 丁火는 2數요 變化변화하면 3數에 甲木이 된다. 맛은 쓴맛과 신맛이요 색상은 적색과 綠色녹색이며, 卯木에 方位는 正東쪽에 속하며 季節계절로는 2월 봄이요, 人物인물로는 長男장남에 속하고 하루로는 午前 5時에서 7時까지이며, 四陽之氣사양지기요 地支에 卯木이 數理수리로는 8數요 木生火는 吝嗇인색하나 木剋土는 잘한다.

場所장소 : 도서관, 절, 한적한 곳, 조용한 곳.

健康건강 : 心臟심장, 小腸소장, 心包심포, 三焦삼초, 視力시력, 體溫체온, 血壓혈압, 肝간, 膽담, 神經痛신경통, 手足수족, 毛髮모발, 關節炎관절염, 頭痛두통, 咽喉인후, 肩견, 風疾풍질.

■ 地藏干 : 乙

暗藏암장은 혼자만의 비밀 생각이 많은 것. 남에게 밝히기를 싫어하며 다정하나 내심 대가성을 따진다. 暗藏合에는 乙庚金이 있는데 天干에 庚金이 있으면 본인의 계획대로 하려 하고, 冲에는 乙辛冲이 있는데 天干에 辛金이 있으면 변화도 많고 성격도 급해진다.

金금, 財政재정, 撮影촬영, 놀이 방, 쉬는 곳을 제공하는 곳.

卯는 亥卯未, 亥卯, 卯未, 亥未는 三合局, 震卦진괘, 寅卯, 辰은 方合, 子卯는 三刑殺삼형살, 卯辰은 害殺해살, 卯申은 怨嗔殺원진살, 鬼門關殺귀문관살

■ 丁卯가 아래 天干을 만나면

甲은 正印정인, 羊刃殺양인살, 旺宮왕궁, 月德貴人월덕귀인.

乙은 偏印편인, 乙卯, 祿록, 冠宮관궁, 天轉殺천전살.

丙은 比劫비겁, 羊刃양인, 浴宮욕궁.

丁은 比肩비견, 丁卯, 病宮병궁, 木生火에 인색함.

戊는 傷官상관, 盜氣도기, 晦氣회기, 惡山악산에 雜木잡목, 浴宮욕궁.

己는 食神식신, 己卯, 懸針殺현침살, 泄氣설기, 晦氣회기, 病宮병궁, 木
    剋土는 잘함.

庚은 正財정재, 絶地절지, 暗藏에는 乙庚合, 胎宮태궁, 노래방事業사업.

辛은 偏財편재, 辛卯, 絶地절지, 懸針殺현침살, 胞宮포궁, 乙辛沖, 地轉
    殺지전살.

壬은 正官정관, 死宮사궁, 丁壬合.

癸는 偏官편관, 癸卯, 生宮생궁, 天廚貴人천주귀인, 文昌貴人문창귀인, 丁
    癸沖.

■ 丁卯가 아래 地支를 만나면

子는 正官정관이 偏官편관, 絶地절지, 胞宮포궁, 火熄화식, 桃花殺도화살,
    子卯刑殺자묘형살, 天貴星천귀성, 丁癸沖, 急脚殺급각살, 大將軍대장군,
    紅鸞星홍란성.

丑은 食神식신, 丁丑, 白虎大殺백호대살, 晦氣회기, 泄氣설기, 墓宮묘궁,
    財庫재고, 天厄星천액성, 暗藏에는 丁癸沖, 乙辛沖.

寅은 正印정인, 方合, 退神퇴신, 死宮사궁, 亡神殺망신살, 天權星천권성, 載

路空亡절로공망, 活人星활인성.

卯는 偏印편인, 丁卯, 사공이 둘, 同合, 方合, 梟神殺효신살, 病宮병궁, 將星殺장성살, 天破星천파성, 斷嬌關殺단교관살, 인색함이 흠, 截路空亡절로공망, 文曲貴人문곡귀인.

辰은 傷官상관, 方合, 六害殺육해살, 暗藏에는 丁癸冲, 衰宮쇠궁, 攀鞍殺반안살, 天奸星천간성, 官庫관고, 晦氣회기, 盜氣도기.

巳는 比肩비견이 比劫비겁, 丁巳, 孤鸞殺고란살, 暗藏에는 乙庚合, 旺宮왕궁, 驛馬殺역마살, 天文星천문성, 三災黑氣삼재흑기.

午는 比劫비겁이 比肩비견, 祿록, 六破殺육파살, 六害殺육해살, 冠宮관궁, 天福星천복성, 天廚貴人천주귀인, 天喜星천희성, 三災陰氣삼재음기.

未는 食神식신, 羊刃殺양인살, 丁未, 卯未三合, 帶宮대궁, 華蓋殺화개살, 天驛星천역성, 印綬庫藏인수고장, 三災白殺삼재백살.

申은 正財정재, 財殺地재살지, 財官同臨재관동림, 不情胞胎부정포태, 暗藏에는 乙庚合, 丁壬合, 鬼門關殺귀문관살, 怨嗔殺원진살, 浴宮욕궁, 劫煞겁살, 天孤星천고성, 水隔殺수격살.

酉는 偏財편재, 丁酉, 卯酉冲, 乙辛冲, 財印鬪戰재인투전, 金木相戰금목상전, 天乙貴人천을귀인, 生宮생궁, 災殺재살, 囚獄殺수옥살, 天刃星천인성, 學堂貴人학당귀인, 文昌貴人문창귀인, 十惡日십악일.

戌은 傷官상관, 卯戌六合, 暗藏에는 乙辛冲, 落井關殺낙정관살, 養宮양궁, 旬中空亡순중공망, 天殺천살, 天藝星천예성.

亥는 偏官편관이 正官정관, 地支三合, 暗藏에는 丁壬合, 天乙貴人천을귀인, 旬中空亡순중공망, 天壽星천수성, 胎宮태궁, 地殺지살, 十惡日십악일.

■ 丁卯가

木에는 傷官상관, 食神식신, 肩劫견겁.

火에는 比肩비견, 比劫비겁, 印綬인수.

土에는 印綬인수, 官星관성.

金에는 官星관성, 財星재성.

水에는 財星재성, 傷官상관, 食神식신.

申子辰生은 寅卯辰年에 三災殺삼재살이다. 天刑천형 寅卯辰年에는 子 北方이 大將軍方位대장군방위이다. 大將軍은 一時停止일시정지와 같다. 大將軍은 增築修理不可증축수리불가 厄액이 따른다. 上下가 없다. 卯에는 巳가 喪門상문 丑이 弔客조객이다. 丁壬日에는 寅卯가 截路空亡절로공망 甲辰旬中갑진순중에는 寅卯가 旬中空亡순중공망 二月은 亥子가 急脚殺급각살 여름 生月에 卯가 急脚殺급각살이다. 二月은 斷橋關殺단교관살. 辰月에는 卯가 活人星활인성, 卯申은 天喜神천희신, 鬼門關殺귀문관살, 怨嗔殺원진살, 卯는 天破殺천파살, 戊癸日生에 卯는 落井關殺낙정관살, 卯月에 入胎月입태월은 午이다. 卯酉日生 入胎日은 246일 丁卯는 梟神殺효신살, 天破殺천파살, 文曲貴人문곡귀인, 寅과 辰사이에 夾은 卯이다.

丁卯의 變化

丁火는 火生土에는 吝嗇인색하나 火剋金에는 잘한다. 그러나 地

支의 卯木에는 生剋制化생극제화를 할 수가 없으며, 丁壬合은 淫亂之合음란지합이라 하며 丁火는 天干을 生도 剋도 하며 形而上學的형이상학적으로는 地支卯木에 生剋制化를 잘한다. 丑土는 地支끼리도 生剋制化를 할 수가 있으며 勢力세력으로도 따라가며 天干에도 生剋制化를 할 수 있다.

형제가 부모대역을 하게되고 독학에 친구로 인하여 공부하고, 부군이 공부시켜주고 부군이 친모와 같고 저당되어있는 집을 구입하게 되고 빼앗으러 왔다가 도와주고 가며, 국립학교에 인연이 있으며 관청에서 계약하라는 소식이요, 관이 귀인이요 원수가 인연이 되며 관에서 부모를 돌봐주며, 친구가 보증서며 친구와 부모가 화합하고, 경쟁이 나에게 이익을 갖다주고 친구로 인하여 승진이요, 형제로 인하여 선물이요 형제가 주택을 구입해주며, 공부의 목적은 취재에 있으며 공부하며 애인이 생기고, 학생은 사진학과, 도자기학과, 도시공학과, 종교철학과, 한의과, 행정학과, 공군사관학교 등에 인기가 있다고 예상된다.

문서나 증서가 현금으로 변화되고, 어머니가 처의 역할까지 하게 되고, 상사가 인색하고 처에 남편이 인색하고, 나를 도와준다는 것 자체를 믿지 말 것이며, 채소가 현금으로 바뀌나 거래는 한산하고, 창업은 꼼꼼히 따져보고 시작해야 하고, 취직 문은 활짝 열려 있으나 금융의 문턱이 높으며, 주점이 한해는 잘되는 해요 배우며 저장이 잘되고, 재래시장보다는 백화점이 매상이 많이 오르며, 때아닌 질병이 들어오니 건강에 유념하고.

丁卯의 비밀성 變化

장소 제공이요 놀이기구 제공이라. 생각보다 이익이 많고 뜻밖에 수입이라, 문서가 나가고 재물이 들어온다. 매입을 했다 하면 가격이 올라가고, 어머니는 아버지에 의해 기가 눌리며, 매매가 성립되고 주가가 올라가며, 선물은 어머니보다는 아버지에게로 돌아가며, 공부하려 하면 애인만 아롱거리고 공부하다말고 취재에 나선다. 재산이 늘고 처의 주장이 강해지며, 아버지의 기세가 등등해지며, 시어머니의 기세는 높이 사줄만하고, 돈이 돈을 달고 들어오니 돈에 행복을 찾고, 여자가 여자를 소개하니 애인이 많아지고, 처가 변화하니 걱정이 된다. 공부란 돈벌이에 목적이 있으며, 처가에서 사업자금 보태주고 주택 팔아 사업자금에 보태쓰고, 선배가 도와주고 상사가 도와주며 거래처가 늘어나며, 저축에 저축이라 축적이 되다보니 저축 왕이 되고, 재물에 눈을 뜨니 인색함이 소문나고, 경제계에 일등급이라 출세는 낙점이요, 물품이 없어지고 생산이 늘어나니 매상이 올라가고, 먹는 것이 늘어나니 음식점만 생겨난다. 먹는 것이 많아지면 허리가 굵어지니 비만이 걱정이요, 나무가 없어지니 묘목장사가 잘되고, 바람이 없어지니 뜬소문이 없어진다.

丁卯의 노출성 變化

　사업이 부도나고 보증 때문에 부도나며 비밀이 탄로 나니 노출이 예상된다. 애인 때문에 관재 구설이요 처가 이상한 행동을 하며, 아버지가 전에 없었던 행동을 하며, 부모가 전쟁이라 가정이 편안치가 않으며, 金木이 상전이라 병원출입이 자주 있게 되며, 고부간에 갈등이라 나는 고민에 빠져들고, 음식을 먹었다 하면 체하고 급하게 먹게 되며, 돈 때문에 거래처와 다투게 되며, 나무가 없어지니 목재 값이 올라가며, 싸우는 형상이 되니 기술이 늘어난다. 급한 것이 거듭되니 사고가 걱정이 된다. 터졌다 하면 금전사고요 문서사고라, 위장병이 성행이요 피부비뇨기과가 성행이 예상된다. 신경성환자와 중풍환자가 늘어나는 것이 예상된다. 서류가 교체라 주택에 이사하는 사람이 많아지고 수리하는 집도 많게 된다. 충이면 교환이라 물물교환은 많아지나 반환 품이 걱정된다. 있는 것이 없어지고 없는 것이 들어오니 교체가 많음을 암시한다. 물가 오르는 것이 돈에 죽으니 세무조사가 예상된다. 참는 것이 복이 되나 참지를 못함이 걱정이요, 힘 자랑이 돈이라 재물에 억누르는 것이 걱정된다. 구르는 돌이 박힌 돌을 뽑아내는 것과 같다.

戊辰

■ 戊

形而上學형이상학 精神정신 始시 東 有情유정 上半期상반기 前進전진 得득 實실 생각 生成 上體상체 겉모양 外的외적 勝승 吉길 先 明 낮 地上 太過태과 自由. 天干은 天干끼리 生剋制化생극제화를 할 수 있다. 天 干은 地支를 生剋制化 할 수 없다.

■ 辰

形而下學형이하학 物質물질 終종 西 無情무정 下半期하반기 後退후퇴 失실 虛허 行動행동 消滅소멸 下體하체 속 모양 內的내적 敗패 凶흉 後후 暗암 밤 地下 不及불급 拘束구속 地支는 天干을 生도 剋도 할 수 있고 地支는 地支끼리 生剋制化를 할 수 있다. 辰土진토는 剋을 못하며 合이 될 때도 있고 되지 않을 때도 있다.

■ 戊

陽土양토 茂무 山 언덕 堤防제방 剛土강토 高原고원 茂盛무성 荒野황야 死土사토 中央중앙 안개 霧무 久구 광장 泰山태산 寒滯건체 脅협 句陳구진 복고풍 이슬비 풍족을 바라는 것.

■ 辰

清明청명 穀雨곡우 陽土양토 龍용 震진 五陽之氣오양지기 濕土습토 眞土진토 泥土니토 稼穡之土가색지토 三月之氣삼월지기 溫暖之土온난지토 巽方손방 東南間方 信 黃色황색 五數오수 雜氣잡기 濕疹습진 魁罡殺괴강살 天羅地網殺천라지망살 天奸星천간성 이무기(想像상상의 動物동물) 造化조화가 비상하다. 7時~9時까지 지배한다. 水地庫藏수지고장 沃土옥토 土生金은 잘하나 土剋水는 못한다. 金之養宮금지양궁으로써 長生장생과 같은 역할을 한다. 暗藏에는 戊乙癸가 있다.

職 業

■ 戊

漢文한문, 自然科學자연과학, 考古學고고학, 土產品토산품, 農場농장, 運動운동, 골프, 登山등산, 運動場운동장, 運動器具운동기구, 垈地대지, 土建토건, 예체능, 不動產부동산, 建設部건설부, 內務部내무부, 穀物곡물, 밀가루, 骨董品골동품, 宗敎종교, 仲介業중개업.

■ 辰

生物생물, 不動產부동산, 哲學철학, 農水產物농수산물, 土建토건, 醫學의학,

藥房약방, 農場농장, 藝術예술, 工藝공예, 人蔘인삼, 旅行여행, 歌手가수, 作曲家작곡가, 海水浴場해수욕장.

性 格

신용이 첫째요 성실하며 책임감이 강하고 믿음직스러우며 의리를 지키려고 노력하며 약속을 잘 지킨다. 土란 자체가 묵은 것이 되고 늙었기 때문에 얼른 보면 느리게 보이나 행동 자체는 빠르고 우람한 체격에 상대방을 사로잡는 기질이 있어 후중하고 고집은 황소고집이요, 한번 틀어지면 다시 보지 않을 것처럼 이야기 하나 실제로의 마음은 동정심이 가득 차 있어 욱하는 성격도 잠시일 뿐 남에게 피해는 조금도 주지 않으려는 마음이 아름답고 어떤 일이던 간에 열심히 노력하는 스타일이며 상대방의 비밀을 발설하지 않는 것이 특징이기도 하다. 두꺼비 형상으로 등이 약간 굽어보이며 으스대는 경향이 있다. 예체능에 잘만 갖추어진 사주라면 천하에 제일가는 예술가요 골동품 수집 등 옛것을 창조하는 美가 풍기며, 환경에 적응을 잘하는 대신 돈을 좋아하고 대가성을 따지며 어떠한 일에 있어 양에 차지 않는 성격의 소유자이다. 여명은 주체가 강하고 남자 같은 성격에 앞장서기를 좋아하며 남편 덕은 없으니 자력으로 살아감이 좋을 듯 싶다.

직업은 군인, 경찰, 운동이 제격이며 건강은 혈압, 당뇨, 위장에 주의가 필요하다.

場所장소 : 運動場운동장, 山, 언덕, 田전, 畓답

健康건강 : 脾胃비위, 腰요, 腹部복부, 肌肉기육, 口, 脅협, 皮膚피부, 濕疹습진, 糖尿당뇨.

天干으로 戊土는 5數요 變化변화하면 2數에 火가 된다. 맛은 단맛이요 색상은 黃色황색이며 方位로는 東南 間方간방이며 계절로는 3월이요 人物인물로는 中男중남이요 하루로는 오전 7時에서 9時까지이고 龍宮용궁이다. 地支에 있어서 辰土는 土로서 數理수리로는 5數요, 土生金은 잘하나 土剋水는 못한다.

■ 地藏干 : 戊 乙 癸

暗藏암장은 비밀스러운 것, 생각이 많은 것이다. 남에게 밝히기를 싫어하며 술책, 미래를 예견하는 것. 暗藏合은 다정하고 내심 명분 대가성을 따진다. 暗藏合에는 戊癸合, 乙庚合이 있는데 天干에 癸, 庚, 戊가 있으면 본인의 계획대로 하려 한다. 冲에는 乙辛冲, 丁癸冲이 있는데, 天干에 辛, 丁이 있어서 冲을 하면 不和와 變化변화가 시작된다.

辰은 申子辰, 申子, 辰子, 申辰은 三合局, 坎卦감괘, 寅卯辰은 方合, 辰午酉亥는 自刑殺자형살, 卯辰害殺辰亥怨嗔殺묘진해살진해원진살, 鬼門關殺귀문관살.

■ 戊辰이 아래 天干을 만나면

甲은 偏官편관, 甲辰, 白虎大殺백호대살, 印綬庫인수고, 衰宮쇠궁, 帶木之
土대목지토, 甲木이 辰中乙癸에 根근을 함.

乙은 正官정관, 羊刃양인, 財星재성, 稅務財세무재, 帶宮대궁, 印綬庫인수고.

丙은 偏印편인, 丙辰, 晦氣회기, 泄氣설기, 帶宮대궁, 官庫관고.

丁은 正印정인, 晦氣회기, 泄氣설기, 盜氣도기, 衰宮쇠궁, 官庫관고.

戊는 比肩비견, 主人이 둘, 戊辰, 白虎大殺백호대살, 魁罡殺괴강살, 帶
宮대궁, 財庫재고.

己는 比劫비겁, 濕土습토, 主人이 둘, 衰宮쇠궁, 陰地田畓음지전답, 健康
注意건강주의, 財庫재고.

庚은 食神식신, 乙庚合, 土生金이 잘됨. 庚辰, 魁罡殺괴강살, 梟神殺
효신살, 養宮양궁.

辛은 傷官상관, 墓宮묘궁, 暗藏에는 乙辛冲, 埋金매금, 배워도 써먹지
못함.

壬은 偏財편재, 事業사업, 壬辰, 魁罡殺괴강살, 水産物수산물, 自己庫자기
고, 天月德貴人천월덕귀인.

癸는 正財정재, 天干 地支合, 말과 행동이 같음. 自己庫자기고.

■ 戊辰이 아래 地支를 만나면

子는 偏財편재가 正財정재, 戊子, 土流토류, 將星殺장성살, 胎宮태궁, 子
辰三合, 水局수국, 戊癸合, 天貴星천귀성, 急脚殺급각살, 截路空
亡절로공망, 大將軍대장군.

丑은 比劫비겁, 羊刃양인, 六破殺육파살, 暗藏에는 乙辛冲, 養宮양궁, 攀鞍殺반안살, 天乙貴人천을귀인, 天厄星천액성, 截路空亡절로공망.

寅은 偏官편관, 殺印相生살인상생, 戊寅, 天赦星천사성, 木局목국, 方合생궁, 驛馬殺역마살, 卯가 夾협, 天權星천권성, 三災天蟲삼재천충, 文曲貴人문곡귀인.

卯는 正官정관, 活人星활인성, 卯辰方合, 木局목국, 害殺해살, 惡山악산에 雜木잡목, 浴宮욕궁, 六害殺육해살, 昇進승진이 늦음, 天破星천파성, 三災天刑삼재천형, 落井關殺낙정관살.

辰은 比肩비견, 戊辰, 沃土, 白虎大殺백호대살, 帶宮대궁, 華蓋殺화개살, 魁罡殺괴강살, 天奸星천간성, 方合, 財庫재고, 三災天劫삼재천겁.

巳는 正印정인이 偏印편인, 泰山태산에 太陽태양이라, 陽地양지, 冠宮관궁, 劫煞겁살, 辰巳, 巽宮손궁, 天文星천문성, 天喜星천희성.

午는 偏印편인이 正印정인, 戊午, 羊刃殺양인살, 旺宮왕궁, 生宮생궁, 災殺재살, 巳가 夾협, 天福星천복성, 水隔殺수격살.

未는 比劫비겁, 羊刃양인, 未辰은 農場농장, 牧畜목축, 花園화원, 衰宮쇠궁, 天殺천살, 天驛星천역성, 天乙貴人천을귀인, 官庫관고, 暗藏에는 丁癸冲.

申은 食神식신, 戊申, 孤鸞殺고란살, 泄氣설기, 病병든지 모르게 病병듦, 病宮병궁, 地殺지살, 申辰三合, 水局수국, 天廚貴人천주귀인, 天孤星천고성, 斷橋關殺단교관살, 文昌貴人문창귀인, 暗藏에는 乙庚合.

酉는 傷官상관, 盜氣도기, 埋金매금, 辰酉六合진유육합, 言語언어가 막힘, 死宮사궁, 桃花殺도화살, 天刃星천인성, 暗藏에는 乙辛冲.

戌은 比肩비견, 戊戌, 魁罡殺괴강살, 辰戌沖, 天門과 龍宮용궁이 싸움, 戰爭전쟁, 天藝星천예성, 暗藏에는 乙辛沖, 丁癸沖, 旬中空亡순중공망, 十惡日십악일.

亥는 正財정재가 偏財편재, 絶地절지, 胞宮포궁, 怨嗔殺원진살, 鬼門關殺귀문관살, 旬中空亡순중공망, 돼지는 龍宮용궁에 밥, 財物재물, 天壽星천수성, 急脚殺급각살, 紅鸞星홍란성.

■ 戊辰이

木에는 正財정재, 偏財편재

火에는 傷官상관, 食神식신

土에는 比肩비견, 比劫비겁

金에는 正印정인, 偏印편인

水에는 正官정관, 偏官편관

申子辰生은 寅卯辰年에 三災殺삼재살이다. 天劫천겁 寅卯辰年에는 子北方이 大將軍方位대장군방위다. 大將軍은 一時停止일시정지와 같다. 大將軍은 上下 구별 없고 厄액이 따르며 增築증축이나 修理수리는 不可. 辰에는 午가 喪門상문 寅이 弔客조객이다. 丙辛日에는 辰巳가 截路空亡절로공망. 甲午旬中갑오순중에는 辰巳가 旬中空亡순중공망. 10, 11, 12月生에 辰이 急脚殺급각살. 7月에는 辰이 斷矯關殺단교관살. 巳月에 辰이 活人星활인성. 辰亥는 怨嗔殺원진살, 鬼門關殺귀문관살. 辰巳는 天羅地網殺천라지망살, 辰은 造化조화가 非常비상하다. 酉가 辰을 보면 알을 낳지 못하고 죽은 닭이다. 無精卵무정란 딸밖에 없다는 뜻이다. 土象토상은 艮土간토 高山 中央이다. 三月에 入胎月입태월은 未. 辰戌日生에 入胎日은 296日. 卯와 巳사이에 夾은 辰이다.

戊辰의 變化

戊土는 土生金도 잘하고 土剋水도 잘한다. 그러나 地支의 辰土에는 生剋制化생극제화를 할 수가 없으며 戊癸合은 無情之合무정지합이라 하고 戊土는 天干을 生도 剋도 하며 形而上學的형이상학적으로는 地支辰土에 生剋制化를 한다. 辰土는 地支끼리도 生剋制化를 할 수 있으며 세력으로도 합할 수 있으며 天干도 生剋制化를 할 수가 있다.

토사가 무너지며 산사태가 예상되며, 음식점과 주점이 늘어나고 분식과 다과의 매출이 늘어난다. 채소 값이 떨어지고 과일 값이 제자리를 잡지 못하며, 계획이 없는 이동인구가 늘어나며, 예년에 비해 산불은 줄어든다. 농사는 豊年풍년이 예상되며 체육육성에 힘을 기울이며 군인이나 경찰의 기강이 확립되고 군경에 입학의 경쟁이 치열하며 부부가 화합하고 가정이 화합하며, 학생은 경찰대학교, 육군사관학교, 체육학과, 예능학과, 해양학과, 도자기학과, 한문학과 등에 인기가 높다고 예상된다. 내가 노력한 대가보다 생각 의외로 많아지고, 조상을 섬기고 부모님에게 효도하며 마음이 돌아서고, 내가 철이 들며 주택마련에 온힘을 기울이며, 스스로 공부를 하고 앞이 보이며 사회가 밝아지고, 문명이 밝아지고 질서를 잘 지키니 사회가 안정이 된다. 배움의 문이 열려있으며 나를 도와줄 사람이 곳곳에서 나타나며 사랑이란 것을 알며 늦바람나게 된다. 친구가 도와주고 형제가 도와주고, 옛 것이 한해는 주가가 올라가는 해이니 골동품값이 치솟으며, 고향을 찾는 귀성객이 많아질 것이 예상이 된다. 목재 값은 주춤하며 주류 값이 올라가는 것이 예상된다.

戊辰의 비밀성 變化

묶여서 행동반경이 좁아지며 직업의 변화가 줄어든다. 마음의 변화가 폭이 커지고 변화하여보니 재물이 늘어나고 지출처가 나도 모르게 늘어나고 언어가 거칠어지며 행동이 문란해지고 주머니 사정이 점점 어려워지며 돈에 결탁이라 서류가 생기니 주택을 구입하고 증권을 매입하며, 처의 내조가 가정을 밝게 하며, 직업이 없어지고 직업이 감사나 조사로 바뀌고 형제와 처가 합심하여 주택구입하고 형제로 인하여 처로 인하여 공부길이 열리고 군중들 앞에서 말솜씨가 제법 늘어나고 직장에 상사가 강등되고 부군이 어린애와 같고 직장 때문에 상심이요 年下의 남자와 인연이 있으며 아버지는 어머니에게 희생만 하며 처가 어머님 같은 마음이요 돈이 나가고 문서가 들어온다. 처가에서 집사주고 공부시켜주며 주는 것보다 받는 것이 더 많으며 돈벌어 고향 찾아 행세하고 싶으며 부하의 사고로 인하여 직원이 감원되고 주위사람들이 나를 속이며 처의 말을 들었어야 했는데 후회가 되고, 떨어져 있던 처의 소식이 들려오고, 부동산을 구입하여 보고 여행하고 즐기며, 두뇌회전이 빠르고 말만 잘하면 앞이 보이고 부하가 희생하고 사랑을 베푸니 행복은 나에게로 내가 설 땅이 없어지니 하나님도 무심하다.

戊辰의 노출성 變化

직업이 말썽이 되고 보증이 말썽이라 사업을 했다하면 부도요 사업종목이 나에게 맞지 않으며 숨통이 막히고 앞길이 막히니 걱정만 쌓인다. 순행이 아니라 역행이요 부하의 사고가 연발이라 칭찬은커녕 구설수만 늘어가고 머리만 무거우며 주위사람들이 나를 배신한 것만 같이 보고 직장에 나가기 싫고 노는 것이 재미있으며 상사 때문에 사고 쳐서 맥빠지고 힘 빠지고 지출이 많으며 자기가 스스로 무덤을 파며 대가성이 없으며 시작은 좋은데 결과가 미진이라, 흉이라는 개념을 알고 지출의 연속이면 허탈상태에 빠지고 반항심만 나오고 꽃은 무성한데 열매는 없는 것과 같고 배신당하고 내가 설 땅이 없으며 모든 사람들이 귀신으로 보이며 투자는 금물이요 해보았자 한강에 돌 던지기요 사고가 연발이요 사고가 났다하면 나의 소식이요 내 것 주고 배신당하고 자식이 속상하게 하며, 무모한 행동을 서슴없이 하고, 원

류가 두절이라 되는 것이 없으며, 가는 곳마다 노동자요 노동자
끼리 술렁대고, 말 한마디 잘못하고 공포에 떨고 관재 구설수요,
도와주고 욕먹으며 주머니까지 펑크요, 도와준다는 것이 문제요
내가 의지한다는 것 자체가 문제요 거래처가 차단되고 조상 묘
를 옮기니 하는 일이 중단된다.

己巳

■ 己

　形而上學형이상학 精神정신 始시 東 有情유정 上半期상반기 前進전진 得득 實실 생각 生成 上體상체 겉모양 外的외적 勝승 吉길 先 明 낮 地上 太過태과 自由. 天干은 天干끼리 生剋制化생극제화를 할 수 있다. 天 干은 地支를 生剋制化 할 수 없다.

■ 巳

　形而下學형이하학 物質물질 終종 西 無情무정 下半期하반기 後退후퇴 失실 虛허 行動행동 消滅소멸 下體하체 속 모양 內的내적 敗패 凶흉 後후 暗암 밤 地下 不及불급 拘束구속 地支는 天干을 生도 剋도 할 수 있고 地支는 地支끼리 生剋制化를 할 수 있다. 巳火는 生을 잘하며 合이 될 때도 있고 되지 않을 때도 있다.

■ 己

　陰土음토 柔土유토 田전 田園전원 雲운 活人활인 起기 生土 氣기 脾비 休息期휴식기 腹部복부 沃土옥토 仲媒중매 低地帶저지대 平地평지 野야 中

央중앙 騰蛇등사 虛驚허경 蹇滯건체 □ 時間시간은 午時

■ 巳

立夏입하 小滿소만 蛇사 六陽之氣육양지기 陽火양화 死火사화 强熱之火강열지화 四生之局사생지국 孟夏맹하 起기 巽方손방 天羅地網殺천라지망살 赤外線적외선 紫外線자외선 放射線방사선 二數이수 禮儀예의 明朗명랑 達辯달변 外陰內陽외음내양 午前 9時~11時 긴 動物동물 金之生宮금지생궁 바람. 火生土는 잘하나 火剋金은 못한다. 變化변화를 잘한다. 冬節동절에 巳火는 濕土습토요 溫床온상이며 農場농장 또는 穀物곡물이다. 뜨거운 廣場광장이다. 巳月에 辰과 亥는 죽는다. 巳사는 複雜복잡한 大驛대역이요 市場시장이다. 大驛土 熱土열토에 屬속한다. 暗藏에는 丙戊庚이 있다.

職　業

■ 己

술, 食堂식당, 土地토지, 藝術工藝예술공예, 九流術業구류술업, 哲學철학, 不動産부동산

■ 巳

雜貨商잡화상, 車차, 駐車場주차장, 石油석유, 가스, 燃料연료, 航空항공, 火藥화약, 煖房난방, 電話전화, 재래시장, 電氣전기, 通信통신, 美容室미용실,

硝子초자, 文敎문교, 言論언론, 밀가루, 국수, 製菓제과, 旅行業여행업, 敎育界교육계, 그림, 글씨

性 格

겉으로는 약할 것 같으나 강직한 성격이며 신용이 있고 인정이 많아 남에게는 피해를 조금도 주지 않으려는 착한 마음씨에 인물이 준수하고 멋쟁이이다. 타인을 먼저 생각하다 보니 자기의 실속을 차리지 못한 것이 흠이며 학문에는 열중하나 배운 즉시 써먹지 못하고 역마지살이 되어 밖으로 돌아다니기를 좋아하며 어깨너머 공부가 더 많은 도움을 주겠다. 출발은 좋으나 끝맺음이 미미하고 고지식한 면이 있어 자기의 고집대로 하는 스타일이며 일손을 한번 놓으면 쉬는 시간이 많아 놀고 먹게 되며 부모님 속 한번 상하게 하는 팔자이기도 하다. 운이 좋아 학계로 진출한다면 좋은 그릇이 되어 학식과 덕이 겸비되어 선망의 대상이 될 것이며 공부를 도중에 중단한다면 놀고 먹는 백수가 될 것이다. 처덕은 있으나 모처불합은 면할 길이 없겠고 고향을 떠나서는 못살며 부모님 곁에 맴도는 것이 흠이라면 흠이라 하겠다. 여명은 남편궁은 좋으나 남편 덕이 없으며 친모봉양이 흠이고 평생 공부와 인연이 있어 배우기를 좋아한다. 직업으로는 교육계나 언론, 외국어에 능통하며 학원, 문화, 토산품 등에 종사함이 좋겠으며 건강으로는 위염, 위 무력증, 변비, 치질 등에 주

의가 필요하다.

場所장소 : 平地평지, 田園전원, 野야

健康건강 : 脾胃腸비위장, 허리, 腹部복부, 口, 肌肉기육, 心臟심장, 小腸소장,
視力시력, 體溫체온, 血壓혈압, 虛驚허경(깜짝 깜짝 놀라는
것).

天干으로는 己土는 10數요 變化변화하면 5數요 戊土다. 맛은 단
맛과 쓴맛이요 색상은 黃色황색과 적색이며 方位로는 東南 間方간방
이며 巽方손방이다. 계절로는 4월이요 辰巳는 바람 巽爲風손위풍이
요 人物인물로는 長女장녀요 하루로는 오전 9時에서 11時까지이고
六陽之極육양지극이다. 地支에 있어서 巳火는 火로서 數理수리로는 2
이다. 巳火는 外陰內陽외음내양으로서 겉으로는 陰이나 속은 陽으로
體체와 用이 각각 다르다. 火剋金은 못하고 火生土는 잘한다.

■ 地藏干 : 丙 戊 庚

暗藏암장은 비밀스러운 것, 생각이 많은 것이다. 남에게 밝히기
를 싫어하는 것, 술책, 미래를 내다보는 것, 다정한 것 대가성을
내심 따진다. 명분을 찾는다. 暗藏合에는 丙辛合, 戊癸合, 乙庚合
이 있고 天干에 辛, 癸, 乙이 있으면 본인의 계획대로 하려 하고,
沖에는 丙壬沖, 甲庚沖이 있으며 天干에 壬이나 甲이 있으면 변
화가 많고 성격도 조급해진다.

巳는 巳酉丑, 巳丑, 酉丑, 巳酉는 三合局, 兌卦태괘, 巳午未는 方
合, 寅巳申은 刑殺형살, 巳戌은 怨嗔殺원진살, 鬼門關殺귀문관살,
水隔殺수격살은 辰.

■ 己巳가 아래 天干을 만나면

甲은 正官정관, 病宮병궁, 甲己合, 暗藏에는 甲庚沖.

乙은 偏官편관, 浴宮욕궁, 乙巳, 孤鸞殺고란살, 泄氣설기, 暗藏에는 乙
庚合.

丙은 正印정인, 冠宮관궁, 陽地양지, 沃土옥토, 祿록, 질서를 잘 지킴.

丁은 偏印편인, 丁巳, 孤鸞殺고란살, 旺宮왕궁, 匠人精神장인정신.

戊는 比劫비겁, 羊刃양인, 강해짐, 冠宮관궁.

己는 比肩비견, 선장이 둘, 입이 둘, 己巳, 旺宮왕궁, 印綬인수, 地殺
지살, 경쟁이 심함, 他人을 위하여 活人활인한다.

庚은 傷官상관, 盜氣도기, 生宮생궁, 못마땅함, 月德貴人월덕귀인.

辛은 食神식신, 泄氣설기, 辛巳, 死宮사궁, 暗藏에는 丙辛合, 威制之
合위제지합, 天德貴人천덕귀인.

壬은 正財정재, 絶宮절궁, 土流토류, 暗藏에는 丙壬沖.

癸는 偏財편재, 癸巳, 絶地절지, 土流토류, 胎宮태궁, 暗藏에는 戊癸合.

■ 己巳가 아래 地支를 만나면

子는 正財정재가 偏財편재, 暗藏에는 戊癸合, 六害殺육해살, 絶地절지, 土
流토류, 天乙貴人천을귀인, 天貴星천귀성, 三災地戶삼재지호.

丑은 比肩비견, 己丑, 巳丑三合, 華蓋殺화개살, 墓宮묘궁, 暗藏에는 丙辛合, 戊癸合, 傷食庫상식고, 斷矯關殺단교관살, 十惡日십악일, 陽地양지가 陰地음지, 天厄星천액성, 三災地刑삼재지형.

寅은 正官정관, 殺印相生살인상생, 木生火, 火生土, 甲己合, 暗藏에는 甲庚冲, 劫煞겁살, 死宮사궁, 寅巳刑殺인사형살, 天權星천권성.

卯는 偏官편관, 暗藏에는 乙庚合, 己卯, 殺地살지, 懸針殺현침살, 災殺재살, 病宮병궁, 天破星천파성, 文曲貴人문곡귀인, 急脚殺급각살, 坐不安席좌불안석.

辰은 比劫비겁, 辰巳巽宮진사손궁, 暗藏에는 戊癸合, 乙庚合, 不情胞胎부정포태, 速度違反속도위반, 天喜星천희성, 水隔殺수격살, 天殺천살, 衰宮쇠궁, 財庫재고, 沃土옥토, 바람, 빵집, 天醫星천의성, 活人星활인성, 天奸星천간성.

巳는 偏印편인이 正印, 己巳, 田畓전답에 태양이라, 燥土조토, 落井關殺낙정관살, 方合, 同合, 梟神殺효신살, 讀書狂독서광, 地殺지살, 旺宮왕궁, 天文星천문성.

午는 正印이 偏印편인, 祿록, 桃花殺도화살, 冠宮관궁, 方合, 燥土조토, 火土重濁화토중탁, 天福星천복성.

未는 比肩비견, 羊刀殺양인살, 暗藏에는 乙庚合, 官庫관고, 己未, 午火가 夾협, 方合, 急脚殺급각살, 月殺월살, 帶宮대궁, 未月미월, 己巳는 땅이 갈라진다. 天驛星천역성.

申은 傷官상관, 盜氣도기, 暗藏에는 丙壬冲, 亡神殺망신살, 浴宮욕궁, 刑殺형살, 天乙貴人천을귀인, 截路空亡절로공망, 天孤星천고성, 亡한지 모르게 亡한다.

酉는 食神식신, 泄氣설기, 巳酉三合, 金局금국, 暗藏에는 丙辛合, 天
廚貴人천주귀인, 生宮생궁, 將星殺장성살, 截路空亡절로공망, 天刃星
천인성, 文昌貴人문창귀인.

戌은 比劫비겁, 印綬庫藏인수고장, 考古學고고학, 暗藏에는 丙辛合, 巳戌
怨嗔殺사술원진살, 養宮양궁, 鬼門關殺귀문관살, 攀鞍殺반안살, 燥土조
토, 天門星천문성, 天藝星천예성, 紅鸞星홍란성, 旬中空亡순중공망.

亥는 偏財편재가 正財정재, 巳亥沖, 暗藏에는 丙壬沖, 甲庚沖, 驛馬
殺역마살, 胎宮태궁, 天壽星천수성, 十惡日십악일, 三災天敗삼재천패,
旬中空亡순중공망.

■ 己巳가

木에는 財星재성, 傷官상관, 食神식신.

火에는 傷官상관, 食神식신, 比肩劫비견겁.

土에는 比肩비견, 比劫비겁, 印綬인수.

金에는 正印정인, 偏印편인, 官星관성.

水에는 正官정관, 偏官편관, 財星재성.

亥卯未生은 巳午未年에 三災殺삼재살이다. 黑氣흑기 巳午未年에는
卯 東方이 大將軍方位대장군방위다. 大將軍方位는 白虎方位백호방위다.
一時停止일시정지와 같다. 大將軍은 上下 구별 없이 厄액이 따르며
增築증축이나 修理수리는 不可. 巳에는 未가 喪門상문 卯는 弔客조객이

다. 丙辛日에는 辰巳가 截路空亡절로공망. 巳는 天文星천문성 甲午旬中갑오순중에는 辰巳가 旬中空亡순중공망. 巳月은 卯未가 急脚殺급각살. 酉月에 巳는 斷橋關殺단교관살. 甲己日生 巳는 落井關殺낙정관살. 午月에 巳는 活人星활인성. 巳戌, 怨嗔殺원진살, 鬼門關殺귀문관살, 辰巳는 地網殺지망살. 巳는 變化변화가 非常비상하다. 奸邪星간사성이다. 巳月에 入胎月입태월은 申. 巳亥日生 入胎日은 286日이다. 辰과 午사이에 夾은 巳이다.

己巳의 變化

己土는 土生金은 인색하고 土剋水는 잘한다. 그러나 地支 巳火에는 生剋制化생극제화를 할 수 없다. 甲己合은 中正之合중정지합이라 하며 己土는 天干을 生도 剋도 하며 形而上學的형이상학적으로는 地支巳火에 生剋制化를 한다. 巳火는 地支끼리 生剋制化를 할 수 있으며 天干도 生剋制化를 할 수 있다. 그러나 月에서는 變化변화를 하지 않는다.

직장의 갈림길에서 망설이게 된다. 벌목작업이 예상되고 화재가 많아진다. 己巳 年은 강우량이 적어 농사는 예년에 비해 흉작이 예상된다. 목재 값이 오르고 채소나 과일 값이 오르며, 직장의 경쟁률이 심해지고 실업자가 늘어난다. 건설사업이 활발해지고 배우는 것이 교육으로 직결되고, 옛것을 선호하며 종교 철학에 관심이 많아지며, 학생은 행정학과, 외국어과, 육군사관학교, 중국어학과, 역사학과, 교육학과, 도시계획과 등이 인기가 있다고 예상된다. 취직부탁 하였다 사기 당하고, 직장 그만두고 사업에 손을 대며, 있던 곳이 없어지니 철거가 많아지고 지형변경이 될 수 있겠고, 관으로 인하여 손재요, 관의 방해가 생기고, 부군이 배신하며 부군이 돈 쓰는데 명수요 무능력자가 된다. 직장에서 친구 생기고 노력을 타인이 탈취하고, 한해는 觀光業관광업이 인기요 관광객이 늘어나며, 무엇이든 배워서 하려 하고 국민이 부지런하고, 서민이 바빠지며, 윗사람의 부정으로 인하여 추락하고 문서가 없어지니 사기 사건이 많아질 것이 예상된다. 문서가 없어지니 우편업무가 많아지면서 배달도 잘된다.

己巳의 비밀성 變化

내가 배워서 써먹으면 돈이 되고, 공부의 목적은 취재에 있다. 증권 투자자가 극성을 부리며 형제 중에 事業家사업가가 있으며, 장사의 목적은 돈에 있고 투기자가 많으며 친구한테 보증서고 친구가 사업하고 처음은 방해받으나 후에 풀리고 계획 없는 문어발식 투자는 회사만 작아진다. 매매가 성립되니 현금이 들어오고 어머니가 사업하는데 돈 보태주고 공부시켜주며 문서가 나가고 돈이 들어오며 무엇이든 매입만 하면 돈이 되고, 귀인이 도와주고 부모님의 유산 받으며 자식의 왕성에 극성을 부리고 돈까지 마구 쓰며 수하에 변화가 있고 지출처가 많아지며 깊은 함정으로 빠져드니 재주와 잔꾀만 늘어나며 관재와 송사가 겹치며 불상사가 연발이요, 말만하면 탄로 나고 이중으로 사기 배신당하고 부군이 없어지니 이혼이요 사망이라. 자손으로 상심이 더욱 커지며, 자손이 없어지니 아빠의 상심이 커진다. 언론이 강화되고 국민의 알권리가 생기며 재물이 없어지니 투자심리로 증권에 돈이 몰린다. 감사가 심해지고 부동산의 투기자가 많아진다. 노동자들이 집단으로 움직이며 데모가 많아지며 가족끼리 여행가고 가족이란 의미를 알며, 처와 며느리가 합하여 여행 보내주고, 윗사람의 말 한마디에 재물이 생긴다.

己巳의 노출성 變化

　부모님 싸움에 학업을 중단하고, 먹는 것이 체하고 계획이 빗나간다. 하고자 했던 일이 막히고 걱정만 쌓이고, 사업에 있어 거래처가 막히고 숨통이 막히고, 매매가 성립되지 않고 보증서면 부도나고, 카드회사에서 압류가 들어오고, 들리는 소식마다 불리하고 귀인이 아니라 원수다. 증권에 손을 대면 망하고 시작이 잘못이다. 말이 조리가 없고 상관에 반항하다 쫓겨나고, 부하의 잘못을 책임져야 하며 직장에 나가기 싫어 사표 내고 기술이 부족하여 기계 고장이 잦다. 생산에 지장을 초래하고 주객 전도에 실망이 크고, 학생들이 반항하며 학교의 시책에 따르지 않으며, 자손으로 인한 상심이 크며 상사에게 복종심이 없어지며, 상상력, 응용력이 떨어지며 장모와 의가 좋지 않다. 사위와도 의가 좋지 못하며, 아랫사람으로 인하여 직장 떨어지고, 직장에서 시비구설이 잦고 누명쓰고 배신당한다. 법이 개정되며 아랫사람으로 인해 명예가 손상되고, 명분 없이 해결이 안 난다. 수출물건과 기록상의 물건이 다르며 위장술이 발달한다. 종업원이 거세지니 하극상이라, 노조의 위력이 있게 되고, 하부조직이 깨지고 해산되며 부하가 상관을 이기는 해다. 여성이 사회에 진출하여 이바지하고, 언론이 뇌물에 매수되니 비밀이 탄로 나서 좌불안석이라.

庚午

■ 庚

形而上學형이상학 精神정신 始시 東 有情유정 上半期상반기 前進전진 得득 實실 생각 生成생성 上體상체 겉모양 外的외적 勝승 吉길 先 明 낮 地上 太過태과 自由. 天干은 天干끼리 生剋制化생극제화를 할 수 있다. 天干은 地支를 生剋制化 할 수 없다.

■ 午

形而下學형이하학 物質물질 終종 西 無情무정 下半期하반기 後退후퇴 失실 虛허 行動행동 消滅소멸 下體하체 속 모양 內的내적 敗패 凶흉 後후 暗암 밤 地下 不及불급 拘束구속 地支는 天干을 生도 剋도 할 수 있고 地支는 地支끼리 生剋制化를 할 수 있다. 午火는 生도 잘하고 剋도 잘하며 변화가 없다.

■ 庚

月星월성 剛金강금 鋼鐵강철 陽金양금 死金사금 更경 무쇠 兵草병초 우박

改革性개혁성 更新갱신 肅殺之氣숙살지기 變革性변혁성 義理의리 冷靜냉정 急速급속 昆蟲類곤충류 胛骨動物갑골동물 龜귀 變化動物변화동물.

■ 午

夏至하지 仲夏중하 五月之氣오월지기 正午 陰火음화 生火 柔火유화 活火활화 燈등 燭촉 正南정남 離宮이궁 七數칠수 馬마 盛火성화 四旺之局사왕지국 紅艶殺홍염살 湯火殺탕화살 紅色홍색 散산 꽃 苦고 舌설 精神정신 逆上역상 羽族類우족류 赤外線적외선 紫外線자외선 電氣전기 火藥類화약류 引火物質인화물질 飮毒음독 悲觀비관 外陽內陰외양내음 赤黃色적황색 一陰始生일음시생 地上에 交通手段교통수단이다. 豊풍 달리는 馬는 移動馬이동마가 되니 運送交通운송교통에 종사한다. 午日生은 外食性외식성으로 活動활동이 奔走분주하다. 午前 11時에서 午後 1時까지 관장한다. 火生土도 잘하고 火剋金도 잘한다. 庚午는 큰 車차 貨物車화물차다. 暗藏에는 丁火 己土가 있다.

職 業

■ 庚

車차, 運輸業운수업, 整備정비, 武器무기, 材料商재료상, 資材자재, 機械기계, 交通교통, 製鐵제철, 鐵物철물, 駐車場주차장, 兵器병기, 軍人군인, 警察경찰, 運動운동, 皮膚美容피부미용, 理髮師이발사, 스포츠마사지.

■午

醫藥의약, 毒劇物取扱독극물귀급, 危險物取扱위험물취급, 消防官소방관, 爆藥폭약, 引火物質인화물질, 化工화공, 電子전자, 기도, 建築건축, 호텔, 自動車部品자동차부품.

性 格

  냉정하면서도 온순 담백하고 용감하면서도 경박성이 있어 强者강자에 强강하고 弱者약자에는 弱약한데 명분이나 체통이 서지 않는 일은 하지 않는 성격의 소유자이다. 果斷性과단성이 강하여 決斷力결단력이 있고 革命家혁명가의 기질이 있으며 義理의리를 重視중시하고 끊고 맺음이 분명하여 남의 환심을 사기도 한다. 무슨 일이든지 단번에 해치우려는 성격으로 한번 계획을 세우면 끝까지 해 내고야 만다. 그러나 만용과 경거망동으로 매사를 그르치기 쉬우니 항시 마음을 갈고 닦음에 힘써야 할 것이다. 명랑하고 현실을 즐기는 현대인이라 할 수 있으며 본인이 마음에 들면 자기의 속마음을 다 털어 내보이며 자기에게 이익이 된다면 적극적으로 접근을 하며 외모에 신경을 쓴다. 여자는 몸가짐을 예쁘게 가꾸며 美를 창조하고 얼굴은 홍색을 띤다. 그러나 성격이 급한 나머지 자기의 마음에 들지 않으면 비관을 잘하는 팔자이기도 하다.

  직업은 의약계나 경찰, 직업군인, 전자, 화공, 고물상, 소방설비가 제격이며 건강은 폐, 기관지, 뇌일혈, 치질, 맹장, 생리통 등에 주의해야 하겠다.

場所소장 : 야영장, 카바레, 酒店주점, 風月풍월, 圖書館도서관, 절, 노는 곳.
健康건강 : 肺폐, 大腸대장, 氣管支기관지, 骨格골격, 皮膚피부, 鼻비, 痔疾치질, 齒牙치아, 盲腸맹장, 嗅覺후각, 장질부사, 血液혈액, 心臟심장, 小腸소장, 血壓혈압, 視力시력.

天干으로 庚金은 9數요 變化변화하면 4數에 辛金이 된다. 맛은 매운맛과 쓴맛이요 색상은 白色과 적색이며 午火에 方位는 正南쪽에 속하며 季節계절로는 午月 여름이요 離卦이괘요 人物인물로는 中女이다. 하루로는 午前 11時에서 午後 1時까지이며 一陰일음이 始生處시생처이다. 地支에 午火는 數理수리로 7數요, 外陽內陰외양내음으로서 겉으로는 陽양이나 속은 陰음이요 體체와 用용이 각각 다르다. 火生土도 잘하고 火剋金도 잘한다.

■ 地藏干 : 丁 己

暗藏암장은 비밀스러운 것, 생각이 많은 것이다. 남에게 밝히기를 싫어하며 미래를 내다보는 것도 된다. 暗藏合은 다정한 것 대가성을 내심 따진다. 체통을 찾는다. 暗藏合에는 丁壬合, 甲己合갑기합이 있는데 天干에 壬과 甲이 있으면 本人의 計劃계획대로 하려 하고, 沖에는 丁癸沖이 있는데 天干에 癸水가 있으면 變化변화가 있게 되며 짜증도 많이 낸다.

午는 寅午戌, 寅戌, 午戌, 寅午는 三合局, 離卦이괘, 湯火殺탕화살, 巳

午未는 方合, 午未는 六合, 丑午는 怨嗔殺원진살, 鬼門關殺귀문관살, 午卯는 破殺파살.

■ 庚午가 아래 天干을 만나면

甲은 偏財편재, 甲庚沖, 甲午, 暗藏에는 甲己合, 盜氣도기, 泄氣설기, 死宮사궁.

乙은 正財정재, 天干, 乙庚合, 노는 장소, 生宮생궁.

丙은 偏官편관, 丙庚聲병경성, 羊刃양인, 天轉殺천전살, 比劫비겁, 月德貴人월덕귀인, 旺宮왕궁.

丁은 正官정관, 正祿정록, 冠宮관궁, 壯丁장정.

戊는 偏印편인, 匠人精神장인정신, 戊午, 羊刃殺양인살, 地轉殺지전살, 旺宮왕궁.

己는 正印정인, 正祿정록, 받는 것이 인색하다. 冠宮관궁.

庚은 比肩비견, 선장이 둘, 庚午, 紅艶殺홍염살, 浴宮욕궁.

辛은 比劫비겁, 病宮병궁, 깨끗해짐, 雜金잡금, 鍍金도금.

壬은 食神식신, 支出處지출처, 壬午, 暗藏에는 丁壬合, 淫亂之合음란지합, 胎宮태궁.

癸는 傷官상관, 胞宮포궁, 盜氣도기, 멍든다, 丁癸暗沖정계암충, 가장 싫어하는 것.

■ 庚午가 아래 地支를 만나면

子는 食神식신이 傷官상관, 庚子, 泄氣설기, 盜氣도기, 金沈금침, 災殺재

살, 囚獄殺수옥살, 死宮사궁, 天貴星천귀성, 子午沖, 暗藏에는 丁癸沖, 落井關殺낙정관살.

丑은 正印, 天乙貴人천을귀인, 桃花殺도화살, 天殺천살, 怨嗔殺원진살, 鬼門關殺귀문관살, 庫藏고장, 墓宮묘궁, 暗藏에는 丁癸沖, 天厄星천액성, 殘病잔병, 古鐵고철, 古物商業고물상업 適合적합.

寅은 偏財편재, 庚寅, 財殺地재살지, 寅午三合, 暗藏에는 甲己合, 胞宮포궁, 水隔殺수격살, 絶宮절궁, 地殺지살, 天地가 甲庚沖, 湯火殺合탕화살합, 天權星천권성, 十惡日십악일.

卯는 正財정재, 乙庚合, 桃花殺도화살, 胎宮태궁, 午卯, 六破殺육파살, 天破殺천파살, 急脚殺급각살, 木生火가 吝嗇인색함. 天喜星천희성.

辰은 偏印편인, 庚辰, 傷食庫藏상식고장, 暗藏에는 丁癸沖, 戊癸合, 乙庚合, 養宮양궁, 魁罡殺괴강살, 十惡日십악일, 天奸星천간성, 月殺월살.

巳는 正官정관이 偏官편관, 方合, 生宮생궁, 燥土조토, 亡神殺망신살, 文曲貴人문곡귀인, 天文星천문성, 亡神殺망신살은 승부를 다투는 전장이요 법정이다.

午는 偏官편관이 正官정관, 庚午, 紅艶殺홍염살, 浴宮욕궁, 將星殺장성살, 雙馬쌍마, 金馬車금마차, 天福星천복성, 一陰始生處일음시생처, 夏至하지, 截路空亡절로공망.

未는 正印정인, 天乙貴人천을귀인, 方合, 帶宮대궁, 攀鞍殺반안살, 天驛星천역성, 急脚殺급각살, 財庫재고, 截路空亡절로공망, 暗藏에는 乙庚合.

申은 比肩비견, 庚申, 祿根록근, 驛馬殺역마살, 冠宮관궁, 暗藏에는 丁

壬合, 天孤星천고성, 三災삼재, 人皇인황.

酉는 比劫비겁, 羊刃殺양인살, 桃花殺도화살, 紅鸞星홍란성, 三災天權삼재천권, 六害殺육해살, 天刃星천인성, 鍍金도금, 旺宮왕궁, 月에 羊刃양인은 身弱신약이 없다.

戌은 偏印편인, 官庫관고, 印綬庫인수고는 漢文한문을 잘한다. 旬中空亡순중공망, 收集狂수집광, 衰宮쇠궁, 華蓋殺화개살, 天藝星천예성, 斷矯關殺단교관살, 三災地災삼재지재.

亥는 傷官상관이 食神식신, 泄氣설기, 暗藏에는 丁壬合, 甲己合, 淫亂之合음란지합, 病宮병궁, 劫殺겁살, 天壽星천수성, 旬中空亡순중공망, 天德貴人천덕귀인, 天廚貴人천주귀인, 文昌貴人문창귀인.

■ 庚午가

木에는 官星관성, 傷官상관, 食神식신.

火에는 財星재성, 比肩비견, 比劫비겁.

土에는 傷官상관, 食神식신, 印綬인수.

金에는 比肩비견, 比劫비겁, 官星관성.

水에는 印綬인수, 正財정재, 偏財편재.

亥卯未生은 巳午未年에 三災殺삼재살이다. 陰氣음기 巳午未年에는 卯 東方이 大將軍方位대장군방위다. 大將軍方位는 白虎方位백호방위다. 一時停止일시정지와 같다. 大將軍은 上下가 없고 액이 따르며 增築증축이나 修理수리도 不可. 午에는 申이 喪門상문이고 辰은 弔客조객이다. 乙庚日에는 午未가 截路空亡절로공망, 甲申旬中갑신순중에는 午未가 旬中空亡순중공망이다. 辛日에 寅午가 天乙貴人천을귀인 9月에 午는 斷矯關殺단교관살, 未月에 午는 活人星활인성이다. 丑午는 怨嗔殺원진살, 鬼門關殺귀문관살, 六害殺육해살, 午火는 變化변화가 없다. 天福星천복성, 午月에 入胎月입태월은 酉. 子午日生자오일생 入胎日은 276日. 巳와 未 사이에 夾은 午이다.

庚午의 變化

庚金은 金生水도 잘하고 金剋木도 잘한다. 그러나 地支 午火에는 生剋制化생극제화를 할 수가 없으며 乙庚合은 仁義之合인의지합이라 하며 庚金은 天干을 生도 剋도 하며 形而上學的형이상학적으로는 地支午火에 生剋制化를 잘한다. 午火는 地支끼리도 生剋制化를 할 수 있으며 세력으로도 합하며 天干에도 生剋制化를 할 수 있다.

더위가 예상되며 금속 값이 오르고 산업이 발달하며 오락문화가 발달하며 놀이시설이 증가한다. 가끔 냉해가 있고 우박과 서리로 인한 피해가 있다. 갑자기 변화가 많고, 부동산 경기가 살아난다. 돈이 모이지 않으며 처가 다른 주머니 찬다. 돈이 나가면 들어올 줄 모른다. 목돈이 푼돈 된다. 금전독촉에 재산의 권리자가 또 하나 생긴다. 자동차의 신개발 차가 나오고, 여행객이 늘어나며 호텔사업이 잘되고 외식문화가 늘어난다. 학생은 기계공학과, 육군사관학교, 공군사관학교, 자동차학과, 불교학과, 신문방송학과 등의 인기가 있다고 예상된다. 庚午年 한해는 관광의 해가 된다. 불교 신도가 많아지며 건설 붐이 일어난다. 수온도 높아지고 기온도 높아지며 피서지의 바가지 요금이 예상된다. 가뭄이 예상되니 대책이 시급하며 눈병도 예상된다. 질병으로 인해 병원이 門前成市문전성시하는 한해가 된다. 농산물의 수확이 적어 가격이 오를 것이 예상된다. 기온이 높아지니 과일의 당도가 높아진다. 언론이 밝아지고 깨끗하고 부정이 적어지며 투명하게 된다. 서민주택 계획이 수립되는 해가 예상된다.

庚午의 비밀성 變化

직장에서 노력한 만큼 월급을 받는다. 직장에서 아랫사람이 애인 소개시켜 준다. 어머니가 공부 가르쳐 주고 공부의 목적은 사업경영에 있고, 어머니와 며느리가 화합하고 이사하면서 재산이 늘어나고, 뇌물에 부정이 도둑으로 몰리고 뇌물로 인하여 승진하고, 저축의 목적은 여행에 있고 증권에 투자라 투자가 증가한다. 처가에서 유학 보내주며 수입의 목적은 원자재요, 가정 화합에 선비의 가정이요 경제계의 가정이요, 나의 직장은 감사직, 감독직이 알맞고 직장에서 대인관계는 술상무가 적합이요, 상사와 부하가 합심하여 나의 가정에 찾아오고 한 직장에서 근무하는 여인과 연애 결혼하며, 부모가 집 사주고 유학 보내주며 금융계에 행정은 달통이요, 남편과 자식이 합세하여 돈벌어다 주며 처갓집에 왕래가 많으며 돈이라는 것을 알게 되고 승진에 승진이 거듭되니 경사가 겹치고, 투자했다하면 승전보요 명예는 나의 것이요, 소식이 왔다하면 승진소식이요 자식 낳고 애인생기며, 자식이 경제계에 투신하고 사업이 번창하며 기관장이 부하를 시켜 사업을 하게 하고 부모가 공부하고 공부하면서 여행하고 공무원이 믿을만한 친구를 시켜 뇌물을 먹게 되고 금융에 서류라 일이 산더미처럼 밀려 있고 조사하다 뇌물 받으며 감사하다가 뇌물 받는다. 지출이 없는 수입이라 저축에 저축이라.

庚午의 노출성 變化

생각지도 않는 일이 발생하게 된다. 갑작스런 충동이 일어나 마음의 변화가 예상되며, 아랫사람이 치받고 올라오며 감원 당하고, 말 한마디 실수로 직장에서 밀려나며 직장노조가 일에 지장을 초래하며 일해주고 누명쓰고 감사받는다. 자식이 무모한 행동으로 부모의 속을 썩인다. 투기한 것으로 인하여 官災_{관재} 구설이 따르고 상사에게 반항심이 생기며 학생은 전학을 많이 하고, 일반인은 직장이 자주 바뀌며 눈병이 많아 안질 환자가 발생하고 상사에게 지탄받고 언론에 게재되고 남편은 직장을 오래 못 다니고 자주 옮기며, 시누이 시집살이가 매운 고추보다 심하고 건망증 때문에 상사에게 서류분실이 발생하고, 꿈은 크나 뜬구름이요 가는 곳마다 원수요 시집형제로 인하여 더욱 괴롭힘을 당하고, 대들보 부러지고 화가 백가지로 늘어나며 정치에 입문하니 프로정신이라는 것을 알게 되고 하고는 싶으나 하고 보면은 후회가 막심하며, 하루살이에 임시직인데 남이 볼 때는 별정직이요 지형천리요 화전민과 같은 생활을 하게 된다. 명예가 땅에 떨어지고 어디를 가나 명함 한 장 못 내밀며 원류가 두절이요, 거꾸로 돌아가고 지출 때문에 구설수요 지출이란 배설구와 같은 것이니 변비만 생기게 된다. 시작과 결과가 다르니 부하가 희생하고 멍든다. 내 것 주고 구설수요 배신만 당하게 된다.

辛未

■ 辛

形而上學형이상학 精神정신 始시 東 有情유정 上半期상반기 前進전진 得득 實실 생각 生成생성 上體상체 겉모양 外的외적 勝승 吉길 先 明 낮 地上 太過태과 自由. 天干은 天干끼리 生剋制化생극제화를 할 수 있다. 天干은 地支를 生剋制化 할 수 없다.

■ 未

形而下學형이하학 物質물질 終종 西 無情무정 下半期하반기 後退후퇴 失실 虛허 行動행동 消滅소멸 下體하체 속 모양 內的내적 敗패 凶흉 後후 暗암 밤 地下 不及불급 拘束구속 地支는 天干을 生도 剋도 할 수 있고 地支는 地支끼리 生剋制化를 할 수 있다.

未土는 生은 불가하나 剋은 잘하며 변화가 있다. 未土는 合이 될 때도 있고 되지 않을 때도 있다.

■ 辛

寒露한로 陰金음금 柔金유금 新신 兵草병초 우박 改革性개혁성 更新갱신

肅殺之氣숙살지기　義理의리　變革性변혁성　冷靜냉정　急速급속　昆蟲類곤충류

胛骨動物갑골동물　龜귀　非鐵金屬비철금속　霜상　貴金屬귀금속　金銀珠玉금은주옥

細金세금　鐘종　生金생금　軟金연금　金佛象금불상　美人미인　變化動物변화동물.

■ 未

小暑소서　大暑대서　羊양　陰土음토　味　二陰之氣이음지기　旺土왕토　燥土조

토　족복류　木之庫藏목지고장　四庫之局사고지국　火餘氣화여기　信　三伏之氣

삼복지기　心術性심술성　征服力정복력이　強강하다.　天驛星천역성　財官印재관인

三奇삼기를　저장하고　있다.　土中에　뜨거운　土다.　불모지　땅이다.

土生金은　못하나　土剋水는　잘한다.　引火物質인화물질　電池전지　電子전

자　赤外線적외선　放射線방사선　火藥화약류를　함유하고　있다.　夏節하절

沙土사토로　人工培養土인공배양토다.　모래땅,　자갈　땅,　홍색을　지닌

땅　木에　庫藏고장이므로　낮은　野山야산.　未中乙木은　柔花草유화초　채

소　果樹園과수원　花園화원이다.　亥水를　감당　못한다.　午後　1時에서

午後　3時까지　관장한다.

職　業

■ 辛

寺刹사찰,　宗敎종교,　飮酒음주,　金屬금속,　齒科치과,　音樂음악,　樂器악기,

金銀細工금은세공,　古物고물,　工具공구,　洋品양품,　술그릇,　資材자재,　皮膚

美容피부미용, 理髮師이발사, 스포츠마사지.

■ 未

建設土木건설토목, 農業농업, 乾草건초(漢藥한약), 술, 食堂식당, 土地, 藝術工藝예술공예, 九流術業구류술업, 哲學철학, 不動産부동산.

性 格

의리는 있으나 욕심이 많아 돈이 들어가면 나올 줄 모르고 심술에 아집이 대단하여 정복력이 강하고 신앙에도 뜻은 있으나 오래가지 못하는 것이 흠이다. 공부는 도중하차하기 쉬우니 그 고비를 잘 넘기는 인내가 필요하다 하겠다. 겉으로는 냉정하게 보이나 알고 보면 따뜻한 마음씨에 마음이 곱고 온순하며 명분과 체통을 위주로 생활하기에 일에 끊고 맺음이 분명하다. 피부가 희고 미인이 많으며 새것을 좋아하니 그 변덕스러움이 칠면조와 같으며 세심하고 섬세하다. 깨끗함을 좋아하고 한번 마음먹으면 지키려고 노력하고 틀어지면 다시는 보지 않으려는 성격의 소유자이며 대가성을 따진다. 재복은 좋아서 돈은 떨어지지 않으나 처궁이 부실하니 처의 잔병이 염려되고 양처득자에 총각득자하기 쉬우니 여자 사귀는데 있어서 신중을 기해야 할 것이다. 여명은 부궁 부실에 친모 봉양을 하겠고 문필 또한 정확하여 예·체능에도 일가견이 있다.

직업은 공무원이나 군인, 경찰, 조사기관, 은행 등이 제격이고
건강은 폐, 기관지가 약하고 편도선이나 피부질환에도 주의를 해
야할 것이다.

人物인물：裁判軍人재판군인, 警察官경찰관, 조사관이요

場所장소：警察署경찰서, 法政법정, 刑務所형무소, 平地평지, 田園전원, 野
山야산 等이다.

健康건강：肺폐, 大腸대장, 氣管支기관지, 骨格골격, 皮膚피부, 鼻비, 痔疾
치질, 齒牙치아, 盲腸맹장, 장질부사, 血液혈액, 嗅覺후각, 脾비,
胃腸위장, 허리, 腹部복부, 口, 肌肉기육, 血壓혈압, 糖尿당뇨,
특히 合併症합병증을 조심.

天干으로 辛金은 4數요 變化변화하면 1數에 壬水가 된다. 맛은
매운맛과 단맛이요 색상은 백색과 황색이요, 未土에 方位는 未坤
申미곤신 南西쪽에 屬속하며 季節계절로는 未月 여름이요, 人物로는
老母노모이다. 하루로는 午後 1時에서 3時까지이며 二陰之氣이음지기
요, 地支에 未土가 數理수리로는 10數요 土生金은 못하나 土剋水
는 잘한다.

■ 地藏干：己 丁 乙

暗藏암장은 비밀스러운 것 생각이 많은 것이다. 남에게 밝히기를
싫어하며 미래를 내다보는 것도 된다. 暗藏合은 다정한 것 대가
성을 내심 따진다. 暗藏合에는 甲己合, 丁壬合, 乙庚合이 있는데

天干에 甲, 壬, 庚이 있으면 本人의 계획대로 하려 하고, 冲에는 丁癸冲, 乙辛冲이 있는데 天干에 癸, 辛이 있으면 변화가 많고 내심 성격도 급하다.

未는 亥卯未, 亥未, 亥卯, 卯未는 三合局, 震卦진괘, 巳午未는 方合, 午未는 六合, 寅未는 鬼門關殺귀문관살, 子未는 怨嗔殺원진살, 六害殺육해살.

■ 辛未가 아래 天干을 만나면

甲은 正財정재, 暗藏에는 甲己合, 庫藏고장, 墓宮묘궁.

乙은 偏財편재, 乙辛冲, 精神散漫정신산만, 乙未, 白虎大殺백호대살, 墓宮묘궁, 養宮양궁, 乾草건초.

丙은 正官정관, 丙辛合, 印綬庫藏인수고장, 衰宮쇠궁, 羊刃양인.

丁은 偏官편관, 丁未, 羊刃殺양인살(陰刃음인), 帶宮대궁.

戊는 正印정인, 埋金매금, 배워도 못써먹음, 羊刃양인, 衰宮쇠궁.

己는 偏印편인, 己未, 羊刃殺양인살, 모래자갈 땅, 陽地양지.

庚은 比劫비겁, 帶宮대궁, 乙庚合, 財庫재고.

辛은 比肩비견, 辛未, 伏吟복음, 衰宮쇠궁, 乙辛冲.

壬은 傷官상관, 金沈금침, 違法行爲위법행위, 養宮양궁, 暗藏에는 丁壬合.

癸는 食神식신, 癸未, 絶地절지, 墓宮묘궁, 土剋水, 傷食庫상식고, 물이 세고 있다.

■ 辛未가 아래 地支를 만나면

子는 傷官상관이 食神식신, 金沈금침, 桃花殺도화살, 生宮생궁, 泄氣설기,
　　天貴星천귀성, 怨嗔殺원진살, 六害殺육해살, 水隔殺수격살.

丑은 偏印편인, 生宮생궁, 自己庫자기고, 丑未沖, 月殺월살, 天厄星천액성,
　　暗藏에는 丁癸沖, 乙辛沖, 養宮양궁.

寅은 正財정재, 絶地절지, 天乙貴人천을귀인, 鬼門關殺귀문관살, 暗藏에는
　　丙辛合, 甲己合, 天權星천권성, 財官同臨재관동림, 天喜星천희성,
　　亡神殺망신살, 技藝發達기예발달.

卯는 偏財편재, 辛卯, 懸針殺현침살, 卯未三合, 絶地절지, 胞宮포궁, 金木
　　相戰금목상전, 將星殺장성살, 大將軍대장군, 急脚殺급각살, 乙辛沖,
　　天破星천파성.

辰은 正印정인, 濕土습토, 滋養之金자양지금, 傷食庫藏상식고장, 子息자식 걱
　　정에 늙어간다. 埋金매금, 墓宮묘궁, 攀鞍殺반안살, 天奸星천간성,
　　截路空亡절로공망.

巳는 偏官편관이 正官정관, 辛巳, 丙辛合, 絶地절지, 死宮사궁, 驛馬殺
　　역마살, 方合, 天文星천문성, 暗藏에는 乙庚合, 戀愛博士연애박사,
　　三災黑氣삼재흑기, 截路空亡절로공망.

午는 正官정관이 偏官편관, 絶地절지, 病宮병궁, 六害殺육해살, 天福星천복성,
　　天乙貴人천을귀인, 方合, 銷鎔소용, 三災陰氣삼재음기.

未는 偏印편인, 土生金에는 不利하다. 同合, 辛未, 伏吟복음, 財庫재고,
　　急脚殺급각살, 衰宮쇠궁, 華蓋殺화개살, 天驛星천역성, 三災白殺삼재백살.

申은 比劫비겁, 雜金잡금, 濁亂탁란, 旺宮왕궁, 劫殺겁살, 天孤星천고성, 紅

鸞星홍란성, 暗藏에는 丁壬合, 乙庚合, 古鐵고철.

酉는 比肩비견, 冠宮관궁, 災殺재살, 天刃星천인성, 辛酉, 祿록, 金佛象금불상, 純金순금, 暗藏에는 乙辛沖.

戌은 正印정인, 羊刃殺양인살, 雜印잡인, 天藝星천예성, 官庫관고, 印綬庫인수고, 帶宮대궁, 天殺천살, 土生金을 잘하기도 하고 못하기도 한다.

亥는 食神식신이 傷官상관, 外陰內陽외음내양, 辛亥, 金沈금침, 浴宮욕궁, 地殺지살, 丁壬合, 孤鸞殺고난살, 天壽星천수성, 盜氣도기, 病宮병궁, 一名일명 呻吟殺신음살.

■ 辛未가

木에는 官星관성, 財星재성.

火에는 財星재성, 傷官상관, 食神식신.

土에는 傷官상관, 食神식신, 比肩비견, 比劫비겁.

金에는 比肩비견, 比劫비겁, 印綬인수.

水에는 印綬인수, 官星관성.

亥卯未生은 巳午未年에 三災殺삼재살이다. 白殺백살 巳午未年에는 卯 東方이 大將軍方位대장군방위다. 大將軍方位는 白虎方位백호방위다. 一時停止일시정지와 같다. 增築증축이나 修理수리는 避피함이 좋고 上下구별 없이 厄액이 따른다. 未에는 酉가 喪門상문이요 巳가 弔客조객이다. 乙庚日에는 午未가 截路空亡절로공망이요, 甲申旬中갑신순중에는

午未가 旬中空亡순중공망이다. 甲戊庚日에 丑未가 天乙貴人천을귀인. 巳午未月生에 未는 急脚殺급각살. 10月生에 未는 斷矯關殺단교관살 申月에 未는 活人星활인성. 寅未는 鬼門關殺귀문관살, 子未는 怨嗔殺원 진살, 六害殺육해살, 未는 變하기도 잘하지만 變하지 않을 때도 있다. 未月에 入胎月입태월은 戌. 丑未日生 入胎日은 266日. 午와 申 사 이에 夾은 未이다.

辛未의 變化

辛金은 金生水는 吝嗇인색하나 金剋木은 잘한다. 그러나 地支 未土에는 生剋制化생극제화를 할 수가 없으며 丙辛合은 威制之合위제 지합이라 하며 辛金은 天干을 生도 剋도 하며 形而上學的형이상학적 으로는 地支未土에 生剋制化를 잘한다. 未土는 地支끼리도 生剋 制化를 할 수가 있으며 세력으로도 따라가며 天干에도 生剋制化 를 할 수 있다.

가뭄과 더위가 예상되며 비철금속 값이 오른다고 본다. 농작물 에 서리나 우박이 내릴 것이 예상되니 그 대비가 필요하다. 귀 금속 값이 오르며 유행성 눈병의 예방이 필요하며, 골재 값이 내리고 하천 정비작업을 하는 해라고 본다. 농작물의 피해로 인 하여 농작물 값 등락이 심하다고 본다. 유행성 전염병에 걸리지 않도록 주의해야 하겠다. 대중음식점의 보건당국의 감사가 예상 된다. 여야의 대립이 있겠으며 야당이 여당에 도움을 주지 않는다. 비밀이 노출되고 언론이 맑아지며, 피서지가 성황을 이루며 빙과류 장사가 잘된다고 본다. 사고가 많아지고 환자가 늘어나며 병원출입이 있게 되며, 억지로 변화는 하지 않는다. 모든 일에 지연성이 있게 된다. 야당은 국민의 지지를 얻는다. 새로운 것을 찾게 되고 복고풍이 일어나며 저축이 늘어나고 마음이 자주 변하고 몸은 무거우며 정신은 맑은데 행동은 느리며 서민을 위한 정책이 없으며, 부동산 투기가 살아나며 들리는 소식마다 먹는다는 것이다. 정부는 서민을 위한 정책을 수립하면 국민의 지지를 얻게 된다라고 예상된다. 학생은 의과, 외국어과, 기술과 등에 인기가 있다고 예상된다.

辛未의 비밀성 變化

건축업이 성하며 건설자재 값이 오르게 된다. 작은 집이 큰집으로 바뀌며 계획과 희망이 커지며 돈이 나갔다하면 들어오지 않으며, 부모님이 강하여지고 여행하고 즐거움이 넘치며, 들려오는 소식마다 기쁨과 경사요, 원류가 더욱 튼튼하여지며 학생은 학교를 옮기고 전학하며, 서류가 동하였으니 이사수요 매매수라고 한다. 학생은 선생님의 사랑 받고 귀인이 선생이요, 처가 도망가고 애인을 잘못 만나 奪財탈재가 생기며, 돈이 모이지 않으며 처가 다른 주머니 차고, 친구나 형제가 돈을 빌려 가면 실물數에 도둑이라, 놀이를 제공하는 사업하다 망하고, 묘목 또는 분재에 돈을 대면 흥행이요, 직장생활하면서 사업을 하게 되고 융자가 쉽게 되며, 부군보다 돈이 우선이라 부군으로 인하여 돈이 생기고, 부군이 가정위주며 직장에 충실하고, 의심 의처에 시기질투가 많으며 마음과 행동이 다르며, 위법행위 하다 범칙금 물게 되고, 본처의 마음은 재산을 늘리는데 명수요, 직장은 옮기지 마라 옮기려다 실업자 된다. 의류사업이 잘되며 유행은 신 복고풍이요, 감사나 감독 또는 조사의 목적은 부정에 있다. 친구에게 애인 소개하지 마라 소개하면 빼앗긴다. 노인이 우대 받고 마음은 늙지 않았는데 행동은 느리다. 사기 당하는 운이며 상대방은 한 자락 깔고 들어오며.

辛未의 노출성 變化

생각지도 않은 일이 발생하게 된다. 갑작스런 충동이나 마음의 변화가 일어나며, 신경성 두통에 근육통, 골통, 치통이요, 여자 때문에 싸움이요 돈 때문에 의리상하고, 시어머니 시집살이가 심하고, 말 한마디 때문에 직업이 떨어지며 두뇌회전이 안되며, 위장병에 허리까지 다치며 음식을 먹었다하면 체하기가 일쑤요 욕심은 욕심으로 망하며 사업이 동업수요 알면서 당하고, 꿈을 꾸었다 하면 악몽이요, 투자보다 투기가 만행하고 도박이나 오락에 심취하고, 서류를 제출했다하면 제지를 당하고, 학생은 선생님한데 따지고 대들며, 학교는 문제아 학생으로 말썽이 많으며, 부자간에 사이가 좋지 않고 남편의 행동은 무모한 짓이며, 시집 형제로 인하여 스트레스가 쌓이게 된다. 좌불안석 불안초조에 악몽에 시달리며, 교육은 학교장 마음대로 하려다 학생의 반대가 심하고, 음식은 잘먹어야 본전이라 급하게 먹지 마라. 애인은 들꽃과 같으며 들꽃은 꺾는 자가 임자니라. 상하 의견일치가 안되어 노사가 대립된다. 금융대출에 서류는 항상 제재를 받으며, 친구는 애인 때문에 사랑에 멍들어 하소연하게 되며, 높은 사람은 민초의 마음을 한치도 헤아리지 않는다. 뇌물이 원수요 말 한마디로 천냥 빚을 갚는 격이니 말조심하라.

壬申

■ 壬

形而上學형이상학 精神정신 始시 東 有情유정 上半期상반기 前進전진 得득 實실 생각 生成 上體상체 겉모양 外的외적 勝승 吉길 先 明 낮 地上 太過태과 自由. 天干은 天干끼리 生剋制化생극제화를 할 수 있다. 天 干은 地支를 生剋制化 할 수 없다.

■ 申

形而下學형이하학 物質물질 終종 西 無情무정 下半期하반기 後退후퇴 失실 虛허 行動행동 消滅소멸 下體하체 속 모양 內的내적 敗패 凶흉 後후 暗암 밤 地下 不及불급 拘束구속 地支는 天干을 生도 剋도 할 수 있고 地支는 地支끼리 生剋制化를 할 수 있다. 申金은 生도 잘하며 剋도 잘하고 변화도 잘한다. 申金은 합이 될 때도 있고 안될 때 도 있다.

■ 壬

天으로는 雲운 精정 水氣수기 밤 冬節동절 雪설 氷빙 始作시작 進化진화

萬物만물의 宗主종주요. 地로는 澤택 연못 海水해수 湖水호수 浦水포수 停止水정지수 陽水양수 亥水해수 死水사수 江水강수 收藏수장 智慧지혜 霜露상로 戰場전장 大雪대설 妊임 流水유수 橫流횡류 江河강하 氷雪빙설 監獄감옥 玄武현무 陰凶음흉 呻吟신음 秘密비밀 欺滿기만 凝固응고 結氷결빙 遲延지연 溶解용해 忍耐인내 適應적응을 잘함. 流動유동 始시와 終종. 姙娠임신. 東南으로 흐른다. 性은 險難험난하고 奸詐간사하고 智謀지모 淫음. 字義자의는 川 江 水.

■ 申

處暑처서 立秋입추 改革개혁 肅殺之氣숙살지기 變革변혁 更新갱신 神氣신기 霜상 露로 角각 兵草병초 陽金양금 猴후 坤方곤방 白色백색 冷氣냉기 燥조 車輛차량 銅線동선 四生之局사생지국 三陰之氣삼음지기 剛金강금 急速급속 白虎백호 名分명분 體統체류 龜귀 血光혈광 堅固견고 老窮노궁 義理의리 冷靜냉정 身신 頑金丈鐵완금장철 胛骨動物갑골동물 昆蟲類곤충류 變化動物변화동물. 포부가 크다. 金生水도 잘하고 金剋木도 잘한다. 원류를 튼튼하게 한다. 午後 3時에서 5時까지. 강한 반면에 부드러운 면이 있다.

職 業

■ 壬

바다, 外國語외국어, 船舶선박, 海運해운, 水産수산, 法務법무, 外務외무,

食品식품, 酒類주류, 氷菓類빙과류, 冷凍業냉동업, 貿易무역, 沐浴湯목욕탕, 풀장, 硏究家연구가, 敎育교육, 造景조경, 微生物미생물.

■ 申

寺刹사찰, 自動車자동차, 運輸業운수업, 鐵物철물, 整備정비, 機械기계, 軍人군인, 運動운동, 武器무기, 資材자재, 針침, 皮膚美容피부미용, 마사지.

性 格

활발하고 포용력이 있어 모든 사람에게 신망을 받으며 두뇌가 명석하고 원류가 풍부하여 칠 년 대한에도 마르지 않으며 그 여력이 대단하다. 아는 것이 많아 박력이 있고 똑똑하며 자기의 생각대로 행하는 스타일이다. 모든 사람을 평등하게 대하며 어떠한 환경에도 적응을 잘하고 용기와 지혜로 살아가며 타인으로 인하여 빛을 보게 되어 있으니 처세를 잘 함으로서 귀인이 되는 것이다. 어떠한 것에 관찰력이 강하고 연구의 연구라 재주가 다양하고 발명가의 소질이 있으며 임기응변이 능하여 외국어에 능통하고 외국인과 인연이 있으며 기억력 또한 비상하다. 처덕은 있으나 색이 강하여 작첩은 면하기가 어렵고 의처증이 있으며 처의 도움으로서 살아가는 팔자이다. 여명은 박학수재라고는 하지만 부궁부실에 직업 여성이어야 하며 타향에서 성공하고 학원가에 인연이 있으며 외국인과 인연이 있다.

직업으로는 외교, 법정, 동시통역, 무역, 교육 등이 좋으며 건강으로는 혈압, 중풍, 치매가 염려되며 약발이 잘 받지 않으니 주의가 필요하다.

人物_{인물} : 발명가, 연구가, 교육, 미생물, 조경.

場所_{장소} : 海洋_{해양}, 연못, 夜間_{야간}.

健康_{건강} : 腎_신, 膀胱_{방광}, 耳鳴_{이명}, 몸이 붓는 症狀_{증상}, 泌尿器_{비뇨기}, 生殖器_{생식기}, 聽覺_{청각}, 排泄物_{배설물}, 老來_{노래}에는 血壓_{혈압}, 風疾_{풍질}, 치매 등 持病_{지병}으로 因하여 오래도록 고생하는 것이 흠이다. 肺_폐, 大腸_{대장}, 骨格_{골격}, 齒牙_{치아}, 皮膚_{피부}, 血疾_{혈질}, 氣管支_{기관지}, 痔疾_{치질}, 盲腸_{맹장}, 鼻_비, 嗅覺_{후각}.

天干으로 壬水_{임수}는 1數요 變化_{변화}하면 8數에 乙木이 된다. 맛은 짠맛과 매운맛이며 색상은 흑색과 백색이요 申金은 未坤申_{미곤신} 南西쪽 方位이며 季節_{계절}로는 申月 초가을이요 人物_{인물}로는 中男_{중남} 老母_{노모}에 속하고 하루로는 午後 3時에서 5時까지이며 三陰之氣_{삼음지기}요 地支 申金에 數理_{수리}로는 9數요 金生水도 잘하고 金剋木도 잘한다.

■ 地藏干 : 庚 壬

暗藏_{암장}은 비밀스러운 것, 생각이 많은 것이다. 남에게 밝히기를 싫어하며 미래를 내다보는 것도 된다. 暗藏은 다정한 것, 후중한 것, 내심 대가성을 따지는 것. 暗藏合에는 乙庚合, 丁壬合이 있는데 天干에 乙 丁이 있으면 본인의 계획대로 하려고 한다.
沖에는 甲庚沖, 丙壬沖이 있는데 天干에 甲 丙이 있으면 변화가
많고 내심 성격도 급하다.

申은 申子辰, 申子, 子辰, 申辰은 三合局, 坎卦_{감괘}, 申酉戌은 方
　　合, 卯申은 怨嗔殺_{원진살}, 鬼門關殺_{귀문관살}, 申亥는 六害殺_{육해살},
　　寅巳申은 刑殺_{형살}.

■ 壬申이 아래 天干을 만나면

甲은 食神_{식신}, 甲申, 懸針殺_{현침살}, 甲庚沖, 殺印相生_{살인상생}, 絶宮_{절궁},
　　活人業_{활인업}.

乙은 傷官_{상관}, 違法行爲_{위법행위}, 殺印相生_{살인상생}, 乙庚合, 胎宮_{태궁},
　　天乙貴人_{천을귀인}.

丙은 偏財_{편재}, 丙壬沖, 丙申, 財殺地_{재살지}, 不情胞胎_{부정포태}, 絶地_{절지},
　　病宮_{병궁}.

丁은 正財_{정재}, 丁壬合, 財殺地_{재살지}, 淫亂之合_{음란지합}, 硏究官_{연구관}.

戊는 偏官_{편관}, 戊申, 孤鸞殺_{고난살}, 祖上德_{조상덕}, 病宮_{병궁}, 泄氣_{설기}.

己는 正官_{정관}, 泄氣_{설기}, 盜氣_{도기}, 浴宮_{욕궁}.

庚은 偏印_{편인}, 外國語_{외국어}, 匠人精神_{장인정신}, 庚申, 祿_록, 冠宮_{관궁}.

辛은 正印_{정인}, 旺宮_{왕궁}, 吝嗇_{인색함}.

壬은 比肩_{비견}, 模倣_{모방}을 잘함, 壬申, 伏吟_{복음} 長生宮_{장생궁}, 十惡日
　　_{십악일}.

癸는 比劫비겁, 羊刃양인, 死宮사궁, 疑心의심, 疑妻의처, 紛失數분실수.

■ 壬申이 아래 地支를 만나면

子는 比肩비견이 比劫비겁, 壬子, 羊刃殺양인살, 申子三合, 水局수국, 將星殺장성살, 旺宮왕궁, 天貴星천귀성.

丑은 正官정관, 攀鞍殺반안살, 印綬庫藏인수고장, 衰宮쇠궁, 氷雪빙설, 天厄星천액성, 天喜星천희성.

寅은 食神식신, 壬寅, 寅申沖, 暗藏에는 丙壬沖, 甲庚沖, 驛馬殺역마살, 急脚殺급각살, 截路空亡절로공망, 病宮병궁, 天權星천권성, 子宮閉塞症자궁폐색증, 金木相戰금목상전, 三災天蟲삼재천충.

卯는 傷官상관, 天乙貴人천을귀인, 暗藏에는 乙庚合, 六害殺육해살, 怨嗔殺원진살, 鬼門關殺귀문관살, 天破星천파성, 死宮사궁, 截路空亡절로공망, 三災天刑삼재천형.

辰은 偏官편관, 壬辰, 魁罡殺괴강살, 申辰三合, 華蓋殺화개살, 絶地절지, 武科무과, 天奸星천간성, 운동과, 戊癸合, 斷矯關殺단교관살, 三災天劫삼재천겁, 自己庫藏자기고장, 墓宮묘궁.

巳는 正財정재가 偏財편재, 外陰內陽외음내양, 天乙貴人천을귀인, 暗藏에는 丙壬沖, 天文星천문성, 絶地절지, 刑殺형살, 劫煞겁살.

午는 偏財편재가 正財정재, 壬午, 災殺재살, 胎宮태궁, 運送운송, 暗藏에는 丁壬合, 天福星천복성, 大將軍대장군, 未가 夾, 財星馬재성마, 輸送수송, 貿易무역, 交易교역.

未는 正官정관, 未申은 坤土곤토, 天殺천살, 絶地절지, 養宮양궁, 暗藏에

는 丁壬合, 乙庚合, 活人星활인성, 天驛星천역성, 紅鸞星홍란성.

申은 偏印편인, 壬申, 同合, 方合, 地殺지살, 生宮생궁, 天孤星천고성, 梟神殺효신살, 十惡日십악일, 文曲貴人문곡귀인.

酉는 正印정인, 桃花殺도화살, 浴宮욕궁, 天刃星천인성, 方合.

戌은 偏官편관, 壬戌, 懸針殺현침살, 魁罡殺괴강살, 水隔殺수격살, 財庫재고, 官庫관고, 帶宮대궁, 月殺월살, 暗藏에는 丁壬合, 白虎大殺백호대살, 落井關殺낙정관살, 天藝星천예성, 旬中空亡순중공망, 方合, 急脚殺급각살, 潭水담수.

亥는 比劫비겁이 比肩비견, 外陰內陽외음내양, 天壽星천수성, 冠宮관궁, 亡神殺망신살, 六害殺육해살, 祿록, 旬中空亡순중공망.

■ 壬申이

木에는 印綬인수, 官星관성.

火에는 官星관성, 財星재성.

土에는 財星재성, 傷官상관, 食神식신.

金에는 傷官상관, 食神식신, 比肩비견, 比劫비겁.

水에는 比肩비견, 比劫비겁, 印綬인수.

寅午戌生은 申酉戌年에 三災殺삼재살이다. 人皇인황 申酉戌年에는 午 南方이 大將軍方位대장군방위다. 大將軍方位는 白虎方位백호방위다. 일시정지와 같다. 增築증축이나 修理수리는 避피함이 좋고 상하가 없이 厄액이 따른다. 申에는 戌이 喪門상문이요 午가 弔客조객이다.

甲己日에는 申酉가 截路空亡절로공망이요 甲戌旬中갑술순중에는 申酉가 旬中空亡순중공망이다. 乙己日에는 子. 申이 天乙貴人천을귀인 辰月에 申은 斷矯關殺단교관살 酉月에 申은 活人星활인성 卯申은 怨嗔殺원진살 鬼門關殺귀문관살 申亥는 六害殺육해살 寅巳申은 三刑殺삼형살 申巳는 六破殺육파살, 申은 變하기도 잘하면서 변하지 않을 때도 있다. 申月에 入胎月입태월은 亥. 入胎日은 寅申日生은 256日 酉와 未사이에 申은 夾이다.

壬申의 變化

壬水는 水生木도 잘하고 水剋火도 잘한다. 그러나 地支의 申金에는 生剋制化생극제화를 할 수가 없으며 丁壬合은 淫亂之合음란지합이라하며 壬水는 天干에 生도 극도하며 形而上學的형이상학적으로는 地支申金에 生剋制化를 한다. 申金은 地支끼리도 生剋制化를 할 수가 있으며 세력으로도 따라가며 生剋制化를 할 수 있다.

국민전체가 열심히 일을 잘하는 해라고 본다. 장마가 예상되니 강우량이 많다고 할 수 있다. 때로는 우박도 올 수 있다. 홍수로 피해가 예상되며 농작물의 피해가 우려되니 철저한 대비가 필요하다고 본다. 장마로 인한 濕습에는 병균에 대한 예방이 필요하다고 본다. 외국으로 나가는 관광객이 많음이 예상된다. 해상, 열차, 자동차 사고가 예년에 비해 늘어나는데 보험과 대비책이 필요하다고 본다. 장마기간이 길어서 휴양지 장사는 적자가 예상된다. 비밀이 많으며 또한 비밀노출도 많아진다고 본다. 비밀장부가 늘어나고 감추는 행위가 많아진다고 예상된다. 많은 사고가 예상되니 병원출입이 많다고 예상된다. 조경사업이 잘 되며 교육정책이 좋아지고 연구가가 필요하며 교육의 질이 높아지게 된다. 외교도 좋아지며 수출입도 늘어나며 무역이 급진전한다고 예상된다. 해산물 가격이 하락할 수도 있다고 예상된다. 야당이 정부를 도와주고 국민은 정부와 야당에 협조를 잘하는 해라고 예상된다. 비밀리에 물가가 오르는 것이 있다고 예상된다. 이사하는 사람이 많아지고 작은 주택에서 큰 주택으로 옮기게 된다.

壬申의 비밀성 變化

홍수가 예상된다. 냉해가 많은 한해이다. 채소, 과일값이 오른다고 예상된다. 수입은 기술과 직결되고 조부의 장인정신을 이어받게 되고 증권사고 보증서며 외가 식구 왕래가 많으며 원류가 튼튼하여진다. 형제 중에 육영사업이나 교육자가 있으며 형제의 사업은 대중음식점이요 노동자가 도와주고 종업원이 희생하며 제자나 후배가 나의 상사요 자식이 연구가요 제자나 후배 집에 나의 숙소가 있으며 공부만 하다 늙어가며 자식한테 공부배우며 교육자는 공부를 한층 더 많이 하게 되며 자손으로 인하여 고향이나 모국을 찾게 되며 처가 인정이 너무 많은 것이 흠이요 매사가 역행하여 벌었다가 잃게되며 내 돈 쓰고 구설 듣고 여자로 인하여 관재 구설이요 부친의 재산이 자손의 유산되며 또한 마음이 아프게 되고 후배가 승진하고 상관이 되며 윗사람이 되다. 친구나 형제로 인하여 동업하게 되고 친구와 후배가 내편이요 상하 모두 내편에 서게 되며 아내의 역할은 자식을 위해 존재하며 모방하여 배운 기술로 많은 식구를 먹여 살리며 언행을 조심하고 지출을 줄여야 한다. 처가 인정이 너무 많은 것이 흠이요 처가에서 집 사주고 형제가 기술자요 인력기술로 인하여 수입이 늘게 되고 소개받아 이어받고 매출이 늘어나며 말 한번 잘못하면 부도가 나게 되니 조심하는 것이 좋다.

壬申의 노출성 變化

생각지도 않는 일이 발생하게 된다. 갑작스런 충동이나 마음의 변화가 일어나며 전염병으로 인한 눈병, 피부병이 발생하게 되고 형제로 인하여 가정불화가 있으며, 모방하다 들키고 내 돈 쓰고 배신당하며 매매로 인하여 크게 손해보고 투자하면 부도나게 된다. 귀인이 아니라 원수요 수표 바꿔주고 망하게 되며, 감기가 걸렸다하면 목 감기요, 편도선, 임파선, 갑상선이라, 사장과 노동자의 마찰로 인해 수입이 줄어들고 노동자가 감원되며 기술부족으로 매사가 막히고, 자식이 속을 상하게 하며 무모한 행동을 하게 된다. 친구 때문에 재산을 날리게 되며 먹은 것이 함정이라. 여자가 개입하면 실패요 간섭은 금물이요 계산은 보이나 뜬구름이요 치밀한 계획이 필요하며 계획 없는 사업은 사기 당하기 십상이요, 술친구는 많아도 진정한 친구는 없는 것이 흠이다. 형제로 인하여 가정불화가 생기게 되며, 생각이 잘못이요 계획이 잘못이라 서쪽에서 계획을 세우고 동쪽에서 얻어맞게 됨이라. 소매치기를 당하고 보니 아는 자의 소행이라, 자동차사고와 해상사고라 이 모두가 무모한 행동에서 나온다. 노복이 나의 거래처를 방해하며 끝내는 결탁하다 들키게된다. 국어공부가 아니라 외국어 공부가 문제요, 유학가게 되면 음식을 편식하게 되며 의류사업이 잘못이요 서류를 검토하라 위장 되어있다. 겉만 보는 것이 흠이다.

癸酉

■ 癸

形而上學형이상학 精神정신 始시 東 有情유정 上半期상반기 前進전진 得득 實실 생각 生成 上體상체 겉모양 外的외적 勝승 吉길 先 明 낮 地上 太過태과 自由. 天干은 天干끼리 生剋制化생극제화를 할 수 있다. 天干은 地支를 生剋制化 할 수 없다.

■ 酉

形而下學형이하학 物質물질 終종 西 無情무정 下半期하반기 後退후퇴 失실 虛허 行動행동 消滅소멸 下體하체 속 모양 內的내적 敗패 凶흉 後후 暗암 밤 地下 不及불급 拘束구속 地支는 天干을 生도 剋도 할 수 있고 地支는 地支끼리 生剋制化를 할 수 있다. 酉金은 生은 인색하며 剋은 잘하고 변화가 없다. 酉金은 合이 되어도 변함이 없다.

■ 癸

雨露우로 陰水음수 柔水유수 弱水약수 雲霧운무이며 泉水천수 川水천수 生水생수 活水활수다. 小寒소한 溪水계수 遲延지연 收藏수장 智慧지혜 霜露

水상로수 안개 地下水 潤下之性윤하지성 困厄性곤액성 破壞性파괴성 장마비 反覆반복 揆규 玄武현무 陰凶음흉 呻吟신음 秘密비밀 슬픔 欺滿기만 凝固응고 結氷결빙 溶解용해 動物동물은 박쥐 忍耐인내 適應적응을 잘함. 流動유동 始시와 終종. 姙娠임신. 雨露水우로수 東南으로 흐른다. 性은 險難험난하고 奸詐간사하고 智謀지모 淫음. 字義자의는 川 江 水.

■ 酉

白露백로 秋分추분 鷄계 陰金음금 生金 軟金연금 金 銀은 珠玉주옥 針침 非鐵金屬비철금속 燥조 輕金屬경금속 製鍊제련된 金 淸白청백 正西 四旺之局사왕지국 兌宮태궁 結實결실 白色 角각 冷氣냉기 銅線동선 鳳凰봉황 急速급속 白虎백호 名分명분 體統체통 龜귀 血光혈광 堅固견고 老窮노궁 義理의리 冷靜냉정 胛骨動物갑골동물 昆蟲類곤충류 變化動物변화동물, 霜상 貴金屬귀금속 술독 가위 收수 酒器주기 收 午後 5時에서 7時까지 칠면조 굽힐 줄을 모른다. 天刃星천인성 霜雪상설 肅殺之氣숙살지기 內庭白虎내정백호 타인 일에 개입을 잘한다. 새로운 것 金生水는 못하나 金剋木은 잘한다.

職 業

■ 癸

藝術工藝예술공예, 宇宙工學우주공학, 旅館여관, 세탁소, 法曹界법조계, 풀장, 造船조선, 船員선원, 外航船외항선, 海洋學科해양학과, 外務部외무부,

微生物工學미생물공학, 物理學물리학, 茶房다방, 水産物수산물, 곰팡이 균 研究연구, 무역, 言論언론, 食品식품, 氷菓類빙과류, 酒類주류, 술집, 養殖場양식장, 上下水道상하수도, 外國語외국어, 海運해운, 情報정보, 술, 食堂식당, 魚貝類어패류.

■ 酉

貴金屬귀금속, 非鐵金屬비철금속, 寺刹사찰, 鍾종, 時計시계, 武科무과, 針침, 齒科치과, 皮膚美容피부미용, 洋品양품, 마사지, 理髮師이발사, 運動운동, 寫眞機사진기, 兵器병기, 機械기계, 音樂家음악가, 樂器악기.

性 格

영리하고 기억력에 철두철미하나 박력이 모자라고 너무나 깔끔한 중 자기 위주가 되어 환경에 적응키 어려우니 고독을 자초할까 염려되며 타에는 후중 한데 가정에는 인색함이 흠이다. 신앙에 독실하고 본인이 아니면 배우자도 그러하며 준법정신이 좋아 법이 없이도 삶 한다고 보나 결실이 없고 여자 같음이 흠이다. 남의 비밀을 잘 간직하는 편이며 발설을 잘 하지 않으며 인내심과 포용력은 있다. 귀가 얇어 남의 말을 잘 듣는 데다 의지하려는 마음이 있고 명분을 잘 따지며 냉정하고 급함에 있어 귀인의 도움이 적기에 인색하다고 보며 때로는 끈기가 있으며 무역이나 외국어에 능통함이 엿보일 수 있다고 본다. 처덕은 좋으나 미인과 인연이 되면 회로 하기가 어려우니 미모를 보지 말 것이며 재복 또한 없으니 자기의 노력으로 살아가야 하며 여명은 결벽증이 있어 깔끔 떠는 데다 까다로운 성격이며 애교는 있으나 남편 복이 없다.

직업은 법정, 교육, 설계가 적당하고 건강은 대체적으로 좋으나 시력과 심장이 약하고 신장에 병이 오면 치료하기가 어려우니 조심해야 한다.

人物인물 : 中男중남, 中女중녀, 硏究연구, 情報정보, 觀光관광.

場所장소 : 움직이는 곳, 놀고 즐기는 곳, 새로운 것.

健康건강 : 腎臟신장, 膀胱방광, 泌尿器비뇨기, 耳이, 睾丸고환, 水分수분, 睡液수액, 몸이 붓는 症狀증상, 肺폐, 大腸대장, 齒牙치아, 皮膚피부, 氣管支기관지, 痔疾치질, 盲腸맹장, 鼻비, 血疾혈질, 嗅覺후각, 造血조혈.

天干으로 癸水는 6數요 變化변화하면 7數에 丙火가 된다. 맛은 짠맛과 매운맛이요 색상은 흑색과 백색이며 酉金은 方位는 西쪽이요 季節계절로는 가을이며 하루로는 午後 5時에서 7時까지이며 四陰之氣사음지기요 地支酉金지지유금이 數理수리로는 4數요 金生水는 吝嗇인색하나 金剋木은 잘 한다.

■ 地藏干 : 辛

暗藏암장은 비밀스러운 것 생각이 많은 것이다. 남에게 밝히기를 싫어하며 미래를 내다보는 것도 된다. 暗藏은 다정한 것 내심 대가성을 따짐. 暗藏合에는 丙辛合이 있으며 天干에 丙火가 있으면 本人의 계획대로 하려 하고. 冲에는 乙辛冲이 있는데 天干에 乙木이 있으면 변화가 많을 뿐더러 본인의 계획대로 안 된다.

酉는 巳酉丑, 巳酉, 丑酉, 巳丑은 三合局, 兌卦태괘, 申酉戌은 方合, 子酉는 六破殺육파살, 寅酉는 怨嗔殺원진살, 戌酉는 六害殺육해살, 天刃星천인성.

■ 癸酉가 아래 天干을 만나면

甲은 傷官상관, 胎宮태궁, 違法行爲위법행위, 情報調査정보조사.

乙은 食神식신, 乙酉, 懸針殺현침살, 暗藏에는 乙辛冲, 絶地절지, 胞宮포궁.

丙은 正財정재, 死宮사궁, 丙辛合, 威制之合위제지합, 돈을 좋아하는 合이다.

丁은 偏財편재, 丁酉, 絶地절지, 生宮생궁, 별이 西山에 걸쳐있다.

戊는 正官정관, 死宮사궁, 埋金之象매금지상, 戊癸合, 公職공직에 財務재무.

己는 偏官편관, 生宮생궁, 己酉, 泄氣설기, 武科무과, 長期服務장기복무가 어려움.

庚은 正印정인, 旺宮왕궁, 羊刃양인, 技術界기술계, 月德貴人월덕귀인.

辛은 偏印편인, 外國語외국어, 吝嗇인색함, 技術職기술직, 辛酉, 內庭白虎내정백호, 交通事故교통사고.

壬은 比劫비겁, 羊刃양인, 浴宮욕궁, 技術者기술자, 怒濤노도가 심하다.

癸는 比肩비견, 奪夫탈부, 爭鬪쟁투, 癸酉, 伏吟복음, 病宮병궁, 陷穽함정
조심.

■ 癸酉가 아래 地支를 만나면

子는 比劫비겁이 比肩비견, 外陽內陰외양내음, 寒水한수, 鬼門關殺귀문관살,
六破殺육파살, 天貴星천귀성, 冠宮관궁, 六害殺육해살, 羊刃양인, 天喜
星천희성, 三災地戶삼재지호, 截路空亡절로공망, 水生木은 吝嗇인색
하나 水剋火는 잘함.

丑은 偏官편관, 癸丑, 羊刃殺양인살, 白虎大殺백호대살, 懸針殺현침살, 韓
醫學한의학, 鍼術침술, 易學역학, 天厄星천액성, 武科무과, 湯火官탕화관,
消防官소방관, 藥師약사, 看護師간호사, 帶宮대궁, 華蓋殺화개살, 三災
地刑삼재지형, 截路空亡절로공망.

寅은 傷官상관, 暗藏에는 丙辛合, 金融界금융계, 行政행정, 怨嗔殺원진살,
天權星천권성, 病死宮병사궁, 浴宮욕궁, 劫煞겁살, 急脚殺급각살, 佛國
불국에 鍾종이다.

卯는 食神식신, 天乙貴人천을귀인, 藝術예술, 藝能예능, 文昌貴人문창귀인,
推理力추리력, 應用力응용력, 癸卯, 學堂貴人학당귀인, 敎育界교육계,
落井關殺낙정관살, 生宮생궁, 災殺재살, 暗藏에는 乙辛冲.

辰은 正官정관, 自己庫자기고, 戊癸暗合, 六合, 養宮양궁, 天殺천살, 天奸
星천간성, 暗藏에는 乙辛冲, 辰月生이면 死鷄務卵사계무란.

巳는 偏財편재가 正財정재, 外陰內陽외음내양, 癸巳, 天地合, 巳酉三合,
天乙貴人천을귀인, 斷矯關殺단교관살, 暗藏에는 丙辛合, 財官同臨

재관동립, 天文星천문성, 胎宮태궁, 地殺지살.

午는 正財정재가 偏財편재, 桃花殺도화살, 胞宮포궁, 財官二德재관이덕, 調喉成立조후성립, 天福星천복성, 絶地절지, 紅鸞星홍란성.

未는 偏官편관, 傷食庫상식고, 癸未, 絶地절지, 墓宮묘궁, 月殺월살, 天驛星천역성, 暗藏에는 乙辛冲, 자갈 땅에 물이라. 病병이 걸리면 길게 간다.

申은 正印정인, 死宮사궁, 天孤星천고성, 亡神殺망신살, 方合, 天醫천의, 寶石보석이 무쇠라.

酉는 偏印편인, 癸酉, 酒器주기, 文曲貴人문곡귀인, 暗記力암기력, 梟神殺효신살, 同合, 水隔殺수격살, 歌聲가성, 他人타인, 介入性개입성, 天刃星천인성, 將星殺장성살, 病宮병궁.

戌은 正官정관, 暗合, 方合, 絶地절지, 衰宮쇠궁, 攀鞍殺반안살, 旬中空亡순중공망, 六害殺육해살, 聾兒者농아자, 天藝星천예성, 財庫재고, 官庫관고, 利權介入이권개입, 佛國불국나라.

亥는 比肩비견이 比劫비겁, 外陰內陽외음내양, 癸亥, 旺宮왕궁, 驛馬殺역마살, 天壽星천수성, 着根착근, 旬中空亡순중공망, 三災天殺삼재천살, 十惡日십악일.

■ **癸酉가**

木에는 印綬인수, 官星관성.

火에는 官星관성, 財星재성.

土에는 財星재성, 傷官상관, 食神식신.

金에는 傷官상관, 食神식신, 比肩비견, 比劫비겁.

水에는 比肩비견, 比劫비겁, 印綬인수.

寅午戌生은 申酉戌年에 三災殺삼재살이다. 天劫천겁 申酉戌年에는 午 南方이 大將軍方位대장군방위다. 大將軍方位는 白虎方位백호방위이며 一時停止일시정지와 같다. 增築증축이나 修理수리는 避피함이 좋고 上下가 없이 厄액이 따른다. 酉에는 亥가 喪門상문이요 未가 弔客조객이다. 甲己日에는 申酉가 截路空亡절로공망이요 甲戌旬中갑술순중에는 申酉가 旬中空亡순중공망이다. 丙丁日에 亥酉가 天乙貴人천을귀인未月生에 酉는 斷矯關殺단교관살 戌月에 酉는 活人星활인성이다. 春月에 酉日酉時는 盲人殺맹인살, 寅酉는 怨嗔殺원진살, 子酉는 鬼門關殺귀문관살, 六破殺육파살, 酉戌은 六害殺육해살, 酉는 變하지 않는 것이 특징이기도 하나 때로는 고집이 많다. 庚日에 酉는 羊刃殺양인살, 酉月에 入胎月입태월은 子. 卯酉日生 入胎日은 246日. 申과 戌사이는 酉가 夾이다.

癸酉의 變化

癸水는 水生木에는 吝嗇인색하나 水剋火는 잘한다. 그러나 地支의 酉金에는 生剋制化생극제화를 할 수 없으며 戊癸合은 無情之合무정지합이라하며 癸水는 天干을 生도 剋도 하며 形而上學的형이상학적으로는 地支酉金에는 生剋制化를 잘 한다. 酉金은 地支끼리도 生

剋制化를 할 수가 있으며 勢力세력으로도 따라가며 天干에도 生剋制化를 할 수 있다.

긴 장마가 예상되며 농작물의 피해가 우려된다. 외교가 늘어나며 수출입이 늘어나고 무역이 잘 된다. 단체의 힘이 막강해지고 하나로 모아진다. 학생은 학업에 열중하게 되고 일반인은 귀인이 돕는다. 사랑이 싹트고 변화가 없는 한해가 된다. 피서지 확장은 금물이며 장사에 꿈을 버려라. 피부질환 환자가 늘어난다고 보며 새로운 계획이 있고 주체가 확립되며 단체가 하나 되고 모임이 많아지며 뭉치고 또 뭉친다. 취직이 잘 되고 일자리가 많아지며 무에서 유를 창조하게 된다. 조직이 좋아지고 상하 구별은 있으되 도움은 인색하다. 씀씀이가 헤퍼지며 투기가 있겠으며 작게 배우고 많이 써먹으나 게으름이 흠이 되고 예의범절은 잘 지키나 미래를 길게 내다보며 설계하고 개인보다는 조직이 우선이요 똑똑한 자가 나타나며 전염병이 예상되며 홍수와 태풍도 예상된다. 선두 주자가 윗사람보다 아랫사람에게서 나타나며 야당은 정부에 인색하게 되며 비밀은 오래가면 새어나오고 연구발표는 동양보다는 서양이 활발하게 된다.

癸酉의 비밀성 變化

시작은 좋으나 결과가 부실하며 수입은 곧 지출이 따르게 되어 있으며 욕심이 가로막아 보이는 것이 없고 먹는 것마다 걸리며 계산은 보이나 뜬구름과 같은 것이요 돈 앞에서는 무엇이든지 꾸며 되며 먹고 노는 데 명수라. 귀가 엷어 증권에 투자하여 손해보고 부동산투기에 경쟁이 심하여지며 부모가 합심하여 해외로 여행가고 싶어하며 처가 사업을 하고 싶어하며 동업도 포함된다. 돈이 나가면 들어올 줄 모르며 분실수도 따르게 된다. 처의 마음이 자주 변하고 또한 의심도 있게 된다. 직장 생활하다 장사하게 되며 채소 값은 오른다. 예년에 비해 농작물은 안되고 피해가 많게 된다. 교육 율은 높아지며 잦은 비가 예상된다. 어머니가 장사하다 부도나며 사채놀이에 손해보고 모였다하면 음식점이요 장래 계획은 사업가가 꿈이며 애인이 공부 잘 하고 처가가 학자 집안이며 친구는 공부를 잘 하는데 나는 뒤떨어지고 새로운 놀이 기구가 개발되니 한잔 술이라. 변화가 많으니 새로 꾸미고 가꾸게 된다. 어머니가 변신하고 처가 변신하게 되며 형제나 친구를 만났다 하면 사업 이야기요. 버는 자 쓰는 자 따로 있게 되며 순리에 따르면 좋은 결과가 있게 된다.

癸酉의 노출성 變化

말 한마디 잘못으로 귀인이 원수 되며 노복의 잘못으로 거래처가 떨어지며 수입과 지출이 막힌 것은 근본이 잘 못 됨이라. 문과공부는 안되나 이과공부는 잘 된다. 연구가 잘못이니 생각을 바꾸어야 한다. 공부하다 자식 낳아 고아원에 보내며 상하가 맞지 않으니 단독으로 해야 성공이요 도와준다는 말 믿었다가 주머니 사정 어렵게 되고 거래는 어음으로 부도와 직결되며 학원은 학생의 수가 적어지고 싸우게 된다. 공부는 안되고 반항심만 늘어난다. 투자가 잘못이요 귀인이 아니라 원수요 준법을 지키지 않아서 노복이 사고요. 정신장애, 정신분열증, 정신산만증이다. 들려오는 소식마다 지출하라는 소식이요. 제자가 치받고 올라오며 사회가 혼란하고 계획이 빗나가고 자식이 행방불명이요 부모 자식간에 등을 돌리며 조상도 등지게 된다. 하늘이 기회를 주지 않고 하늘이 배반하는 것처럼 보이며 믿음이 없어지니 신용이 없어지며 근본이 문제다. 조상 탓에 되는 일이 없으며 하는 말마다 반말이요 이리 가나 저리 가나 쌍놈 말 들으며 언어가 앞뒤가 안 맞으며 혼자 똑똑하며 주거지가 일정치 않아 동가식서가숙이라 내가 누구인가를 보라 그러면 잘 살수 있다고 본다.

甲戌

■ **甲**

　形而上學형이상학 精神정신 始시 東 有情유정 上半期상반기 前進전진 得득
實실 생각 生成 上體상체 겉모양 外的외적 勝승 吉길 先 明 낮 地上
太過태과 自由. 天干은 天干끼리 生剋制化생극제화를 할 수 있다. 天
干은 地支를 生剋制化 할 수 없다.

■ **戌**

　形而下學형이하학 物質물질 終종 西 無情무정 下半期하반기 後退후퇴 失실
虛허 行動행동 消滅소멸 下體하체 속 모양 內的내적 敗패 凶흉 後후 暗암
밤 地下 不及불급 拘束구속 地支는 天干을 生도 剋도 할 수 있고
地支는 地支끼리 生剋制化를 할 수 있다. 戌土는 生도하며 剋도
잘 하고 변화가 많다. 戌土는 合이 될 때도 있고 되지 않을 때
도 있다.

■ **甲**

　十干之首십간지수 匣갑 雨雷우뢰 棟樑之木동량지목 陽木양목 死木사목 無

根之木무근지목 驚蟄경칩 長木장목 巨木거목 直木직목 高林고림 山林 頭上두상 精神정신 家長가장 龍雷용뇌 신맛 剛木강목 溫暖온난 酸素供給源산소공급원 靑龍청룡 大林木대림목 胞포 生育생육 寡默과묵 十干은 戶主호주다. 만물을 주제 動物동물은 여우.

■ 戌

寒露한로 霜降상강 寒土한토 滅멸 狗구 晩秋之氣만추지기 陽土양토 旺土왕토 燥土조토 剛土강토 火山 언덕 堤防제방 天門星천문성 乾宮건궁 西北艮方서북간방 天羅地網천라지망 魁罡殺괴강살 敬神性경신성 燃料연료탱크 宗敎종교 寺院사원 四庫之局사고지국 信 午後 7時에서 9時까지 大驛土대역토 五陰之氣오음지기 土生金은 吝嗇인색하나 土剋水는 잘 한다. 開發개발을 할 수 있는 땅이다. 收穫수확의 時期 寺刹사찰은 戌土 없이는 운영을 못한다. 活人활인을 잘 한다.

職 業

■ 甲

木材, 家具가구, 紙物지물, 樂器악기, 竹細工죽세공, 木刻목각, 衣類의류, 造林조림, 敎育교육, 宗敎종교, 社會事業사회사업, 建設건설, 建築건축, 不動産부동산, 保健衛生보건위생, 纖維섬유, 藝能예능, 粉食분식, 醫科의과, 文敎문교, 遞信체신, 保社보사, 文化문화, 織物직물, 앞장서는 것.

■ 戌

變電所변전소, 乾電池건전지, 蓄電池축전지, 家電製品가전제품, 動資部동자부, 商工部상공부, 電氣전기, 電子전자, 技術者기술자, 宗敎종교, 易學역학, 道人, 僧人승인, 巫堂무당, 場所장소, 佛國불국나라, 不動産부동산, 警備경비, 倉庫창고, 醫藥業의약업, 九流術業구류술업, 敬神경신.

性 格

인내력이 있고 보수적이며 정신연령이 높고 생각을 많이 하며 두뇌회전이 빠르고 선견지명이 있어 꿈이 잘 맞기도 하다. 수리와 이재에는 밝으며 남의 돈이라 할지라도 늘 수중에 있는데 장기적으로는 지키기가 어려운 것이 흠이라 하겠다. 어질고 온순하며 따뜻한 마음씨에 남과 다투기를 싫어하며 인정이 많아 남에게 베풀려는 마음이 고우며 손재주는 남달리 뛰어났으며 예체능에서도 많이 보고 있다. 부모 덕이 없어 부모님의 잔병으로 공부를 중단하겠고 일찍 사회에 진출하여 돈 버는데 욕심이 더 많다 하겠다. 운이 부실하면 사업하다 부도나고 총각 득자 하기 쉬우며 자식을 기르는 것도 애로가 많으며 처궁은 부실하여 정부와 동거요, 악처에 장모 봉양하겠고 처의 신앙에 신경을 써야하겠다. 여명은 부궁부실에 시어머니가 둘이요 처녀 포태가 염려되며 타자양육도 하게 되니 몸을 함부로 하지 말 것이며 의약계나 재정계와 인연이 있다.

직업으로는 금융, 무역 등이 좋으며 건강으로는 위산과다, 간염, 혈압당뇨에 주의가 필요하다.

場所_{장소} : 林_림 山中_{산중}이요 性_성은 靑_청.

健康_{건강} : 肝膽_{간담}, 神經性_{신경성}, 咽喉_{인후}, 甲狀腺_{갑상선}, 淋巴腺_{임파선}, 手足_{수족}, 毛髮_{모발}, 頭_두, 瘋痺_{마비}, 關節_{관절}, 中風_{중풍}, 脾_비, 胃腸_{위장}, 腰_요, 大腸_{대장}, 眼疾_{안질}, 肌肉_{기육}, 口_구, 糖尿_{당뇨}, 結石_{결석}.

天干으로 甲木은 3數요 變化_{변화}하면 10數에 己土가 된다. 맛은 신맛과 단맛이요 색상은 청색과 황색이요 戌土에 方位는 戌乾亥_{술건해} 乾方_{건방} 西北 間方이요 季節_{계절}로는 戌月 가을이요 人物로는 長男이다. 하루로는 午後 7時부터 9時까지이며 五陰之氣_{오음지기}요 地支 戌土는 數理_{수리}로 5數요 土生金은 吝嗇_{인색}하나 土剋水는 잘 한다.

■ 地藏干 : 戊 丁 辛

暗藏_{암장}은 비밀스러운 것 생각이 많은 것이다. 남에게 밝히기를 싫어하며 미래를 설계하는 것도 된다. 暗藏合은 다정한 것, 사랑, 내심 명분을 찾는 것. 暗藏合에는 戊癸合, 丁壬合, 丙辛合이 있는데 天干에 癸, 壬, 丙이 있으면 본인의 계획대로 하려 하고 沖에는 丁癸沖, 乙辛沖이 있는데 天干에 癸乙이 있으면 변화도 많고 다혈질이 되기도 한다.

戌은 寅午戌, 寅戌, 午戌, 寅午는 三合局, 離卦이괘, 申酉戌은 方合, 酉戌은 六害殺육해살, 未戌은 六破殺육파살, 刑殺형살, 巳戌은 鬼門關殺귀문관살, 怨嗔殺원진살.

■ 甲戌이 아래 天干을 만나면

甲은 比肩비견, 甲戌, 財官同臨재관동림, 總角得子총각득자, 養宮양궁, 閑神한신.

乙은 比劫비겁, 暗藏에는 乙辛沖, 墓宮묘궁, 財官同臨재관동림, 異腹兄弟이복형제.

丙은 食神식신, 木火通明목화통명, 丙戌, 火土食神화토식신, 敎育교육, 暗藏에는 丙辛合, 庫藏고장, 天月德貴人천월덕귀인, 傷食庫상식고, 墓宮묘궁.

丁은 傷官상관, 違法行爲위법행위, 養宮양궁.

戊는 偏財편재, 戊戌, 魁罡殺괴강살, 洞內班長동내반장, 한번 실패하면 再起不能재기불능.

己는 正財정재, 甲己合, 養宮양궁, 羊刃양인.

庚은 偏官편관, 甲庚沖, 庚戌, 魁罡殺괴강살, 梟神殺효신살, 衰宮쇠궁, 文曲貴人문곡귀인.

辛은 正官정관, 羊刃殺양인살, 天醫천의, 齒科치과, 帶宮대궁.

壬은 偏印편인, 外國語외국어의 氣質性기질성, 壬戌, 白虎大殺백호대살, 懸針殺현침살, 帶宮대궁, 暗藏에는 丁壬合, 기억력 좋음.

癸는 正印정인, 戊癸合, 衰宮쇠궁, 暗藏에는 丁癸沖.

■ 甲戌이 아래 地支를 만나면

子는 偏印편인이 正印정인, 甲子, 梟神殺효신살, 暗藏에는 戊癸合, 丁
癸沖, 天貴星천귀성, 生宮생궁, 災殺재살, 浴宮욕궁.

丑은 正財정재, 甲己合, 丑戌, 刑殺형살, 帶宮대궁, 天殺천살, 土木, 鑛
山광산, 天乙貴人천을귀인, 骨材골재, 官庫관고, 天厄星천액성, 暗藏
에는 丁癸沖, 戊癸合.

寅은 比肩비견, 祿록, 甲寅, 孤鸞殺고란살, 寅戌, 三合局, 地殺지살, 天
權星천권성, 急脚殺급각살, 冠宮관궁, 暗藏에는 丙辛合.

卯는 比劫비겁, 羊刃殺양인살, 旺宮왕궁, 卯戌合, 讀書合독서합, 桃花殺도
화살, 暗藏에는 乙辛沖, 天破星천파성, 六合.

辰은 偏財편재, 衰宮쇠궁, 甲辰, 白虎大殺백호대살, 月殺월살, 辰戌沖,
丁癸沖, 乙辛沖, 戊癸合, 天奸星천간성, 印綬庫藏인수고장, 十惡
日십악일.

巳는 傷官상관이 食神식신, 病宮병궁, 亡神殺망신살, 暗藏에는 丙辛合,
紅鸞星홍란성, 天門星천문성, 巳戌, 鬼門關殺귀문관살, 落井關殺낙정
관살, 怨嗔殺원진살, 天廚貴人천주귀인, 文昌貴人문창귀인.

午는 食神식신이 傷官상관, 甲午, 死宮사궁, 天赦星천사성, 將星殺장성살,
斷矯關殺단교관살, 暗藏에는 甲己合, 午戌, 三合, 天福星천복성,
水隔殺수격살, 大將軍대장군, 紅艶殺홍염살.

未는 正財정재, 墓宮묘궁, 庫藏고장, 刑殺형살, 六破殺육파살, 攀鞍殺반안살,
天驛星천역성, 天乙貴人천을귀인, 暗藏에는 甲己合, 乙辛沖.

申은 偏官편관, 甲申, 絶地절지, 胞宮포궁, 懸針殺현침살, 天孤星천고성, 殺

122 육십갑자 해설

印相生살인상생, 驛馬殺역마살, 方合, 暗藏에는 甲庚冲, 丁壬合, 三災人皇삼재인황, 截路空亡절로공망.

酉는 正官정관, 絶地절지, 胎宮태궁, 六害殺육해살, 活人星활인성, 方合, 天刃星천인성, 三災天權삼재천권, 佛國鍾불국종, 截路空亡절로공망.

戌은 偏財편재, 甲戌, 絶地절지, 養宮양궁, 財官同臨재관동림, 不情胞胎부정포태, 華蓋殺화개살, 方合, 天藝星천예성, 同合, 三災地災삼재지재, 傷食庫상식고.

亥는 正印정인이 偏印편인, 生宮생궁, 佛國불국, 乾宮건궁, 劫殺겁살, 天喜神천희신, 文曲貴人문곡귀인, 學堂貴人학당귀인, 暗綠암록, 暗藏에는 丁壬合.

■ 甲戌이

木에는 比肩비견, 比劫비겁, 財星재성.

火에는 印綬인수, 傷官상관, 食神식신.

土에는 官星관성, 比肩비견, 比劫비겁.

金에는 財星재성, 印綬인수.

水에는 傷官상관, 食神식신, 官星관성.

寅午戌生은 申酉戌年에 三災殺삼재살이다. 地災지재 申酉戌年에는 午 南方이 大將軍方位대장군방위다. 大將軍方位는 白虎方位백호방위다. 一時停止일시정지와 같다. 增築증축이나 修理수리는 避피함이 좋고 上下 구별 없이 厄액이 따른다. 戌에는 子가 喪門상문이요 申이 弔客

조객이다. 甲子旬中갑자순중에는 戌亥가 旬中空亡순중공망. 十惡大敗日십악대패일은 甲己之年은 辰月戊戌日, 申月癸亥日, 亥月丙申日, 子月丁亥日, 十惡日십악일은 甲辰, 申酉戌月에 戌은 急脚殺급각살. 午月生에 戌은 斷矯關殺단교관살. 亥月에 戌은 活人星활인성. 未戌은 六破殺파살, 酉戌은 六害殺육해살, 巳戌은 怨嗔殺원진살, 鬼門關殺귀문관살. 酉와 亥사이에 戌이 夾이다. 戌月에 入胎月입태월은 丑. 辰戌日生 入胎日은 296日. 戌土는 변하기도 잘하면서 변하지 않을 때도 있다.

甲戌의 變化

甲木은 木生火도 잘하고 木剋土도 잘한다. 그러나 地支 戌土에는 生剋制化생극제화를 할 수 없으며 甲己合은 中正之合중정지합이라하며 甲木은 天干을 生도 剋도 하며 形而上學的형이상학적으로는 地支 戌土에 生剋制化를 잘한다. 戌土는 地支끼리도 生剋制化를 할 수 있으며 세력으로도 따라가며 天干도 生剋制化를 할 수가 있다.

가뭄과 더위가 예상되며 산불도 예상된다. 채소나 과일 값이 오를 것으로 보이며, 농작물에는 가뭄의 피해가 우려된다. 건축, 토목 일이 많아지고 목재의 품귀현상이 우려된다. 의류는 새로 개발된 복고풍이 유행을 할 것이며 피서지에 인파가 몰리는 현상이 나타날 것이다. 옛것을 찾게 되며 우리의 것을 찾고 보존하며 연구하게 된다. 부동산 거래는 활기를 띠며 대중음식점 장사가 된다. 전기료, 국제유가가 오르며 사업에 투자하는 이가 많아지고 연료는 전반적으로 오를 기미를 보인다. 비밀은 오래가지 못하니 투명하게 일을 처리하면 성공할 것이다. 열사병에 주의가 필요하며 새로운 전자제품이 나오게 되고, 투기는 금물이요 장기적인 투자는 바람직하다고 본다. 언론 앞에서는 비밀이 없으며 노인복지정책이 좋아지고 도시로 진출하기보다는 귀향하는 자가 늘어나며 각종 종교가 득세하며 종교가 복지사업에 주력하며 정부는 가뭄대책을 세워야 한다고 본다. 서민은 내 집 마련 저축을 많이 하며 정부정책이 국민에게 잘 맞는 정책을 수립하리라 예상된다.

甲戌의 비밀성 變化

기다렸던 선물이 자식한테서 오고 하고싶었던 공부를 하게되며, 내가 연구한 것이 책으로 나오고 자식으로 인해 여행하고 종업원 때문에 거래처가 늘어나면서 일이 많아지고 임야와 주택을 팔아 대지를 구입하는 운이라. 아이디어와 연구자료를 도둑맞으며 어머니가 친구 같으며 건물 샀다가 손해보고 처의 낭비가 심하며 처가 예뻐 보이며 내 돈 쓰고 구설에 오르며 애인으로 인해 손재가 있다. 음식을 조심해야하고 시집이 철이 없으며 이사하고 잉태하고 문서로 인한 지출이라. 매매에는 손해가 따르고 컨닝에는 재주가 있으며 일확천금 노리다 패망하고 시작은 좋으나 결과가 부실하다. 가르치면서 공부하고 장사까지 겸하게 되고 관청에 소식이라 저당 잡힌 집을 매입하게 되고 소식이 있다 하면 승진이요 투자가 수입으로 직결된다. 언론에 보도가 잘되며 대인관계에 보증서면 배신당한다. 자식과 함께 조상을 찾으며 노력의 대가만큼만 소득이요 공부의 목적은 사업에 있으며 관청의 서류 심사가 통과되며 꿈에 그리던 복지사업이 잘 풀리며, 투기했던 것이 적중률이 높고 제자가 언론에 나오며 직장에서 공부 가르쳐주고 어머니의 소원은 형제의 화합이라. 돈이란 세무서를 거쳐 깨끗해지며 떳떳하게 되다. 미약하나마 세상에 태어나 작은 등불이 되고자 하며 자금관리를 잘하지 못하면 길게 가지 않으니 조심해야한다. 친구의 충고는 나의 장래를 위해서이고 돈의 궁극적인 목표는 사회복지사업에 있게 된다.

甲戌의 노출성 變化

갑작스런 직장의 변화로 감원대상이 되고 직장에서 기술을 모방하다 탄로 나며 동료로 인하여 치받고 올라오니 퇴직이 문제요 사업에 투자를 했다하면 누명쓰고 모략 당한다. 선생님은 학생이 속을 썩이며 전·출입이 많아진다. 교육정책이 바꿔질 수 있으며 필화사건이 염려된다. 언어가 실수요 아는 것이 문제라. 증권투자에 사업까지 잘못될 수 있으며 세무감사 받는 것에 너무 예민하고 비밀이 세고 정보가 없으며 문서로 인한 누명이요 거래처는 노복으로 인해 중단되고 모든 것이 역행이라 되는 일이 없으며 불평불만에 신세한탄에 술타령이라. 투자는 해보았자 한강에 돌 던지기요 학생은 오답을 적으며 커닝도 하게 된다. 들리는 소식마다 위법행위요 먹는 것마다 걸리게 되며 확장이 잘못이요 동료가 추진을 잘못하고 수입보다 지출이 많아지며 먹어보았자 배탈로 직결되고 학생은 공부하는 책을 잘 잃어버리며 고향 찾아왔다가 후배와 언쟁이 심하고 동료의 충언이 잘못이요 일이란 순리를 말함이요 비밀이 새고 원류가 두절이라 귀인이 아니라 원수요 직장에 대리근무는 불가요 보증도 불가요 여행 중 위법행위 하다 사고나며 피서지에서의 장사는 고려해야 할 것이다.

乙亥

■ 乙

形而上學형이상학 精神정신 始시 東 有情유정 上半期상반기 前進전진 得득 實실 생각 生成생성 上體상체 겉모양 外的외적 勝승 吉길 先 明 낮 地上 太過태과 自由. 天干은 天干끼리 生剋制化생극제화를 할 수 있다. 天干은 地支를 生剋制化 할 수 없다.

■ 亥

形而下學형이하학 物質물질 終종 西 無情무정 下半期하반기 後退후퇴 失실 虛허 行動행동 消滅소멸 下體하체 속 모양 內的내적 敗패 凶흉 後후 暗암 밤 地下 不及불급 拘束구속 地支는 天干을 生도 剋도 할 수 있고 地支는 地支끼리 生剋制化를 할 수 있다. 亥水는 生도하며 剋도 잘 하고 변화가 많다. 亥水는 합이 될 때도 있고 되지 않을 때 도 있다.

■ 乙

淸明청명 矯木교목 陰木음목 生木 軋알 枝葉木지엽목 活木활목 濕木습목

柔木유목 草초 草木초목 風풍(바람) 同化作用동화작용 楊柳木양류목 動物동물은 수달피 屈木굴목 넝쿨 綠色녹색 繁華之木번화지목 樹木수목 陰地木음지목 己土에 木剋土를 잘 한다.

■ 亥

立冬입동 小雪소설 湖水호수 海水해수 江水강수 浦水포수 停止水정지수 橫流횡류 暖流난류 乾方건방 天河水천하수 天門星천문성 天壽星천수성 魚種類어종류 六陰之氣육음지기 動物동물은 猪저 收藏수장 陽水양수 死水사수 雪설 寒한 凝응 終종이면서 始作시작 空亡공망은 房內念佛방내염불이다. 核핵 外陰內陽외음내양 外柔內强외유내강 午後 9時~11時까지, 질서를 잘 지킨다.

職 業

■ 乙

그림, 글씨, 藝術예술, 藥草약초, 農場농장, 韓醫師한의사, 言論언론, 피아노, 花園화원, 粉食분식, 디자인, 娛樂오락, 씨앗, 衣類의류, 作曲작곡, 家具가구, 合版합판, 상자, 齒科치과, 理髮師이발사.

■ 亥

바다, 外國語외국어, 海運해운, 船舶선박, 水産수산, 食品식품, 貿易무역, 沐浴湯목욕탕, 海草類해초류, 外國외국, 法법, 佛國불국, 修道人수도인, 宗

教指導者종교지도자, 旅館여관, 水泳場수영장.

性 格

인정이 많고 정직하고 지혜가 많으며 선량한 마음씨에 덕을 쌓기를 좋아하며 영리하고 기억력이 있는 것까지는 좋으나 石讀頭用석독두용이 될까 염려요. 신경이 예민하고 예지력이 있으며 활동적이기는 하나 노력에 비해 일의 진전이 없으니 남에게 의지하려고 하는 게 흠이라 하겠다. 듬직한 성격에 인품은 있으나 음지의 나무가 되어 부모의 과잉보호가 될까 염려요 어린 나무가 물위에 떠 있는 형상이라 부평초 같은 삶을 살아가야 하며 몸이 붓는 증세와 혈액순환장애가 되어 건강에 유념해야 한다. 해외에도 인연이 있어 중 말년에 여행수도 있으며 항상 분주하고 큰 주택에서 사는 것이 꿈이며 나무가 젖은 나무라 풍질 또한 염려되고 비위가 약하니 과식은 금물이요 무조건하고 몸을 따뜻하게 하는 것이 무엇보다도 보약 중에 보약이라고 하겠다. 여명은 공부를 너무 많이 하여 너무나 똑똑하니 자연 결혼이 늦으며 친모봉양에 타향살이하게 된다.

직업으로는 정치외교, 문교, 행정이 좋고 문화, 조경 등이 적합하며 건강으로는 혈액순환장애, 신경통, 풍질, 비위가 약하고 몸이 붓는 증상이 있으니 몸을 따뜻하게 해 주는 것이 좋다.

場所장소 : 海邊해변, 물가, 例예, 木浦목포.

健康건강 : 肝膽간담, 神經痛신경통, 咽喉인후, 手足수족, 毛髮모발, 風풍, 頭두, 痲痺마비, 關節관절, 頭痛두통, 腎臟신장, 膀胱방광, 生殖器생식기, 泌尿器비뇨기, 耳이, 排泄物배설물, 聽覺청각, 붓는 증상.

天干으로 乙木은 8數요 變化변화하면 9數에 庚金이 된다. 맛은 신맛과 짠맛이요 색상은 청색과 흑색이며 亥水에 방위는 西北間方에 乾方向건방향이요 季節계절로는 亥月은 겨울이요 하루로는 午後 9時부터 11時까지이며 六陰之氣육음지기요 地支에 亥水는 數理수리로는 6數이며 水生木으로 生도 잘하고 水剋火도 잘 한다.

■ 地藏干 : 壬 甲

暗藏암장은 비밀스러운 것 생각이 많은 것이다. 남에게 밝히기를 싫어하며 미래를 내다보는 것도 된다. 暗藏合은 다정한 것 내심 명분을 따지는 것. 暗藏合에는 丁壬合, 甲己合이 있는데 天干에 丁, 己가 있으면 本人의 생각대로 하려 하고 沖에는 丙壬沖, 甲庚沖이 있는데 天干에 丙, 庚이 있으면 변화가 많고 내심 精神散漫정신산만도 된다.

亥는 亥卯未, 亥未, 亥卯, 卯未는 三合局, 震卦진괘, 亥子丑은 方合, 寅亥는 六破殺육파살, 申亥는 六害殺육해살, 十惡日십악일은 丁亥, 己亥, 癸亥日, 辰亥는 怨嗔殺원진살, 鬼門關殺귀문관살,

■ 乙亥가 아래 天干을 만나면

甲은 比劫비겁, 生宮생궁, 月德貴人월덕귀인.

乙은 比肩비견, 乙亥, 死宮사궁, 浮木부목, 天德貴人천덕귀인.

丙은 傷官상관, 暗藏에는 丙壬沖, 絶地절지, 胞宮포궁.

丁은 食神식신, 胎宮태궁, 丁亥, 丁壬合, 淫亂之合음란지합, 十惡日십악일,
　　天乙貴人천을귀인.

戊는 正財정재, 財官同臨재관동림, 總角得子총각득자, 絶地절지, 胞宮포궁.

己는 偏財편재, 暗藏에는 甲己合, 己亥, 胎宮태궁, 十惡日십악일.

庚은 正官정관, 暗藏에는 甲庚沖, 乙庚合, 놀이제공 病宮병궁.

辛은 偏官편관, 辛亥, 金沈금침, 乙辛沖, 浴宮욕궁.

壬은 正印정인, 冠宮관궁.

癸는 偏印편인, 外國通외국통, 癸亥, 旺宮왕궁, 大海水대해수, 十惡日십악일.

■ 乙亥가 아래 地支를 만나면

子는 正印정인이 偏印편인, 浮木부목, 漂木표목, 凍木동목, 生宮생궁, 桃花
　　殺도화살, 天貴星천귀성, 病宮병궁, 天乙貴人천을귀인, 落井關殺낙정관살,
　　文曲貴人문곡귀인, 大海水대해수.

丑은 偏財편재, 官庫관고, 財官同臨재관동림, 乙丑, 絶地절지, 衰宮쇠궁,
　　急脚殺급각살, 天厄星천액성, 月殺월살, 方合, 乾草건초, 暗藏에는
　　甲己合, 乙辛沖.

寅은 比劫비겁, 旺宮왕궁, 六破殺육파살, 暗藏에는 丙壬沖, 亡神殺망신살,
　　天貴星천귀성, 六合.

卯는 比肩비견, 祿록, 冠宮관궁, 將星殺장성살, 亥卯三合, 天破星천파성.

辰은 正財정재, 羊刃殺양인살, 怨嗔殺원진살, 鬼門關殺귀문관살, 急脚殺급각살, 天奸星천간성, 帶宮대궁, 攀鞍殺반안살, 龍宮용궁에 納受납수, 水隔殺수격살, 紅鸞星홍란성.

巳는 食神식신이 傷官상관, 乙巳는 十惡日십악일, 浴宮욕궁, 暗藏에는 乙庚合, 巳亥沖, 甲庚沖, 丙壬沖 天文星천문성, 驛馬殺역마살, 孤鸞殺고난살, 三災黑氣삼재흑기.

午는 傷官상관이 食神식신, 生宮생궁, 暗藏에는 丁壬合, 甲己合, 六害殺육해살, 天福星천복성, 截路空亡절로공망, 天廚貴人천주귀인, 文昌貴人문창귀인, 三災陰氣삼재음기.

未는 偏財편재, 乙未, 自己庫藏자기고장, 白虎大殺백호대살, 三合, 養宮양궁, 華蓋殺화개살, 暗藏에는 甲己合, 丁壬合, 天驛星천역성, 截路空亡절로공망, 三災白殺삼재백살.

申은 正官정관, 六害殺육해살, 暗藏에는 乙庚合, 甲庚沖갑경충, 天乙貴人천을귀인, 旬中空亡순중공망, 天孤星천고성, 胎宮태궁, 劫殺겁살.

酉는 偏官편관, 乙酉, 懸針殺현침살, 旬中空亡순중공망, 天刃星천인성, 胞宮포궁, 絶地절지, 災殺재살, 大將軍대장군.

戌은 正財정재, 暗藏에는 乙辛沖, 丁壬合, 墓宮묘궁, 天藝星천예성, 天醫星천의성, 活人星활인성, 天殺천살, 敬神경신, 暗綠암록, 天喜神천희신, 집안에 모시는 佛像불상.

亥는 偏印편인이 正印정인, 死宮사궁, 地殺지살, 同合, 天壽星천수성, 乙亥, 浮木부목, 梟神殺효신살, 日時에 空亡공망이면 房內念佛방내염불이다. 盲人殺맹인살.

■ 乙亥가

木에는 比肩비견, 比劫비겁, 印綬인수.

火에는 印綬인수, 官星관성.

土에는 官星관성, 財星재성.

金에는 財星재성, 傷官상관, 食神식신.

水에는 傷官상관, 食神식신, 比肩비견, 比劫비겁.

巳酉丑生은 亥子丑年에 三災殺삼재살이다. 天敗천패 亥子丑年에는 酉 西方向이 大將軍方位대장군방위다. 大將軍方位는 白虎方位백호방위다. 一時停止일시정지와 같다. 增築증축이나 修理수리는 避피함이 좋고 上下가 없이 厄액이 따른다. 亥에는 丑이 喪門상문이요 酉가 弔客조객. 甲子 旬中에는 戌亥가 旬中空亡순중공망. 丙丁日에 亥酉가 天乙貴人천을귀인, 寅卯辰月에 亥가 急脚殺급각살 子月에 亥는 斷矯關殺단교관살, 子月에 亥는 活人星활인성, 戌과 子 사이에 夾은 亥, 亥水는 잘 變하기도 하지만 變하지 않을 때도 있다. 亥月에 入胎月입태월은 寅. 巳亥日生 入胎日은 286日, 寅亥合은 六合 亥가 寅을 보면 德덕이 없고 官災관재 損財손재가 多發다발, 亥가 辰을 보면 死豚사돈이다. 돼지는 잠이 많고 筋肉근육이 없어 물을 좋아한다. 丁亥 丁酉日生은 一貴格일귀격이다. 亥가 文昌문창이면 水産수산, 醫療의료, 敎員교원, 敎授교수에 該當해당된다. 亥生에 亥日이면 一專心崇佛

일전심숭불이면 天思천사를 입는다. 亥가 巳火를 冲하면 불꽃이 일고 화려하다. 亥는 丙火를 보면 잔잔한 湖水호수이므로 長久官印장구관인에 該當해당된다.

乙亥의 變化

乙木은 木生火는 吝嗇인색하나 木剋土는 잘 한다. 그러나 地支의 亥水에는 生剋制化생극제화는 할 수 없으며 乙庚合은 威制之合위제지합이라하며 乙木은 天干을 生도 剋도 하며 形而上學的형이상학적으로는 地支亥水에 生剋制化를 잘한다. 亥水는 地支끼리도 生剋制化를 할 수가 있으며 勢力세력으로도 따라가며 天干에도 生剋制化를 할 수 있다.

무더위는 지나가고 장마가 예상되니 농작물의 피해가 우려된다. 채소 값이 많이 오를 것으로 예상된다. 홍수에 대비하고 눈병에 주의해야 할 것이다. 건축을 할 때는 기초공사가 중요시된다. 화재가 적으며 여행객이 늘어날 것으로 예상된다. 보건당국의 감시가 필요하고, 환자가 많이 발생할 조짐이 예상된다. 相生은 잘 되나 인색함이 흠이라고 느껴진다. 새로운 것을 수입하고 개발하며 포장만 하는 것은 흠이라고 본다. 불쾌지수가 높고 건축은 붕괴가 염려된다. 서민은 도시로 몰려들고 도시민은 외국과도 연결된다. 비밀이 난무하여 언론이 투명해야 국민에게 지지를 받는다. 육영사업이 어려워지고 놀이기구가 많이 생겨나며 수출보다는 수입 의존도가 많아지고 교육에는 비밀이 있으며 수험생은 시험문제가 쉽게 출제되어 합격률이 높아진다. 외국어과의 경쟁률이 높아지며 수학문제가 쉬워진다. 밀수가 성행하며 밀거래가 잘 되어 투명하지 않는 것이 흠이다. 태풍이 많아질 것으로 예상되니 피해에 주의가 필요하다. 서민의 답은 맑지가 않음이 흠이라고 본다.

乙亥의 비밀성 變化

시작이 잘못이라 하지 않는 것만 못하다. 필화사건이 언론지상에 공개되며 건설업이 극성을 부리나 침체가 예상된다. 무역, 호텔사업 침체가 우려된다. 목재나 섬유가 돈이 되고 사채시장이 극성을 부리며 부동산 투기의 조짐이 보이며 오락문화가 발달하며 서로간에 기술을 모방하여 사업을 하려 하고 연구와 노력은 결국 모방으로 끝이 난다. 기술과 지혜를 도둑맞으며 노복이나 자손의 손버릇이 나빠지며 공부하고 노력하여 기술을 습득하고 조상이 나에게 도움을 주지 않으며 투자했다하면 손해요 보증만 서도 손해가 된다. 여행가서 분실 수 있게 되며 금전에 독촉 받고 여자로 인하여 관재가 발생하며 수시로 가정에 변화가 있게 된다. 공부하다 사업에 손을 대고 형제의 사고로 돈이 들어오며 친구와 동업으로 사업체가 하나 생기고 어머니의 과잉보호에 반발심이 일어나게 된다. 성적표는 친구와 비교되며 내 말에 힘이 실리며 부하가 나와 동등해지며 친구 하다가 애인하고 수입이 줄어들고 지출이 늘어난다. 시작은 좋으나 결과가 부실하고, 상사에 아이디어를 모방하며 하던 공부 그만두고 친구들과 어울리며 처가 바람피우며 시집살이하며, 애인을 소개받아보았자 빼앗기며 학점은 커닝이라 버는者 쓰는者 따로 있구나. 분실에 분실이라.

乙亥의 노출성 變化

교육정책은 변화가 예상되며 세무감사에 독촉을 받게 된다. 공무원의 변화가 많으며 직장에도 변화가 있게 된다. 목재 값이 오르며 승진이 아니라 감원의 대상자요 인격보다 주먹이 앞서며 언론이 시끄럽다. 여행가서 구설수요 설계가 잘못이요 계획이 잘못이요 무엇이든 연구하고 시작하면 막혔던 숨통이 터지고 일순간에 아이디어가 창출되며 고국이 그리워 고향을 방문하고, 수입보다 지출이 많아지며 취업은 경쟁에서 지고, 대리 근무자를 시켰다가 직장을 잃게되고 뜬구름이 문제요 의심이 많아지고 악몽을 꾸게 되며 생각지도 않는 일이 생겨 탈재가 따르게 되며, 말한마디 실수에 거래처가 떨어져나가고 서류관리 잘못으로 관재구설에 휘말린다. 수입이 끊어지니 자연 부도로 연결이라. 계획이 취소되고 학생은 국어점수가 내려가며 원류가 두절이라 먹는 것마다 걸리고 변비까지 생기게 된다. 과속은 금물이요 사고가 우려된다. 친구에게 보증섰다 관청으로 불려가게 되고 일을 하는데 성급해지고 성급함은 실수로 연결된다. 욕심이 화를 부르며 판단이 잘못이며 친구가 문제라. 언론이 잘못 게재되며 이름표가 잘못이요 명암이 뒤바뀌며 문명이 죽었으니 안다고 하는 것이 잘못이라 포장만 좋다고 좋아하지 마라 속은 위장술이다. 모방은 그럴듯하나 포장부터 잘못이다. 타협이 안되고 의논이 없으니 앞을 가로막는다.

丙子

■ 丙

形而上學형이상학 精神정신 始시 東 有情유정 上半期상반기 前進전진 得득 實실 생각 生成생성 上體상체 겉모양 外的외적 勝승 吉길 先 明 낮 地上 太過태과 自由. 天干은 天干끼리 生剋制化생극제화를 할 수 있다. 天干은 地支를 生剋制化 할 수 없다.

■ 子

形而下學형이하학 物質물질 終종 西 無情무정 下半期하반기 後退후퇴 失실 虛허 行動행동 消滅소멸 下體하체 속 모양 內的내적 敗패 凶흉 後후 暗암 밤 地下 不及불급 拘束구속 地支는 天干을 生도 剋도 할 수 있고 地支는 地支끼리 生剋制化를 할 수 있다. 子水는 生이 吝嗇인색하 며 剋은 잘하고 變化변화가 없다.

■ 丙

芒種망종 起火기화 陽火양화 炳병 動物동물은 사슴, 밝다 太陽之火태양 지화 君王之火군왕지화 爐冶之火노야지화 電氣전기 光線광선 電波전파 紫外

線자외선 赤外線적외선 放射線방사선 超能力초능력 빛 死火사화 旺火왕화 純陽순양 强熱之火강열지화 透視力투시력 逆上역상 불꽃 太陽태양 화려한 것 펼쳐만 놓는다. 字義자의는 日 昌창 光광 陽양 高고요 소리는 雄壯웅장한곳. 場所장소는 밝은 곳 晝間주간이요 繁昌藏蓄地번창장축지. 在來市場재래시장 器物기물은 大衆대중 集合집합 場所장소다. 性質성질은 明朗명랑 快活쾌활이다.

■ 子

陰水음수 11月 一陽始生일양시생 冬至동지 子正 鼠서 揆규 始作 寒冷之水한랭지수 氷雪빙설 寒流한류 泉水천수 川水천수 外陽內陰외양내음 從流종류 風流풍류 流水유수 活水활수 生水 天貴星천귀성 流下之性유하지성 첫 번째地支 正北 坎宮감궁 黑色흑색 1.6數 始 짠맛 智慧지혜 十二支의 首수, 水氣수기, 하루의 始作 四旺之局사왕지국, 정신을 집중한다. 水生木은 인색하나 水剋火는 잘한다. 象상은 陰極之水음극지수이다. 他五行을 만나도 變化변화가 안 된다. 黑色흑색, 어둡다. 인색하다. 의심을 안주는 것 같고 덜 주는 것 같다. 부지런하기도 하다.

職 業

■ 丙

雜貨商잡화상, 車차, 駐車場주차장, 石油석유, 가스, 燃料연료, 航空항공, 火藥화약, 煖房난방, 電話전화, 在來市場재래시장, 眼鏡안경, 檢査검사, 行

政工作행정공작, 政治정치, 照明器具조명기구, 勞動問題노동문제, 運動운동, 電氣전기, 運輸業운수업, 通信통신, 美容室미용실, 硝子초자, 文敎문교, 言論언론, 産資部산자부.

■ 子

水産物수산물, 氷菓類빙과류, 旅館여관, 養殖業양식업, 沐浴湯목욕탕, 낚시, 外國語외국어, 海運해운, 풀장, 세탁, 연못, 水平線수평선, 法曹界법조계, 海洋業해양업, 分水분수, 漁場어장, 旅行業여행업.

性 格

항시 마음은 넓어 上下 부귀빈천을 가리지 않고 사심 없이 대하여 주며 또 모든 만물을 꽃피우게 하고 견고하게 하여 주는데 중화를 실도 하면 조급하고 말이 앞서며 펼쳐만 놓았지 수습을 못한 것이 흠이며 특징은 이마가 넓어 상대로 하여금 시원하게 보이며 바른말을 잘하나 뒤는 없으며 아는 체를 잘 하고 말이 많아 구설이 따름과 동시 말이 씨가 되니 주의하여야 하며 음성이 높아 오해받기 쉽고 그 눈에는 정기가 서려 항시 빛나고 있으며 명랑하다고 하는 것은 내면의 욕심을 타인에게 보이기 싫은 하나의 방편이기도 하다. 시력이 발달하여 한번 보면 판단력이 발달되어 있으므로 남보다 더 빨리 알아보며 재물에 관하여서는 금이 되어 단단하므로 재물관리는 남달리 잘 하며 항상 낙천적인 성격에 현대인이라 할 수 있으며 시대감각이 뛰어난 것이 특징이기도 하다.

직업은 공직에서 근무하는 것이 바람직하며 또한 직업의 변화가 번다한 것이 흠이겠다. 건강으로는 본래 체질이 약하여 피로가 쉽게 오며 심근경색, 시력 등에 주의가 필요하다.

健康건강：心臟심장, 小腸소장, 心包심포, 三焦삼초, 眼病안병, 體溫체온, 血壓혈압, 熱열, 舌설, 精神정신, 循環期系統순환기계통, 腎臟신장, 膀胱방광, 睾丸고환, 泌尿器비뇨기, 耳이, 수분, 睡液타액, 몸이 붓는 증상.

天干으로 丙火는 7數요 變化변화하면 6數에 癸水가 된다. 맛은 쓴맛과 짠맛이요 색상은 赤色적색과 黑色흑색이며 子水에 方位는 正北에 屬속하고 季節계절로는 子月 겨울이요 人物, 坎卦감괘, 先天은 乾卦건괘이며 하루로는 밤 11時에서 새벽 1時까지이며 一陽始生일양시생이요 地支의 子水가 數理수리로는 1數요 水生木에는 吝嗇인색하나 水剋火는 잘한다.

■ 地藏干：癸

暗藏암장은 비밀스러운 것 생각이 많은 것이다. 남에게 밝히기를 싫어하며 미래를 내다보는 것도 된다. 暗藏合은 다정한 것 내심 명분을 따진다. 暗藏合에는 戊癸合이 있는데, 天干에 火가 있으면 본인의 계획대로 하려 하고 冲에는 丁癸冲이 있는데, 天干에 丁

火가 있으면 변화가 많고 정서가 불안하다.

子는 申子辰, 申子, 子辰, 申辰은 三合局, 亥子丑은 方合, 子酉는
六破殺육파살, 鬼門關殺귀문관살, 子未는 六害殺육해살, 怨嗔殺원진살.

■ 丙子가 아래 天干을 만나면

甲은 偏印편인, 同時通譯동시통역, 甲子, 生宮생궁, 浴宮욕궁.

乙은 正印정인, 눈물苦生고생, 쓰라린 苦痛고통, 浮木부목, 病宮병궁.

丙은 比肩비견, 丙子, 伏吟복음, 胎宮태궁, 한 하늘아래 태양이 둘.

丁은 比劫비겁, 羊刃양인, 絶地절지, 暗藏에는 丁癸冲, 胞宮포궁.

戊는 食神식신, 敎育교육, 戊子, 土流토류, 絶地절지, 胎宮태궁, 戊癸, 暗合.

己는 傷官상관, 絶地절지, 胞宮포궁, 土流토류.

庚은 偏財편재, 庚子, 丙庚聲병경성, 泄氣설기, 死宮사궁.

辛은 正財정재, 盜氣도기, 泄氣설기, 丙辛合, 生宮생궁.

壬은 偏官七殺편관칠살, 壬子, 羊刃殺양인살, 旺宮왕궁, 月德貴人월덕귀인,
丙壬冲.

癸는 正官정관, 綠록.

■ 丙子가 아래 地支를 만나면

子는 偏官편관이 正官정관, 丙子, 火熄화식, 絶地절지, 胎宮태궁, 將星殺
장성살, 天貴星천귀성, 同合, 方合, 地轉殺지전살, 職業多變化직업다
변화, 伏吟복음, 連帶事故연대사고, 本人失手본인실수.

丑은 傷官상관, 晦氣회기, 暗藏에는 丙辛合, 方合, 六合, 財殺地재살지, 財官同臨재관동림, 總角得子총각득자, 天厄星천액성, 攀鞍殺반안살, 養宮양궁, 財庫재고, 急脚殺급각살.

寅은 偏印편인, 長生宮장생궁, 驛馬殺역마살, 丙寅, 天權星천권성, 梟神殺효신살, 三災天蟲삼재천충, 文曲貴人문곡귀인, 水隔殺수격살.

卯는 正印정인, 浴宮욕궁, 六害殺육해살, 子卯刑殺자묘형살, 天破星천파성, 三災天刑삼재천형, 紅鸞星홍란성.

辰은 食神식신, 丙辰, 晦氣회기, 泄氣설기, 帶宮대궁, 子辰, 三合局, 華蓋殺화개살, 天奸星천간성, 暗藏에는 戊癸合, 子는 死, 官庫관고, 急脚殺급각살, 三災天劫삼재천겁, 截路空亡절로공망.

巳는 比劫비겁이 比肩비견, 祿록, 冠宮관궁, 劫殺겁살, 暗藏에는 戊癸合, 天德貴人천덕귀인, 天文星천문성, 截路空亡절로공망.

午는 比肩비견이 比劫비겁, 羊刃殺양인살, 子午沖, 暗藏에는 丁癸沖, 旺宮왕궁, 天福星천복성, 災殺재살, 天轉殺천전살, 職業직업을 못 찾음.

未는 傷官상관, 羊刃양인, 子未, 怨嗔殺원진살, 六害殺육해살, 天殺천살, 衰宮쇠궁, 天驛星천역성, 暗藏에는 丁癸沖, 印綬庫藏인수고장.

申은 偏財편재, 丙申, 財殺地재살지, 財官同臨재관동림, 總角得子총각득자, 天孤星천고성, 旬中空亡순중공망, 暗藏에는 丙壬沖, 地殺지살, 病宮병궁, 落井關殺낙정관살, 文昌貴人문창귀인.

酉는 正財정재, 子酉, 六破殺육파살, 鬼門關殺귀문관살, 天乙貴人천을귀인, 旬中空亡순중공망, 暗藏에는 丙辛合, 死宮사궁, 桃花殺도화살, 天刃星천인성, 天喜星천희성, 大將軍대장군.

戌은 食神식신, 丙戌, 白虎大殺백호대살, 自己庫藏자기고장, 暗藏, 丙辛
合, 近親相姦근친상간, 墓宮묘궁, 月殺월살, 天藝星천예성, 暗藏에
는 戊癸合, 丁癸冲.

亥는 正官정관이 偏官편관, 方合, 亡神殺망신살, 絶地절지, 胞宮포궁, 殺
印相生살인상생, 天壽星천수성, 天乙貴人천을귀인, 斷矯關殺단교관살,
活人星활인성.

■ 丙子가

木에는 傷官상관, 食神식신, 印綬인수.

火에는 比肩비견, 比劫비겁, 官星관성.

土에는 印綬인수, 財星재성.

金에는 官星관성, 傷官상관, 食神식신.

水에는 財星재성, 比肩비견, 比劫비겁.

巳酉丑生은 亥子丑年에 三災殺삼재살이다. 地戶지호 亥子丑年에는
酉 西쪽이 大將軍方位대장군방위다. 大將軍方位는 白虎方位백호방위인
데 일시정지와 같다. 增築증축이나 修理수리는 避피함이 좋고 上下
구별 없이 厄액이 따른다. 子에는 寅이 喪門상문이요 戌이 弔客조객.
戊癸日에는 子丑이 截路空亡절로공망. 甲寅旬中갑인순중에는 子丑이
旬中空亡순중공망 乙己日에 子申이 天乙貴人천을귀인 寅卯辰月에 亥子
는 急脚殺급각살, 12月生에 子는 斷矯關殺단교관살. 乙庚日에 子는 落
井關殺낙정관살 子月에 入胎月입태월은 卯. 子午日生 入胎日은 276日.

丑月生에 活人星활인성은 子. 亥와 丑사이에 夾은 子이다. 子는 變함은 없으나 生에는 인색하고 剋은 잘한다.

丙子의 變化

丙火는 火生土도 잘하고 火剋金도 잘한다. 그러나 地支의 子水에는 生剋制化생극제화를 할 수 없으며 丙辛合은 威制之合위제지합이라 하며 丙火는 天干을 生도 剋도 하며 形而上學的형이상학적으로는 地支子水에 生剋制化를 잘 한다. 子水는 地支끼리도 生剋制化를 할 수가 있으며 勢力세력으로도 따라가며 天干에도 生剋制化를 할 수 있다.

장마와 태풍이 예년에 비해 많다고 예상된다. 농작물은 비나 홍수피해가 염려된다. 또한 채소 값은 오르고 과일은 당도가 떨어지며 우기에 채소나 과일은 관리가 요망된다고 본다. 관에 의하여 밀림 당하고 일복이 많아지며 직장에서는 연인을 만나게 되고 일하다가 가까워지며 안다고 하여 앞서다가는 뒤로 발목잡히게 되고 관청에서 단속이 심하고 암행감사가 심하여지며 주간보다 야간이 무서우니 밤 말은 쥐가 들으며 정장이 유행하니 단정하게 옷을 입어야 알아주며 禍화가 난 것이 오래가며 역사는 밤에 이루어지며 투명보다는 비밀거래가 성행하며 외국이 우리를 관리하며 비리가 많으나 밝혀지는 것이 없다고 예상된다. 간섭을 당하고 난 다음에 알게 되고 입에서 입으로 전하게 되니 비밀리에 하는 투자가 문제요 알고 나면 파산이라. 언론이 모르고 안다 해도 밝혀진 것이 없으며, 사업확장은 좋지 않고 사업보다는 직장이 더 좋으며 부동산에 문제가 있어 급매물이 많이 나오게 된다. 문명이 막혔으니 공부가 잘 되지 않으며 주간이 야간으로 변한 것과 같으니 모든 것이 정상이 아니다.

丙子의 비밀성 變化

부동산 투기와 경제가 침체되니 경기가 좋지 않다. 관을 상대로 한 기술자가 많고 경쟁률이 심해지며, 노복으로 인하여 관재구설이 따른다. 직장에 스파이가 있어 기술은 모방 당하고 노출된다. 앞이 보이지 않으니 동업과 투기가 잘못이요 대리근무 시키다가 직장 떨어지고 장사로 탈바꿈하게 되며 관청의 방해가 생기고 감시가 심하여지며 자손불효에 손재가 따르며 부군에게 배신당할 수 있다. 부군이 돈 쓰는데 명수요 무능력자가 되고 부군으로 인하여 친구가 생기며 소개도 받는다. 노력은 내가 하고 돈은 나누어 쓰게 되며, 취직 부탁하면 사기 당하고 승진이 아니라 제자리걸음이요 농작물 가격이 오르내림의 폭도 크다. 간이주점이 많이 늘어나며 실업자가 늘어난다. 문교정책의 시정이 필요하고 주간보다 야간이 훨씬 길며 밝은 것보다 어두운 것이 많으며 투명보다는 비밀이 많고 정당한 것을 가지고 비합법적으로 처리하고 외부의 일이라 밖으로 뛰쳐나가게 되고 노동자는 외국으로 눈을 돌리나 그러나 성공은 어렵고, 친구가 투기바람을 일으키며 제자가 반말에 시비요 비밀조직이 늘어나며 조직의 일원이 되면 빠져나오기 어렵게 된다. 태양아래 먹구름이라 어디를 가나 호소할 데가 없으며 부동산경매가 활발해지며 남편이 장남 역할을 한다. 모였다하면 어두운 이야기요 자식 때문에 비관하며 직업에 목적은 교수가 꿈이요 박사가 꿈이다.

丙子의 노출성 變化

이복형제로 인하여 누명쓰게 되며 친구로 인하여 이혼을 당하게 된다. 여자친구가 내 남편의 아들을 낳았다고 협박하며 친구로 인하여 관재 구설에 오르고 인신매매로 감옥 가는 신세요, 모방에 착취당하고 재판에서 지게 된다. 관청의 비밀이 새어나가고, 유언비어가 많아지며 시아버지 역성에 남편과 헤어지며 등너머로 배운 기술은 오래가지 못한다. 신문지상에 모방 사기사건이 오르내리고 사채놀이 하다가 직장이 위태로워지며 모였다하면 언쟁이요 쟁투라, 정도가 아니면 권모술수로 장사를 하지 마라 배신당한다. 안다는 것이 직업이 아니라 배신이 거듭되며 물위에 별이 떨어진 형상이라, 작은 잘못이 누명이라 내 발등에 불이 떨어져도 앞이 보이지 않으며 직업에 변화가 많으며 있는 것도 떨어져 나간다. 동료가 박차고 올라오니 승진이 아니라 좌천이요 건강이 부실하니 병원출입이 잦고 꿈은 크나 뜬구름이요 하고는 싶으나 하고 나면 후회요, 서두르다 놓치고 의심과 의처증만 깊어지니 마음만 조급하다. 눈뜨고 도둑맞고 내 돈 쓰고 배신당하며 술친구는 많아도 진정한 친구는 하나도 없으며, 독식을 꿈꾸면 화가 백가지로 일어나며 없는 욕심이 생기게 되니 투서와 고자질로 망한다. 친구로 인하여 탈재요 군중심리가 발동하게 되며 밤에 이루어진 일은 오래가지 못하게 된다.

丁丑

■ 丁

形而上學형이상학 精神정신 始시 東 有情유정 上半期상반기 前進전진 得득
實실 생각 生成생성 上體상체 겉모양 外的외적 勝승 吉길 先 明 낮 地
上 太過태과 自由. 天干은 天干끼리 生剋制化생극제화를 할 수 있다.
天干은 地支를 生剋制化 할 수 없다.

■ 丑

形而下學형이하학 物質물질 終종 西 無情무정 下半期하반기 後退후퇴 失실
虛허 行動행동 消滅소멸 下體하체 속 모양 內的내적 敗패 凶흉 後후 暗암
밤 地下 不及불급 拘束구속 地支는 天干을 生도 剋도 할 수 있고
地支는 地支끼리 生剋制化를 할 수 있다. 丑土는 生을 잘하며
剋은 못하고 변화가 많다. 丑土는 合이 될 때도 있고 안될 때도
있다.

■ 丁

小暑소서 陰火음화 生火 별 燈등 燭촉 電波전파 逆上역상 壯丁장정 백

화점 祈禱기도 호텔 빛 燈臺등대 신호 禮式場예식장 消防소방 航空항공 羽族類우족류 電氣전기 光線광선 赤外線적외선 紫外線자외선 放射線방사선 電波전파 불꽃 星辰성진 孤獨고독 老火노화 動物동물은 獐장.

■ 丑

大寒대한 寒土한토 紐유 牛 陰土음토 凍土동토 濕土습토 二陽之氣이양지기 昆蟲類곤충류 生土 柔土유토 胛骨動物갑골동물 金庫금고 墓宮묘궁 四庫之局사고지국 허리 옆구리 불모지 땅. 天厄星천액성 곡식이 안 되는 土. 言語寡默언어과묵 乙丑이면 乾草건초다. 毒劇物독극물 艮方간방 丑月에 酉는 死. 食神식신 財星재성 官星관성을 暗藏하고 있다. 背배 萬物만물 이 자라지 못하는 不生土불생토다. 丑은 火가 반드시 必要필요하다. 金庫금고인데 戌鍵술건으로 열어야 한다. 土生金은 잘하나 土剋水 는 못한다. 惡氣악기가 많은 土다. 鑛山광산으로는 必要필요한 土다. 寒土한토로서 버려진 땅이라고는 하나 개발의 여지가 있다.

職 業

■ 丁

禮式場예식장, 호텔, 運輸業운수업, 修道人수도인, 占術점술, 化粧品화장품, 眼鏡안경, 寫眞사진, 美容室미용실, 圖書館도서관, 절, 寺刹사찰, 祈禱기도, 어려운 일이 닥치면 촛불 켜고 기도하면 좋은 일 생김.

■ 丑

毒劇物取扱독극물취급, 消防소방, 鑛山광산, 炭鑛탄광 개간, 古物商業고물상업.

性 格

火土 食神식신이라 몸과 마음 넓고 후중하여 예의는 바르나 말로서 돈을 벌어들이는데 재고가 작용을 하면 한없이 욕심을 부리니 돈 한번 원 없이 써보기도 한다. 영리하고 세심하고 임기응변에도 능하며 화개살에 재고이니 신앙을 상대로 취재도 잘하겠고 또한 종교에서 하는 일이라면 인색하지 않아야 할 것이다. 항상 기도하는 마음으로 마음을 너그럽게 가져야 하며 명랑하고 신용과 의리를 두루 갖추어야 한다. 백호대살에 부친의 횡사와 처가 악처가 되는 것이 두렵고 고집이 대단하여 힘 자랑 하다가 다치는 수가 있으니 조심하여야 하겠으며 처의 잔질 또한 있을 것이다. 판단력 응용력은 있으나 성격이 급하고 탕화살이 있으니 자기 마음대로 안될 때는 비관이나 비판을 잘하며 때로는 약도 잘먹는다. 이로 인해 처덕은 있으나 처궁은 좋지 않아 결혼을 몇 번 해보거나 처가 잔병이 있으며 연상의 여인과도 인연이 있다. 여명의 부궁은 부실하나 음식솜씨 하나는 자랑할만하며 직업으로는 재정, 교육, 식품, 토건업에 종사함이 좋으며 건강은 시력이상, 당뇨, 비만, 냉습에 주의가 필요하다.

場所장소 : 도서관, 절, 한적한 곳, 조용한 곳.

健康건강 : 心臟심장, 小腸소장, 心包심포, 三焦삼초, 視力시력, 體溫체온, 血壓혈압, 大腸대장, 便秘변비, 齒痛치통, 冷帶河냉대하, 痔疾치질, 凍傷동상, 濕疹습진, 무좀, 糖尿당뇨, 氣管支기관지, 呼吸氣호흡기.

天干으로 丁火는 2數요 變化변화하면 3數에 甲木이 된다. 맛은 쓴맛과 단맛이요 색상은 적색과 황색이요 丑土에 方位로는 東北 艮方간방이며 季節계절로는 12월 겨울이요 하루로는 새벽 1時에서 3時까지이며 二陽之氣이양지기요 地支에 있어서 丑土가 數理수리로 는 10數에 해당하며 土生金은 잘하고 土剋水는 못한다.

■ 地藏干 : 己 辛 癸

暗藏암장은 비밀스러운 것 생각이 많은 것이다. 남에게 밝히기를 싫어하며 미래에 계획이 있게 된다. 暗藏合은 다정한 것 내심 명 분을 따진다. 暗藏合에는 甲己合, 丙辛合, 戊癸合이 있는데 天干 에 甲, 丙, 戊가 있으면 본인의 계획대로 하려고 하고, 沖에는 丁 癸沖, 乙辛沖이 있는데 天干에 乙丁이 있으면 변화가 많고 마음 도 조급할 수가 있다.

丑은 巳酉丑, 巳丑, 巳酉, 酉丑은 三合局, 兌卦태괘, 亥子丑은 方合, 丑戌未는 三刑殺삼형살, 湯火殺탕화살, 丑辰은 六破殺육파살, 丑午 는 六害殺육해살, 怨嗔殺원진살, 鬼門關殺귀문관살, 華蓋殺화개살.

■ 丁丑이 아래 天干을 만나면

甲은 正印정인, 帶宮대궁, 暗藏에는 甲己合, 財官同臨재관동림, 官庫관고.

乙은 偏印편인, 乙丑, 絶地절지, 衰宮쇠궁, 暗藏에는 乙辛沖, 官庫관고.

丙은 比劫비겁, 羊刃양인, 暗藏에는 丙辛合, 財庫재고, 晦氣회기, 盜氣도기, 養宮양궁.

丁은 比肩비견, 丁丑, 晦氣회기, 泄氣설기, 墓宮묘궁, 陰錯殺음착살, 白虎大殺백호대살.

戊는 傷官상관, 暗藏에는 戊癸合, 養宮양궁, 傷食庫상식고.

己는 食神식신, 己丑, 十惡日십악일, 凍土동토, 陰地田畓음지전답, 傷食庫상식고, 墓宮묘궁.

庚은 正財정재, 撮影촬영, 墓宮묘궁, 自己庫자기고, 天月德貴人천월덕귀인.

辛은 偏財편재, 辛丑, 梟神殺효신살, 滋養之金자양지금, 養宮양궁, 自己庫자기고.

壬은 正官정관, 丁壬合, 淫亂之合음란지합, 印綬庫인수고, 衰宮쇠궁.

癸는 偏官편관, 丁癸沖, 癸丑, 白虎大殺백호대살, 羊刃殺양인살, 懸針殺현침살, 帶宮대궁.

■ 丁丑이 아래 地支를 만나면

子는 正官정관이 偏官편관, 丁癸沖, 子丑方合, 六合, 絶地절지, 胞宮포궁, 六害殺육해살, 天貴星천귀성, 官食관식이 合, 斷矯關殺단교관살, 活人星활인성, 天醫천의, 三災地戶삼재지호, 水隔殺수격살.

丑은 食神식신, 丁丑, 白虎大殺백호대살, 暗藏에는 丁癸沖, 急脚殺급각살,

154 육십갑자 해설

同合, 晦氣회기, 泄氣설기, 天厄星천액성, 華蓋殺화개살, 財庫재고, 三災地刑삼재지형, 墓宮묘궁.

寅은 正印정인, 丑寅, 艮土合간토합, 暗藏에는 丙辛合, 甲己合, 天德貴人천덕귀인, 死宮사궁, 天權星천권성, 劫殺겁살, 截路空亡절로공망, 紅鸞星홍란성.

卯는 偏印편인, 丁卯, 病宮병궁, 吝嗇인색함, 暗藏에는 乙辛冲, 災殺재살, 截路空亡절로공망, 天破殺천파살.

辰은 傷官상관, 急脚殺급각살, 六破殺육파살, 暗藏에는 丁癸冲, 乙辛冲, 戊癸合, 衰宮쇠궁, 天奸星천간성, 天殺천살, 官庫관고, 개간할 수 있는 땅.

巳는 比肩비견이 比劫비겁, 丁巳, 孤鸞殺고난살, 巳丑三合, 旺宮왕궁, 地殺지살, 天文星천문성, 暗藏으로 戊癸合, 丙辛合.

午는 比劫비겁이 比肩비견, 祿根록근, 怨嗔殺원진살, 鬼門關殺귀문관살, 六害殺육해살, 天福星천복성, 冠宮관궁, 暗藏으로 丁癸冲, 桃花殺도화살.

未는 食神식신, 丁未, 羊刃殺양인살, 帶宮대궁, 月殺월살, 丑未冲, 暗藏으로 乙辛冲, 丁癸冲, 天驛星천역성, 印綬庫인수고.

申은 正財정재, 財殺地재살지, 財官同臨재관동림, 不情胞胎부정포태, 總角得子총각득자, 天喜神천희신, 絶地절지, 天孤星천고성, 浴宮욕궁, 暗藏으로 丁壬合, 亡神殺망신살, 旬中空亡순중공망.

酉는 偏財편재, 丁酉, 絶地절지, 生宮생궁, 將星殺장성살, 天乙貴人천을귀인, 酉丑, 三合, 天刃星천인성, 旬中空亡순중공망, 大將軍대장군, 十惡日십악일.

戌은 傷官상관, 落井關殺낙정관살, 天藝星천예성, 丑戌刑殺축술형살, 暗藏으로 丁癸冲, 戊癸合, 養宮양궁, 攀鞍殺반안살.

亥는 偏官편관이 正官정관, 天乙貴人천을귀인, 天壽星천수성, 丁亥, 丁壬合, 亥丑方合, 胎宮태궁, 驛馬殺역마살, 三災天敗삼재천패, 十惡日십악일.

■ 丁丑이

木에는 傷官상관, 食神식신, 財星재성.

火에는 比肩비견, 比劫비겁, 傷官상관, 食神식신.

土에는 印綬인수, 比肩비견, 比劫비겁.

金에는 官星관성, 印綬인수.

水에는 財星재성, 官星관성.

巳酉丑生은 亥子丑年에 三災殺삼재살이다. 地刑지형 亥子丑年에는 酉 西方이 白虎方位백호방위다. 大將軍方位대장군방위는 白虎方位다. 나의 右側方位우측방위다. 일시정지와 같다. 增築증축이나 修理수리는 不可 厄액이 있다. 上下 구별 없이 厄이 따른다. 丑에는 卯는 喪門상문 亥는 弔客조객. 戊癸日에는 子丑이 截路空亡절로공망 甲寅旬中에는 子丑이 旬中空亡순중공망. 丑月에는 丑辰이 急脚殺급각살. 巳月에 丑은 斷矯關殺단교관살. 寅月에 丑은 活人星활인성. 丑月에 入胎月입태월은 辰. 丑未日生 入胎日은 266日이다. 丑에 申은 天喜神천희신. 子와 寅사이에 夾은 丑. 丑戌未는 三刑殺삼형살, 背信之刑배신지형이다. 丑은 戌로 鍵건하고 開門개문한다. 鑛山광산, 炭鑛탄광으로 성공하려면

丑이 필요하다. 霜降以後상강이후 立春까지는 調候不及조후불급은 穀食곡식이 안 되는 土다. 丑은 戌이 있어야 不動産開發부동산개발을 잘한다. 丑日生은 言語寡默언어과묵하다. 外面외면은 陰이나 内心은 陽性양성이다. 丑日 己未時라면 月光월광이 柄枝병지에 照映조영하니 上格상격이다. 陰極음극하면 陽生양생하니 陽氣양기가 地下에서 始動시동한다.

丁丑의 變化

丁火는 火生土에는 吝嗇인색하나 火剋金은 잘한다. 그러나 地支의 丑土에는 生剋制化생극제화를 할 수가 없으며 丁壬合은 淫亂之合음란지합이라 하며 丁火는 天干을 生도 剋도 하며 形而上學的형이상학적으로는 地支 丑土에 生剋制化를 잘한다. 丑土는 地支끼리 生剋制化를 할 수가 있으며 勢力세력으로도 따라가며 天干에도 生剋制化를 할 수 있다.

나무의 묘목 값이 살아나며 사고가 많음이 예상된다. 기후는 차갑고 냉습이 많은 한해이다 보니 농장물의 피해가 염려된다. 병균이 많고 눈병 또는 특이한 질병에 주의가 요망된다. 환자는 기력을 보강함이 급선무요 환기 소통이 필요하다. 사업가는 계산에 막힘이 있는 것이 흠이다. 실업자가 늘어나며 종업원은 업주와 타협이 요망된다. 수입은 줄어들고 지출은 늘어난다. 재고량이 있게 되고 수출보다는 수입 의존도가 높아진다. 망한 줄 모르게 망하고 멍든 지 모르게 멍든다. 화재나 가스 사고를 조심해야 하며 화재보험이 필요한 해라 할 수 있다. 마음이 바쁘고 콩밭에 가 있으며 행동은 이루어지지 않으며 퇴직 당하고 노숙자 되어보고 오라는 곳은 없어도 갈곳은 많으며 부동산 구입하기에 적절한 시기가 된다고 본다. 오는 말보다는 가는 말에 가시가 있다. 정비와 수리가 많으며 누수현상이 많은 한해라고 본다. 직업의 변화가 많으며 종업원의 이동이 번다하다. 묵은 세대의 조직이요 옛것이 가격이 오르게 된다.

丁표의 비밀성 變化

감독기관에서 감사받고 부친이 관을 상대로 장사하며 꿈만 가지고 정치에 뛰어드나 계획과는 다르며 재정직 공무원이라 대리근무하면 문제가 발생하고 통신사업에는 발전에 발전을 거듭한다. 간척지 개발이 이루어지고 건물을 구입하면 손해가 막심이다. 노복이 열심히 기술을 발휘하고 노력하고 연구하여 예술공예 만들고 우리의 기술이 외국으로 수출되며 수입이 아니라 지출이니 주고도 좋은 소리 못 듣는다. 학생은 위법행위를 잘하게 되고 자식이 위법행위 하게 된다. 가르치면서 공부하고 이해력이 좋아지고 노력으로 인한 것이 앞이 보인다. 보증이 관재 구설로 연결되며 귀인이 아니라 사기꾼이요 요리공부가 성공을 하게 되며 음식문화가 성행하고 술집이 늘어나며 애인 때문에 상사병이요 가족과의 여행은 가정화목의 발판이 되며 대리 근무하다가 인정이 되어 사장까지 올라가게 된다. 애인의 보살핌으로 고시에 합격하고 취직 부탁했다가 사기 당하며 부정으로 인하여 해고당한다. 나의 작품은 모방을 당하며 위법행위가 고발되어 사기사건이 많아지고 사기결혼에 이혼까지 가게 되며 나의 계획안이 경쟁에서 이기고 직업이 좋으면 내처는 일등급 아내를 얻게 된다. 경쟁이란 직업이요, 재물이요, 애인이라 한번 해볼만하다. 장가가서 철들고 시집가니 이렇게 좋은걸… 부탁이나 아부는 하지마라 노력과 능력을 키워라.

丁표의 노출성 變化

경제가 침체되고 병원출입이 잦으며 건강은 허리가 문제된다. 욕심이 앞서니 뜬구름이라 계산만 가지고는 안되며 수입이 두절이라 거래처가 떨어져나가고 애인이 개입하면 되는 일이 없다. 증권에 투자하여 부도나고 집안이 혼란스러우며 자식이 불량아로 문제를 일으키며 도와주다 뒤집어쓰고 돈답게 써보지 못하고 패망하며 욕심은 저주와 같으며 형제로 인하여 모든 꿈이 물거품이 되며 가정에 들어서기만 하면 풍파가 심하여지고 직업이 자주 이동수라 기술배우다 증권 하게되며 학생은 공부가 안되고 직업전선에 나서게 된다. 승진에서 동료에게 밀려나며 어머니로 인한 별정직이라 욕심이 친구의 의리까지 상하게 된다. 누명 때문에 직장에서 쫓겨나고 회사가 싫어지며 애인이 권태증이 나며 경쟁을 했다하면 떨어지고 말로만 도와주니 부도가 눈앞에 보이며 음식은 잘먹어야 본전이요 외국어 공부가 안 된다. 수입이 아니라 관재 구설이요 모방이 탄로 나며 오라고 하는 곳은 많아도 갈 데가 마땅한 곳은 없다. 매맞고 살며 가정불화는 사회를 혼란시키며 배운 것이 없으니 자연 수입이 적으며 못난 직업이다. 처와 시집은 극과 극이라 내처는 못난이다. 조상을 잘 모시면 처가와 시집은 귀인이 된다. 날개가 꺾인 것과 같으니 매사에 조심이 필요하다.

戊寅

■ 戊

形而上學형이상학 精神정신 始시 東 有情유정 上半期상반기 前進전진 得득 實실 생각 生成생성 上體상체 겉모양 外的외적 勝승 吉길 先 明 낮 地上 太過태과 自由. 天干은 天干끼리 生剋制化생극제화를 할 수 있다. 天干은 地支를 生剋制化 할 수 없다.

■ 寅

形而下學형이하학 物質물질 終종 西 無情무정 下半期하반기 後退후퇴 失실 虛허 行動행동 消滅소멸 下體하체 속 모양 內的내적 敗패 凶흉 後후 暗암 밤 地下 不及불급 拘束구속 地支는 天干을 生도 剋도 할 수 있고 地支는 地支끼리 生剋制化를 할 수 있다. 寅木은 合이 될 때도 있고 안될 때도 있다.

■ 戊

陽土양토 茂무 山 언덕 堤防제방 剛土강토 高原고원 茂盛무성 荒野황야

死土사토 中央중앙 안개 霧무 久구 廣場광장 泰山태산 蹇滯건체 脅협 句陳 구진 復古風복고풍 이슬비 大地 高土고토 中性子중성자 過渡期과도기 濛雨 몽우 黃氣황기 求心點구심점 黃砂現象황사현상 際제 磁力자력 象상은 艮土 高山간토고산이요 性은 위대하다. 體체는 느리나 用은 빠름. 外觀裝 飾외관장식 묵은 것 오래된 것 傳播전파 풍족을 바라는 것.

■ 寅

立春입춘 雨水우수 生木 演연 호랑이(虎호) 陽木양목 嫩木눈목 死木사목 三陽之氣삼양지기 燥木조목 仁情인정 正月之氣정월지기 初春초춘이요 三數 삼수 靑色청색 危險物위험물 棟樑之木동량지목 引火物質인화물질 爆發物폭발 물 湯火殺탕화살 새벽 3時~5時 만물을 일깨워준다. 天權星천권성 부 지런하다. 木剋土도 잘하고 木生火도 잘한다. 寅中 甲木은 土中 에 싹이다. 어두움의 세상을 밝혀준다. 暗藏丙火암장병화가 있어 때 로는 變身변신을 잘하기도 한다.

職 業

■ 戊

漢文한문, 自然科學자연과학, 考古學고고학, 土産品토산품, 農場농장, 運 動운동, 골프, 登山등산, 運動場운동장, 運動器具운동기구, 垈地대지, 土建 토건, 예체능, 不動産부동산, 建設部건설부, 內務部내무부, 穀物곡물, 밀가 루, 骨董品골동품, 宗敎종교, 仲介業중개업, 登山등산, 哲學철학.

■ 寅

危險物위험물, 消防소방, 寺刹사찰, 宗敎종교, 塔탑, 社會事業사회사업, 文化院문화원, 藥局약국, 搭탑, 溫床온상, 寅中 甲木은 纖維섬유, 紙類지류, 農場농장, 家畜가축, 牧場목장이다.

性 格

인정이 많고 후중한 성격의 소유자이다. 예의를 지키며 신용과 의리를 앞세우는데 인정에 밀려 거절을 못하는 것이 흠이라 하겠다. 주체와 지구력이 약하면 억눌림을 당하고 주고도 욕을 먹는 팔자이며 일을 해 주고도 제값을 받기 어려우며 일복은 타고난 것이 특징이다. 病병주고 藥약주는 식으로 살아가야 하며 부모덕마저 없어 제 스스로 살아가야 하니 그 누가 알겠는가. 비록 학문에 뜻을 둔다 하여도 빛을 보기 어렵고 사업보다는 직장인이 되는 것이 안정적이며 地支에 역마살을 놓고 있어 돌아다니기를 좋아하며 객지에서 성공을 기약하는 것이 더 좋겠다. 妻宮처궁은 부실하나 자손은 본인보다 더 똑똑한 자식을 두게 될 것이다. 여명은 남자 같은 기질성이 있겠고 그의 남편은 항상 분주하고 출장이 많으며 본인 또한 돌아다니기를 좋아하는 팔자이다. 직업은 군인, 경찰, 의약계가 제격이며 전자, 화공약품, 운동에 종사함이 좋겠고 건강은 위장, 허리, 간담, 신경통에 주의하기 바란다.

場所장소 : 運動場운동장, 山, 岸안, 田, 畓답.

健康건강 : 脾胃비위, 腰요, 腹部복부, 肌肉기육, 口, 脅협, 皮膚피부, 濕疹습진, 糖尿당뇨, 肝膽간담, 神經痛신경통, 手足수족, 毛髮모발, 關節관절, 頭痛두통, 咽喉인후.

天干의 戊土는 5數요 變化변화하면 2數에 丁火가 된다. 맛은 단맛과 신맛이요 색상은 황색과 청색이며 寅木에 方位로는 東北艮方간방이며 季節계절로는 1월 봄이요 人物로는 小男이며 하루로는 새벽 3時에서 5時까지이고 地支에 있어서 寅은 木으로서 數理수리로는 3이요. 木生火도 잘하고 木剋土도 잘한다.

■ 地藏干 : 甲 丙

暗藏암장은 비밀스러운 것, 생각이 많은 것, 남에게 밝히기를 싫어하는 것, 술책, 미래를 내다보는 것, 다정한 것, 내심 대가성을 따지는 것이다. 暗藏合에는 甲己合, 丙辛合이 있는데, 天干에 己, 辛이 있으면 본인의 계획대로 하려 하고. 冲에는 甲庚冲, 丙壬冲이 있는데 天干에 庚, 壬이 있으면 변화도 많고 성격도 조급해진다.

寅은 寅午戌, 寅午, 寅戌, 午戌은 三合局, 離괘이괘, 寅卯辰은 方合, 寅巳申은 三刑殺삼형살, 湯火殺탕화살, 水隔殺수격살은 戌.

■ 戊寅이 아래 天干을 만나면

甲은 偏官편관, 甲寅, 祿녹, 孤鸞殺고란살, 冠宮관궁.

乙은 正官정관, 旺宮왕궁, 惡山악산에 雜木잡목, 殺印相生살인상생.

丙은 偏印편인, 丙寅, 同時通譯동시통역, 生宮생궁, 官印相生관인상생, 月
德貴人월덕귀인.

丁은 正印정인, 死宮사궁, 天德貴人천덕귀인.

戊는 比肩비견, 戊寅, 天赦星천사성, 殺印相生살인상생, 生宮생궁.

己는 比劫비겁, 羊刃양인, 殺印相生살인상생, 暗藏에는 甲己合, 死宮사궁.

庚은 食神식신, 庚寅, 絶地절지, 胞宮포궁, 暗藏에는 甲庚沖, 財官同
臨재관동림.

辛은 傷官상관, 胎宮태궁, 財官同臨재관동림, 暗藏에는 丙辛合.

壬은 偏財편재, 壬寅, 天廚貴人천주귀인, 文昌貴人문창귀인, 病宮병궁, 暗
藏에는 丙壬沖.

癸는 正財정재, 戊癸合, 浴宮욕궁.

■ 戊寅이 아래 地支를 만나면

子는 偏財편재가 正財정재, 戊癸合, 戊子, 絶地절지, 胎宮태궁, 夾은
丑, 天貴星천귀성, 土流토류, 災殺재살, 急脚殺급각살, 大將軍대장군,
截路空亡절로공망.

丑은 比劫비겁, 羊刃양인, 丑寅合, 艮土간토, 養宮양궁, 天乙貴人천을귀인,
天厄星천액성, 天殺천살, 暗藏에는 甲己合, 丙辛合, 傷食庫상식고,
紅鸞星홍란성, 截路空亡절로공망.

寅은 偏官편관, 戊寅, 絶地절지, 生宮생궁, 地殺지살, 天權星천권성, 天赦星천사성, 殺印相生살인상생, 同合, 方合, 斷嬌關殺단교관살, 文曲貴人문곡귀인.

卯는 正官정관, 陰地음지, 惡山악산에 雜木잡목, 天破星천파성, 桃花殺도화살, 絶地절지, 落井關殺낙정관살, 方合, 浴宮욕궁.

辰은 比肩비견, 戊辰, 魁罡殺괴강살, 天奸星천간성, 財庫재고, 方合, 暗藏에는 戊癸合, 帶宮대궁, 月殺월살, 白虎大殺백호대살.

巳는 正印정인이 偏印편인, 祿녹, 天文星천문성, 冠宮관궁, 亡神殺망신살, 暗藏에는 甲庚沖, 刑殺형살, 官食鬪戰관식투전.

午는 偏印편인이 正印정인, 戊午, 羊刃殺양인살, 天福星천복성, 三合, 暗藏에는 甲己合, 旺宮왕궁, 將星殺장성살.

未는 比劫비겁, 羊刃殺양인살, 天乙貴人천을귀인, 天驛星천역성, 官庫관고, 鬼門關殺귀문관살, 暗藏에는 甲己合, 攀鞍殺반안살, 衰宮쇠궁, 天喜神천희신.

申은 食神식신, 戊申, 孤鸞殺고란살, 天孤星천고성, 寅申沖, 暗藏으로 甲庚沖, 丙壬沖, 旬中空亡순중공망, 泄氣설기, 病宮병궁, 驛馬殺역마살, 三災人皇삼재인황, 文昌貴人문창귀인, 天廚貴人천주귀인.

酉는 傷官상관, 盜氣도기, 泄氣설기, 旬中空亡순중공망, 天刃星천인성, 怨嗔殺원진살, 暗藏에는 丙辛合, 六害殺육해살, 死宮사궁, 三災天權삼재천권.

戌은 比肩비견, 戊戌, 魁罡殺괴강살, 天藝星천예성, 暗藏에는 丙辛合, 三合, 墓宮묘궁, 華蓋殺화개살, 三災地財삼재지재, 水隔殺수격살, 十

惡日십악일, 自己庫자기고, 印綬庫藏인수고장,

亥는 正財정재가 偏財편재, 六合, 天壽星천수성, 六破殺육파살, 暗藏으로
丙壬沖, 絶地절지, 土流토류, 劫殺겁살, 財殺地재살지, 財官同臨재관
동림, 急脚殺급각살.

■ 戊寅이

木에는 財星재성, 比肩비견, 比劫비겁.

火에는 傷官상관, 食神식신, 印綬인수.

土에는 比肩비견, 比劫비겁, 官星관성.

金에는 印綬인수, 財星재성.

水에는 官星관성, 傷官상관, 食神식신.

申子辰生은 寅卯辰年에 三災殺삼재살이다. 天蟲천충 寅卯辰年에는
子 北方이 大將軍方位대장군방위인데 나의 右側方位우측방위다. 大將軍
은 一時停止일시정지와 같다. 增築修理不可증축수리불가 厄액이 따른다.
上下 구별이 없다. 寅에는 辰이 喪門상문 子가 弔客조객이다. 丁壬
日에는 寅卯가 截路空亡절로공망. 甲辰旬中갑진순중에는 寅卯가 旬中
空亡순중공망 申酉戌月에 寅戌은 急脚殺급각살. 正月은 自體자체가 斷
矯關殺단교관살 卯月에 寅은 活人星활인성. 寅은 湯火殺탕화살. 寅未는
鬼門關殺귀문관살 天喜神천희신 寅月에 入胎月입태월은 巳. 寅申日生 入
胎日은 256日. 戊寅은 伏馬복마 官星驛馬관성역마 故로 貿易무역, 運送
운송, 海外勤務해외근무, 戊寅은 天赦星천사성, 文曲貴人문곡귀인. 寅月에

丙은 月德貴人월덕귀인. 亥子丑生에 寅은 喪妻殺상처살. 寅月에 戌은
水隔殺수격살 丑과 卯사이에 夾은 寅이다.

戊寅의 變化

戊土는 土生金도 잘하고 土剋水도 잘한다. 그러나 地支의 寅木
에는 生剋制化생극제화를 할 수가 없다. 戊癸合은 無情之合무정지합이
라 하며 戊土는 天干을 生도 剋도 하며 形而上學的형이상학적으로는
地支寅木에 生剋制化를 잘한다. 寅木은 地支끼리도 生剋制化를
할 수가 있으며 勢力세력으로도 따라가며 天干에도 生剋制化를 할
수 있다. 부동산의 규제가 많으며 여러 制約제약을 받을 것으로
본다.

중국의 황사가 우리나라에 피해를 준다고 본다. 바다의 수온이
올라가니 이로 인해 피해가 예상된다고 본다. 부동산 투기가 예
상되며 이에 대한 적절한 조치가 미흡하다. 농작물에 큰 피해는
없다고 보며 대체적으로 豊年作풍년작으로 본다. 투기가 조금 있으
나 길게는 가지 않는다. 경기가 살아나기 시작하고 국민 모두가
부지런해진다. 외국인이 우리나라에 투자자가 늘어나며 관광의
해가 되고 밀입국도 많아질 것으로 예상된다. 금속류 값이 오르
며 귀금속 값도 오른다고 본다. 음식문화는 발달하나 보건당국
의 세심한 관리가 필요하다. 비밀이 노출되기 쉽고 모르던 것을
국민이 알게 되며 경기가 어려워져 소비가 줄어든다고 예상된다.

공부보다는 직업을 우선하며 직장 장의 투명성이 우선된다. 국민이 변하고 정치의 흐름도 변하여 알권리의 주장이 강하여지며 음지는 양지로 변화되기 시작한다. 실업률이 낮아지고 부가가치가 높아지며 저축률이 좋아진다. 上命下達_{상명하달}이 잘되지 않으며 비밀은 없어진다. 종업원이 막강하여 주인을 능가하고 앞서려 한다.

戊寅의 비밀성 變化

도시개발이 활발히 이루어지고 산불이 예상되니 산림청에 비상이 걸리며 남편의 사업이 부도에 이르고 관에서 찾아와 돈을 요구하며 친구를 의심하고 친구로 인하여 배신당하고 사기 당한다. 생산업이 활발하게 돌아가며 노력의 대가가 있게 된다. 연구와 연구가 거듭되니 성공은 눈앞에서 보이고 증권에 투자하고 부동산은 폭등세로 가격이 오르기 시작한다. 유류 가격이 오름세를 보이며 통신산업은 날로 발전이라, 금속류 값은 오르는 것이 통제선상을 벗어나며 대대로 내려온 장인기술이 돈이 되며 문서나 증서가 현금으로 바꿔지며 문서가 나가고 돈이 들어오니 매매가 성립된다. 선물로 인하여 부모와 화합하고 공부하다 연애하고 외가에서 중매선다. 종업원이 일감을 가지고 오니 큰 보탬이 되며 지혜가 적중하여 연구가 성공하고 지출이 부가가치가 되어 올 줄이야, 돈은 써야 벌어지며 자식 낳고 재수 있으니 가정이 평안하다. 상사와 부하가 한 마음이 되고 대리근무가 내 자리를 차지하며 친구는 항상 경쟁자의 일원이라 경계의 대상자다. 고기 값이 올라가니 어부들의 경기는 살아나게 된다. 지출이 늘어나며 기술모방이 경계대상이라 들리는 소식마다 거래처가 늘어나는 소식이다.

戊寅의 노출성 變化

종업원들의 감원대상이 되니 직장노조가 발생하게 되며 정치인들은 서로 이권 다툼을 하게되고 언론의 비방을 받게 된다. 한탕주의로 투기가 극성을 부린다. 가정이 불안하고 이동수, 이사수가 잦으며 편도선, 갑상선, 임파선, 감기가 심하여지고 직장에서 관재 구설이 있게 되며 말 한마디에 직장을 그만두게 되며 수입이 막히니 사업에 지장이 초래된다. 임시직에서 물러나며 서류가 분실되고 부도수표 받게 된다. 시어머니와 충돌이 잦으며 사돈관계가 멀어진다. 부도나며 사업계획에 변화가 있으며 여행중 식중독에 주의가 필요하다. 애인 때문에 공부가 싫어지며 무역에 차질이 예상되며 수입이 막힐 수가 있다. 공무원의 감사대상이 되며 아랫사람이 치받고 올라오며 상하가 타협이 안되고 밀어붙이기요. 기관장은 서류로 인한 관재가 따르며 부하에게 믿고 일을 맡기면 되는 일이 없으며 학생은 돈이 먼저인지 공부가 먼저인지 구분을 못하고 취업경쟁이 더욱 심해져서 공부보다는 취직이 먼저이다. 조직생활에서 이탈하게 되고 종업원이 주인행세를 하며 편가르기에 앞서니 조화가 힘들게 되며 따지기를 좋아하고 대들기를 좋아하며 상하가 없어진다. 부모 싸움에 공부가 안되고 가정 불화라 자식은 집을 나가고.

己卯

■ 己

形而上學형이상학 精神정신 始시 東 有情유정 上半期상반기 前進전진 得득 實실 생각 生成생성 上體상체 겉모양 外的외적 勝승 吉길 先 明 낮. 地 上 太過태과 自由. 天干은 天干끼리 生剋制化생극제화를 할 수 있다. 天干은 地支를 生剋制化 할 수 없다.

■ 卯

形而下學형이하학 物質물질 終종 西 無情무정 下半期하반기 後退후퇴 失실 虛허 行動행동 消滅소멸 下體하체 속 모양 內的내적 敗패 凶흉 後후 暗암 밤 地下 不及불급 拘束구속 地支는 天干을 生도 剋도 할 수 있고 地支는 地支끼리 生剋制化를 할 수 있다. 卯木은 生이 인색하며 剋은 잘한다.

■ 己

陰土음토 柔土유토 田 田園전원 雲운 活人활인 起기 生土 氣 脾비 休息 期휴식기 腹部복부 沃土옥토 仲媒중매 低地帶저지대 平地평지 野야 中央중앙

螣蛇등사 虛驚허경 蹇滯건체 □ 時間은 午時.

■ 卯

驚蟄경칩 春分춘분 長木장목 二月之氣이월지기 濕木습목 活木활목 生木
柔木유목 楊柳木양유목 昇승 草根초근 正東정동 繁華之木번화지목 風풍 綠
色녹색 仁情인정 觸角촉각 兎토 四陽之氣사양지기 陰木음목 木生火는 인색
하나 木剋土는 잘한다. 이는 木多火熄목다화식을 두고 하는 말이다.
丙火를 봄이 좋다. 午前 5時부터~7時까지 鐵鎖開金철쇄개금 懸針
殺현침살 天破星천파성 특히 藝能分野예능분야에 특출하나 경박성은 있
다. 오래가면 미워하게 된다. 상대방 가슴에 응어리지는 말을 잘
한다. 三月에 卯는 화려한 장식 피복 복지와 같다.

職 業

■ 己

술, 食堂식당, 土地토지, 藝術工藝예술공예, 九流術業구류술업, 哲學철학,
不動産부동산, 建築건축, 醫藥業의약업.

■ 卯

醫藥의약, 法, 宗敎종교, 哲學철학, 農林농림, 三月에 卯木은 服飾業복
식업, 藝能예능, 卯戌은 文章家문장가 春色춘색이다. 卯未는 果樹園과수원
植木식목 盆栽林분재림이다.

性 格

전답 토에 습목이라 잡초가 무성하니 土의 값어치를 상실하므로 不用稼穡불용가색이라. 화전민에 불과하니 인생살이가 가시밭길이다. 인정이 과다하여 신용이 부실해지고 항상 일복은 많아 타인의 일을 해 주고도 돌아오는 것은 별로 없고 남의 가슴 찌르는 소리를 잘하여 상대방의 비평을 듣기도 한다. 매사 일을 하면서도 조급하고 서두르는 반면 깜짝 깜짝 놀라는 증상이 있고 까다로우면서도 아집 또한 대단하다. 또한 정직하나 의뢰성이 있어 남에게 의지하려는 마음이 있고 의심을 하면서도 마음이 약하여 사정하면 거절하지 못하고 봐주다가 나의 일을 못하는 팔자이기도 하다. 처궁이 부실하고 처덕 또한 없으니 처의 제약을 받겠으며 여명은 부군배신에 중말년에 이혼하며 토생금을 제대로 못하니 자손에 대해서도 기대하기 어렵겠다.

직업으로는 역학이나 의술로 만인을 구제하기도 하는데 명주가 좋으면 법관이나 무관, 체신, 산림청 등에 근무하고 가급적이면 사업은 하지 않는 것이 좋겠으며 인내심과 지구력이 약하니 그 힘을 기르는 것이 좋겠다. 어렸을 때 잔병으로 부모 마음을 아프게 하였고 비위가 약하여 위산과다에 소화능력이 약하니 소식 위주가 바람직하다 하겠다.

健康건강 : 脾비, 胃腸위장, 허리, 腹部복부, 口, 肌肉기육, 虛驚허경(깜짝 깜짝 놀라는 것), 肝간, 膽담, 神經痛신경통, 手足수족, 毛髮모발, 關節炎관절염, 頭痛두통, 咽喉인후, 肩견, 風疾풍질.

天干으로 己土는 10數요 變化변화하면 5數에 戊土가 된다. 맛은 단맛과 신맛이요 색상은 황색과 綠色녹색이며 卯木에 方位는 正東에 속하며 季節계절로는 2월 봄이요 人物로는 長男에 속하고 하루로는 午前 5時에서 7時까지이며, 四陽之氣사양지기요. 地支에 卯木이 數理수리로는 8數요 木生火는 吝嗇인색하나 木剋土는 잘한다.

■ 地藏干 : 乙

暗藏암장은 혼자만의 비밀 생각이 많은 것이다. 남에게 밝히기를 싫어하는 것, 술책, 미래를 내다보는 것, 다정한 것, 내심 대가성을 따진다. 暗藏合에는 乙庚金이 있는데 天干에 庚金이 있으면 본인의 계획대로 하려 하고 冲에는 乙辛冲이 있는데 天干에 辛金이 있으면 변화도 많고 성격도 급해진다.

卯는 亥卯未, 亥卯, 卯未묘미, 亥未는 三合局, 震卦진괘, 寅卯辰은 方合, 子卯는 三刑殺삼형살, 卯辰은 害殺해살, 卯申은 怨嗔殺원진살 鬼門關殺귀문관살.

■ 己卯가 아래 天干을 만나면

甲은 正官정관, 甲己合, 羊刃殺양인살, 旺宮왕궁, 死財사재, 月德貴人월덕귀인.
乙은 偏官편관, 乙卯, 祿녹, 死財사재, 天轉殺천전살, 冠宮관궁.
丙은 正印정인, 浴宮욕궁.
丁은 偏印편인, 丁卯, 病宮병궁.

戊는 比劫비겁, 絕地절지, 浴宮욕궁.

己는 比肩비견, 己卯, 懸針殺현침살, 病宮병궁, 伏吟복음.

庚은 傷官상관, 絕地절지, 胎宮태궁.

辛은 食神식신, 辛卯, 絕地절지, 胞宮포궁, 懸針殺현침살, 地轉殺지전살.

壬은 正財정재, 死宮사궁, 盜氣도기.

癸는 偏財편재, 癸卯, 生宮생궁, 泄氣설기, 文昌貴人문창귀인.

■ 己卯가 아래 地支를 만나면

子는 正財정재가 偏財편재, 子卯刑殺자묘형살, 土流토류, 絕地절지, 桃花
殺도화살, 天貴星천귀성, 胞宮포궁, 財殺太旺재살태왕, 天乙貴人천을귀인,
急脚殺급각살, 紅鸞星홍란성, 大將軍대장군.

丑은 比肩비견, 己丑, 傷食庫藏상식고장, 凍土동토, 冬土동토, 墓宮묘궁,
月殺월살, 天厄星천액성, 暗藏에는 乙辛冲, 喪妻殺상처살, 十惡日
십악일.

寅은 正官정관, 暗藏에는 甲己合, 殺印相生살인상생, 死宮사궁, 亡神殺
망신살, 天權星천권성, 方合, 活人星활인성.

卯는 偏官편관, 己卯, 懸針殺현침살, 絕地절지, 官殺太旺관살태왕, 病宮병궁,
將星殺장성살, 同合, 天破星천파성, 斷𤎼關殺단교관살, 文曲貴人문곡귀인.

辰은 比劫비겁, 羊刃양인, 卯辰, 六害殺육해살, 衰宮쇠궁, 攀鞍殺반안살, 財
庫재고, 暗藏에는 戊癸合, 天奸星천간성, 濕土습토, 眞土진토, 方合.

巳는 偏印편인이 正印정인, 己巳, 官印相生관인상생, 落井關殺낙정관살,
暗藏에는 乙庚合, 旺宮왕궁, 驛馬殺역마살, 三災黑氣삼재흑기, 梟

神殺효신살.

午는 正印정인이 偏印편인, 祿녹, 午卯, 六破殺육파살, 六害殺육해살, 天
福星천복성, 三災陰氣삼재음기, 天喜星천희성, 冠宮관궁.

未는 比肩비견, 己未, 羊刃殺양인살, 卯未三合, 陰地음지가 陽地양지,
天驛星천역성, 帶宮대궁, 華蓋殺화개살, 官庫관고, 官殺太旺관살태왕,
三災白殺삼재백살.

申은 傷官상관, 天乙貴人천을귀인, 卯申, 怨嗔殺원진살, 鬼門關殺귀문관살,
暗藏에는 乙庚合, 天孤星천고성, 盜氣도기, 浴宮욕궁, 旬中空亡순
중공망, 水隔殺수격살, 截路空亡절로공망, 天德貴人천덕귀인.

酉는 食神식신, 己酉, 泄氣설기, 生宮생궁, 災殺재살, 天刃星천인성, 卯酉
冲묘유충, 暗藏에는 乙辛冲, 官食鬪戰관식투전, 旬中空亡순중공망,
天廚貴人천주귀인, 文昌貴人문창귀인, 截路空亡절로공망.

戌은 比劫비겁, 卯戌六合, 暗藏에는 乙辛冲, 養宮양궁, 天殺천살, 天
藝星천예성, 印綬庫인수고, 自己庫자기고.

亥는 偏財편재가 正財정재, 財官同臨재관동림, 財殺太旺재살태왕, 三合, 天
壽星천수성, 土流토류, 胎宮태궁, 地殺지살, 急脚殺급각살, 十惡日십악일.

■ 己卯가

木에는 財星재성, 比肩비견, 比劫비겁.

火에는 傷官상관, 食神식신, 印綬인수.

土에는 比肩비견, 比劫비겁, 官星관성.

金에는 印綬인수, 財星재성.

水에는 官星관성, 傷官상관, 食神식신.

申子辰生은 寅卯辰年에 三災殺삼재살이다. 天刑전형 寅卯辰年에는 子 北方이 大將軍方位대장군방위이다. 大將軍은 一時停止일시정지와 같다. 大將軍은 增築修理不可증축수리불가 厄액이 따른다 上下 구별이 없다. 卯에는 巳가 喪門상문 丑이 弔客조객이다. 丁壬日에는 寅卯가 截路空亡절로공망. 甲辰旬中갑진순중에는 寅卯가 旬中空亡순중공망. 二月은 亥子가 急脚殺급각살. 여름 生月에 卯가 急脚殺급각살. 卯月은 斷矯關殺단교관살. 辰月에는 卯가 活人星활인성. 卯申은 天喜神천희신, 鬼門關殺귀문관살, 怨嗔殺원진살, 卯는 天破殺천파살, 戊癸日生에 卯는 落井關殺낙정관살. 己卯는 懸針殺현침살, 天破殺천파살, 卯月에 入胎月입태월은 午. 卯酉日生 入胎日은 246일 寅과 辰사이에 夾은 卯이다. 卯는 변하지 않으니 인색한 면은 있다. 卯戌合은 春秋合춘추합이라하여 讀書독서 또는 文章華麗문장화려다. 卯木은 午時에 꽃 문을 열고 亥時에 꽃 문을 닫는다. 卯는 才藝재예에는 特出특출하나 輕薄경박함은 있다. 卯는 丙火가 없으면 꽃이 피지 않는 柔木유목 無花果무화과나무다.

己卯의 變化

己土는 土生金에는 인색하나 土剋水는 잘한다. 그러나 地支의 卯木에는 生剋制化생극제화를 할 수 없으며 甲己合은 中正之合중정지합이라 하며 己土는 天干을 生도 剋도 하며 形而上學的형이상학적으로는 地支卯木에 生剋制化를 잘한다. 卯木은 地支끼리도 生剋制化를 할 수 있으며 勢力세력으로도 따라가며 天干에도 生剋制化를 할 수 있다.

　모든 물가가 오름세를 보이며 외적으로는 표시가 안 난다. 의료기구 장사가 잘되고 의료나 종교 철학의 연구가 깊어진다. 의심이 많고 남을 믿으려고 하지 않는다. 부동산의 규제가 심하고 농사는 평년작에서 밑돈다. 습이 많으니 환자가 많이 발생하며 병원출입이 잦다. 태풍과 비바람이 많으니 피해가 우려된다. 관리감독은 잘한다고 하나 개인주머니 채우기 바쁘게 된다. 모형이 색다른 건축물이 특징을 이루며 활기를 띠게 된다. 신파 구파에 있어서 신파 쪽으로 가세가 기울어지며 국민은 정치에 깊이 관여하려하므로 야당 쪽으로 손을 들어주나 힘을 너무나 강하게 쓰면 역효과가 나타난다. 경기가 풀릴 듯하면서 묶여서 풀리지가 않으며 노복이 경쟁이 심하고 윗사람의 숭배사상이 없어지며 압력과 힘의 논리로만 나가려고 하나 앞뒤가 보이지 않으며 위산과다에 신경통 환자가 많아질까 염려된다. 재개발지역이 구상되며 도시계획의 변경이 예상된다. 불모지 땅을 개발하여 도시계획에도 예상된다. 과일 채소류 가격은 오름세를 보이며, 종교를 찾아 정신안정을 찾고자 한다.

己卯의 비밀성 變化

  조언해준 것으로 인하여 협박으로 돌아오고, 직장에서는 위법
행위가 난무하며, 감독기관에 근무하니 언어가 거칠어지며, 정치
에 입문하여보니 돈 쓰는 배짱만 늘어나고, 경매에 뛰어들어 임
야구입에 재산증축이라. 군인은 정치바람을 타며, 재주는 많은데
아는 것이 없으며, 인정이 지나치고 의리 때문에 재산을 잃게
되며, 조직생활에서 행동이 거칠어지며 관청에서 기술을 배우고
조상 덕에 벼슬을 하게 되나 자손상심이 더욱 커진다. 가구공예
쪽에 아이디어가 창출되고 관청에서 조사 받으며, 직장에서 파
놓은 함정에 빠져들고 재주와 잔꾀만 늘어난다. 관재와 송사가
겹치며 불상사가 연발이요, 이중으로 사기, 배신당하고, 부군이
더욱 미워지고 권태증이 생기며, 학생들은 위반행위를 하며 말
썽이요, 직장에서 말 잘못하면 구설수에 오르고, 노복은 노조가
형성되며 윗사람이 아랫사람으로 바뀌고, 승진이 아닌 좌천이라.
부군이 육영 사업하다 망하고, 언론에 의해 정부는 구설수에 오
르고 고위직에서 물러나며, 운수업계에 비상이 걸리고, 교육정책
에 변화가 예상되며, 스케일을 크게 잡고 노래방 운영하다 한꺼
번에 망하고, 농사 짖기가 어려우며 일을 할 사람이 없어진다.
벼슬은 하고 싶고 배운 것은 없고 행동은 위법행위요, 직업이
바뀌며 바꾸어 보았자 같은 계열의 직장이요.

己卯의 노출성 變化

선생은 학생이 떨어져 나가고 학생이 속썩이며, 언론으로 인하여 직업은 파손되고, 직업과 언론은 의견이 맞지 않고 서로 잘났다고 하며, 투자하면 허탈상태에 빠지며 아랫사람으로부터 배신당하고, 판단력, 예지력, 아이디어가 뒤떨어지고, 사고가 다발로 나며 사고가 났다하면 나의 소식이요, 가는 곳마다 노조요, 사회가 술렁거리고 혼란스러우며, 술 마시면 한탄 신세타령에 불평불만이 많고, 신경통에 두통, 치통 환자가 많이 발생하며, 스님은 신도가 안 오며, 노동자는 직장을 구하기 힘들고, 본인의 실수로 인하여 직장 그만두고, 계획했던 사회사업은 물거품이 되고, 생산에 차질이 생기며 기계고장이 잦으며, 아랫사람으로 인해 대표직에서 물러나며, 과일 채소류 가격은 오르며 모든 물가가 오른다. 직장에 대한 꿈은 크나 행동이 따르지 못하고, 일 도와주고 감사받고 하루살이 인생이라 교육비가 걱정된다. 귀가 엷어 남의 말에 잘 속고, 자식과 이별하고 악몽에 시달린다. 며느리가 할머니를 안 모시려하고, 시누이가 내 자식을 구박하고 감투하나 썼더니 지출이 과다하고, 재혼하려 하나 자식이 방해가 된다. 애인은 내 의지처가 될 수 없고 직장 때문에 항상 불안하며, 임산부는 유산이 걱정되니 행동에 주의하라. 부자간에 의견충돌이라 자식이 반항하게 된다.

庚辰

■ 庚

形而上學형이상학 精神정신 始시 東 有情유정 上半期상반기 前進전진 得득
實실 생각 生成생성 上體상체 겉모양 外的외적 勝승 吉길 先 明 낮 地
上 太過태과 自由. 天干은 天干끼리 生剋制化생극제화를 할 수 있다.
天干은 地支를 生剋制化 할 수 없다.

■ 辰

形而下學형이하학 物質물질 終종 西 無情무정 下半期하반기 後退후퇴 失실
虛허 行動행동 消滅소멸 下體하체 속 모양 內的내적 敗패 凶흉 後후 暗암
밤 地下 不及불급 拘束구속 地支는 天干을 生도 剋도 할 수 있고
地支는 地支끼리 生剋制化를 할 수 있다. 辰土는 生도 잘하고
剋은 잘못하며 변화가 많다.

■ 庚

月星월성 純金순금 煉金연금 剛金강금 鋼鐵강철 陽金양금 死金사금 更갱
무쇠 兵草之權병초지권 命分 改革性개혁성 更新갱신 風霜풍상 白氣백기 雨

雹우박 革命家혁명가 古物고물 肅殺之氣숙살지기 變革性변혁성 義理의리 冷靜냉정 急速급속 剛直강직 골격 昆蟲類곤충류 胛骨動物갑골동물 白露백로 龜구 變化動物변화동물 動物동물은 까마귀 造化조화가 五行 中에 第一 많다. 勇敢용감 輕薄性경박성 果斷性과단성 名譽명예 體統체통 決斷力결단력 一身일신이 恒時항시 고되다.

■ 辰

清明청명 穀雨곡우 陽土양토 龍용 震진 五陽之氣오양지기 濕土습토 眞土진토 泥土이토 稼穡之土가색지토 三月之氣삼월지기 溫暖之土온난지토 巽方손방 東南間方 信 黃色황색 五數 雜氣잡기 風濕풍습 中性子중성자 調節神조절신 過渡期과도기 遲延지연 地震지진 復古風복고풍 宗教종교 中和作用중화작용 思사 信用신용 岸안 堤防제방 田畓전답 土産品토산품 不動産부동산 足腹類족복류 建築건축 濕疹습진 沃土옥토 魁罡殺괴강살 天羅地網殺천라지망살 天奸星천간성 이무기 夢中得金몽중득금 想像상상의 動物동물 山 水地庫藏수지고장 四庫之局사고지국 金之養宮금지양궁 바람神 午前 7時~9時까지 亥水를 보면 死藏사장시킨다. 土生金은 잘하나 土剋水는 못한다. 造化가 비상. 辰이 酉를 보면 죽은 닭이니 알을 못 낳는다.

職 業

■ 庚

車차, 運輸業운수업, 整備정비, 武器무기, 材料商재료상, 資材자재, 機械

기계, 交通교통, 製鐵제철, 鐵物철물, 駐車場주차장, 兵器병기, 軍人군인, 警察경찰, 運動운동, 皮膚美容피부미용, 理髮師이발사, 스포츠마사지.

■ 辰

生物생물, 不動産부동산, 宗敎종교, 哲學철학, 農水産物농수산물, 土建토건, 醫學의학, 藥房약방, 農場농장, 藝術예술, 工藝공예, 人蔘인삼, 旅行여행, 국악, 歌手가수, 作曲家작곡가, 海水浴場해수욕장, 마사지, 魚貝類어패류, 養殖양식, 粉食분식, 飮食음식.

性　格

결단력이 있어 한번 마음먹으면 끝까지 해 내고야마는 성격에 힘이 세고 뼈대가 굵어 운동에는 소질이 있다. 앞장서기를 좋아하고 통솔력이 있어 두령 격의 소유자이나 너무나 완벽한 것이 흠이고 신의는 대단하다. 겉으로는 냉정하게 보이나 속마음은 온화하며 한 번 사귀면 변함이 없고 신앙에 독실하여 덕을 베풀며 살려고 한다. 모방이나 흉내를 잘 내는 재주꾼으로서 옛 것을 좋아하고 사랑할 줄 알며 장인정신의 기술을 이어받아 대대로 승계 할 줄 안다. 부모 덕은 없어 자수성가하여야 하겠고 처덕은 있으나 본인이 너무 완강하여 여자 관계가 번다하다. 재복은 있어 걱정할 것은 없는데 한 번 망하면 다시 일어서기가 힘드니 관리가 중요하다 하겠다. 여명 또한 너무 똑똑하여 부군을 꺾으니 무관이나 기술자의 부군을 만나는 것이 부부 해로하는 길이며 가정을 지키는 일이다. 남녀 불문하고 공부하여 제 길을 가는 것이 최선이며 칼도 배운 사람이 쓰면 보검이 될 것이고 무식한 사람이 쓰면 칼잡이가 되듯이 현명한 방법을 택해야 할 것이다. 직업은 군인, 경찰, 정치, 기술, 건축, 철강 등에 종사함이 제격이며 건강은 폐나 대장에 병이 오면 고치기 힘드니 항상 조심해야 한다.

場所장소 : 야영장, 카바레, 주점, 풍월이 노는 곳.

健康건강 : 肺폐, 大腸대장, 氣管支기관지, 骨格골격, 皮膚피부, 鼻비, 齒牙치아, 痔疾치질, 盲腸맹장, 血液혈액, 嗅覺후각, 腸疾扶謝장질부사, 脾腸비장, 胃腸위장, 腰요, 腹部복부, 肌肉기육, 口, 脅협, 皮膚피부, 濕疹습진, 糖尿당뇨.

天干으로 庚金은 9數요 變化변화하면 4數에 辛金이 된다. 맛은 매운맛과 단맛이요 색상은 白色과 황색이며 辰土에 方位는 東南쪽 巽方손방에 속하며 季節계절로는 辰月 봄이요 巽卦손괘요 人物로는 長女이다. 하루로는 午前 7時에서 9時까지이며 五陽之氣오양지기요. 地支에 辰土는 數理수리로는 5數요 陰陽음양이 駁雜박잡되어 있으며, 土生金은 잘하고 土剋水는 못한다.

■ 地藏干：戊 乙 癸

暗藏암장은 비밀스러운 것, 생각이 많은 것이다. 남에게 밝히기를 싫어하는 것, 술책, 미래를 내다보는 것, 暗藏合은 다정한 것 내심 명분 대가성을 따진다. 暗藏合에는 戊癸合, 乙庚合이 있는 데 天干에 癸, 庚, 戊가 있으면 본인의 계획대로 하려 하고, 沖에는 乙辛沖, 丁癸沖이 있는데 天干에 辛, 丁이 있어서 沖을 하면 不和불화와 變化변화가 시작된다.

辰은 申子辰, 申子, 辰子, 申辰은 三合局, 坎卦감괘, 寅卯辰은 方合, 辰午酉亥는 自刑殺자형살, 卯辰, 六害殺육해살, 辰亥, 怨嗔殺원진살, 鬼門關殺귀문관살.

■ 庚辰이 아래 天干을 만나면

甲은 偏財편재, 甲辰, 白虎大殺백호대살, 衰宮쇠궁, 天干, 甲庚沖.

乙은 正財정재, 羊刃殺양인살, 天干, 乙庚合, 稅務官세무관, 帶宮대궁.

丙은 偏官편관, 丙辰, 晦氣회기, 泄氣설기, 火土食神화토식신, 帶宮대궁.

丁은 正官정관, 撮影촬영, 暗藏에는 丁癸沖, 衰宮쇠궁.

戊는 偏印편인, 戊辰, 魁罡殺괴강살, 白虎大殺백호대살, 運動운동, 暗藏에는 戊癸合, 帶宮대궁.

己는 正印정인, 盜氣도기, 變色변색, 眞土진토, 衰宮쇠궁.

庚은 比肩비견, 庚辰, 魁罡殺괴강살, 乙庚合, 養宮양궁.

辛은 比劫비겁, 墓宮묘궁, 埋金매금, 乙辛沖.

壬은 食神식신, 壬辰, 魁罡殺괴강살, 墓宮묘궁, 天德천덕, 月德貴人월덕귀인.

癸는 傷官상관, 養宮양궁, 戊癸合.

■ 庚辰이 아래 地支를 만나면

子는 食神_{식신}이 傷官_{상관}, 庚子, 泄氣_{설기}, 子辰三合, 急脚殺_{급각살}, 暗藏에는 戊癸合, 死宮_{사궁}, 天貴星_{천귀성}, 將星殺_{장성살}, 落井關 殺_{낙정관살}, 大將軍_{대장군}.

丑은 正印_{정인}, 自己庫藏_{자기고장}, 六破殺_{육파살}, 墓宮_{묘궁}, 攀鞍殺_{반안살}, 天乙貴人_{천을귀인}, 天厄星_{천액성}, 暗藏에는 乙辛冲.

寅은 偏財_{편재}, 庚寅, 絕地_{절지}, 胞宮_{포궁}, 驛馬殺_{역마살}, 方合, 財官同 臨_{재관동림}, 不情胞胎_{부정포태}, 總角得子_{총각득자}, 天權星_{천권성}, 暗藏 에는 甲庚冲, 十惡日_{십악일}, 三災天蟲_{삼재천충}.

卯는 正財_{정재}, 六害殺_{육해살}, 絕地_{절지}, 胎宮_{태궁}, 乙庚合, 天破星_{천파성}, 活人星_{활인성}, 方合, 三災天刑_{삼재천형}.

辰은 偏印_{편인}, 庚辰, 魁罡殺_{괴강살}, 辰辰, 同合, 暗藏에는 乙庚合, 戊癸合, 天奸星_{천간성}, 華蓋殺_{화개살}, 梟神殺_{효신살}, 養宮_{양궁}, 十 惡日_{십악일}, 三災天劫_{삼재천겁}.

巳는 正官_{정관}이 偏官_{편관}, 辰巳, 巽宮_{손궁}, 바람, 暗藏에는 乙庚合, 戊 癸合, 絕地_{절지}, 天文星_{천문성}, 劫殺_{겁살}, 天喜神_{천희신}, 生宮_{생궁}.

午는 偏官_{편관}이 正官_{정관}, 庚午, 絕地_{절지}, 浴宮_{욕궁}, 災殺_{재살}, 天福星_{천복성}, 暗藏에는 丁癸冲, 截路空亡_{절로공망}, 水隔殺_{수격살}.

未는 正印_{정인}, 暗藏에는 乙庚合, 丁癸冲, 帶宮_{대궁}, 天殺_{천살}, 天驛星_{천역성}, 截路空亡_{절로공망}, 天乙貴人_{천을귀인}.

申은 比肩_{비견}, 庚申, 祿_록, 地殺_{지살}, 斷矯關殺_{단교관살}, 敬神_{경신}, 旬中 空亡_{순중공망}, 天孤星_{천고성}, 冠宮_{관궁}.

酉는 比劫비겁, 羊刃殺양인살, 辰酉六合, 暗藏에는 乙辛冲, 天刃星천인성, 桃花殺도화살, 旺宮왕궁, 旬中空亡순중공망.

戌은 偏印편인, 庚戌, 魁罡殺괴강살, 辰戌冲, 暗藏에는 戊癸合, 丁癸冲, 乙辛冲, 衰宮쇠궁, 天藝星천예성, 月殺월살.

亥는 傷官상관이 食神식신, 暗藏에는 甲庚冲, 急脚殺급각살, 辰亥, 怨嗔殺원진살, 天壽星천수성, 鬼門關殺귀문관살, 紅鸞星홍란성, 病宮병궁.

■ 庚辰이

木에는 官星관성, 財星재성

火에는 財星재성, 傷官상관, 食神식신.

土에는 傷官상관, 食神식신, 比肩비견, 比劫비겁.

金에는 比肩비견, 比劫비겁, 正印정인, 偏印편인.

水에는 印綬인수, 正官정관, 偏官편관.

申子辰生은 寅卯辰年에 三災殺삼재살이다. 天劫천겁 寅卯辰年에는 子北方이 大將軍方位대장군방위다. 大將軍은 一時停止일시정지와 같다. 大將軍은 上下가 없고 厄액이 따르며 增築증축이나 修理수리는 不可. 辰에는 午가 喪門상문 寅이 弔客조객이다. 丙辛日에는 辰巳가 截路空亡절로공망. 甲午旬中갑오순중에는 辰巳가 旬中空亡순중공망 辰月은 亥子가 急脚殺급각살. 亥 子 丑月에는 辰이 急脚殺급각살 申月에는 辰이 斷矯關殺단교관살. 巳月에는 辰이 活人星활인성. 辰亥는 怨嗔殺원진살, 鬼門關殺귀문관살, 紅鸞星홍란성, 辰巳는 天羅地網殺천라지망살,

辰은 造化조화가 非常비상하다. 卯와 巳사이에 夾은 辰이다. 辰月에 入胎月입태월은 未. 辰戌日生에 入胎日은 296日.

庚辰의 變化

庚金은 金生水도 잘하고 金剋木도 잘한다. 그러나 地支의 辰土에는 生剋制化생극제화를 할 수가 없으며 乙庚合은 仁義之合인의지합이라 하며 庚金은 天干을 生도 剋도 하며 形而上學的형이상학적으로는 地支辰土에 生剋制化를 잘한다. 辰土는 地支끼리도 生剋制化를 할 수가 있으며 세력으로도 합할 수 있으며 天干도 生剋制化를 할 수 있다. 無에서 有를 창조하며 기술로 개발한 발명품이 많이 나온다.

사업이 발달하며 자신이 생기고 계획대로 일이 잘 풀린다. 신용과 의리가 있으며 절망이 아니라 희망이요, 생각이 연구로 가진 것이 원으로 바뀌며, 기술이 두각을 나타내며 비밀에 노출은 조심하라. 연구된 것이 침범을 잘하고 사업스파이가 왕래하며, 시작보다는 끝이 좋고 혁명적인 인물이 나타나며, 산업이 확장되며 신세대와 구세대가 같이 어울리고 화합하며, 국제적인 물류는 금속산업이 두각을 나타내며, 석유파동이 예상되며 서양과 중국이 세계에 이목을 끌며, 냉해가 심하여지고 군인은 사기가 높아지며 단결이 잘됨과 동시에 변화가 있게 된다. 과일채소 농사는 피해가 우려된다. 교통정책과 외교채널도 보안이 되며 무역은 주춤거리며, 사고는 집단사고 예상된다. 교통사고 주의 요망된다. 부동산경기가 살아나며 철강자재 값이 올라가며, 종교가 변화를 요구하며 개혁 변화에 욕구불만이 많으며, 주어진 임무에 착실하나 부정은 감싸고도는 것이 흠이요, 국민과 야당은 정부를 위해 헌신을 다하며 돕는다. 노복이 변화하고 개혁을 요구하며 투쟁이 있게 된다.

庚辰의 비밀성 變化

공부의 목적은 벼슬에 있으며 학생은 편법으로 공부하고 생각지도 않는 매매수가 있게 된다. 주공 또는 시영주택을 매입하게 되고, 출세하는데 어머니와 아랫사람의 역할이 크고, 패션은 짧은치마가 유행이요, 자식이 기관장이 되며, 형제가 움직이면 돈이 나가고 자손 때문에 명예가 생기고, 친구로 인하여 실수요 사기 배신당한다. 장모가 취직시켜주며 자손이 정계에 입신하고, 노력의 대가가 나의 일로 연결되며 이복형제가 발생하고, 외가 다녀오면 득병하고 편법으로 직장 들어가며, 처가 살림 차리고 처가 장사하게 되고, 저당되어 있는 집을 매입하고 문서로 인해 관재가 발생하고, 여행 갔다 남편 만나고 기술직 공무원 되고, 집이 경매로 넘어가고 자손 때문에 체통이 서며 부하직원 잘 둬서 승진하고 유학 가서 취직하고, 위반행위 하여 경찰서에 출입하고 보증섰다가 재판하게 되며, 여행 좋아하다 관광안내원 되고 감독하는 게 직업이다. 처와 이별하고 처의 지출이 심하고 처가 친구와 도망가고, 월급 타서 친구 빌려주고 의처증이 심해지고, 처로 인하여 친구 생기고 처의 친구가 돈 꾸러오며, 월급은 그대로인데 쓸 곳은 많아지고 상사가 성희롱하고, 형제가 왔다하면 지출이 늘어나고, 처 때문에 친구가 배신하고 빌려준 물건이 돌아오지 않으며, 커닝으로 기술 배우고 처의 병이 전염이 되며, 도와주던 사람이 협박하고 조직 생활하다 구속되며.

庚辰의 노출성 變化

손재수에 실물수가 있으며 처가 아프다. 생각지도 못한 일이 자꾸 터진다. 계산은 보이나 뜬구름 잡고 되는 일이 없다. 도와주고 뒤집어쓴다. 여자가 개입하면 실패다. 자신을 해서는 안 된다. 이긴다는 것은 잘못이다. 형제로 인하여 가정불화가 생기며 눈뜨고 도둑맞게 된다. 내 돈 쓰고 배신당하며 들어오면 달고 나간다. 본인의 실수로 직장을 자주 옮겨다니며 언어가 실수라. 처가살이 때문에 한 가정을 이루기가 어렵다. 돈에 눈이 어두워 기술을 배우지 못하고 신경과민에 혈액순환장애에 두통까지 시달리고 신도시가 개발되며 냉해로 종자나 씨앗이 나지 않으며 무역 수입에 차질이 예상되며 자식 낳고 남편과 이혼하고 야산은 개발사업이 이루어지고 토목 건설이 활발하여지며 아랫사람의 모략으로 직장 떨어지고 잔꾀부리다 지적 당하고 언론의 보도로 직장이 위태해지고 반항심이 발생하고 상사에게 대들고 공갈 협박하다가 관에 붙들려가고 종업원과 회사간에 타협이 안되고, 하극상이 벌어지니 직장이 싫어지고, 무모한 행동으로 경찰서에 출입하고 부도나고 악몽에 시달리고 폭력배가 남편을 괴롭히고 한탕주의 하려다가 자식 보기가 민망해지고, 강도, 밀수, 일삼다가 시체로 돌아온다. 월급 받은 돈 소매치기 당하고, 시누이 때문에 처가 힘들어하고, 돈이 들어오는 날은 가져갈 사람이 대기하고 있으며, 월급보다 지출이 더 많으며, 착실히 저축하려고 하면 친구가 충동질한다.

辛巳

■ 辛

形而上學형이상학 精神정신 始시 東 有情유정 上半期상반기 前進전진 得득 實실 생각 生成생성 上體상체 겉모양 外的외적 勝승 吉길 先 明 낮 地上 太過태과 自由. 天干은 天干끼리 生剋制化생극제화를 할 수 있다. 天干은 地支를 生剋制化 할 수 없다.

■ 巳

形而下學형이하학 物質물질 終종 西 無情무정 下半期하반기 後退후퇴 失실 虛허 行動행동 消滅소멸 下體하체 속 모양 內的내적 敗패 凶흉 後후 暗암 밤 地下 不及불급 拘束구속 地支는 天干을 生도 剋도 할 수 있고 地支는 地支끼리 生剋制化를 할 수 있다. 巳火는 生은 잘하나 剋은 못하며 변화가 있다. 巳火는 合이 될 때도 있고 되지 않을 때도 있다.

■ 辛

寒露한로 陰金음금 柔金유금 新신 霜상 細金세금 鐘종 生金생금 軟金연금

龜구 兵草병초 우박 꿩 更新갱신 義理의리 冷靜냉정 急速급속 改革性개혁성 肅殺之氣숙살지기 變革性변혁성 昆蟲類곤충류 土石토석 美人 貴金屬귀금속 金佛象금불상 非鐵金屬비철금속 金銀珠玉금은주옥 變化動物변화동물 胛骨動物갑골동물.

■ 巳

立夏 小滿소만 蛇사 陽火양화 死火 六陽之氣육양지기 强熱之火강열지화 四生之局사생지국 孟夏맹하 起기 巽方손방 天羅地網殺천라지망살 赤外線적외선 紫外線자외선 放射線방사선 二數 禮儀예의 明朗명랑 達辯달변 外陰內陽외음내양 午前 9時~11時. 긴 動物동물. 金之生宮금지생궁. 바람. 火生土는 잘하나 火剋金은 못한다. 變化변화를 잘한다. 冬節동절에 巳火는 濕土습토요 溫床온상이며 農場농장 또는 穀物곡물이다. 뜨거운 廣場광장이다. 巳月에 辰과 亥는 죽는다. 巳는 複雜복잡한 大驛대역이요 市場이다. 大驛土대역토 熱土열토에 屬속한다. 巳는 긴 動物동물이며 地上에 말없이 달리는 것이니 交通手段교통수단이다. 暗藏암장에는 丙戊庚이 있다.

職 業

■ 辛

寺刹사찰, 宗敎종교, 飮酒음주, 金屬금속, 齒科치과, 音樂음악, 樂器악기, 金銀細工금은세공, 古物고물, 工具공구, 洋品양품, 술그릇, 資材자재, 皮膚

美容피부미용, 理髮師이발사, 스포츠마사지.

■ 巳

雜貨商잡화상, 車차, 駐車場주차장, 石油석유, 가스, 燃料연료, 航空항공, 火藥화약, 煖房난방, 電話전화, 재래시장, 電氣전기, 通信통신, 美容室미용실, 硝子초자, 文敎문교, 言論언론, 밀가루, 국수, 製菓제과, 旅行業여행업, 敎育界교육계, 그림, 글씨.

性 格

인물이 준수하고 신사다운 면이 있으며 겉보기와는 달리 강한 일면도 있고 냉정한 반면에 따뜻한 온정이 배어 나오기도 한다. 깨끗함을 좋아하고 일 처리를 잘하며 끊고 맺음이 분명하며 돈 보다는 명예를 우선으로 삶 하기에 식복은 있으나 자존심을 상 하게 하는 것을 가장 싫어하며 한번 마음먹은 것은 끝까지 해 내고야 만다. 정관을 놓고 있기에 정직하고 부정을 모르며 완벽 주의자이기에 사업은 하기 힘들고 돈을 탐내서는 안되며 공무원 이 제일 좋다 하겠다. 역마지살에 항상 분주하며 이사가 많고 해외와도 인연이 많은데 동남쪽이 좋으나 성정은 급한 것이 흠 이다. 부모 덕은 없어 자수성가하여야 하겠고 처덕은 있으나 처 의 마음이 수시로 변하여 가출이 염려된다. 여명 또한 연애 결 혼을 하는데 항상 애인이 따르고 있으니 흑백을 분명히 하여야 하겠고 의처증이 심한 부군이니 만큼 승낙 없이 외출은 하지 않는 것이 좋겠으며 자손보다 남편의 사랑을 더 생각하는 것이 흠이다. 직업은 경찰관, 항공기관, 해외기관, 치과, 금은세공에 종사함이 좋겠고 건강은 폐, 맹장, 기관지, 빈혈에 각별히 조심해야 한다.

人物_{인물}：裁判軍人_{재판군인}, 警察官_{경찰관}, 調査官_{조사관}이요.

場所_{장소}：警察署_{경찰서}, 法政_{법정}, 刑務所_{형무소}, 廣場_{광장}, 駐車場_{주차장}, 市場 等이다.

健康_{건강}：肺_폐, 大腸_{대장}, 氣管支_{기관지}, 骨格_{골격}, 皮膚_{피부}, 鼻_비, 痔疾_{치질}, 齒牙_{치아}, 盲腸_{맹장}, 장질부사, 血液_{혈액}, 臭覺_{후각}, 心臟_{심장}, 小腸_{소장}, 視力_{시력}, 體溫_{체온}, 血壓_{혈압}.

天干으로 辛金은 4數요 變化_{변화}하면 1數에 壬水가 된다. 맛은 매운맛과 쓴맛이요 색상은 백색과 적색이요, 巳火에 方位는 辰巽巳_{진손사} 東南쪽에 屬_속하며 季節_{계절}로는 巳月 여름이요 人物로는 長女이다. 하루로는 午前 9時에서 11時까지이며 六陽之極_{육양지극}이요, 地支에 巳火가 數理_{수리}로는 2數요 火生土는 잘하나 火剋金은 못할 때도 있다.

■ 地藏干：丙 戊 庚

暗藏_{암장}은 비밀스러운 것, 생각이 많은 것이다. 남에게 밝히기를 싫어하는 것, 술책, 미래를 내다보는 것, 暗藏合은 다정한 것,

내심 대가성을 따진다. 명분을 찾는다. 暗藏合에는 丙辛合, 戊癸合, 乙庚合이 있고 天干에 辛, 癸, 乙 이 있으면 본인의 계획대로 하려 하고, 沖에는 丙壬沖, 甲庚沖이 있으며 天干에 壬, 甲이 있으면 변화가 많고 성격도 조급해진다.

巳는 巳酉丑, 巳丑, 酉丑, 巳酉는 三合局, 兌卦태괘, 巳午未는 方合, 寅巳申은 刑殺형살, 巳戌은 怨嗔殺원진살, 鬼門關殺귀문관살.

■ 辛巳가 아래 天干을 만나면

甲은 正財정재, 暗藏에는 甲庚沖, 泄氣설기, 病宮병궁, 財官同臨재관동림.

乙은 偏財편재, 乙巳, 孤鸞殺고란살, 乙辛沖, 泄氣설기, 暗藏에는 乙庚合, 浴宮욕궁.

丙은 正官정관, 丙辛合, 祿녹, 冠宮관궁.

丁은 偏官편관, 丁巳, 旺宮왕궁, 孤鸞殺고란살, 撮影촬영.

戊는 正印정인, 埋金매금, 祿녹, 冠宮관궁.

己는 偏印편인, 己巳, 旺宮왕궁.

庚은 比劫비겁, 羊刃양인, 生宮생궁, 絕地절지, 月德貴人월덕귀인.

辛은 比肩비견, 辛巳, 伏吟복음, 死宮사궁, 絕地절지, 天德貴人천덕귀인, 暗藏에는 丙辛合.

壬은 傷官상관, 盜氣도기, 金沈금침, 暗藏에는 丙壬沖, 絕地절지, 胞宮포궁.

癸는 食神식신, 癸巳, 暗藏에는 戊癸合, 胎宮태궁.

■ 辛巳가 아래 地支를 만나면

子는 傷官_{상관}이 食神_{식신}, 金沈_{금침}, 泄氣_{설기}, 生宮_{생궁}, 六害殺_{육해살}, 天貴星_{천귀성}, 戊癸合, 天廚貴人_{천주귀인}, 文昌貴人_{문창귀인}, 三災地戶_{삼재지호}.

丑은 偏印_{편인}, 辛丑, 自己庫_{자기고}, 滋養之土_{자양지토}, 巳丑三合, 戊癸合, 丙辛合, 天厄星_{천액성}, 養宮_{양궁}, 華蓋殺_{화개살}, 斷矯關殺_{단교관살}, 古物金_{고물금}, 三災地刑_{삼재지형}.

寅은 正財_{정재}, 丙辛合, 天乙貴人_{천을귀인}, 暗藏에는 甲庚冲, 寅巳刑殺_{인사형살}, 胎宮_{태궁}, 劫殺_{겁살}, 天權星_{천권성}, 絶地_{절지}.

卯는 偏財_{편재}, 辛卯, 懸針殺_{현침살}, 急脚殺_{급각살}, 絶地_{절지}, 胞宮_{포궁}, 災殺_{재살}, 暗藏에는 乙辛冲, 乙庚合, 天破星_{천파성}, 大將軍_{대장군}.

辰은 正印_{정인}, 乙辛冲, 辰巳, 巽爲風_{손위풍}, 暗藏에는 戊癸合, 乙庚合, 天奸星_{천간성}, 活人星_{활인성}, 墓宮_{묘궁}, 天殺_{천살}, 截路空亡_{절로공망}, 天喜神_{천희신}, 水隔殺_{수격살}.

巳는 偏官_{편관}이 正官_{정관}, 辛巳, 伏吟_{복음}, 丙辛合, 絶地_{절지}, 死宮_{사궁}, 地殺_{지살}, 同合, 天文星_{천문성}, 方合, 截路空亡_{절로공망}.

午는 正官_{정관}이 偏官_{편관}, 巳午方合, 天乙貴人_{천을귀인}, 桃花殺_{도화살}, 病宮_{병궁}, 天福星_{천복성}, 文曲貴人_{문곡귀인}.

未는 偏印_{편인}, 辛未, 巳未方合, 梟神殺_{효신살}, 衰宮_{쇠궁}, 月殺_{월살}, 急脚殺_{급각살}, 天驛星_{천역성}, 暗藏에는 乙庚合, 乙辛冲.

申은 比劫_{비겁}, 暗藏에는 丙壬冲, 旺宮_{왕궁}, 巳申刑殺_{사신형살}, 亡神殺_{망신살}, 旬中空亡_{순중공망}, 落井關殺_{낙정관살}, 天孤星_{천고성}.

酉는 比肩비견, 辛酉, 祿녹, 將星殺장성살, 巳酉三合, 剋中有合극중유합, 暗藏에는 丙辛合, 冠宮관궁, 旬中空亡순중공망, 天刃星천인성.

戌은 正印정인, 帶宮대궁, 攀鞍殺반안살, 怨嗔殺원진살, 鬼門關殺귀문관살, 天藝星천예성, 羊刃殺양인살, 紅鸞星홍란성, 天醫星천의성, 暗藏에는 丙辛合.

亥는 食神식신이 傷官상관, 辛亥, 金沈금침, 盜氣도기, 孤鸞殺고란살, 浴宮욕궁, 暗藏에는 丙壬冲, 甲庚冲, 巳亥冲, 驛馬殺역마살, 天壽星천수성, 三災삼재, 天敗천패.

■ 辛巳가

木에는 官星관성, 傷官상관, 食神식신.

火에는 財星재성, 比肩비견, 比劫비겁.

土에는 傷官상관, 食神식신, 印綬인수.

金에는 比肩비견, 比劫비겁, 官星관성.

水에는 印綬인수, 財星재성.

亥卯未生은 巳午未年에 三災殺삼재살이다. 黑氣흑기 巳午未年에는 卯 東方이 大將軍方位대장군방위다. 大將軍方位는 白虎方位백호방위다. 一時停止일시정지와 같다. 大將軍은 上下가 없고 厄액이 따르며 增築증축이나 修理수리는 不可, 巳에는 未가 喪門상문 卯는 弔客조객. 丙辛日에는 辰巳가 截路空亡절로공망, 甲午旬中갑오순중에는 辰巳가 旬中空亡순중공망. 巳月은 卯未가 急脚殺급각살, 酉月에 巳는 斷矯關殺단교관살. 甲己日生 巳는 落井關殺낙정관살, 午月에 巳는 活人星활인성. 巳戌, 怨嗔殺원진살, 鬼門關殺귀문관살, 辰巳는 地網殺지망살. 巳는 變化변화가 非常비상하다. 奸邪星간사성이다. 巳月에 入胎月입태월은 申. 巳亥日生 入胎日은 286日이다. 辰과 午사이에 夾은 巳이다. 巳日 辰時진시는 발이 없는 馬가 바람을 타고 가니 千里龍馬라 한다.

辛巳의 變化

辛金은 金生水는 못하고 金剋木은 잘한다. 그러나 地支의 巳火에는 生剋制化생극제화를 할 수 없으며 丙辛合은 威制之合위제지합이라 하며 辛金은 天干을 生도 剋도 하며 形而上學的형이상학적으로는 地支巳火에 生剋制化를 잘한다. 巳火는 地支끼리 生剋制化를 할 수 있으며 세력으로도 합할 수 있고 天干도 生剋制化를 할 수 있다.

냉기가 있으면서도 무더운 날씨가 예상된다. 비철금속, 귀금속 값이 많은 폭으로 오른다고 예상된다. 농작물은 냉해로 인한 피해로 수확이 작다고 예상된다. 냉해로 인한 피해 보상은 보험가입이 적절하다고 본다. 태풍은 거의 없다시피 하며 가뭄으로 인한 눈병이 예상된다. 항공사업이 발달하고 운수업계는 흑자가 난다고 본다. 어패류 사업에는 수온의 연구와 피해대책이 요망된다. 관광객이 늘어나며 생활환경이 좋아진다고 본다. 새로운 것에 눈을 돌리며 새 신상품이 히트를 치게 된다. 정책과 노사가 서로간에 있어서 합의점을 찾으며 화합하고, 변화한 것이 적중하게 되고 윗사람이나 상사가 변하면 손해요, 기술이 노출되면서 모방제품이 먼저 나오며, 실향민은 고국방문과 고향을 찾으며 성묘도 하게 되고 새로운 교육정책이 발표는 있으나 실효는 어려우며 무역에는 수출보다는 수입이 많아지면서도 흑자가 나며 기자는 비밀을 밝히며 제 몫을 다하며 승진을 하게 되고 서민은 도시로 진출이요 새로운 도시로 이동이라. 노복의 힘이 강해지고 직장은 안정을 되찾으며.

辛巳의 비밀성 變化

대대로 내려온 장인정신의 기술을 이어받으며, 부모님의 덕망이 높으시며 가정교육이 좋아 만인의 모범이요, 정도가 아니면 행하지를 않으려 하고, 금전보다는 명예가 우선으로 하며, 예술이 직업이 되고 그림, 글씨, 도자기, 도예가 활성화가 되며, 문필이 정확해 문화, 언론, 정치에 입신하며, 증권에도 손을 대보며, 직장에서 동료들과 위반행위 잘하며, 상사에 변동이 있게 되고 기관 때문에 지출이 예상된다. 예기치 않는 일이 발생하며 관재송사가 예상된다. 나의 직업은 감사직, 비밀정보원이 제격이요, 형제는 나와 같이 동업하면서 사채놀이 하여본다. 필요 없는 친구가 많아지니 탈재가 빈번하게 된다. 처가 권리를 동등하게 주장하며 다른 주머니를 차게 된다. 직장에서 교육연수 가게 되며,

아버지의 병환 때문에 지출이 예상된다. 가구나 합판, 목재 가격이 하락세를 보이며, 놀이를 제공하여 주는 장소가 유행이 되며, 오락시설이 우후죽순 불어나며, 장사만 했다하면 멍든 지 모르게 돈이 멍들어가고, 법을 지키는 자와 무질서 하는 자가 따로 있으며, 노복 때문에 승진소식이 들려오며, 친구가 왔다하면 기술을 도용 당하니 조심하는 것이 좋다. 이제까지 공부한 것이 뒤늦게 광명이라. 정식으로 배운 것이 사회복지사업에 활용되며.

辛巳의 노출성 變化

계획했던 것들이 변화가 많음이라. 석유 연료가격의 변동이 예상된다. 운수업계에 비상이 걸리고 교통사고가 많아지며 농작물의 피해는 냉해로 인하여 비롯된다. 갑자기 파도가 예상되니 선박에 주의가 필요하며, 부하가 치받고 올라오니 승진이 아니라 좌천이요 욕심이 화를 불러오며 갑자기 일이 풀리지 않는다. 형제 때문에 돈이 펑크가 나며, 배짱으로 상사에 바른말을 하게 되고, 노복은 타협이 안되고 노조로 대적하며, 경제가 살아나지 않으며 낭비벽은 높아져만 간다. 목재 값은 변동에 변동이라 정찰제가 무색하며, 병원은 갑자기 응급환자가 많아지는 것에 대비가 필요하며 남편의 무직이 가정불화에 득병까지 얻으며 위장병, 허리통증 환자가 많아져 병원출입이 많아진다고 본다. 처의 돈놀이는 가정을 파탄시키고 사기까지 당하며, 노력한 것이 미흡이라 상사에게까지 영향을 미치며, 커닝이 돌출이라 친구 때문에 걸려들고, 합격통지서가 아니라 퇴직통지서가 말썽이요 겉은 화려하게 보이나 배운 것이 없어 밀려나며 물결이 노도라 오나가나 비틀거리며 갑상선, 임파선 환자가 병원에 주류를 이루며 비철금속에는 정가가 없으며 임의로 가격이 오락가락하며 속도전이 화를 불러일으키며 손재까지 따라오게 된다. 인내하라 인내하지 못하면 내 몫이 아니라 타인의 몫이다.

壬午

■ 壬

　形而上學형이상학 精神정신 始시 東 有情유정 上半期상반기 前進전진 得득 實실 생각 生成생성 上體상체 겉모양 外的외적 勝승 吉길 先 明 낮 地上 太過태과 自由. 天干은 天干끼리 生剋制化생극제화를 할 수 있다. 天干은 地支를 生剋制化 할 수 없다.

■ 午

　形而下學형이하학 物質물질 終종 西 無情무정 下半期하반기 後退후퇴 失실 虛허 行動행동 消滅소멸 下體하체 속 모양 內的내적 敗패 凶흉 後후 暗암 밤 地下 不及불급 拘束구속 地支는 天干을 生도 剋도 할 수 있고 地支는 地支끼리 生剋制化를 할 수 있다. 午火는 生도 잘하고 剋도 잘하며 변화가 없다.

■ 壬

　大雪대설 雲운 精정 水氣수기 밤 冬節동절 雪설 氷빙 始作시작 進化진화 萬物만물의 宗主종주요. 澤택 연못 海水해수 湖水호수 浦水포수 停止水정지수 陽水양수 亥水 死水 江水 收藏수장 智慧지혜 霜露상로 戰場전장 妊임 流水유수 橫流횡류 江河강하 氷雪빙설 監獄감옥 玄武현무 陰凶음흉 呻吟신음 秘密비밀 欺滿기만 凝固응고 結氷결빙 遲延지연 溶解용해 忍耐인내 流動유동 妊娠임신 適應적응을 잘함. 始시와 終종. 물은 東南으로 흐른다. 性은 險難험난하고 奸詐간사하고 智謀지모 淫음. 字義자의는 川 江 水.

■ 午

夏至하지 仲夏중하 五月之氣오월지기 正午 陰火음화 生火 柔火유화 活火 활화 燈등 燭촉 正南정남 離宮이궁 七數칠수 馬마 盛火성화 四旺之局사왕지국 紅艶殺홍염살 湯火殺탕화살 紅色홍색 散산 꽃 苦고 舌설 精神정신 逆上역상 羽族類우족류 赤外線적외선 紫外線자외선 電氣전기 火藥類화약류 引火物質인 화물질 飮毒음독 悲觀비관 外陽內陰외양내음 赤黃色적황색 一陰始生일음시생 地上의 交通手段교통수단이다. 豊풍 달리는 馬는 移動馬이동마가 되니 運送交通운송교통에 종사한다. 午日生은 外食性외식성으로 活動활동이 奔走분주하다. 火生土도 잘하고 火剋金도 잘한다. 暗藏암장에는 丁 己가 있다.

職 業

■ 壬

바다, 外國語외국어, 船舶선박, 海運해운, 水産수산, 法務법무, 外務외무, 食品식품, 酒類주류, 氷菓類빙과류, 冷凍業냉동업, 貿易무역, 沐浴湯목욕탕,

풀장, 研究家연구가, 敎育교육, 造景조경, 微生物미생물.

■ 午

醫藥의약, 毒劇物取扱독극물취급, 危險物取扱위험물취급, 消防官소방관, 爆藥폭약, 引火物質인화물질, 化工, 電子전자, 祈禱기도, 建築건축, 호텔, 自動車部品자동차부품.

性 格

바다와 같아서 아량이 넓고 깊으며 인내심이 강하고 지혜가 있으며 항시 수평을 이루고자 노력하기에 만인에 평등하며 환경에 적응을 잘한다. 외강내유로 온순하며 매사를 가정 위주로 처세하니 저절로 복을 받을 것이다. 시작의 명수이니 만큼 기획을 잘하고 연구하기를 좋아하며 또한 돈을 좋아하다 보니 밤낮을 가리지 않고 일을 하며 탐욕이 많다 하겠다. 말재주는 좋으나 속마음은 잘 드러내지 않으며 욕심이 많다보니 도박이나 주색에 빠질 염려도 있다. 청력은 좋아 미세한 소리까지 감지할 수 있는 것이 특징이고 비만 체구에 노년에는 혈압, 중풍, 치매로 인하여 오래도록 고생하다 죽는 것이 흠이라면 흠이요, 처덕은 좋아 결혼하면서 부자가 되나 여난은 면할 길이 없으며 총각득자의 팔자이니 더더욱 조심해야 할 것이다. 여명은 부군의 사랑을 받으나 미모의 얼굴이니 항시 이성을 조심해야 할 것이며 화합과 타협이 주목적이 된다 하겠다. 직업으로는 법관, 재정직, 숙박업, 무역, 자동차 등이 제격이고 건강은 신, 방광이 약하니 생식기나 청각, 이명증에 신경을 써야 할 것이다.

人物인물 : 발명가, 연구가, 교육, 미생물, 조경이요.

場所장소 : 海洋해양, 연못, 夜間야간, 圖書館도서관, 祈禱기도.

健康건강 : 腎신, 膀胱방광, 耳鳴이명, 泌尿器비뇨기, 生殖器생식기, 聽覺청각,
몸이 붓는 症狀증상, 排泄物배설물, 老來노래에는 血壓혈압,
風疾풍질, 치매 등 持病지병으로 因하여 오래도록 고생하
는 것이 흠이다. 心臟심장, 小腸소장, 血壓혈압, 視力시력.

天干으로 壬水는 1數요 變化변화하면 8數에 乙木이 된다. 맛은 짠맛과 쓴맛이요 색상은 黑色흑색과 적색이며 午火의 方位는 正南쪽에 속하고 季節계절로는 午月 여름이며 離卦이괘에 속하며 人物로는 中女이다. 하루로는 午前 11時~午後 1時까지이며 一陰이 始生處시생처이다. 地支에 午火는 數理수리로는 7數요 外陽內陰외양내음으로서 겉으로는 陽이나 속은 陰이요 體체와 用용이 각각 다르다. 火剋金도 잘하고 火生土도 잘한다.

■ 地藏干 : 丁 己

暗藏암장은 비밀스러운 것, 생각이 많은 것이다. 남에게 밝히기를 싫어하며 미래를 내다보는 것도 된다. 暗藏合은 다정한 것, 대가성을 내심 따지며 체통을 찾는다. 暗藏合에는 丁壬合, 甲己

合이 있는데 天干에 壬, 甲이 있으면 本人의 計劃계획대로 하려하
고, 冲에는 丁癸冲이 있는데 天干에 癸水가 있으면 變化변화가 있
게 되며 짜증도 많이 낸다.

午는 寅午戌, 寅戌, 午戌, 寅午는 三合局, 離卦이괘, 巳午未는 方
 合, 午未는 六合, 丑午는 怨嗔殺원진살, 鬼門關殺귀문관살, 午卯
 는 六破殺육파살, 湯火殺탕화살

■ 壬午가 아래 天干을 만나면

甲은 食神식신, 甲午, 天赦星천사성, 死宮사궁, 泄氣설기, 盜氣도기.

乙은 傷官상관, 生宮생궁, 泄氣설기.

丙은 偏財편재, 丙午, 丙壬冲, 月德貴人월덕귀인, 羊刃殺양인살, 旺宮왕궁.

丁은 正財정재, 丁壬合, 祿根녹근, 冠宮관궁.

戊는 偏官편관, 戊午, 羊刃殺양인살, 旺宮왕궁, 地轉殺지전살, 梟神殺효신살.

己는 正官정관, 祿根녹근, 冠宮관궁.

庚은 偏印편인, 庚午, 浴宮욕궁.

辛은 正印정인, 病宮병궁, 辛壬衾신임금.

壬은 比肩비견, 壬午, 財官雙美재관쌍미, 丁壬合, 胎宮태궁, 絶地절지.

癸는 比劫비겁, 絶地절지, 丁癸冲, 胞宮포궁.

■ 壬午가 아래 地支를 만나면

子는 比肩비견이 比劫비겁, 壬子, 羊刃殺양인살, 子午冲, 暗藏에는 丁

癸沖, 天貴星_{천귀성}, 旺宮_{왕궁}, 災殺_{재살}.

丑은 正官_{정관}, 印綬庫_{인수고}, 丑午, 怨嗔殺_{원진살}, 鬼門關殺_{귀문관살}, 六害殺_{육해살}, 衰宮_{쇠궁}, 天殺_{천살}, 天厄星_{천액성}, 湯火殺_{탕화살}, 暗藏에는 丁癸沖, 絕地_{절지}.

寅은 食神_{식신}, 壬寅, 病宮_{병궁}, 泄氣_{설기}, 丙壬沖, 寅午三合, 地殺_{지살}, 天廚貴人_{천주귀인}, 暗藏에는 甲己合, 文昌貴人_{문창귀인}, 天權星_{천권성}, 截路空亡_{절로공망}, 水隔殺_{수격살}.

卯는 傷官_{상관}, 天乙貴人_{천을귀인}, 急脚殺_{급각살}, 天喜神_{천희신}, 盜氣_{도기}, 午卯, 六破殺_{육파살}, 死宮_{사궁}, 天破星_{천파성}, 桃花殺_{도화살}, 截路空亡_{절로공망}, 大將軍_{대장군}.

辰은 偏官_{편관}, 壬辰, 魁罡殺_{괴강살}, 自己庫藏_{자기고장}, 呻吟殺_{신음살}, 暗藏에는 丁癸沖, 墓宮_{묘궁}, 天奸星_{천간성}, 月殺_{월살}.

巳는 正財_{정재}가 偏財_{편재}, 巳午方合, 絕地_{절지}, 丙壬沖, 天乙貴人_{천을귀인}, 亡神殺_{망신살}, 胞宮_{포궁}, 天文星_{천문성}, 活人星_{활인성}.

午는 偏財_{편재}가 正財_{정재}, 壬午, 伏吟_{복음}, 財官雙美_{재관쌍미}, 丁壬合, 同合, 天福星_{천복성}, 方合, 絕地_{절지}, 胎宮_{태궁}, 將星殺_{장성살}, 財官同臨_{재관동림}.

未는 正官_{정관}, 急脚殺_{급각살}, 丁壬合, 傷食庫_{상식고}, 方合, 養宮_{양궁}, 攀鞍殺_{반안살}, 天驛星_{천역성}.

申은 偏印_{편인}, 壬申, 人皇_{인황}, 文曲貴人_{문곡귀인}, 長生宮_{장생궁}, 驛馬殺_{역마살}, 天孤星_{천고성}, 暗藏에는 丁壬合, 梟神殺_{효신살}, 旬中空亡_{순중공망}, 三災人皇_{삼재인황}.

酉는 正印정인, 浴宮욕궁, 天劫천겁, 紅鸞星홍란성, 六害殺육해살, 馬扶殺마부살, 天刃星천인성, 旬中空亡순중공망, 三災天權삼재천권.

戌은 偏官편관, 壬戌, 魁罡殺괴강살, 地刑지형, 丁壬合, 午戌三合, 天藝星천예성, 絶地절지, 帶宮대궁, 華蓋殺화개살, 財庫재고, 斷矯關殺단교관살, 懸針殺현침살, 白虎大殺백호대살, 落井關殺낙정관살, 官庫관고, 三災地災삼재지재.

亥는 比劫비겁이 比肩비견, 天德貴人천덕귀인, 天壽星천수성, 冠宮관궁, 劫殺겁살, 暗藏에는 丁壬合, 甲己合.

■ 壬午가

木에는 印綬인수, 食神식신, 傷官상관.

火에는 官星관성, 比肩비견, 比劫비겁.

土에는 財星재성, 印綬인수.

金에는 傷官상관, 食神식신, 官星관성.

水에는 比肩비견, 比劫비겁, 財星재성.

亥卯未生은 巳午未年에 三災殺삼재살이다. 陰氣음기 巳午未年에는 卯 東方이 大將軍方位대장군방위다. 大將軍方位는 白虎方位백호방위다. 一時停止일시정지와 같다. 大將軍은 上下가 없고 액이 따르며 增築증축이나 修理수리도 不可. 午에는 申이 喪門상문이고 辰은 弔客조객이다. 乙庚日에는 午未가 截路空亡절로공망, 甲申旬中갑신순중에는 午未가 旬中空亡순중공망, 辛日에 寅午는 天乙貴人천을귀인, 戌月에 午는

斷嬌關殺단교관살, 未月에 午는 活人星활인성, 丑午는 怨嗔殺원진살, 鬼門關殺귀문관살, 午火는 變化변화가 없다. 天福星천복성 巳와 未사이에 夾은 午이다. 午月에 入胎月입태월은 酉, 子午日生 入胎日은 276日.

壬午의 變化

壬水는 水生木을 잘하고 水剋火도 잘한다. 그러나 地支의 午火는 生剋制化생극제화를 할 수 없으며 丁壬合은 淫亂之合음란지합이라 하며 壬水는 天干을 生도 剋도 하며 形而上學的형이상학적으로는 地支午火에 生剋制化를 잘한다. 午火는 地支끼리도 生剋制化를 할 수 있으며 세력으로도 따라가며 天干에도 生剋制化를 할 수 있다.

말이 앞서며 폭탄선언이 등장하게 된다고 예상된다. 투명하게 밝히는 자는 빛을 보며 비밀은 후퇴한다. 신문방송이 화합을 다짐하며 새로운 쇄신이요 건설, 건축이 활발하며 부동산 경기가 좋아짐이라. 산에 나무가 없어지는 형상이니 벌목과 산불이 예상된다. 잦은 비가 많이 오니 붕괴, 침수의 피해에 대비함이 좋다. 약초와 관련된 새로운 의약품 개발이 나올 것으로 예상된다. 병으로는 위장병, 간염, 폐렴, 방광염, 뇌일혈에 조심해야 한다. 비밀보다 투명을 외치는 자는 선지자가 되기 쉽다. 외국과의 합작이 많아지고 새로운 법질서가 나오며, 수산물과 목재 값은 올라가고 과일 값은 하락세가 예상된다. 약세인 여당이 승리의 맛을 볼 수 있다고 예상된다. 역마의 해가 되어 외국을 찾는 관광객이 많아질 것으로 예상된다. 무역은 수출보다는 수입이 더 많아 진다고 예상된다. 숙박업계가 활기를 띠며 환경 조성이 살아난다 고 예상된다. 여당과 야당이 화합하여 새로운 계기의 돌파구가 되며, 남북이 화합을 다짐하며, 항공 해난사고에 주의가 필요하 며 세계가 하나로 뭉치자고 나오며 특종인물이 나오게 된다. 생 각이 행동으로 변함은 폭탄테러의 조짐이 우려된다.

壬午의 비밀성 變化

희귀한 전염병으로 세계가 놀랄만한 병균이 침입을 하며 외적 인 것보다 내적인 것에 치중함이 적중함이요, 가정적이며 가족적 인 분위기가 살아나고 목적은 재물이요 사업확장이라 기상이 커 보인다. 관광의 해가 되고 교통정책이 새로워지며 동양이 발전을 거듭하게 되며 세계가 집중하고 모인다. 음식점은 고급 쪽으로 몰리며 유흥음식점이 호황을 이룬다. 돈을 쓰는 목적은 벼슬에 있고 정치에 있다. 조상 묘 잘 모셔보고 집안 일이 모두가 잘 풀리며 허리가 가슴둘레와 같으니 비만을 조심해야 된다. 애인이 생겨 새로운 삶을 찾고 자식이 필요하다는 것을 알게 되며, 중 매와 소개로 결혼을 많이 하게 되는 해이다. 남에게 부탁이 부 정을 하게되고 그 부정이 관재로 돌아서며, 처가로 인한 투자는 권력을 얻고자 함이요 처의 재주는 있으나 처의 돈 씀씀이가 헤 프다. 금융계의 이자율이 경쟁으로 인하여 내려가는 해라고 본다. 계산은 보이나 뜬구름과 같으며, 관리가 아니라 사람이 떨어져 나간다. 생각지도 않은 직책의 변화에 큰 벼슬은 나의 몫이요, 친구의 도움으로 기술투자에 합작투자라, 돈 때문에 관재 구설에 부군까지 빼앗기며, 투자는 사업 목적이 아니라 사기행각에 걸려들며, 아랫사람으로 인하여 승진에 감투까지 쓰며, 시아버지로 인하여 정치에 입문하여 보며, 부친의 재산이 손자에게 넘어간다.

壬午의 노출성 變化

욕심이 화근이라 동업하다 친구가 사기 쳐서 도망가고 처가 눈병으로 고생하며 유행성 눈병에 주의가 요망된다. 기술을 배우다 돈 때문에 중단하게 되며, 처의 말을 듣지 않아 손재수가 따르며, 친구로 인한 돈 때문에 가정불화요, 음식 먹을 때 보기 흉한 짓은 혼자서 다하고, 친구사업에 투자했으나 돈 한푼 건져보지 못하며, 은행원 되려다 경쟁에서 밀려나며, 돈 때문에 친구 잃고 가정불화까지 연결되며, 먹는다는 욕심이 저절로 많아지며, 이복형제와 재산문제로 관재 구설로 비화되며, 돈이 들어와야 맞는데 계산은 틀리고, 혼자 먹으려다 화를 자초하게 되며, 처의 취미생활이 도가 지나치며 낭비벽이 심하고, 호텔이나 숙박업이 갑자기 손님의 변화가 많으며, 친구나 애인 때문에 월급이 없어지며, 돈 때문에 친구 떨어져 애인 떨어져 본다. 친구로 인하여 세무감사 받아보며, 모방기술을 돈으로 주고 산 것이 관재로 변하며, 친구가 군경에 뇌물 주고 취직하며, 직업이 칼이며 돈도 칼이라 세무직이 제격이요, 형제 때문에 분실수요 도둑에 주의가 요망된다. 생각과 행동은 각기 다르며 눈앞이 깜깜하여지고, 한밤중에 별보고 사업 구상하여 본다.

癸未

■ 癸

形而上學형이상학 精神정신 始시 東 有情유정 上半期상반기 前進전진 得득 實실 생각 生成생성 上體상체 겉모양 外的외적 勝승 吉길 先 明 낮 地上 太過태과 自由. 天干은 天干끼리 生剋制化생극제화를 할 수 있다. 天干은 地支를 生剋制化 할 수 없다.

■ 未

形而下學형이하학 物質물질 終종 西 無情무정 下半期하반기 後退후퇴 失실 虛허 行動행동 消滅소멸 下體하체 속 모양 內的내적 敗패 凶흉 後 暗암 밤 地下 不及불급 拘束구속 地支는 天干을 生도 剋도 할 수 있고 地支는 地支끼리 生剋制化를 할 수 있다. 未土는 生은 인색하나 剋은 잘하며 변화가 있다. 未土는 合이 될 때도 있고 되지 않을 때도 있다.

■ 癸

小寒소한 揆규 陰水음수 柔水유수 弱水약수 雲霧운무 泉水천수 川水천수

生水 活水활수 溪水계수 遲延지연 收藏수장 智慧지혜 霜露水상로수 안개 地下水 潤下之性윤하지성 困厄性곤액성 凝固응고 破壞性파괴성 장마비 反覆玄武반복현무 陰凶음흉 呻吟신음 秘密비밀 슬픔 欺滿기만 雨露水우로수 結氷결빙 流動유동 溶解용해 忍耐인내 始시와 終종 動物동물은 박쥐, 適應적응을 잘함. 東南으로 흐른다. 性은 險難험난 奸詐간사 智謀지모 淫음. 字義자의는 川 江 水.

■ 未

小暑소서 大暑대서 羊양 陰土음토 味 二陰之氣이음지기 旺土왕토 燥土조토 足腹類족복류 木之庫藏목지고장 火餘氣화여기 四庫之局사고지국 信 天驛星천역성 三伏之氣삼복지기 모래땅 자갈땅 赤外線적외선 引火物質인화물질 電池전지 電子전자 放射線방사선 火藥類화약류를 함유하고 있다. 心術性심술성 未土는 뜨거운 土다. 不毛地불모지 땅, 샘이 많다. 土生金은 못하나 土剋水는 잘한다. 亥水를 감당하지 못한다. 紅色홍색을 지닌 땅, 木에 庫藏고장이므로 낮은 野山야산이다. 夏節하절 沙土사토로 人工培養土인공배양토다. 午後 1時에서 午後 3時까지 관장.

職 業

■ 癸

藝術工藝예술공예, 宇宙工學우주공학, 旅館여관, 세탁소, 法曹界법조계, 풀장, 造船조선, 船員선원, 茶房다방, 外航船외항선, 海洋學科해양학과, 外

務部외무부, 微生物工學미생물공학, 物理學물리학, 水産物수산물, 氷菓類빙과류, 곰팡이 균 硏究연구, 무역, 言論언론, 食品식품, 酒類주류, 술집, 養殖場양식장, 上下水道상하수도, 外國語외국어, 海運해운, 情報정보, 술, 食堂식당, 魚貝類어패류.

■ 未

建設土木건설토목, 農業농업, 乾草건초(漢藥한약), 술, 食堂식당, 土地토지, 藝術工藝예술공예, 九流術業구류술업, 哲學철학, 不動産부동산, 醫藥業의약업.

性 格

지혜는 있으나 꾀로서 살려 하고 시작인 반면에 끝이니 성급하게 일을 처리하며 자기 마음대로 되지 않으면 짜증을 내며 하던 일을 다른 것으로 바꾸기도 잘 하는 것도 특징이다. 모든 것을 포용할 줄 아나 긍정적인 성격에 무슨 일을 잘 저지르며 생각이 깊지를 못함이 서운하다 하겠다. 큰 포부를 가지고 도전은 잘하나 끝마무리를 맺지 못한 것이 흠이요, 한가지 일에 꾸준하지 못하며 夫婦부부가 서로 뜻이 맞지 않는 경우도 있다. 자연의 섭리를 잘 따르고 환경에 적응도 잘하나 자신의 속마음을 다 털어놓아 버리니 앞일에 차질이 생기며 귀가 얇어 인정을 베풀다 보니 본인은 실속이 없는 것이 탈이다. 부모 덕은 없지만 처덕도 없으니 경거 망동하지 말 것이며 한가지 일에 전념하는 것이 좋겠다. 여명은 결혼하면서부터는 남편의 제약을 받아야 하며 자식에 대한 근심 걱정 또한 있으니 인내심을 가지고 자기의 직업을 가져야 할 것이다. 직업은 법정, 무관, 재정, 무역, 물물교환, 부동산에 좋으며 건강은 신, 방관이 약하여 결석이나 당뇨에 주의를 요한다.

人物인물 : 研究官연구관, 정보관, 觀光관광.

場所장소 : 움직이는 곳, 놀고 즐기는 곳, 세는 곳.

健康건강 : 腎臟신장, 膀胱방광, 泌尿器비뇨기, 耳이, 睾丸고환, 水分수분, 睡液타액, 몸이 붓는 症狀증상, 脾비, 胃腸위장, 허리, 腹部복부, 口, 肌肉기육, 血壓혈압, 糖尿당뇨, 특히 合倂症합병증을 조심.

天干으로 癸水는 6數요 變化변화하면 7數에 丙火가 된다. 맛은 짠맛과 단맛이요, 색상은 흑색과 황색이요, 未土의 方位는 未坤申미곤신 南西쪽에 屬속하며, 季節계절로는 未月 여름이요 人物로는 老母노모이다. 하루로는 午後 1時에서 3時까지이며 二陰之氣이음지기요, 地支의 未土는 數理수리로 10數요 土生金은 인색하나 土剋水는 잘한다.

■ 地藏干 : 己 丁 乙

暗藏암장은 비밀스러운 것, 생각이 많은 것이다. 남에게 밝히기를 싫어하며 미래를 내다보는 것도 된다. 暗藏合은 다정한 것 대가성을 내심 따진다. 暗藏合에는 甲己合, 丁壬合, 乙庚合이 있는데 天干에 甲, 壬, 庚이 있으면 本人의 계획대로 하려 하고, 沖에는 丁癸沖, 乙辛沖이 있는데 天干에 癸, 辛이 있으면 변화가 많고 내심 성격도 급하다.

未는 亥卯未, 亥未, 亥卯, 卯未는 三合局, 震卦진괘, 巳午未는 方合, 午未는 六合, 寅未는 鬼門關殺귀문관살, 子未는 怨嗔殺원진살, 六害殺육해살.

■ 癸未가 아래 天干을 만나면

甲은 傷官상관, 天月德貴人천월덕귀인, 墓宮묘궁, 自己庫자기고, 暗藏에는 甲己合.

乙은 食神식신, 乙未, 自己庫자기고, 墓宮묘궁, 養宮양궁, 乾草건초, 漢藥한약.

丙은 正財정재, 衰宮쇠궁, 印綬庫藏인수고장, 羊刃양인.

丁은 偏財편재, 丁未, 羊刃양인(陰刃음인), 帶宮대궁, 丁癸沖.

戊는 正官정관, 戊癸合, 羊刃양인, 衰宮쇠궁, 官庫관고.

己는 偏官편관, 己未, 羊刃양인, 모래, 자갈 땅, 陽地양지, 帶宮대궁.

庚은 正印정인, 財庫재고, 帶宮대궁, 暗藏에는 乙庚合.

辛은 偏印편인, 辛未, 衰宮쇠궁, 財庫재고, 暗藏에는 乙辛沖, 金木相戰금목상전.

壬은 比劫비겁, 絶地절지, 養宮양궁, 傷食庫藏상식고장, 暗藏에는 丁壬合.

癸는 比肩비견, 癸未, 墓宮묘궁, 絶地절지, 暗藏에는 丁癸沖, 傷食庫상식고, 伏吟복음, 土剋水, 물이 세고 있다.

■ 癸未가 아래 地支를 만나면

子는 比劫비겁이 比肩비견, 祿녹, 外陽內陰외양내음, 桃花殺도화살, 冠宮관궁, 泄氣설기, 天貴星천귀성, 怨嗔殺원진살, 六害殺육해살, 水隔殺수격살, 截路空亡절로공망.

丑은 偏官편관, 癸丑, 帶宮대궁, 印綬庫藏인수고장, 丑未沖, 月殺월살, 暗藏에는 丁癸沖, 絶地절지, 懸針殺현침살, 天厄星천액성, 白虎大殺백호대살, 羊刃殺양인살, 乙辛沖, 湯火殺탕화살, 截路空亡절로공망.

寅은 傷官상관, 浴宮욕궁, 鬼門關殺귀문관살, 暗藏에는 甲己合, 天權星천권성, 泄氣설기, 盜氣도기, 亡神殺망신살, 天喜神천희신.

卯는 食神식신, 癸卯, 天乙貴人천을귀인, 卯未三合, 泄氣설기, 生宮생궁, 將星殺장성살, 文昌貴人문창귀인, 天破星천파성, 急脚殺급각살, 大將軍, 天廚貴人천주귀인.

辰은 正官정관, 自己庫藏자기고장, 養宮양궁, 攀鞍殺반안살, 天奸星천간성, 暗藏에는 丁癸沖.

巳는 偏財편재가 正財정재, 癸巳, 戊癸合, 絶地절지, 胎宮태궁, 驛馬殺역마살, 天文星천문성, 天乙貴人천을귀인, 巳未는 方合, 暗藏에는 乙庚合, 三災黑氣삼재흑기.

午는 正財정재가 偏財편재, 絶地절지, 胞宮포궁, 六害殺육해살, 天福星천복성, 暗藏에는 丁癸沖, 午未方合, 六合, 火多水蒸화다수증, 三災陰氣삼재음기.

未는 偏官편관, 癸未, 伏吟복음, 絶地절지, 未未同合, 傷食庫상식고, 暗藏에는 丁癸沖, 墓宮묘궁, 華蓋殺화개살, 天驛星천역성, 急脚殺급각

살, 三災白殺삼재백살.

申은 正印정인, 死宮사궁, 劫煞겁살, 天孤星천고성, 紅鸞星홍란성, 暗藏에는 丁壬合, 乙庚合, 旬中空亡순중공망.

酉는 偏印편인, 病宮병궁, 災殺재살, 癸酉, 暗藏에는 乙辛沖, 斷矯關殺단교관살, 天刀星천인성, 旬中空亡순중공망.

戌은 正官정관, 財官雜氣재관잡기, 暗藏에는 戊癸合, 丁癸沖, 乙辛沖, 六破殺육파살, 未戌刑殺미술형살, 官庫관고, 財庫재고, 天藝星천예성, 衰宮쇠궁, 天殺천살.

亥는 比肩비견이 比劫비겁, 癸亥, 旺宮왕궁, 地殺지살, 暗藏에는 丁壬合, 甲己合, 十惡日십악일, 天壽星천수성.

■ 癸未가

木에는 印綬인수, 財星재성.
火에는 官星관성, 傷官상관, 食神식신.
土에는 財星재성, 比肩비견, 比劫비겁.
金에는 傷官상관, 食神식신, 印綬인수.
水에는 比肩비견, 比劫비겁, 官星관성.

亥卯未生은 巳午未年에 三災殺삼재살이다. 白殺백살 巳午未年에는 卯 東方이 大將軍方位대장군방위다. 大將軍方位는 白虎方位백호방위다. 一時停止일시정지와 같다. 增築증축이나 修理수리는 避피함이 좋고 上下 구별 없이 厄액이 따른다. 未에는 酉가 喪門상문이요 巳가 弔客조객이다. 乙庚日에는 午未가 截路空亡절로공망, 甲申旬中갑신순중에는 午未가 旬中空亡순중공망, 亥月生에 未는 斷矯關殺단교관살, 申月에 未는 活人星활인성, 甲戊庚日에 丑未가 天乙貴人천을귀인, 巳午未月生에 未는 急脚殺급각살, 寅未는 鬼門關殺귀문관살, 子未는 怨嗔殺원진살, 六害殺육해살, 未는 變하기도 잘하면서 變하지 않을 때도 있다. 未月에 入胎月입태월은 戊, 丑未日生 入胎日은 266日. 午와 申 사이에 夾은 未이다.

癸未의 變化

癸水는 水生木을 잘하고 水剋火도 잘한다. 그러나 地支의 未土는 生剋制化생극제화를 할 수 없으며 戊癸合은 無情之合무정지합이라 하며 癸水는 天干을 生도 剋도 하며 形而上學的형이상학적으로는 地支未土에 生剋制化를 잘한다. 未土는 地支끼리도 生剋制化를 할 수 있으며 세력으로도 합할 수 있고 天干에도 生剋制化를 할 수 있다.

생각과 행동이 따로 따로이니 모든 것이 쉽게 풀리지 않는다. 억지로 변화를 요구하지 않는다. 비밀이 노출이요 유언비어가 난무하고 대립의 형상이 된다. 각 국의 추세로 본다면 보수적이요 지연성이 새 시대 개방으로 전환이 된다고 예상된다. 무역은 흑자가 발생함이 예년에 비해 적다고 예상된다. 강우량이 많으며 습도가 높아 불쾌지수가 높다고 본다. 내부는 변화하는데 외부는 변화가 지연됨이 흠이요 지상에 사고가 많다고 예상된다. 괴질적인 병균이 움직이는 한해요 보건당국이 비상이요 과일, 채소류 가격이 하락세가 되니 농어민이 울상이다. 화합이 어려우며 붕괴의 조짐이 있다고 예상되며, 타협이 어렵고 극까지 나아감이 흠이요 서로간에 있어서 양보함이 우승자가 된다. 인정과 배려가 필요로 하는데 인색함이 문제요, 배려는 배려로 끝내야지 대가성을 받으려고 하면 등을 지게 된다. 바다의 수온이 높아지며 이상기류가 생긴다고 본다. 벼슬에 눈이 멀어 돈으로 벼슬을 따려 하고, 사업은 투자가 인색하며 계획을 뒤로 미루게 된다.

癸未의 비밀성 變化

 과일, 채소류 값은 등락의 편차가 있게 되며, 토사가 염려되며 벌목작업도 예상된다. 수산업이나 무역의 변동이 예상된다. 종자개발의 연구가 거듭되며 좋은 결과가 있겠으며, 수경작물의 수확이 한몫을 하게 되며, 동업으로 사업하면 멍든 지 모르게 멍들어가고, 인정을 베풀고도 욕먹고 시비구설에 휘말리며 일복은 많고, 매사가 역행하여 벌었다가 다시 까먹게 되며, 내 돈 쓰고 구설이요 판단이 잘못이요 인내가 필요하다. 겉은 화려하나 속과 행동은 알 수가 없으며, 젊은이한테 한 수 배우고 시대가 신세대로 전환되어가며 무관 직업이 정치로 직업변화가 예상되며, 언론이 투명으로 바뀌며 정책 또한 변화가 예상된다. 힘의 논리보다는 여론의 논리가 앞서가며, 투서가 난무하고 오래된 일이 사건화 만들며, 패션은 옛것을 새로운 것으로 개선과 복고풍이 잘 어울리며, 기술을 모방하고 모방한 것이 탄로 나며, 임시직이 정식 공무원으로 채용되며, 투자와 투기가 복지사업으로 연결되어 가며, 지출을 할 때는 인색함이 있으나 목적은 수입에 있으며, 별정직에서 고급간부로 발령 나며, 들리는 소식은 연구소에 근무하라는 것이요, 투자와 부와 명예가 함께 어우러져 가며, 불쾌지수가 높아지니 신경이 날카로워지며, 변화하면 승리요 변화를 못하면 패자가 된다.

癸未의 노출성 變化

변화를 요구하나 변하지 못하면 실수가 연발이라, 필화사건이 있게 되며 기억력이 떨어지게 된다. 노력한 것만큼 대가성은 들어오지 않으며, 마사지 잘못으로 피부의 손상을 입게 되며, 사채시장에 입문이라 부도가 웬 말인가, 동업 수는 무리수요 돈 앞에서는 무엇이든지 꾸며대며, 나의 결혼문제로 장인장모의 의견이 상반된다. 동료들과 마약에 본드라 오라는 곳은 없어도 갈곳은 많으며, 공부할 때 연애하면 공부는 안되며, 머리가 무거우며 되는 일이 없어도 잠만 늘어나고, 독식을 꿈꾸면 화가 백가지로 일어나며, 눈뜨고 도둑맞게 되고 의리가 가정불화로 연결되며, 과식은 위장병으로 연결되며, 돈 앞에서는 무엇이든지 꾸며되며 위장술이 능하게 된다. 부모님의 훈계는 잔소리로 들리며, 아랫사람의 사고로 감원의 대상이 되고, 귀중품을 가지고 전당포 왕래가 잦으며, 투명이 음지로 가면 문제요 쉬쉬하다 관재에 걸려들고, 애인 때문에 친구의 의리가 끊어지며 빼앗기고 원수가 되며, 노복이 필화사건에 걸려들어 심신을 괴롭게 만들며, 나무에 전지라 조경은 멋있게 꾸미며, 녹차 밭의 개간이라 일구고 보니 재산이 불어나며, 인삼밭이 늘어나고 녹색 연구가 활발하며, 이혼율이 높아지는 것은 서로가 상대를 모르는 탓이요, 언어가 억양이 있음이 문제라 시비로 비화된다.

甲申

■ **甲**

　形而上學형이상학 精神정신 始시 東 有情유정 上半期상반기 前進전진 得득
實실 생각 生成생성 上體상체 겉모양 外的외적 勝승 吉길 先 明 낮 地
上 太過태과 自由. 天干은 天干끼리 生剋制化생극제화를 할 수 있다.
天干은 地支를 生剋制化 할 수 없다.

■ **申**

　形而下學형이하학 物質물질 終종 西 無情무정 下半期하반기 後退후퇴 失실
虛허 行動행동 消滅소멸 下體하체 속 모양 內的내적 敗패 凶흉 後후 暗암
밤 地下 不及불급 拘束구속 地支는 天干을 生도 剋도 할 수 있고
地支는 地支끼리 生剋制化를 할 수 있다. 申金은 生도 잘하고
剋도 잘하며 변화도 잘한다. 申金은 合이 될 때도 있고 안될 때
도 있다.

■ **甲**

　十干之首십간지수 匣갑 雨雷우뢰 棟樑之木동량지목 陽木양목 死木사목 無

根之木무근지목　驚蟄경칩　長木장목　巨木거목　直木직목　高林고림　山林　頭上두상　精神정신　家長가장　龍雷용뢰　신맛　剛木강목　溫暖온난　酸素산소　供給源공급원　靑龍청룡　大林木대림목　胞포　生育생육　寡獸과묵　十干은　戶主호주다.　萬物만물의　根本근본을　主帝주제.　動物동물은　여우.　頭두　神신　長장　性성은　靑청.

■ 申

立秋입추　處暑처서　改革개혁　肅殺之氣숙살지기　變革변혁　更新갱신　神氣신기　霜상　月星월성　角각　兵草병초　陽金양금　猴후　坤方곤방　白色백색　冷氣냉기　燥조　國防국방　交通교통　運輸운수　機械기계　製鐵제철　怒노　剛金강금　急速급속　鐵物철물　四生之局사생지국　三陰之氣삼음지기　白虎백호　名分명분　體統체통　昆蟲類곤충류　龜귀　血光혈광　堅固견고　老窮노궁　義理의리　冷靜냉정　頑金丈鐵완금장철　胛骨動物갑골동물　變化動物변화동물,　懸針殺현침살　結實결실　模倣모방　骨格골격　痔疾치질　肺폐　大腸대장　盲腸맹장　鐵馬철마　自動車자동차　夕陽석양　天孤星천고성　凉량　神신을　관장,　포부가　크다.　金生水를　잘하며　金剋木도　잘한다.　午後　3時에서　5時까지.　强柔강유　함축　申日生은　多變다변　鎭定心진정심이　不足　慾心多욕심다　進就性有진취성유.

職　業

■ 甲

木材목재,　家具가구,　紙物지물,　樂器악기,　竹細工죽세공,　木刻목각,　衣類

의류, 造林조림, 敎育교육, 宗敎종교, 社會事業사회사업, 建設건설, 建築건축, 不動産부동산, 保健衛生보건위생, 纖維섬유, 藝能예능, 粉食분식, 醫科의료, 文敎문교, 遞信체신, 保社보사, 文化, 織物직물, 앞장서는 것.

■ 申

寺刹사찰, 自動車자동차, 運輸業운수업, 鐵物철물, 整備정비, 機械기계, 軍人군인, 運動운동, 武器무기, 資材자재, 針침, 皮膚美容피부미용, 마사지.

性 格

꿋꿋하고 강직하여 굽힐 줄 모르며 모난 것 같으면서도 모나지 않으며 지고는 못사는 성격이기에 꼭 이겨야만 직성이 풀리고 마는 것이 하나의 특징이기도 하다. 총명한 두뇌와 재주를 가지고 있고 남달리 손재주는 뛰어났으며 선봉장에서 이끌고 가는데 명수이며 지혜가 있고 시작을 잘한다. 천성은 인정과 의리에 치중하다 보니 좋을 땐 한없이 좋으나 자기의 체면이나 체통을 손상시키면 가슴 찌르는 소리에 그 자리에서 면박을 주는 급한 성격이기도 하며 맵고도 무서운 것이기에 병 주고 약주는 식이다. 타향살이에 이사가 번다하고 직장에서 꽃을 피워야 하는데 명주가 좋으면 재주가 많아 무엇이든 보면 할 수 있으나 지구력이 부족하여 용두사미인 것이 흠이라고 본다. 부부궁이 부실하여 악처를 만나기 쉬워 회로하기 어려우니 부인을 존중해주어야 할 것이며 여명은 강제결혼 당하기 쉬운데 심하면 매맞고 살게 되니 항상 처신을 잘해야 할 것이다. 직업은 의약계나 토목건설, 산림에 종사하는 게 좋겠으며 건강은 간담 허약으로 심장까지 나쁘게 되니 주의를 요한다.

場所장소 : 林임, 山中산중, 大都대도.

健康건강 : 肝膽간담, 神經性신경성, 咽喉인후, 甲狀腺갑상선, 淋巴腺임파선, 手足수족, 毛髮모발, 頭두, 痲痺마비, 關節관절, 中風중풍, 肺폐, 大腸대장, 骨格골격, 齒牙치아, 皮膚피부, 血疾혈질, 氣管支기관지, 痔疾치질, 盲腸맹장, 鼻비, 臭覺후각.

天干으로 甲木은 3數요 變化변화하면 10數에 己土가 된다. 맛은 신맛과 매운맛이며 색상은 청색과 백색이요 申金은 未坤申미곤신, 西南쪽 方位이며 季節계절로는 申月 초가을이요 人物로는 中男, 中女에 속하고 하루로는 午後 3時에서 5時까지이며 三陰之氣삼음지기요 地支 申金의 數理수리는 9數요 金生水도 잘하고 金剋木도 잘한다.

■ 地藏干 : 庚 壬

暗藏암장은 비밀스러운 것, 생각이 많은 것이다. 남에게 밝히기를 싫어하며 미래를 내다보는 것도 된다. 暗藏은 다정한 것, 후중한 것, 대가성을 내심 따진다. 暗藏合에는 乙庚合, 丁壬合이 있는데 天干에 乙, 丁이 있으면 본인의 계획대로 하려고 한다.

沖에는 甲庚沖, 丙壬沖이 있는데 天干에 甲, 丙이 있으면 변화가 많고 내심 성격도 급하다.

申은 申子辰, 申子, 子辰, 申辰은 三合局, 坎卦감괘, 申酉戌은 方合, 卯申은 怨嗔殺원진살, 鬼門關殺귀문관살, 申亥는 六害殺육해살, 寅巳申은 刑殺형살.

■ 甲申이 아래 天干을 만나면

甲은 比肩비견, 甲申, 懸針殺현침살, 甲庚沖, 殺印相生살인상생, 絶宮절궁, 胞宮포궁, 活人業활인업.

乙은 比劫비겁, 暗藏에는 乙庚合, 胎宮태궁, 殺印相生살인상생.

丙은 食神식신, 丙申, 暗藏에는 丙壬沖, 財殺地재살지, 財官同臨재관동림, 不情胞胎부정포태, 木火通明목화통명, 絶地절지, 病宮병궁, 月德空월덕공.

丁은 傷官상관, 財殺地재살지, 丁壬合, 淫亂之合음란지합, 硏究官연구관, 浴宮욕궁, 月德合월덕합.

戊는 偏財편재, 戊申, 孤鸞殺고란살, 文昌貴人문창귀인, 病宮병궁, 泄氣설기.

己는 正財정재, 甲己合, 泄氣설기, 盜氣도기, 土變토변, 浴宮욕궁.

庚은 偏官편관, 庚申, 專祿전록, 甲庚沖, 冠宮관궁, 敬神경신.

辛은 正官정관, 旺宮왕궁.

壬은 偏印편인, 壬申, 十惡日십악일, 梟神殺효신살, 長生宮장생궁, 月德貴人월덕귀인, 文曲貴人문곡귀인.

癸는 正印정인, 死宮사궁, 天德貴人천덕귀인.

■ 甲申이 아래 地支를 만나면

子는 偏印_{편인}이 正印_{정인}, 申子三合, 水局_{수국}, 將星殺_{장성살}, 天貴星_{천귀성}, 梟神殺_{효신살}, 天赦星_{천사성}, 浴宮_{욕궁}.

丑은 正財_{정재}, 天喜神_{천희신}, 攀鞍殺_{반안살}, 官庫_{관고}, 帶宮_{대궁}, 天厄星_{천액성}, 暗藏에는 甲己合, 天乙貴人_{천을귀인}.

寅은 比肩_{비견}, 甲寅, 祿_록, 孤鸞殺_{고란살}, 寅申沖, 暗藏에는 丙壬沖, 甲庚沖, 冠宮_{관궁}, 驛馬殺_{역마살}, 天權星_{천권성}, 子宮閉塞症_{자궁폐색증}, 金木相戰_{금목상전}, 急脚殺_{급각살}, 三災天蟲_{삼재천충}.

卯는 比劫_{비겁}, 羊刃殺_{양인살}, 暗藏에는 乙庚合, 六害殺_{육해살}, 怨嗔殺_{원진살}, 鬼門關殺_{귀문관살}, 旺宮_{왕궁}, 天破星_{천파성}, 三災地刑_{삼재지형}.

辰은 偏財_{편재}, 甲辰, 白虎大殺_{백호대살}, 申辰三合, 華蓋殺_{화개살}, 絶地_{절지}, 衰宮_{쇠궁}, 三災, 天劫_{천겁} 天奸星_{천간성}, 暗藏에는 乙庚合, 戊癸合, 斷矯關殺_{단교관살}, 十惡日_{십악일}, 印綬庫_{인수고}.

巳는 食神_{식신}이 傷官_{상관}, 泄氣_{설기}, 盜氣_{도기}, 劫煞_{겁살}, 病宮_{병궁}, 暗藏에는 丙壬沖, 巳申刑殺_{사신형살}, 落井關殺_{낙정관살}, 天文星_{천문성}, 天廚貴人_{천주귀인}, 文昌貴人_{문창귀인}.

午는 食神_{식신}이 傷官_{상관}, 甲午, 天赦星_{천사성}, 甲己合, 丁壬合, 災殺_{재살}, 死宮_{사궁}, 泄氣_{설기}, 天福星_{천복성}, 旬中空亡_{순중공망}, 大將軍_{대장군}.

未는 正財_{정재}, 未申은 坤土_{곤토}, 墓宮_{묘궁}, 天殺_{천살}, 紅鸞星_{홍란성}, 天驛星_{천역성}, 旬中空亡_{순중공망}, 暗藏에는 甲己合, 丁壬合, 天醫星_{천의성}, 鬼神門_{귀신문}, 天乙貴人_{천을귀인}.

申은 偏官_{편관}, 甲申, 懸針殺_{현침살}, 伏吟_{복음}, 同合, 地殺_{지살}, 絶地_{절지},

胞宮포궁, 殺印相生살인상생, 天孤星천고성, 方合, 截路空亡절로공망.

酉는 正官정관, 桃花殺도화살, 絕地절지, 胎宮태궁, 天刃星천인성, 方合, 截路空亡절로공망.

戌은 偏財편재, 甲戌, 水隔殺수격살, 傷食庫상식고, 財庫재고, 暗藏에는 丁壬合, 天藝星천예성, 養宮양궁, 月殺월살, 急脚殺급각살, 方合.

亥는 正印정인이 偏印편인, 生宮생궁, 天壽星천수성, 亡神殺망신살, 六害殺육해살, 文曲貴人문곡귀인, 暗藏에는 甲庚沖.

■ 甲申이

木에는 比肩비견, 比劫비겁, 官星관성.

火에는 印綬인수, 財星재성.

土에는 官星관성, 傷官상관, 食神식신.

金에는 財星재성, 比肩비견, 比劫비겁.

水에는 傷官食神상관식신, 印綬인수.

寅午戌生은 申酉戌年에 三災殺삼재살이다. 人皇인황 申酉戌年에는 午 南方이 大將軍方位대장군방위다. 大將軍方位는 白虎方位백호방위다. 일시정지와 같다. 增築증축이나 修理수리는 避피함이 좋고 상하 구별이 없이 厄액이 따른다. 申에는 戌이 喪門상문이요 午가 弔客조객이다. 甲己日에 申酉가 截路空亡절로공망 甲戌旬中갑술순중에는 申酉가 旬中空亡순중공망이다. 乙己日에는 子申이 天乙貴人천을귀인, 辰月에 申은 斷矯關殺단교관살, 酉月에 申은 活人星활인성, 卯申은 怨嗔殺

원진살, 鬼門關殺귀문관살, 申亥는 六害殺육해살, 寅巳申은 三刑殺삼형살, 申巳는 六破殺육파살, 申은 變하기도 잘하면서 변하지 않을 때도 있다. 申月에 入胎月입태월은 亥, 入胎日은 寅申日生인신일생은 256日 酉와 未사이에 申은 夾이다.

甲申의 變化

甲木은 木生火도 잘하고 木剋土도 잘한다. 그러나 地支의 申金에는 生剋制化생극제화를 할 수 없으며 甲己合은 中正之合중정지합이라 하며 甲木은 天干을 生도 剋도 하고 形而上學的형이상학적으로도 地支申金에 生剋制化를 잘한다. 申金은 地支끼리도 生剋制化를 할 수가 있으며 세력으로도 합할 수 있고 天干에도 生剋制化를 할 수 있다.

천간과 지지가 충을 하니 좌불안석 안절부절 행동불안 정신불안 생각 따로 행동 따로 마음은 콩밭에 있는 격이다. 임의로 변화를 요구하고 갑작스런 변화라, 비밀이 없어지며 밝은 세상으로 가고 있다. 급해지고 후회하고 시시때때로 변화하며 싸우고 난 다음에 가까워진다. 노출문제로 인하여 손해를 많이 본다. 나무가 없어지는 형상이니 산불이 예상되고 벌목작업도 예상되며 목재건축자재, 철근 값이 오르며 건축도 살아난다. 금리변동이 예상되고 예금이 아니라 투기가 많아지며 화폐가치가 낮아지는 것도 예상된다. 강우량도 많고 태풍의 피해가 크다고 예상된다. 청색이 변동이라 과일, 채소류 가격이 오를 것으로 예상된다. 과일이 꽃필 무렵에 서리나 냉기로 인한 농작물의 피해가 있어 열매가 적게 달린다고 예상된다. 학생은 기계공학과, 의약계, 육군사관학교, 농업기술과, 생명공학 등에 인기가 있다고 예상된다. 산업기술 누출문제가 비화된다고 예상된다. 수자원계획과 관련이 있으며 환경의 새로운 설계가 예상되며, 돈으로 거래하면 비밀이 노출에다 관재 구설로 간다. 병원출입이 많아지며 신약과 생약이 활기를 띠며 한의학과가 인기가 있으며 공사, 육사보다는 해사가 인기요, 신호가 없으니 기계가 고장이요 자동차사고, 열차사고도 예상된다.

甲申의 비밀성 變化

경쟁은 심하여지고, 형제로 인하여 직장이 생기고 대리근무 하다 직장이 생기며 임시직 근무하다 정식채용이라, 친구 때문에 누명이요 단체로 움직이면 합동사고라, 흉이 될 때는 타인의 벼락이 나의 발등에 떨어지며, 모방사건은 쇠고랑과 같으며, 산업스파이가 등장하게 되고, 비밀은 보장이 없으며 정상적인 것만이 가능하고, 약속은 시계와 같으며 배운 즉시 써먹는 것은 모방이요, 수입과 지출이 균형이요 왔다가 나가는 것은 제자리걸음이요, 귀인이 왔다가 변하여 기술을 모방해서 나가며, 상하가 힘을 합하여도 경쟁의 대상이 되며, 상사에게 결재를 올렸다하면 서류가 반려되며, 두뇌가 돌아가지 않는 것이 답답함이요, 노력의 대가는 수입이 아니라 친구가 낚아채어 가고, 제자로 인하여 소개받은 선생이 친구가 되며, 배우고 가르치는 것도 친구나 형제요, 조상님이 도와주며 죽은 형제가 꿈에 나타나고, 어머님과 형님이 가장노릇을 하며, 개인이 안된 것이 단체로는 풀리며 합동으로 안 되는 것은 개인이 독차지하게 된다. 어린 나무를 전지 하여 수형을 잘 잡으며 조경기술을 모방하여 더욱 발전을 시키며, 부동산 임대업무가 마땅하며 문서가 친구로 넘어가며, 운수업이나 무역업무에 변화가 잦으며, 문서기록 보존의 기술상 흠집이 노출이 되며, 여행 중에 분실수라 건망증이 심하여지고, 종교가 늘어나며 분가하고 신도는 종교를 찾아다니며.

甲申의 노출성 變化

노출이 급변화라 겉잡을 수 없게 확산이라, 부정은 통하지 않는다는 것을 말해주고 있음이라. 형제와 경쟁하다 싸우고 원한을 사며 원수가 된다. 비밀적인 수입이 노출이라 수입이 아니라 지출이요, 밀수가 보장이 안 되는 것은 비밀이 지켜지지 않기 때문이다. 상하가 충돌이라 내가 설 곳이 없으며, 결재를 올렸다하면 미결이요 반항심만 쌓여져가며, 금목이 상전이라 신경통 환자가 늘어나며 대화가 막힌다. 냉기가 심하니 농작물이 자랄 수가 없으며, 장마와 태풍이라 노도까지 심하니 등대마저 보이지 않으며, 노도가 심하니 선박은 조심이요, 선박은 9월에 더욱 조심하는 월이라, 나무가 깎이니 깎이는 것은 목각 목수요 목공이 모자라며, 화가 죽으니 불조심이요 문명이 어두워지며, 학생은 공부방향이 삐뚤어져 학과선택을 잘 못하고, 필화사건이 발생하고 투명성을 무시하니 반발이 일어나며, 의류업이 침체요 불경기라 내수시장이 살아나지 않으며, 상사의 비밀로 조직이 파괴되고 이탈하며, 수평이 되지 않으니 각자의 의견이 다르고 합의가 안되며, 부동산의 규제가 많으며 변동 또한 심하게 움직인다고 본다. 건물은 임대가 어려우며 고충이 따른다고 본다. 임야가 잘 팔리며 경매 쪽으로 몰린다고 예상된다. 기술에 투자되고 부가가치가 높으며 인기가 높아진다. 산업이 살아나고 기술이 투자되며 연구가 거듭된다. 외부에서 시비를 걸어오나 알고 보면 귀인이라. 철재 가격이 올라가며 원자재 가격도 올라갈 것이라고 예상된다.

乙酉

■ 乙

形而上學형이상학 精神정신 始시 東 有情유정 上半期상반기 前進전진 得득 實실 생각 生成생성 上體상체 겉모양 外的외적 勝승 吉길 先 明 낮 地上 太過태과 自由. 天干은 天干끼리 生剋制化생극제화를 할 수 있다. 天干은 地支를 生剋制化 할 수 없다.

■ 酉

形而下學형이하학 物質물질 終종 西 無情무정 下半期하반기 後退후퇴 失실 虛허 行動행동 消滅소멸 下體하체 속 모양 內的내적 敗패 凶흉 後후 暗암 밤 地下 不及불급 拘束구속 地支는 天干을 生도 剋도 할 수 있고 地支는 地支끼리 生剋制化를 할 수 있다. 酉金유금은 生은 인색하며 剋은 잘하고 변화가 없다. 酉金은 合이 되어도 변함이 없다.

■ 乙

清明청명 矯木교목 陰木음목 生木생목 軋알 枝葉木지엽목 活木활목 濕木습목 柔木유목 草초 草木초목 風풍 樹木수목 根근 同化作用동화작용 楊柳木양류목

屈木굴목 藤木등목 綠色녹색 角木각목 曲處곡처 陰地木음지목 繁華之木번화지목 樹木수목 달 春 硬化경화 呼호 雷뢰 長장 農場농장 浮부 林 藝能예능 木刻목각 樂器악기 觸角촉각 智明지명 動物동물은 수달피. 木剋土목극토를 잘한다.

■ 酉

白露백로 秋分 鷄계 陰金음금 生金 軟金연금 金금 銀은 珠玉주옥 針침 非鐵金屬비철금속 燥조 輕金屬경금속 製鍊제련된 金 淸白청백 正西 四旺之局사왕지국 兌宮태궁 結實결실 白色 角각 冷氣냉기 銅線동선 鳳凰봉황 急速급속 白虎백호 名分 體統체통 龜귀 血光혈광 堅固견고 老窮노궁 義理의리 冷靜냉정 胛骨動物갑골동물 昆蟲類곤충류 變化動物변화동물, 霜상 貴金屬귀금속 술독 가위 收수 酒器주기 午後 5時에서 7時까지 칠면조 굽힐 줄을 모른다. 天刃星천인성 霜雪상설 肅殺之氣숙살지기 懸針殺현침살 타인을 잘 돕는다. 새로운 것, 金生水는 못하나 金剋木은 잘한다.

職 業

■ 乙

그림, 글씨, 藝術예술, 藥草약초, 農場농장, 韓醫師한의사, 言論언론, 피아노, 花園화원, 粉食분식, 디자인, 娛樂오락, 씨앗, 衣類의류, 作曲작곡, 家具가구, 合版합판, 상자, 齒科치과, 理髮師이발사.

■ 酉

貴金屬귀금속, 非鐵金屬비철금속, 寺刹사찰, 鍾종, 時計시계, 武科무과, 針침, 齒科치과, 皮膚美容피부미용, 洋品양품, 마사지, 理髮師이발사, 運動운동, 寫眞機사진기, 兵器병기, 機械기계, 音樂家음악가, 樂器악기.

性 格

어질고 온순하며 선량한 마음씨에 다투기를 싫어하며 의리를 지키다보니 인정이 결핍되어 마음이 무거워 흔들림이 많기도 하다. 그러나 무엇이든 한번 결정하면 옆도 보지 않고 매진하며 남의 일을 내일처럼 도와주고 나는 손해보며 타인은 이익을 보는 팔자이다. 인정이 의리로 변하여 한번 마음먹으면 변하지 않으니 종래는 의리 지키려다 패망하게 되고, 또한 사리가 분명하나 기개가 부족하여 남의 말에 쉽게 넘어가며 보이지 않는 동화작용을 하기 때문에 본인도 모르게 흔들림이 많고 변화가 잦으며 자기 스스로가 본인이 중심이 되어야 하는데 뜻대로 되지 않기 때문에 부부와도 싸움이 잦으며 신경이 예민해지는 것이 특징이기도 하다. 나무와 금속이 만나 엇갈리고 있으니 봉제나 통신, 나무 수형 또는 전지를 하는데 재주가 뛰어났으며 특히 침술이나 의약계 또한 종교 철학에도 무한한 재능을 가졌다 하겠다. 직업으로는 법관이나 무관, 의약계에 입신하는 것이 좋겠으며 사업은 하지 않는 것이 좋겠다. 질병으로는 금목상전에 두통,

근통, 치통, 생리통, 신경계통에 이상이 있겠고 혈액순환장애에
도 지장이 있으니 각별히 주의를 요하는 것이 좋겠다.

人物_{인물} : 少女_{소녀}, 邪女_{사녀}, 선비, 醫術_{의술}, 九星_{구성}은 四綠木_{사록목}.

場所_{장소} : 빈 공간, 놀이장소, 새로운 것.

健康_{건강} : 肝膽_{간담}, 神經痛_{신경통}, 咽喉_{인후}, 手足_{수족}, 毛髮_{모발}, 風_풍,
頭_두, 痲痹_{마비}, 關節_{관절}, 頭痛_{두통}, 肺_폐, 大腸_{대장}, 齒牙_{치아},
皮膚_{피부}, 氣管支_{기관지}, 痔疾_{치질}, 盲腸_{맹장}, 鼻_비, 血疾_{혈질},
臭覺_{취각}, 造血_{조혈}.

天干으로 乙木은 8數요 變化_{변화}하면 9數에 庚金이 된다. 맛은
신맛과 매운맛이요 색상은 녹색과 백색이며 酉金의 方位는 西쪽
이요 季節_{계절}로는 가을이며 하루로는 午後 5時에서 7時까지이며
四陰之氣_{사음지기}요 地支 酉金이 數理_{수리}로는 4數요 金生水는 吝嗇_인
_색하나 金剋木은 잘한다.

■ 地藏干 : 辛

暗藏_{암장}은 비밀스러운 것, 생각이 많은 것이다. 남에게 밝히기
를 싫어하며 미래를 내다보는 것도 된다. 暗藏은 다정한 것 대가
성을 내심 따진다. 暗藏合에는 丙辛合이 있으며 天干에 丙_병이 있
으면 本人의 계획대로 하려 하고, 冲에는 乙辛冲이 있는데 天干
에 乙木이 있으면 변화가 많을 뿐더러 본인의 계획대로 안 된다.

酉는 巳酉丑, 巳酉, 丑酉, 巳丑은 三合局, 兌卦태괘, 申酉戌은 方
　　合, 子酉는 六破殺육파살, 鬼門關殺귀문관살, 寅酉는 怨嗔殺원진살,
　　戌酉는 六害殺육해살, 天刃星천인성.

■ 乙酉가 아래 天干을 만나면

甲은 比劫비겁, 絶地절지, 胎宮태궁.

乙은 比肩비견, 乙酉, 絶地절지, 懸針殺현침살, 胞宮포궁, 乙辛沖, 坐不
　　安席좌불안석, 鍼術침술.

丙은 傷官상관, 木火通明목화통명, 絶地절지, 丙辛合, 死宮사궁.

丁은 食神식신, 丁酉, 絶地절지, 生宮생궁.

戊는 正財정재, 泄氣설기, 死宮사궁.

己는 偏財편재, 己酉, 泄氣설기, 生宮생궁.

庚은 正官정관, 乙庚合, 風月合풍월합, 月德貴人월덕귀인, 旺宮왕궁.

辛은 偏官편관, 辛酉, 祿녹, 冠宮관궁, 乙辛沖, 內庭白虎내정백호, 剋夫
　　離別극부이별, 交通事故교통사고, 天轉殺천전살.

壬은 正印정인, 浴宮욕궁.

癸는 偏印편인, 癸酉, 病宮병궁, 地轉殺지전살, 文曲貴人문곡귀인, 梟神殺
　　효신살.

■ 乙酉가 아래 地支를 만나면

子는 正印정인이 偏印편인, 子酉, 六破殺육파살, 天喜神천희신, 天乙貴人
　　천을귀인, 落井關殺낙정관살, 天貴星천귀성, 六害殺육해살, 衰宮쇠궁,

浮木부목, 漂木표목, 鬼門關殺귀문관살, 文曲貴人문곡귀인, 三災地戶삼재지호.

丑은 偏財편재, 乙丑, 絕地절지, 暗藏에는 乙辛冲, 酉丑三合, 官庫관고, 冬木동목, 乾草건초, 天厄星천액성, 三災地刑삼재지형.

寅은 比劫비겁, 暗藏에는 丙辛合, 天德貴人천덕귀인, 急脚殺급각살, 怨嗔殺원진살, 劫殺겁살, 旺宮왕궁, 天權星천권성.

卯는 比肩비견, 乙卯, 祿녹, 卯酉冲, 金木相戰금목상전, 乙辛冲, 天破星천파성, 災殺재살.

辰은 正財정재, 羊刀殺양인살, 辰酉六合, 天殺천살, 帶宮대궁, 暗藏에는 乙辛冲, 天奸星천간성, 印綬庫藏인수고장.

巳는 食神식신이 傷官상관, 乙巳, 孤鸞殺고란살, 斷嬌關殺단교관살, 十惡日십악일, 巳酉三合, 暗藏에는 乙庚合, 丙辛合, 天文星천문성, 地殺지살, 浴宮욕궁, 泄氣설기, 盜氣도기.

午는 傷官상관이 食神식신, 泄氣설기, 旬中空亡순중공망, 截路空亡절로공망, 生宮생궁, 天廚貴人천주귀인, 桃花殺도화살, 天福星천복성, 文昌貴人문창귀인, 紅鸞星홍란성.

未는 偏財편재, 乙未, 白虎大殺백호대살, 旬中空亡순중공망, 截路空亡절로공망, 養宮양궁, 自己庫藏자기고장, 月殺월살, 天驛星천역성, 暗藏에는 乙辛冲.

申은 正官정관, 絕地절지, 暗藏에는 乙庚合, 水隔殺수격살, 물조심, 天乙貴人천을귀인, 方合, 亡神殺망신살, 天孤星천고성, 活人星활인성.

酉는 偏官편관, 乙酉, 懸針殺현침살, 絕地절지, 乙辛冲, 方合, 同合, 伏

吟복음, 天刃星천인성.

戌은 正財정재, 傷食庫상식고, 財庫재고, 急脚殺급각살, 六害殺육해살, 方合,
墓宮묘궁, 攀鞍殺반안살, 天藝星천예성, 暗藏에는 乙辛冲.

亥는 偏印편인이 正印, 乙亥, 梟神殺효신살, 浮木부목, 死宮사궁, 驛馬
殺역마살, 天壽星천수성, 三災天敗삼재천패.

■ 乙酉가

木에는 比肩비견, 比劫비겁, 官星관성.

火에는 印綬인수, 財星재정.

土에는 官星관성, 傷官상관, 食神식신.

金에는 財星재성, 比肩비견, 比劫비겁.

水에는 傷官상관, 食神식신, 印綬인수.

寅午戌生은 申酉戌年에 三災殺삼재살이다. 天劫천겁 申酉戌年에는
午 南方이 大將軍方位대장군방위다. 大將軍方位는 白虎方位백호방위이며
一時停止일시정지와 같다. 增築증축이나 修理수리는 避피함이 좋고 上
下 구별 없이 厄액이 따른다. 酉에는 亥가 喪門상문이요 未가 弔客
조객, 甲己日에는 申酉가 截路空亡절로공망, 甲戌旬中갑술순중에는 申酉
가 旬中空亡순중공망, 丙丁日에 亥酉가 天乙貴人천을귀인, 未月生에 酉
는 斷矯關殺단교관살, 戌月에 酉는 活人星활인성, 春月에 酉日酉時는
盲人殺맹인살, 寅酉는 怨嗔殺원진살, 子酉는 鬼門關殺귀문관살, 六破殺육
파살, 酉戌은 六害殺육해살, 酉는 變하지 않는 것이 특징이기도 하

나 때로는 고집이 있다. 庚日에 酉는 羊刃殺양인살, 酉月에 入胎月입태월은 子, 卯酉日生 入胎日은 246日. 申과 戌사이는 酉가 夾이다. 佛國불국에 鐘종, 노래 소리 歌聲가성 樂器악기 神器신기요 他人介入性타인개입성.

乙酉의 變化

乙木은 木生火에는 吝嗇인색하나 木剋土는 잘한다. 그러나 地支의 酉金에는 生剋制化생극제화를 할 수 없으며 乙庚合은 仁義之合인의지합이라 하며 乙木은 天干을 生도 剋도 하며 形而上學的형이상학적으로는 地支酉金에 生剋制化를 잘 한다. 酉金은 地支끼리도 生剋制化를 할 수가 있으며 勢力세력으로도 따라가며 天干에도 生剋制化를 할 수 있다.

새로운 신약개발에 의약업계가 발전을 하며 경쟁이 치열하다고 본다. 나무와 금속이 충돌이라 합동 교통사고가 예상된다. 때로는 다 잘된 농사에 냉기로 인한 피해가 우려된다. 철도와 자동차에도 해당되며 항공사고도 예상된다. 비철금속 가격이 오르며 목재 값이 소리소문 없이 올라간다. 과일, 채소는 냉해로 인하여 수확량이 감소됨에 가격은 좋아진다고 예상된다. 강우량은 적으며 기후변화의 폭이 심하다고 본다. 대체적으로 가격이 올라감이 많으나 또한 관리감독도 심하다고 본다. 나무가 부러지고 꺾이는 형상이니 나무의 전지도 되는 것이요 또한 태풍도 해당되며 산불도 예상된다. 올해의 인물로는 金에 해당되는 성씨가 두각을 나타낼 것으로 본다. 서양이 결집하고 단결하여 미국이 주체가 되는 한해이기도 한다고 예상된다. 폭우성 비로 인하여 피해가 속출한다고 본다. 상하가 두절되었으니 대화가 막히고 투쟁으로 달리니 대화가 필요하다고 예상된다. 구세대보다는 신세대의 구축으로 힘이 모아진다고 예상된다. 언론이 투명하여지고 비밀이 있는 자는 노출이요 법이 중립을 지키며 올바르게 행하여질 것으로 예상된다. 냉기가 심하니 법을 잘 지키는 한해가 된다고 예상된다.

乙酉의 비밀성 變化

사랑이 앞서고 계획이 앞지르며 명예가 우선된다라고 본다. 세금납부에 관한 것은 철저하게 법의 정신에 따르게 되며, 세금납부가 정당한 사람은 우대 혜택이 주어질 것으로 예상된다. 세금계산서 조작의 감사가 심하다고 보며, 문명이 앞서니 복지사업의 계획과 관련이 있으며, 돈을 끌어오니 재물이 들어오는 형상이라 사업에 발전이 있으며 정부시책에는 기술투자에 한 목표가 될 것으로 예상된다. 산업스파이가 등장한다라고 보며 기술 도용도 있다라고 본다. 믿었던 동료가 배반을 하여 원수가 되고 기술을 빼앗기며, 학생은 의약계 중에서도 한의학과가 단연 인기로 몰리며, 공무원 채용시험에는 경쟁이 아주 치열하다. 기술자가 모자라며 기술자원을 필요로 느끼는 해이다. 금융의 비리가 드러날 것으로 예상된다. 정부의 신도시 개발로 인한 부동산 매입이 있으리라 보며 또한 개발이 착수되고 경매도 많다고 여겨진다. 관리감독이 강화되고 새로운 조직이 생기며 학생은 교육의 질을 따지게 된다라고 보며, 방향제시가 분명하지 않는 것이 많으며 명분 또한 뚜렷하지 않는다고 본다. 사업확장계획이 들어서며 후배가 방향제시를 하며 관청에서 기술보조를 하여준다. 기술은 도움을 받는 것과 도용을 당하는 것이 있다고 보며 노복은 노복대로의 배짱 한계를 드러내며 놀이기구 기술이 발달함으로 새로운 시장형성이 마련된다. 취직이 별 따기요 남의 것이 내 것으로 보이며 노력은 작게 하고 대가성은 많은 것을 노리니 저절로 대화가 두절된다고 여겨진다.

乙酉의 노출성 變化

직장이 아니라 호랑이 굴속이라 변화를 요구하며, 시비구설이 난무하며 심하면 누명까지 뒤집어쓰게 된다. 명함 한 장 내놓을 만한 인물이 못되며, 오라는 곳은 없어도 갈곳은 많다고 보며, 한 몸에 두 짐을 지는 것과 같으며 지나친 무리는 금물이요, 임시직이요 하루살이와 같으며 남이 볼 때는 별정직이다. 시누이 시집살이가 매운 고추보다 더 심한 것 같으며, 식은땀을 흘리며 악몽을 많이 꾸게 되고 얼굴에 병색이 완연하다. 일해주고 누명쓰고 총알받이 해가며 살아가게 되며, 대들보 부러지고 서리맞고 화가 백가지로 일어난다. 막다른 골목으로 도망가는 것 같고 이혼율이 높아지며, 귀가 엷어 남의 말에 잘 속고 잘 넘어간다. 상장 받고 술값이 더 들어가며 남편한테 터지고 친정 가서 화풀이 하며 동가식서가숙이라 천한 일만 골라서 하게 되며, 남편 형제로부터 모진 고통을 당하며, 뜬구름은 혼자서 독차지하며 인기는 있는데 뒤집어쓰며, 나무의 곁가지와 같아 써먹고 버림을 당하며, 자손보기가 민망하며 자손은 벼슬을 하고, 하고는 싶으나 기회를 주지 않으며 가는 곳마다 매맞고 살며 대리근무가 구속집행이 웬 말인가. 귀신이 보이고 정신병에 시달리며 환상의 세계에서 살아가며 친구 때문에 모략이요 형제로 구속이라 믿었던 형제 친구한테 버림을 받음이라, 사랑에 속고 정과 의리 때문에 속으니 내가 설 땅이 없어지는 것 같구나.

丙戌

■ 丙

形而上學형이상학 精神정신 始시 東 有情유정 上半期상반기 前進전진 得득
實실 생각 生成생성 上體상체 겉모양 外的외적 勝승 吉길 先 明 낮 地
上 太過태과 自由. 天干은 天干끼리 生剋制化생극제화를 할 수 있다.
天干은 地支를 生剋制化 할 수 없다.

■ 戌

形而下學형이하학 物質물질 終종 西 無情무정 下半期하반기 後退후퇴 失실
虛허 行動행동 消滅소멸 下體하체 속 모양 內的내적 敗패 凶흉 後 暗암
밤 地下 不及불급 拘束구속 地支는 天干을 生도 剋도 할 수 있고
地支는 地支끼리 生剋制化를 할 수 있다. 戌土는 生도하며 剋도
잘하고 변화가 많다. 戌土는 合이 될 때도 있고 안될 때도 있다.

■ 丙

芒種망종 起火기화 陽火양화 炳병 動物동물은 사슴 밝다 太陽之火태양
지화 君王之火군왕지화 爐冶之火노야지화 電氣전기 光線광선 電波전파 紫外

線자외선 赤外線적외선 放射線방사선 超能力초능력 빛 死火 旺火왕화 純陽순양 强熱之火강열지화 透視力투시력 逆上역상 불꽃 太陽태양 화려한 것 펼쳐만 놓는다. 字義자의는 日 昌창 光광 陽양 高요 소리는 雄壯웅장한 곳. 場所장소는 밝은 곳 晝間주간이요 繁昌藏蓄地번창장축지. 在來市場재래시장 器物기물은 大衆대중 集合집합 場所장소다. 性質성질은 明朗명랑 快活쾌활이다.

■ 戊

寒露한로 霜降상강 寒土한토 滅멸 狗구 晩秋之氣만추지기 陽土양토 旺土왕토 燥土조토 剛土강토 火山 언덕 堤防제방 天門星천문성 乾宮건궁 西北艮方서북간방 天羅地網천라지망 魁罡殺괴강살 敬神性경신성 燃料연료탱크 宗敎종교 寺院사원 四庫之局사고지국 信 午後 7時에서 9時까지 大驛土대역토 五陰之氣오음지기 土生金은 吝嗇인색하나 土剋水는 잘한다. 開發개발을 할 수 있는 땅이다. 收穫수확의 時期. 寺刹사찰은 戊土 없이는 운영을 못한다. 活人활인을 잘한다.

職 業

■ 丙

雜貨商잡화상, 車차, 駐車場주차장, 石油석유, 가스 燃料연료, 航空항공, 火藥화약, 煖房난방, 電話전화, 在來市場재래시장, 眼鏡안경, 檢査검사, 行政工作행정공작, 政治정치, 照明器具조명기구, 勞動問題노동문제, 運動운동,

電氣전기, 運輸業운수업, 通信통신, 美容室미용실, 硝子초자, 文敎문교, 言論언론, 産資部산자부.

■ 戌

變電所변전소, 乾電池건전지, 蓄電池축전지, 家電製品가전제품, 動資部동자부, 商工部상공부, 電氣전기, 電子전자, 技術者기술자, 宗敎종교, 易學역학, 道人도인, 僧人승인, 巫堂무당, 場所장소, 佛國불국나라, 不動産부동산, 警備경비, 倉庫창고, 醫藥業의약업, 九流術業구류술업, 敬神경신.

性 格

온화한 성품에 후중하고 선견지명이 있어 앞을 내다보며 또한 마음이 넓고 인정이 많아 도량이 넓으며 겉으로는 처세도 원만하나 속으로는 조급함이 흠이다. 매사에 박력 있고 두뇌가 명철하여 배우지 않고서도 일반상식은 잘 알게 되어 있으니 만인의 존경을 받을 것이다. 집합하는 곳이라서 조금은 느리게 보이나 어떤 일이든 속전속결을 해야만 유익할 것이다. 이마가 넓어서 보는 이로 하여금 시원함을 느끼게 하고 화려하고 명랑하며 달변가이기도 하며 재복은 있으나 탈재가 번다하며 남을 위해 노력하고 인정에는 약하나 배짱하나는 두둑하다 하겠으며 신앙에도 독실하여 덕을 베풀기도 한다. 결혼해서 아기 낳고부터는 몸이 뚱뚱해지는 것도 특징이라 하겠다. 백호대살에 형제의 흉액이 염려되고 자손에 대한 수심도 있겠으며 타자양육에 이복형제 또한 있을 수도 있다. 직업으로는 교육이나 의약, 예술이나 육영사업이 적합한데 때로는 철학과도 인연이 있어 연구에 몰두하겠으며 건강으로는 혈압, 중풍에 염려되니 과욕은 하지 않는 것이 좋겠으며 당뇨나 시력이상에 주의하여야 한다.

健康_{건강} : 心臟_{심장}, 小腸_{소장}, 心包_{심포}, 三焦_{삼초}, 眼病_{안병}, 體溫_{체온}, 血壓_{혈압}, 熱_열, 舌_설, 精神_{정신}, 循環期系統_{순환기계통}, 脾_비, 胃腸_{위장}, 腰_요, 大腸_{대장}, 眼疾_{안질}, 肌肉_{기육}, 口, 糖尿_{당뇨}, 結石_{결석}.

天干으로 丙火는 7數요 變化_{변화}하면 6數에 癸水가 된다. 맛은 쓴맛과 단맛이요 색상은 적색과 황색이요 戌土에 方位는 戌乾亥_{술건해} 乾方_{건방} 西北 間方이요 季節_{계절}로는 戌月 가을이요 人物로는 中女이다. 하루로는 午後 7時부터 9時까지이며 五陰之氣_{오음지기}요 地支 戌土는 數理_{수리}로 5數요 土生金은 吝嗇_{인색}하나 土剋水는 잘한다.

■ 地藏干 : 戊 丁 辛

暗藏_{암장}은 비밀스러운 것, 생각이 많은 것이다. 남에게 밝히기를 싫어하며 미래를 설계하는 것도 된다. 暗藏合은 다정한 것 사랑이요 내심 명분을 찾는 것이다. 暗藏合에는 戊癸合, 丁壬合, 丙辛合이 있는데, 天干에 癸, 壬, 丙이 있으면 본인의 계획대로 하려 하고, 沖에는 丁癸沖, 乙辛沖이 있는데 天干에 癸, 乙이 있으면 변화도 많고 역시 다혈질이 되기도 한다.

戌은 寅午戌, 寅戌, 午戌, 寅午는 三合局, 離卦이괘, 申酉戌은 方合, 酉戌은 六害殺육해살, 未戌은 六破殺육파살, 刑殺형살, 巳戌은 怨嗔殺원진살, 鬼門關殺귀문관살, 天藝星천예성, 天羅地網殺천라지망살, 戌月에 水隔殺수격살은 午.

■ 丙戌이 아래 天干을 만나면

甲은 偏印편인, 甲戌, 絶地절지, 財官同臨재관동림, 養宮양궁.

乙은 正印정인, 絶地절지, 墓宮묘궁, 暗藏에는 乙辛沖.

丙은 比肩비견, 丙戌, 白虎大殺백호대살, 天月德貴人천월덕귀인, 暗藏에는 丙辛合, 墓宮묘궁, 泄氣설기.

丁은 比劫비겁, 盜氣도기, 泄氣설기, 養宮양궁.

戊는 食神식신, 戊戌, 魁罡殺괴강살, 十惡日십악일, 墓宮묘궁, 自己庫자기고, 印綬庫藏인수고장.

己는 傷官상관, 養宮양궁.

庚은 偏財편재, 庚戌, 魁罡殺괴강살, 衰宮쇠궁.

辛은 正財정재, 丙辛合, 羊刃殺양인살, 埋金매금, 帶宮대궁.

壬은 偏官편관, 壬戌, 丙壬沖, 魁罡殺괴강살, 懸針殺현침살, 暗藏에는 丁壬合, 帶宮대궁, 白虎大殺백호대살, 絶地절지.

癸는 正官정관, 暗藏에는 戊癸合, 丁癸沖, 絶地절지, 衰宮쇠궁.

■ 丙戌이 아래 地支를 만나면

子는 偏官편관이 正官정관, 丙子, 絕地절지, 胎宮태궁, 暗藏, 戊癸合,
災殺재살, 天貴星천귀성, 暗藏에는 丁癸冲, 水剋火, 水多火熄수
다화식.

丑은 傷官상관, 暗藏에는 丙辛合, 丑戌, 刑殺형살, 晦氣회기, 盜氣도기,
養宮양궁, 天殺천살, 土木, 鑛山광산, 骨材골재, 天厄星천액성, 財庫
재고, 暗藏에는 戊癸合, 丁癸冲.

寅은 偏印편인, 丙寅, 長生宮장생궁, 寅戌, 三合局, 地殺지살, 天權星천
권성, 急脚殺급각살, 暗藏에는 丙辛合.

卯는 正印정인, 浴宮욕궁, 卯戌合, 讀書合독서합, 暗藏에는 乙辛冲, 桃
花殺도화살, 天破星천파성.

辰은 食神식신, 丙辰, 晦氣회기, 泄氣설기, 帶宮대궁, 月殺월살, 辰戌冲,
丁癸冲, 乙辛冲, 戊癸合, 天奸星천간성, 截路空亡절로공망.

巳는 比劫비겁이 比肩비견, 冠宮관궁, 亡神殺망신살, 暗藏에는 丙辛合,
巳戌, 鬼門關殺귀문관살, 怨嗔殺원진살, 天文星천문성, 紅鸞星홍란성,
祿록, 截路空亡절로공망.

午는 比肩비견이 比劫비겁, 丙午, 羊刃殺양인살, 斷矯關殺단교관살, 將星殺
장성살, 水隔殺수격살, 午戌三合오술삼합, 旺宮왕궁, 天福星천복성.

未는 比劫비겁, 印綬庫藏인수고장, 未戌刑殺미술형살, 六破殺육파살, 攀鞍
殺반안살, 羊刃殺양인살, 天驛星천역성, 衰宮쇠궁, 泄氣설기, 暗藏에는
乙辛冲.

申은 偏財편재, 丙申, 絕地절지, 財殺地재살지, 財官同臨재관동림, 病宮병궁,

天孤星천고성, 驛馬殺역마살, 暗藏에는 丙壬沖, 丁壬合, 方合,
三災人皇삼재인황.

酉는 正財정재, 絶地절지, 丙辛合, 死宮사궁, 六害殺육해살, 活人星활인성,
天乙貴人천을귀인, 方合, 天刃星천인성, 三災天權삼재천권.

戌은 食神식신, 丙戌, 白虎大殺백호대살, 墓宮묘궁, 華蓋殺화개살, 天藝星
천예성, 同合, 方合, 暗藏에는 丙辛合, 三災地災삼재지재.

亥는 正官정관이 偏官편관, 絶地절지, 胞宮포궁, 劫殺겁살, 天乙貴人천을귀인,
天喜神천희신, 天壽星천수성, 暗藏에는 丁壬合, 丙壬沖, 水多火
熄수다화식.

■ 丙戌이

木에는 傷官상관, 食神식신, 財星재성.
火에는 比肩비견, 比劫비겁, 傷官상관, 食神식신.
土에는 印綬인수, 比肩비견, 比劫비겁.
金에는 官星관성, 印綬인수.
水에는 財星재성, 官星관성.

寅午戌生은 申酉戌年에 三災殺삼재살이다. 地災지재 申酉戌年에는
午 南方이 大將軍方位대장군방위다. 大將軍方位는 白虎方位백호방위다.
一時停止일시정지와 같다. 增築증축이나 修理수리는 避피함이 좋고 上下
구별 없이 厄액이 따른다. 戌에는 子가 喪門상문이요 申이 弔客조객.
十惡日십악일은 戊戌, 甲子旬中갑자순중에는 戌亥가 旬中空亡순중공망,

申酉戌月에 戌은 急脚殺급각살, 午月生의 戌은 斷嬌關殺단교관살, 申月의 戌은 水隔殺수격살, 亥月에 戌은 活人星활인성, 未戌은 六破殺육파살, 酉戌은 六害殺육해살, 巳戌은 怨嗔殺원진살, 鬼門關殺귀문관살, 戌月에 入胎月입태월은 丑, 辰戌日生진술일생 入胎日입태일은 296日. 戌土는 변하기도 잘하면서 변하지 않을 때도 있다. 酉와 亥사이에 戌이 夾이다.

丙戌의 變化

丙火는 火剋金도 잘하고 火生土도 잘한다. 그러나 地支에 戌土에는 生剋制化생극제화를 할 수 없으며 丙辛合은 威制之合위제지합이라 하며 丙火는 天干을 生도 剋도 하며 形而上學的형이상학적으로는 地支戌土에 生剋制化를 잘한다. 戌土는 地支끼리 生剋制化를 할 수가 있으며 세력으로도 합할 수 있으며 天干에도 生剋制化를 할 수 있다.

무더운 삼복 더위에 강우량은 적을 것으로 예상된다. 과일류는 당도는 높으나 수확량은 줄어든다고 예상된다. 재래시장이 활성화가 되어 살아나며 농촌지역 발전의 균형과 계획에 큰 복안이 발표와 함께 있다고 예상된다. 수산물의 가격은 올라가는 추세를 보이며, 바다물의 수온이 올라가는 한해라고 예상되며, 관리감독이 강화되고 알권리에 대해 더욱더 투명하여지며, 의류는 색채가 화려한 복고풍이 한해의 혁신이 된다고 본다. 농수산물은 도매나

소매보다는 직거래가 살아나고 활성화가 된다고 예상되며, 종교
의 변화도 크게 있게 된다고 본다. 부동산 가격이 오르다가 주
춤하면 관리감독이 강화되며, 화합하고 의논하며 타협으로 가되
전임자의 조언이 필요하다고 느끼며 또한 구세대의 힘이 구축이
된다고 예상된다. 눈병이 예상되니 병원출입이 잦아진다고 본다.
수입보다는 소비가 늘어나니 알뜰 살림이 필요하다고 본다. 연구
가 많아지며 문교 정책의 변화를 가져오며 교육의 한해라고 본
다. 집단으로 교육이 잘되고 모임이 많아지며 새로운 단체가 또
생기며 三三五五로 모였다 하면 지나간 이야기요, 사회사업이 좋
아지고 복지사업이 빛이 난다고 예상된다.

丙戌의 비밀성 變化

노력한 만큼 대가는 돌아오지 않으며, 주고서 돌아서면 독촉하
고 일확천금 노리려다 패망하며, 계획이 많고 실현 가능하지 않
는 것만 꿈을 꾼다. 미인계로 유인하여 여행가며, 조경사업 하여
수입을 올리고, 직업의 경쟁이 심하여지고 직장 구하기가 하늘에
별 따기요, 직장에서 해외 연수 보내주며 처가 승진에 승진이라.
자식은 손버릇이 나쁘고 나쁜 것만 골라서 행동한다. 조상이 도
와주고 형제가 도와주며, 사업의 목적은 벼슬에 있으며 二代를
바라보며, 숙박업계에 건축이라 수입이 늘어나니 재산증축에 재
미를 보며, 공예나 예술품의 전시회나 광고로 사람들이 많이 모

이고, 정부의 지원으로 투자가 적중하며 흑자를 내며, 친구의 소개로 거래처가 늘어나며, 의류업종이 잘되고 수출까지 확장되며, 새집 짓고 가정이 편안하고 수입이 늘어나며, 부풀어 있는 꿈은 돈을 버는 것이요, 사업번창이 최종목표이며, 환경이 규제가 많으며 관리가 심하여지고, 가정보다는 일이 먼저요 자식 편으로 돌아서며, 건축경기가 서민주택 건설로 돌아서며, 돈 흐름의 감시가 심하여지고 뒷조사가 행하여지며, 학생은 학교에서 체육을 특기로 운동으로 전념하며, 공부의 목적은 교육계로 진출함에 있으며, 똑같이 입사하여 친구는 기관장이요 후배는 승진이요 나는 대리근무라 불평불만이 많으며, 행정의 민원업무 투서가 많아진다고 본다.

丙戌의 노출성 變化

귀인이 반항하며 들려오는 소식마다 불안정이라. 부동산의 매입매매가 번다하며, 고향 찾아가서 행세하고 싶어하며 조상을 돌보고 싶어한다. 유학생은 고국을 다녀가고 싶어하며 마음은 고향에 있다. 아파트에서 단독주택으로 전환이 많아지며, 부도나고 내 집도 없어지니 갈곳은 고향 뿐이요, 보증으로 부도까지 이르게 되니 가정이 파산되고, 돈 때문에 하던 공부도 중단하게 되며, 필화사건이 발생하고 학생은 선생님이 보기 싫고, 노복의 사고로 상사가 근무를 못하게 되며, 시작이 잘못이요 욕심이 화를 불러일으키게 되며, 마약에 본드라 마취제 때문에 재산이 없어지며 처까지 도망가고 가정이 패망하며 노부모가 정신이상까지 온다. 직장친구가 다른 회사로 이적해가며, 내 돈 쓰고 배신당하며 눈뜨고 도둑맞는다. 친구형제로 인하여 가정불화가 생기며, 어머니가 주도권이 없어지며 처가 가권을 잡으며, 친구 때문에 뜬구름이라 되는 일이 없으며, 정신세계를 찾고 종교를 찾으며 알고 싶어하는 것이 많으며, 조상 묘를 옮기고 가정의 변화가 있게 되며, 교통위반이 잘못이요 사고가 났다하면 합동사고요, 삼복더위에 녹색이 없어지니 과일, 채소 류가 제값을 하며, 건망증이 심하여 외출 중에 소지품을 잃어버리며, 잡화품목의 장사가 잘되고 혼합곡식이 잘 팔리며, 농어촌 경제정책에 좋은 복안이 있다고 예상된다.

丁亥

■ 丁

形而上學형이상학 精神정신 始시 東 有情유정 上半期상반기 前進전진 得득 實실 생각 生成생성 上體상체 겉모양 外的외적 勝승 吉길 先 明 낮 地上 太過태과 自由. 天干은 天干끼리 生剋制化생극제화를 할 수 있다. 天干은 地支를 生剋制化 할 수 없다.

■ 亥

形而下學형이하학 物質물질 終종 西 無情무정 下半期하반기 後退후퇴 失실 虛허 行動행동 消滅소멸 下體하체 속 모양 內的내적 敗패 凶흉 後후 暗암 밤 地下 不及불급 拘束구속 地支는 天干을 生도 剋도 할 수 있고 地支는 地支끼리 生剋制化를 할 수 있다. 亥水는 生도하며 剋도 잘 하고 변화가 많다. 亥水는 合이 될 때도 있고 되지 않을 때도 있다.

■ 丁

小暑소서 陰火음화 生火 별 燈등 燭촉 電波전파 逆上역상 壯丁장정 백

화점 祈禱기도 호텔 빛 燈臺등대 신호 禮式場예식장 消防소방 航空공항 羽族類우족류 電氣전기 光線광선 赤外線적외선 紫外線자외선 放射線방사선 불꽃 星辰성진 孤獨고독 老火노화 動物동물은 獐장.

■ 亥

立冬 小雪소설 湖水호수 海水 江水 浦水포수 停止水정지수 橫流횡류 暖流난류 乾方건방 天河水천하수 天門星천문성 天壽星천수성 魚種類어종류 六陰之氣육음지기 動物동물은 猪저 收藏수장 陽水양수 死水 雪설 寒한 凝응 終종이면서 始作시작 空亡공망은 房內念佛방내염불이다. 核핵 外陰內陽외음내양 外柔內强외유내강 午後 9時에서 11時까지 질서를 잘 지킨다.

職 業

■ 丁

禮式場예식장, 호텔, 運輸業운수업, 修道人수도인, 占術점술, 化粧品화장품, 眼鏡안경, 寫眞사진, 美容室미용실, 圖書館도서관, 절, 寺刹사찰, 祈禱기도, 어려운 일이 생기면 촛불 켜고 기도하면 좋아진다.

■ 亥

바다, 外國語외국어, 海運해운, 船舶선박, 水産수산, 食品식품, 貿易무역, 沐浴湯목욕탕, 海草類해초류, 外國외국, 法법, 佛國불국, 修道人수도인, 宗教指導者종교지도자, 旅館여관, 水泳場수영장.

性 格

명랑하면서도 인정이 있고 예의와 지혜가 있으며 낙천적인 성격의 소유자이다. 투시력이 있고 시각이 발달하여 사물을 보는 눈이 남달리 뛰어났으나 지구력이 부족한 것이 흠이라 하겠다. 선견지명이 있어 예감이 좋아 생활에 도움이 되겠고 꿈도 잘 맞으며 신앙생활도 하여 본다. 때로는 변덕이 심하여 싫증을 빨리 느낄 때도 있고 처세가 너무 좋아 오해를 받기도 한다. 외로움을 느끼지 못하며 고독한 생활을 하기도 한다. 망망대해의 등불하나 켜놓고 지키고 있는 형상이라 외로운 섬에서 등대지기에 불과하니 지혜로써 앞길을 개척해 나가는 것이 최선의 방법일 것이다. 관직이 제격이며 현처귀자로 가정이 화평하겠고 자손 중에 의사나 법관으로 입신하는 경우도 있으니 본인부터 수양을 쌓고 다스릴 줄 알아야 할 것이다. 여명은 외출을 삼가 하는 것이 좋겠으며 애교가 만점으로 총애를 받는 것까지는 좋으나 도가 지나치면 소실생활에 이성교제가 번다하여 정부를 둘까 염려라.

직업은 관직이 제격이며 외교나 법정, 해외와도 인연이 있겠고 건강은 심장, 시력, 비뇨기, 순환기 계통에 이상이 있으니 주의하는 것이 좋겠다.

場所장소 : 도서관, 절.

健康건강 : 心臟심장, 小腸소장, 心包심포, 三焦삼초, 視力시력, 體溫체온, 血壓혈압, 腎臟신장, 膀胱방광, 生殖器생식기, 泌尿器비뇨기, 耳이,

排泄物배설물, 聽覺청각, 붓는 증상.

　天干으로 丁火는 2數요 變化변화하면 3數에 甲木이 된다. 맛은
쓴맛과 짠맛이요 색상은 적색과 흑색이며 亥水의 방위는 西北
間方간방에 乾方向건방향이요 季節계절로는 亥月은 겨울이요 하루로
는 午後 9時부터 11時까지이며 六陰之氣육음지기요 地支에 亥水가
數理수리로는 6數이며 水生木도 잘하고 水剋火도 잘한다.

■ 地藏干 : 壬 甲

　暗藏암장은 비밀스러운 것, 생각이 많은 것이다. 남에게 밝히기
를 싫어하며 미래를 내다보는 것도 된다. 暗藏合은 다정한 것
내심 명분을 잘 따진다. 暗藏合에는 丁壬合, 甲己合이 있는데,
天干에 丁, 己가 있으면 本人의 생각대로 하려 하고 冲에는 丙
壬冲, 甲庚冲이 있는데 天干에 丙, 庚이 있으면 변화가 많고 내
심 精神散漫정신산만도 된다.

亥는 亥卯未, 亥未, 亥卯, 卯未는 三合局, 震卦진괘, 亥子丑은 方
　　合, 寅亥는 六破殺육파살, 申亥는 六害殺육해살, 辰亥는 怨嗔殺
　　원진살, 鬼門關殺귀문관살, 十惡日십악일은 丁亥, 己亥, 癸亥日.

■ 丁亥가 아래 天干을 만나면

甲은 正印정인, 長生宮장생궁, 浮木부목, 漂木표목, 月德貴人월덕귀인, 文

曲貴人문곡귀인.

乙은 偏印편인, 乙亥, 浮木부목, 死宮사궁, 天德貴人천덕귀인.

丙은 比劫비겁, 絶地절지, 暗藏에는 丙壬沖, 胞宮포궁.

丁은 比肩비견, 丁亥, 暗藏에는 丁壬合, 十惡日십악일, 天乙貴人천을귀인,
胎宮태궁.

戊는 傷官상관, 泄氣설기, 盜氣도기, 絶地절지, 胞宮포궁, 財官同臨재관동림,
不情胞胎부정포태.

己는 食神식신, 己亥, 暗藏에는 甲己合, 十惡日십악일, 絶地절지, 胎宮
태궁.

庚은 正財정재, 泄氣설기, 病宮병궁, 暗藏에는 甲庚沖, 天廚貴人천주귀인,
文昌貴人문창귀인.

辛은 偏財편재, 辛亥, 金沈금침, 盜氣도기, 泄氣설기, 浴宮욕궁.

壬은 正官정관, 丁壬合, 明合명합, 祿녹, 冠宮관궁.

癸는 偏官편관, 癸亥, 十惡日십악일, 丁癸沖, 大海水대해수, 旺宮왕궁.

■ 丁亥가 아래 地支를 만나면

子는 正官정관이 偏官편관, 水多火熄수다화식, 丁癸沖, 桃花殺도화살, 絶地
절지, 天貴星천귀성, 胞宮포궁, 方合.

丑은 食神식신, 丁丑, 白虎大殺백호대살, 晦氣회기, 方合, 暗藏에는 丁
癸沖, 甲己合, 天厄星천액성, 泄氣설기, 墓宮묘궁, 急脚殺급각살,
月殺월살.

寅은 正印정인, 六破殺육파살, 暗藏에는 丙壬沖, 亡神殺망신살, 死宮사궁,

天權星천권성, 六合, 截路空亡절로공망.

卯는 偏印편인, 丁卯, 亥卯三合, 病宮병궁, 將星殺장성살, 天破星천파성, 截路空亡절로공망, 梟神殺효신살, 文曲貴人문곡귀인.

辰은 傷官상관, 晦氣회기, 盜氣도기, 水隔殺수격살, 暗藏에는 丁癸冲, 怨嗔殺원진살, 鬼門關殺귀문관살, 急脚殺급각살, 天奸星천간성, 衰宮쇠궁, 攀鞍殺반안살, 紅鸞星홍란성.

巳는 比肩비견이 比劫비겁, 丁巳, 孤鸞殺고란살, 巳亥冲, 暗藏에는 甲庚冲, 丙壬冲, 天文星천문성, 旺宮왕궁, 驛馬殺역마살, 三災삼재.

午는 比劫비겁이 比肩비견, 祿녹, 暗藏에는 丁壬合, 甲己合, 天福星천복성, 六害殺육해살, 冠宮관궁.

未는 食神식신, 丁未, 羊刃殺양인살, 亥未三合, 暗藏에는 甲己合, 丁壬合, 泄氣설기, 帶宮대궁, 天驛星천역성, 印綬庫藏인수고장, 華蓋殺화개살, 斷嬌關殺단교관살, 三災삼재.

申은 正財정재, 暗藏에는 丁壬合, 甲庚冲, 六害殺육해살, 浴宮욕궁, 劫殺겁살, 三災人皇삼재인황, 天孤星천고성.

酉는 偏財편재, 丁酉, 絶地절지, 晦氣회기, 生宮생궁, 大將軍대장군, 天乙貴人천을귀인, 天刃星천인성, 十惡日십악일, 災殺재살, 三災天權삼재천권.

戌은 傷官상관, 養宮양궁, 落井關殺낙정관살, 自己庫자기고, 乾宮건궁, 暗藏에는 丁壬合, 天藝星천예성, 泄氣설기, 天殺천살, 活人星활인성, 天喜神천희신, 傷食庫상식고, 三災地災삼재지재.

亥는 偏官편관이 正官정관, 丁亥, 伏吟복음, 十惡日십악일, 天乙貴人천을귀인, 丁壬合, 絶地절지, 胎宮태궁, 天壽星천수성, 地殺지살, 方合,

264 육십갑자 해설

同合, 水多火熄수다화식.

■ 丁亥가

木에는 傷官상관, 食神식신, 印綬인수.

火에는 比肩비견, 比劫비겁, 官星관성.

土에는 印綬인수, 財星재성.

金에는 官星관성, 傷官상관, 食神식신.

水에는 財星재성, 比肩비견, 比劫비겁.

巳酉丑生은 亥子丑年에 三災殺삼재살이다. 天敗천패 亥子丑年에는 酉 西方向이 大將軍方位대장군방위다. 大將軍方位는 白虎方位백호방위다. 一時停止일시정지와 같다. 增築증축이나 修理수리는 避피함이 좋고 上下 구별 없이 厄액이 따른다. 亥에는 丑이 喪門상문이요 酉가 弔客조객, 甲子旬中갑자순중에는 戌亥가 旬中空亡순중공망. 丙丁日에 亥酉가 天乙貴人천을귀인 寅卯辰月인묘진월에 亥가 急脚殺급각살, 子月에 亥는 斷嬌關殺단교관살 子月에 亥는 活人星활인성, 戌과 子 사이에 夾은 亥, 亥水는 잘 變하기도 하면서 變하지 않을 때도 있다. 亥月에 入胎月입태월은 寅. 巳亥日生 入胎日은 286日. 寅亥合은 六合 亥가 寅을 보면 德덕이 없고 官災관재 損財손재가 多發다발 亥가 辰을 보면 死豚사돈이다. 亥는 잠이 많고 筋肉근육이 없어 물을 좋아한다. 丁亥 丁酉日生은 一貴格일귀격이다. 亥가 文昌문창이면 水産수산, 醫療의료, 教員교원, 教授교수에 該當해당된다. 亥生에 亥日이면 一專心

崇佛일전심승불이면 天思천사를 입는다. 亥가 巳火를 冲하면 불꽃이 일고 화려하다. 亥는 丙火를 보면 잔잔한 湖水호수이므로 長久官印장구관인에 該當된다.

丁亥의 變化

丁火는 火生土에는 인색하나 火剋金은 잘한다. 그러나 地支의 亥水에는 生剋制化생극제화를 할 수 없으며 丁壬合은 淫亂之合음란지합이라 하며 丁火는 天干을 生도 剋도 하며 形而上學的형이상학적으로는 地支亥水에 生剋制化를 잘한다. 亥水는 地支끼리도 生剋制化를 할 수 있으며 勢力세력으로도 따라가며 天干에도 生剋制化를 할 수 있다.

강우량이 많으리라 보며 기나긴 장마가 예상된다. 홍수피해도 예상되는데 예방대책이 필요하다고 생각된다. 과일은 당도가 떨어지는 형상이니 가격은 하락세가 있다고 본다. 나무를 많이 심는 한해요 묘목이 잘 팔리는 한해라고 본다. 木씨의 성을 가진 사람이 두각을 나타내며 국민의 지지와 인기를 얻는다고 예상된다. 관광의 해가 되어서 여행객이 늘어나며 해외출입도 많다고 예상된다. 새로운 건축법이 생기며 건축이 살아난다고 본다. 원자재 구매 관계로 인한 수출보다는 수입이 늘어난다고 보며, 등대가 보이지 않으니 해난사고와 선박사고가 예상된다. 한밤중에 별이요 겨울에 별이라 야간장사가 잘되며, 우리의 것을 지키는 것보다는 외국문화를 받아들이는 한해요, 유행성 전염병 환자가 늘어나며 병원출입이 많아진다고 본다. 빛이 죽어있는 형상이니 소독이 문제요 먹는 것이 문제가 되므로 식중독과 밀접한 관련이 있으므로 음식에 주의가 필요하다고 느낀다. 비밀이 성행하며 뒷거래가 많아지니 밀수도 해당된다고 예상된다. 사랑과 속삭이는 것이 해당되니 숙박업이 잘된다고 보며, 희망이 보이지 않는 말이 많으며 감추는 것도 해당된다. 분주하게 바쁘기는 하나 소득이 작다고 본다.

丁亥의 비밀성 變化

서로간에 이익이 앞서며 타협을 보기도 하며 선택도 잘한다. 경쟁해서 이기고 학생은 학교 진로가 결정이 잘 되며 시험문제가 쉽게 나온다고 본다. 직장에서 공부시켜주고 교육으로 세월을 보내며, 국공립학교가 인연이 있으며 제복을 좋아하게 된다. 관에서 표창장과 상장은 내가 독차지하며 내가 귀인이 된다. 관청에서 부모를 찾아주며 빼앗으러 왔다가 도와주게 되고, 배운 즉시 응용하게 되고 판단력과 응용력이 발달하며, 관청에서 연구에 연구라 연구비용까지 나오게 되며, 수경재배가 연구되고 돈으로 연결되며, 관재와 송사가 겹치고 불상사가 연발이요, 수입과 지출이 균형을 이루지 못하며, 봉사를 하여 주고도 욕먹고 배신당하며 언어도 거칠어진다. 두뇌회전이 빠르니 잔꾀만 늘어나며 권모술수로 변모해간다. 임야가 개발되고 토목과 관련이 되며 묘목과도 관련이 된다. 이로운 것은 녹색이 수입원이요 재산이 되며, 형제 친구로 인한 선물이 아니고 뇌물을 받게 되며, 수입보다 지출이 많아지며 행동이 거칠어지며, 학원에서 배운 것보다 학교에서 배운 것은 기억이 잘되며, 약속이 잘 지켜지지 않으며 믿는 것이 잘못이요, 취직 문이 열려 있으니 오라고 하는 곳이 많으며, 일은 많이 하나 뒷거래가 많아서 수입은 적어진다. 수산업에서 얻은 이익이 나의 수입원이요 재산이 된다. 기도로 인한 수입은 종교와 관련이 깊으며 불교와도 깊은 인연을 맺게 된다.

丁亥의 노출성 變化

아는 것이 병이요 소식이 잘못 전해오면서 변화가 있게 된다. 감원을 해야 되는데 증원을 하게 되, 필화사건에 연루되며 잔소리만 늘어난다. 숨통을 조여 들어오며 지혜가 막히고 두뇌회전이 안되며, 모든 사람들이 나를 위해 있는 것이 아니라 남을 위해 있으며, 현금으로 집을 산후부터는 사업도 부진하게 되며 또한 처도 딴 주머니 차게 되며, 공부가 원수요 아는 것이라고는 한 문제도 나오지 않으며, 먹는 것을 밝히는 데는 명수요 음식 먹을 때 흉한 짓은 혼자서 다하며, 욕심이 화를 불러일으키며, 계산은 빠른데 들어오는 것은 뜬구름이요, 계산은 서 있는데 죽 쒀서 개 좋은 일만 시키며, 조상한테 이어받은 재산 지키기가 어려우며, 숫자가 자꾸 둔갑이라 기록을 했다하면 잘못 기입되며, 돈을 돈답게 써보지 못하며 감추는 것이 흠이요, 거짓말을 잘하며 집에는 금송아지가 한 필이요, 선물이 뇌물로 변하고 뇌물이 관재로 변하며 관재가 감방으로 변하게 된다. 내 집 대문 앞에만 들어서면 처가 내 아내로 보이지 않으며 귀신으로 둔갑해서 보이는 것이 문제요, 시집형제로 인하여 괴로움을 당하며 시집살이가 심하게 된다. 형제나 친구로부터 의리를 상하게 되며, 직장에서 대리 근무하다 감원대상에서 끼어 들고, 변화를 했다하면 잘못이요 재산이 손해요 친구와는 의리상하고 부모형제에게는 친함이 없음이라.

戊子

■ 戊

形而上學형이상학 精神정신 始시 東 有情유정 上半期상반기 前進전진 得득
實실 생각 生成생성 上體상체 겉모양 外的외적 勝승 吉길 先 明 낮 地
上 太過태과 自由. 天干은 天干끼리 生剋制化생극제화를 할 수 있다.
天干은 地支를 生剋制化 할 수 없다.

■ 子

形而下學형이하학 物質물질 終종 西 無情무정 下半期하반기 後退후퇴 失실
虛허 行動행동 消滅소멸 下體하체 속 모양 內的내적 敗패 凶흉 後 暗암
밤 地下 不及불급 拘束구속 地支는 天干을 生도 剋도 할 수 있고
地支는 地支끼리 生剋制化를 할 수 있다. 子水는 生이 吝嗇인색하
며 剋은 잘하고 變化변화가 없다.

■ 戊

陽土양토 茂무 山 언덕 堤防제방 剛土강토 高原고원 茂盛무성 荒野황야

死土 中央중앙 久구 안개 霧무 廣場광장 泰山태산 蹇滯건체 脅협 句陳구진 復古風복고풍 이슬비 大地 高土고토 中性子중성자 過渡期과도기 濛雨몽우 黃氣황기 求心點구심점 黃砂現象황사현상 際제 磁力자력 傳播전파 外觀裝飾외관장식 象상은 艮土간토 高山이요, 性은 위대하다. 體체는 느리나 用은 빠름. 묵은 것 오래된 것, 풍족을 바라는 것.

■ 子

陰水음수 11月 一陽始生일양시생 冬至 子正 始作 寒冷之水한냉지수 揆규 鼠서 氷雪빙설 寒流한류 泉水천수 川水 外陽內陰외양내음 從流종류 流水유수 活水활수 生水 流下之性유하지성 始 風流풍류 첫 번째 地支 正北 坎宮감궁 黑色흑색 1.6數 짠맛 智慧지혜 天貴星천귀성 十二支의 首수. 水氣수기. 하루의 始作 四旺之局사왕지국, 정신을 집중한다. 水生木은 인색하나 水剋火는 잘한다. 어둡다. 黑色흑색. 인색하다. 他 五行을 만나도 變化변화가 안 된다. 象상은 陰極之水음극지수이다. 의심을 안주는 것 같고 덜 주는 것 같다. 부지런하기도 하다.

職 業

■ 戊

漢文한문, 自然科學자연과학, 考古學고고학, 土産品토산품, 農場농장, 運動운동, 골프, 登山등산, 運動場운동장, 運動器具운동기구, 垈地대지, 土建토건, 예체능, 不動産부동산, 建設部건설부, 內務部내무부, 穀物곡물, 밀가루, 骨董品골동품, 宗敎종교, 仲介業중개업, 登山등산, 哲學철학.

■ 子

水産物수산물, 氷菓類빙과류, 旅館여관, 養殖業양식업, 沐浴湯목욕탕, 낚시, 外國語외국어, 海運해운, 풀장, 세탁, 연못, 水平線수평선, 法曹界법조계, 海洋業해양업, 分水분수, 漁場어장, 旅行業여행업.

性 格

신용과 지혜로서 살아가지만 의리보다는 지혜에 편중하다보니 손해를 보며 또한 생활자체도 겉으로는 후중하고 화려하게 보이나 속마음은 비어 있는 깡통과 같으니 겉 다르고 속 다르다 하겠다. 外陽內陰외양내음이 되어 강하면서도 속은 무르니 타협이 쉽게 되고 돈에 집착하다 보니 남들은 돈이 있는 것으로 간주하며 돈놀이를 하다 결과는 배신당할 수도 있다. 무엇인가 시작은 해놓고 그 형체는 보이지 않으니 안 하는 것만 못한 것이며 이런 심정을 그 누구도 모를 것이다. 아집은 강하고 욕심은 많으나 뜻대로 되지 않는 것은 본인의 판단부족인 것이며 상대를 이기려면 힘을 길러야 하겠기에 공부하여 수양을 쌓는다면 적을 이기는데 어려움이 없을 것이다. 모선망에 형제는 있으나 고독하고 도처에 여자가 많이 따르며 여자가 잘못하면 소실이 정실노릇하는 팔자이며 여명은 노랑에 타자양육도 하여보며 신앙을 가지게 되나 오래가지 못하고 재복은 있어 적은 돈이나마 항상 수중에 떨어지지는 않겠다고 본다. 직업으로는 경제나 금융계, 부동산에 종사함이 좋겠으며 건강으로는 비위, 허리, 시력, 신장, 방광에 병이 오면 잘 낫지 않으므로 특별히 주의하기 바란다.

場所장소 : 運動場운동장, 山, 岸안.

健康건강 : 脾胃비위, 腰요, 腹部복부, 肌肉기육, 口, 脅협, 皮膚피부, 濕疹습진, 糖尿당뇨, 腎臟신장, 膀胱방광, 睾丸고환, 泌尿器비뇨기, 耳이, 수분, 唾液타액, 몸이 붓는 증상.

天干으로 戊土는 5數요 變化변화하면 2數에 丁火가 된다. 맛은 단맛과 짠맛이요 색상은 황색과 黑色흑색이며 子水에 方位는 正北에 屬하고 季節계절로는 子月 겨울이요 하루로는 밤 11時에서 1時까지이며 一陽始生일양시생이요 地支의 子水가 數理수리로는 1數요 水生木에는 吝嗇인색하나 水剋火는 잘한다.

■ 地藏干 : 癸

暗藏암장은 비밀스러운 것, 생각이 많은 것이다. 남에게 밝히기를 싫어하며 미래를 내다보는 것도 된다. 暗藏合은 다정한 것 내심 명분을 따진다. 暗藏合에는 戊癸合이 있는데, 天干에 戊土가 있으면 본인의 계획대로 하려 하고 沖에는 丁癸沖이 있는데, 天干에 丁火가 있으면 변화가 많고 정서적이지를 못한다.

子는 申子辰, 申子, 子辰, 申辰은 三合局, 亥子丑은 方合, 天貴星천귀성, 子酉는 六破殺육파살, 鬼門關殺귀문관살, 子未는 六害殺육해살, 怨嗔殺원진살, 子卯는 刑殺형살.

■ 戊子가 아래 天干을 만나면

甲은 偏官편관, 甲子, 梟神殺효신살, 浴宮욕궁, 浮木부목, 天赦星천사성.

乙은 正官정관, 病宮병궁, 浮木부목, 文曲貴人문곡귀인.

丙은 偏印편인, 丙子, 火熄화식, 胎宮태궁, 絶地절지, 地轉殺지전살, 職業煩多직업번다.

丁은 正印정인, 火熄화식, 絶地절지, 胞宮포궁.

戊는 比肩비견, 戊子, 伏吟복음, 土流토류, 絶地절지, 胎宮태궁.

己는 比劫비겁, 土流토류, 絶地절지, 胞宮포궁.

庚은 食神식신, 庚子, 泄氣설기, 死宮사궁.

辛은 傷官상관, 泄氣설기, 生宮생궁.

壬은 偏財편재, 壬子, 羊刃殺양인살, 月德貴人월덕귀인, 旺宮왕궁, 天轉殺천전살, 유랑객.

癸는 正財정재, 戊癸合, 祿녹, 冠宮관궁.

■ 戊子가 아래 地支를 만나면

子는 偏財편재가 正財정재, 戊子, 土流토류, 絶地절지, 胎宮태궁, 方合, 同合, 將星殺장성살, 戊癸合, 天貴星천귀성, 伏吟복음, 截路空亡절로공망.

丑은 比劫비겁, 暗藏에는 戊癸合, 方合, 六合, 天乙貴人천을귀인, 天厄

星천액성, 攀鞍殺반안살, 養宮양궁, 羊刃양인, 冬土동토, 傷食庫상식고, 急脚殺급각살, 截路空亡절로공망.

寅은 偏官편관, 戊寅, 絶地절지, 殺印相生살인상생, 天赦星천사성, 生宮생궁, 驛馬殺역마살, 天權星천권성, 水隔殺수격살, 文曲貴人문곡귀인, 三災天蟲삼재천충.

卯는 正官정관, 子卯刑殺자묘형살, 紅鸞星홍란성, 絶地절지, 浴宮욕궁, 落井關殺낙정관살, 三災天刑삼재천형, 六害殺육해살, 天破星천파성.

辰은 比肩비견, 戊辰, 魁罡殺괴강살, 暗藏에는 戊癸合, 三合, 華蓋殺화개살, 白虎大殺백호대살, 帶宮대궁, 天奸星천간성, 財庫재고, 急脚殺급각살, 三災天劫삼재천겁.

巳는 正印정인이 偏印편인, 暗藏에는 戊癸合, 冠宮관궁, 劫殺겁살, 天文星천문성, 天德貴人천덕귀인, 祿녹.

午는 偏印편인이 正印정인, 戊午, 羊刃殺양인살, 子午沖, 丁癸沖, 旺宮왕궁, 災殺재살, 天福星천복성, 旬中空亡순중공망.

未는 比劫비겁, 羊刃殺양인살, 暗藏에는 丁癸沖, 子未, 怨嗔殺원진살, 六害殺육해살, 衰宮쇠궁, 天殺천살, 官庫관고, 天驛星천역성, 天乙貴人천을귀인, 旬中空亡순중공망.

申은 食神식신, 戊申, 泄氣설기, 病宮병궁, 地殺지살, 申子三合, 天孤星천고성, 孤鸞殺고란살, 文昌貴人문창귀인, 天廚貴人천주귀인.

酉는 傷官상관, 盜氣도기, 泄氣설기, 子酉자유, 六破殺육파살, 天喜神천희신, 死宮사궁, 桃花殺도화살, 天刃星천인성, 鬼門關殺귀문관살.

戌은 比肩비견, 戊戌, 魁罡殺괴강살, 自己庫藏자기고장, 印綬庫藏인수고장,

暗藏에는 戊癸合, 丁癸沖, 墓宮묘궁, 月殺월살, 天藝星천예성, 十
惡日십악일.

亥는 正財정재가 偏財편재, 財官同臨재관동림, 不情胞胎부정포태, 絶地절지,
胞宮포궁, 亡神殺망신살, 天壽星천수성, 方合, 斷矯關殺단교관살, 活
人星활인성.

■ 戊子가

木에는 財星재성, 印綬인수.

火에는 傷官상관, 食神식신, 官星관성.

土에는 比肩비견, 比劫비겁, 財星재성.

金에는 印綬인수, 傷官상관, 食神식신.

水에는 官星관성, 比肩비견, 比劫비겁.

巳酉丑生은 亥子丑年에 三災殺삼재살이다. 地戶지호 亥子丑年에는
酉 西쪽이 大將軍方位대장군방위다. 大將軍方位는 白虎方位백호방위인데
일시정지와 같다. 增築증축이나 修理수리는 避피함이 좋고 上下 구별
없이 厄액이 따른다. 子에는 寅이 喪門상문이요 戌이 弔客조객. 戊癸
日에는 子丑이 截路空亡절로공망. 甲寅旬中갑인순중에는 子丑이 旬中空
亡순중공망, 乙己日에 子申이 天乙貴人천을귀인. 寅卯辰月에 亥子는 急
脚殺급각살. 12月生에 子는 斷矯關殺단교관살. 乙庚日에 子는 落井關殺
낙정관살, 子月에 入胎月입태월은 卯. 子午日生 入胎日은 276日. 丑月
에 子는 活人星활인성. 亥와 丑 사이에 夾은 子이다. 子는 變함은

없으나 生에는 인색하고 剋은 잘한다.

戊子의 變化

戊土는 土生金도 잘하고 土剋水도 잘한다. 그러나 地支의 子水에는 生剋制化생극제화를 할 수 없으며, 戊癸合은 無情之合무정지합이라 하며 戊土는 天干을 生도 剋도 하며 形而上學的형이상학적으로는 地支子水에 生剋制化를 잘한다. 子水는 地支끼리도 生剋制化를할 수가 있으며 勢力세력으로도 따라가며 天干에도 生剋制化를 할수 있다.

습도가 올라가며 강우량이 많아 장마가 예상된다. 토질이 흘러가는 형상이니 지진도 예상된다. 전답, 제방이 무너지는 형상이라 강둑, 제방 둑, 산사태 등이 무너지는 것에 대비가 필요하다고 예상된다. 잦은 비가 많으며 태풍도 예상되니 농작물의 피해가 우려된다고 본다. 내분비계통의 환자가 많이 발생하며 대중음식점의 식중독에도 염려가 예상된다. 허리와 척추를 다치는 환자가 많이 발생된다라고 예상된다. 물가는 정부의 감시 통제가 심하며 관리대상이 되어서 물가안정이 된다고 예상된다. 겉으로는 허약하고 나약하게 보이나 속으로는 원칙이 있고 또한 깨끗하게 정화가 된다고 예상된다. 음식문화가 발달하게 되며 노인정책이 좋아지며 음지가 양지로 바뀌며 사회가 밝아짐이 있으리라 예상된다. 질서를 잘 지키며 예절문화가 발달하게 되며 부정은 물러나며 또 한번 하나의 정화가 예상된다. 부동산 가격은 오름세를 나타낸다고 보며, 수산물의 어획량이 많아진다고 보며 가격도 좋아진다고 예상된다. 옛것이 살아나며 우리의 전통문화를 계승하며 보존에 앞장선다고 보며 학생은 경제, 외교, 식품문화가 인기 학과라고 본다.

戊子의 비밀성 變化

생명공학에 연구를 몰두하며, 한정식에 미식가들의 왕래가 많아지며, 경제학을 연구하고 사업에 뜻을 두게 되며, 늦게 공부길이 열리며 돈으로 조상을 받들며, 돈이 나가고 문서가 들어오니 부동산이나 증권매입이 되며, 환경문화 조성이 이루어지며 골동품의 주가가 올라가며, 부동산거래가 활기를 띠며 식품연구의 좋은 계기가 되며, 숙박업에 여행객과 손님의 왕래가 많아지며, 동업으로 인한 수입이 남모르게 들어오며, 학생은 경제, 금융사업에 인기학과가 되며, 타인이 보기엔 욕심이 많아 보이나 청백한 면이 더 많으며, 유산으로 문화사업에 확장까지 하며, 작은 선물이 인기를 누리며, 수산업의 확장이라 흑자에 재미를 보며, 여행의 목적은 그 나라의 민속을 위주로 돌아보며, 주위가 온통 사업이야기요 재산이 늘어나는 이야기요, 가정의 주권은 처에게로 돌아가며, 아버지의 할 일이 더욱 많아지며, 금융의 이자율이 높아지며 대출이 까다로워지며, 식품과 경제가 같이 활기를 띠며 살아난다. 어두운 것이 밝아지며 뒷거래가 아니고 투명을 말함이요, 상사의 보이지 않는 노력은 타인의 모범을 나타냄이요, 더러운 곳을 정화하여 오염이 없어지니 환경문화가 좋아지며, 토사와 붕괴가 염려되고 홍수까지 염려된다. 처의 선견지명이 나의 가정에 화목을 가져오며.

戊子의 노출성 變化

학생은 여자를 알면 공부가 안되며, 가정이 파괴됨은 문명을 무시한데서 오는 것이요, 제방이 무너짐은 안일한 태도에서 오는 것이요, 위장병과 안질환자가 많이 발생하며, 사업의 계획이 변동이 생기며, 산사태에 농작물의 피해가 우려되며, 부모님의 사업이 부도위기에 도달하게 되며, 욕심이 화를 불러일으키며 여행 중에 부부싸움 하게 되고, 수산업의 수온이 상승이라 기온의 변화가 예상된다. 귀인이 아니라 원수가 될 수도 있으며, 증권이나 부동산에 매매수가 따르며, 변화에 변화가 거듭되니 재산증축에 변화요, 고집으로 하는 사업에 남는 것은 부도수표 종이 조각이요, 낮보다는 밤장사가 이로우며, 변동수가 있다하나 좋고 나쁨은 역학자의 몫이요, 들려오는 소식마다 독촉을 하는 것은 되는 것이 없으며, 물과 빛이 충돌이라 천둥번개를 동반하니 급하게 변화하면 사고가 뒤따르게 되어 있으며(감전사고), 처와 모가 자주 충돌하니 가정불화가 염려된다. 부동산 가격이 하락세에 부동산에 대한 금융의 변화가 있게 되며, 빚 독촉에 소환장이라 처와 가정이 불안하여지며, 부모님의 건강은 보증으로 인한 스트레스性성 안질이요, 장마가 길어지니 세균성 전염병에 주의가 필요하며, 전답을 개간이라 형질이 변경되니 흙을 팔아 돈이 되며, 제방이 무너지니 함정에 속지를 말라.

己丑

■ 己

形而上學형이상학 精神정신 始시 東 有情유정 上半期 前進전진 得득 實실 생각 生成생성 上體상체 겉모양 外的외적 勝승 吉길 先 明 낮 地上 太過태과 自由. 天干은 天干끼리 生剋制化생극제화를 할 수 있다. 天干은 地支를 生剋制化 할 수 없다.

■ 丑

形而下學형이하학 物質물질 終종 西 無情무정 下半期하반기 後退후퇴 失실 虛허 行動행동 消滅소멸 下體하체 속 모양 內的내적 敗패 凶흉 後후 暗암 밤 地下 不及불급 拘束구속 地支는 天干을 生도 剋도 할 수 있고 地支는 地支끼리 生剋制化를 할 수 있다. 丑土는 生을 잘하고 剋은 못하며 變化변화가 많다. 丑土는 合이 될 때도 있고 되지 않을 때도 있다.

■ 己

陰土음토 柔土유토 田 田園전원 雲운 活人활인 起기 生土 氣기 脾비 休

息期휴식기 腹部복부 沃土옥토 仲媒중매 低地帶저지대 平地 野야 中央중앙 騰蛇등사 虛驚허경 蹇滯건체 口 時間은 午時.

■ 丑

大寒대한 寒土한토 紐유 牛 陰土음토 凍土동토 濕土습토 二陽之氣이양지기 昆蟲類곤충류 生土 柔土유토 胛骨動物갑골동물 金庫금고 墓宮묘궁 四庫之局사고지국 허리 옆구리 불모지 땅. 天厄星천액성 곡식이 안 되는 土. 言語寡默언어과묵 乙丑이면 乾草건초다. 毒劇物독극물 艮方간방 丑月에 酉는 死. 官星관성 印星인성을 暗藏암장하고 있다. 背배 萬物만물이 자라지 못하는 不生土다. 丑은 火가 반드시 必要하다. 金庫금고인데 戌鍵술건으로 열어야 한다. 土生金은 잘하나 土剋水는 못한다. 惡氣악기가 많은 土다. 鑛山광산으로는 必要한 土다. 寒土한토로서 버려진 땅이라고는 하나 개발의 여지가 있다.

職 業

■ 己

술, 食堂식당, 土地, 藝術工藝예술공예, 九流術業구류술업, 哲學철학, 不動産부동산, 建築건축, 醫藥業의약업.

■ 丑

毒劇物取扱독극물취급, 消防소방, 鑛山광산, 炭鑛탄광, 개간, 古物商

業고물상업.

性 格

신용을 첫째로 생활하기에 성실하고 책임감이 강하나 마음이 약해 남에게 이용당하는 경우도 있다. 한번 직장을 놓으면 노는 시간이 많고 육친과도 화목하기가 어렵다. 매사에 조급하고 서두름이 많아 되는 일이 없고 고지식하고 고집이 쎄며 언어가 거칠까 염려된다. 부모 덕이 없어 학업은 도중 하차 하겠고 일찍 직업 전선으로 뛰어들어 사회에 진출하다보니 안 해본 것이 없으며 공부를 하지 못한 것에 대한 원망과 비관을 할까 두렵다. 처궁 또한 부실하여 악처를 만나기 쉬우며 그의 처 역시 비관으로 고심이 많겠다. 철분이 과다한 땅이기에 피부 또한 거칠고 농사를 지을 수 없어 화전민에 불과하니 몹쓸 땅을 개간하여 이용을 잘 하는 것이 최선의 방법일 것이다. 여명 또한 부부궁이 좋지 않으니 독수공방을 면할 길이 없으며 자손으로 인한 고심도 있겠고 의부증 환자가 되기 쉬우니 신앙과 근면으로서 인내심을 가지고 매사에 임한다면 반드시 복이 찾아올 것이다.

직업으로는 의약계나 예술공예, 건축, 부동산, 종교, 철학 등에 적합하며 건강으로는 풍습에 장질, 비위, 요통인데 과음이 원인이고 세상을 비관하여 음독이 염려되니 주의하기 바라며 남방으로 약을 쓰면 효과가 빠를 것이다.

場所장소 : 平地평지, 田園전원.

健康건강 : 脾비, 胃腸위장, 허리, 腹部복부, 口, 肌肉기육, 虛驚허경, 깜짝
깜짝 놀라는 것, 大腸대장, 便秘변비, 齒痛치통, 冷帶河냉대하,
痔疾치질, 凍傷동상, 濕疹습진, 무좀, 糖尿당뇨, 氣管支기관지, 呼
吸氣호흡기.

天干으로 己土는 10數요 變化변화하면 5數에 戊土가 된다. 맛은
단맛이요 색상은 황색이요, 丑土에 方位로는 東北 艮方간방이며
季節계절로는 12월 겨울이요 하루로는 새벽 1時에서 3時까지이며
二陽之氣이양지기요 地支에 있어 丑土는 數理수리로 10數에 해당하
며 土生金은 잘하고 土剋水는 못한다.

■ 地藏干 : 己 辛 癸

暗藏암장은 비밀스러운 것, 생각이 많은 것이다. 남에게 밝히기
를 싫어하며 미래에 계획이 있게 된다. 暗藏合은 다정한 것 내심
명분을 따진다. 暗藏合에는 甲己合, 丙辛合, 戊癸合이 있는데 天
干에 甲, 丙, 戊가 있으면 본인의 계획대로 하려 하고 冲에는 丁
癸冲, 乙辛冲이 있는데 天干에 乙, 丁이 있으면 변화가 많고 마음
도 조급할 수가 있다.

丑은 巳酉丑, 巳丑, 巳酉, 酉丑은 三合局, 兌卦태괘, 亥子丑은 方合,
丑戌未는 三刑殺삼형살, 湯火殺탕화살, 丑辰은 六破殺육파살, 丑午

는 六害殺육해살, 怨嗔殺원진살, 鬼門關殺귀문관살, 華蓋殺화개살.

■ 己丑이 아래 天干을 만나면

甲은 正官정관, 甲己合, 絶地절지, 無根무근, 帶宮대궁.

乙은 偏官편관, 乙丑, 絶地절지, 衰宮쇠궁, 財殺地재살지, 財官同臨재관동림, 暗藏에는 乙辛冲.

丙은 正印정인, 盜氣도기, 泄氣설기, 晦氣회기, 養宮양궁, 暗藏에는 丙辛合.

丁은 偏印편인, 丁丑, 泄氣설기, 晦氣회기, 墓宮묘궁, 白虎大殺백호대살, 暗藏에는 丁癸冲.

戊는 比劫비겁, 養宮양궁, 暗藏에는 戊癸合, 陰地음지, 惡山악산, 溪谷계곡.

己는 比肩비견, 己丑, 陰地田畓음지전답, 墓宮묘궁, 冬土동토, 鐵分過多
철분과다.

庚은 傷官상관, 庫藏고장, 古鐵고철, 天月德貴人천월덕귀인.

辛은 食神식신, 辛丑, 養宮양궁, 古金고금, 古物商고물상.

壬은 正財정재, 土流토류, 衰宮쇠궁.

癸는 偏財편재, 癸丑, 帶宮대궁, 白虎大殺백호대살.

■ 己丑이 아래 地支를 만나면

子는 正財정재가 偏財편재, 方合, 六合, 天乙貴人천을귀인, 活人星활인성, 天貴星천귀성, 絶地절지, 六害殺육해살, 胞宮포궁, 斷嬌關殺단교관살, 三災地戶삼재지호.

丑은 比肩비견, 己丑, 冬土동토, 陰地田畓음지전답, 同合, 方合, 十惡日

십악일, 天厄星천액성, 華蓋殺화개살, 墓宮묘궁, 急脚殺급각살, 三災地刑삼재지형, 傷食庫상식고.

寅은 正官정관, 殺印相生살인상생, 丑寅艮合, 暗藏에는 甲己合, 丙辛合, 水隔殺수격살, 劫殺겁살, 死宮사궁, 天權星천권성, 紅鸞星홍란성.

卯는 偏官편관, 己卯, 懸針殺현침살, 寅而夾인이협, 暗藏에는 乙辛冲, 絶地절지, 病宮병궁, 災殺재살, 天破星천파성.

辰은 比劫비겁, 急脚殺급각살, 六破殺육파살, 暗藏에는 乙辛冲, 天殺천살, 衰宮쇠궁, 天奸星천간성, 財庫재고.

巳는 偏印편인이 正印정인, 己巳, 落井關殺낙정관살, 三合, 暗藏에는 丙辛合, 戊癸合, 天文星천문성, 旺宮왕궁, 地殺지살, 梟神殺효신살.

午는 正印정인이 偏印편인, 祿녹, 丑午, 怨嗔殺원진살, 六害殺육해살, 鬼門關殺귀문관살, 桃花殺도화살, 暗藏에는 丁癸冲, 天福星천복성, 冠宮관궁, 旬中空亡순중공망.

未는 比肩비견, 己未, 羊刃殺양인살, 丑未冲, 暗藏에는 乙辛冲, 丁癸冲, 天驛星천역성, 月殺월살, 帶宮대궁, 官庫관고, 旬中空亡순중공망.

申은 傷官상관, 盜氣도기, 泄氣설기, 天乙貴人천을귀인, 天喜神천희신, 天孤星천고성, 浴宮욕궁, 亡神殺망신살, 截路空亡절로공망.

酉는 食神식신, 己酉, 酉丑三合, 生宮생궁, 截路空亡절로공망, 文昌貴人문창귀인, 天廚貴人천주귀인, 泄氣설기, 將星殺장성살, 天刃星천인성.

戌은 比劫비겁, 養宮양궁, 丑戌刑殺축술형살, 攀鞍殺반안살, 天藝星천예성, 自己庫藏자기고장, 印綬庫인수고, 暗藏에는 丁癸冲, 戊癸合.

亥는 偏財편재가 正財정재, 己亥, 暗藏에는 甲己合, 十惡日십악일, 三

災天敗삼재천패, 絶地절지, 財官同臨재관동림, 天壽星천수성, 驛馬殺역마살, 胎宮태궁, 方合.

■ 己丑이

木에는 財星재성.

火에는 傷官상관, 食神식신.

土에는 比肩비견, 比劫비겁.

金에는 印綬인수.

水에는 官星관성.

巳酉丑生은 亥子丑年에 三災殺삼재살이다. 地刑지형 亥子丑年에는 酉 西方이 白虎方位백호방위다. 大將軍方位대장군방위는 白虎方位다. 나의 右側方位우측방위다. 일시정지와 같다. 增築증축이나 修理수리는 不可불가, 上下 구별 없이 厄액이 따른다. 丑에 卯는 喪門상문, 亥는 弔客조객, 戊癸日에는 子丑 截路空亡절로공망, 甲寅旬中갑인순중에는 子丑이 旬中空亡순중공망. 丑月에는 丑辰이 急脚殺급각살. 巳月에 丑은 斷矯關殺단교관살. 寅月에 丑은 活人星활인성. 丑月에 入胎月입태월은 辰. 丑未日生 入胎日은 266日. 丑에 申은 天喜神천희신. 子와 寅사이에 夾은 丑. 丑戌未는 三刑殺삼형살 背信之刑배신지형이다. 丑은 戌로 鍵건하고 開門개문한다. 鑛山광산 炭鑛탄광으로 성공하려면 丑이 필요하다. 霜降以後상강이후 立春까지는 調喉不及조후불급은 穀食곡식이 안 되는 土다. 丑은 戌이 있어야 不動産開發부동산개발을 잘한다.

丑日生은 言語寡默언어과묵하다. 外面은 陰이나 內心은 陽性양성이다. 丑日 己未時라면 月光월광이 柄枝병지에 照映조영하니 上格상격이다. 陰極음극하면 陽生양생하니 陽氣양기가 地下에서 始動시동한다.

己丑의 變化

己土는 土生金에 인색하나 土剋水는 잘한다. 그러나 地支의 丑土에는 生剋制化생극제화를 할 수 없으며 甲己合은 中正之合중정지합이라 하고 己土는 天干을 生도 剋도 하며 形而上學的형이상학적으로는 地支丑土에 生剋制化를 잘한다. 丑土는 地支끼리도 生剋制化를 할 수 있으며 勢力세력으로도 따라가며 天干에도 生剋制化를 할 수 있다.

냉기와 습도가 많으며 그로 인하여 농산물의 수확이 줄어든다고 본다. 과일이나 채소도 냉습의 피해가 우려되며, 땅을 개척 개간을 하는데 형질변경이 많음을 나타낸다. 미개발 된 땅이 그린벨트가 풀리거나 또는 개발된 땅은 토지거래허가제로 묶인다든가 하는 유라고 예상된다. 예년에 비해 기온이 많이 떨어지며 추위도 좀더 빨리 온다고 예상된다. 冷濕냉습으로 인한 종자가 발아가 안 되는 상태라고 보며 또는 기형으로 될 수 있다는 것인데 종자선택을 잘하여야 농업에 성공을 할 수 있다고 예상된다. 토지가 십이월이면 노는 땅이라 토목건설의 경기가 불경기임을 표시한다고 예상된다. 투자가 늘어나며 농민에 대한 정책이 나오며 광산개발이 있음을 예상된다. 부동산의 변화를 예고하며, 무엇인가 시작은 잘하는데 끝맺음이 확실하지 않음이라. 축산업은 사료 값이 올라감이 예상된다. 복고풍이 유행을 하고 옛것을 찾으며 골동품의 주가가 올라간다고 예상된다. 냉동식품이 저장이 잘되며, 학생은 건축공학, 도자기, 기계기술, 예체능이 인기를 이루며 문과보다는 이과의 선호도가 높다고 예상된다.

己丑의 비밀성 變化

음지전답이 변하여 양지전답이라 농지정리가 이루어지며, 얼어 있는 땅이라 토지가 묶이는 현상이 나타나며, 부동산이 묶이니 풀리지가 않으며, 목재 값이 동결되며 건축사업이 침체되는 현상이라. 사업확장의 큰 포부가 되며 아이디어 창출이 돈이 되며, 학생은 경쟁이 많아 서로간에 눈치작전 하다 손해를 보며, 뇌물 주고 이권에 개입하며 송사의 목적은 금전에 있으며, 노복의 합심으로 회사를 살리고 화합하며 다짐한다. 형제간에 돈 거래는 서로간의 우애를 없애며, 기술을 습득하여 모방한 것이 좋은 결과가 있으며, 노력하고 배운 것이 직업과 돈으로 연결되며, 남편이 방탕생활에 허송세월을 보내며 노는데 명수요, 자식이 사회로 진출함으로 하여금 가정이 안정이요, 공동투자에 공동 연구가 합자회사를 설립하며, 정부는 환경연구 정책의 변화가 있다고 예상되며, 나무가 뿌리를 내리지 못하니 죽은 나무가 많아지며, 산에 나무가 없으니 광산개발과 관련이 있으며, 금속공예로 외국으로 수출까지 하게 되며, 도자기와 예술 공예가 신제품 개발로 인기를 얻으며, 경쟁과 도전이 맞물려 돌아가며 더욱 발전을 기하며, 들려오는 소식마다 금속공예가 소품까지 인기품목이요, 도자기의 색상이 오색의 빛깔을 내는 것이 인기품목이요, 수산업의 투자가 합동으로 설립하여 흑자를 내며, 음지는 양지로 나와야 빛을 보며, 음지는 개발을 하지 않고는 빛을 볼 수가 없다는 것이다.

己丑의 노출성 變化

투자를 하여 보았자 밑 빠진 독에 물 붓기요, 내 것 주고 배신당하며 대가성이 전혀 없으며 서리가 내려 초목을 죽이는 현상이니 채소와 과일류의 생산이 차질이 있으며 가격은 상승세를 나타낸다고 예상된다. 직장과 회사가 침체로 돌아가니 노숙자가 많이 발생하며 불경기로 인한 가정불화가 많을 것으로 예상된다. 뜬구름 잡다 있었던 수입도 없어지니 부도가 염려된다. 본인으로 인하여 모처불화가 있겠으며 독극물 환자가 발생하고 마약 밀수가 성행하며 또한 거래도 빈번하게 된다고 예상된다. 화재 또는 위험물의 주의가 필요하다고 본다. 여행객이 줄어들고 숙박업의 손님이 줄어든다고 본다. 땅속의 물이 얼어있는 형상이라 냉동업이 잘되며, 어장이 얼어있으니 냉동된 어패류 시장 점유율이 많으며, 나무가 꺾이니 새로운 품종에 접붙이기가 있게 되며 땅속에 서릿발이라 건축의 기초부실공사가 예고된다. 땅이 얼어있으니 비닐하우스에 자라는 품종이 수확이 많으며 이사와 이동수가 많으며 보증으로 인한 부도가 있게 된다. 아랫사람으로 인하여 부군을 잃고 밀림을 당하게 된다. 말 한마디하고 나면 시비가 붙으며 많은 스트레스를 받으며 어머니와 처 사이에 불화의 탓으로 본인은 좌불안석이요 지하와 동굴 그리고 저장 냉동 음지가 움직이며 지하 경제가 움직이며 비밀이 많으며 뇌물도 많게 된다. 인정보다는 의리가 먼저요, 신용보다는 인정이 앞서며 비밀경쟁이 앞서며 노출을 꺼리는 해라고 본다.

庚寅

■ 庚

形而上學형이상학 精神정신 始 東 有情유정 上半期 前進전진 得득 實실 생각 生成생성 上體상체 겉모양 外的외적 勝승 吉길 先 明 낮 地上 太過태과 自由. 天干은 天干끼리 生剋制化생극제화를 할 수 있다. 天干은 地支를 生剋制化 할 수 없다.

■ 寅

形而下學형이하학 物質물질 終종 西 無情무정 下半期하반기 後退후퇴 失실 虛허 行動행동 消滅소멸 下體하체 속 모양 內的내적 敗패 凶흉 後후 暗암 밤 地下 不及불급 拘束구속 地支는 天干을 生도 剋도 할 수 있고 地支는 地支끼리 生剋制化를 할 수 있다. 寅木은 合이 될 때도 있고 안될 때도 있다.

■ 庚

月星월성 純金순금 煉金연금 剛金강금 鋼鐵강철 陽金양금 死金사금 更갱

무쇠 兵草之權병초지권 命分 改革性개혁성 更新갱신 風霜풍상 白氣백기 雨
雹우박 革命家혁명가 古物고물 肅殺之氣숙살지기 變革性변혁성 義理의리 冷
靜냉정 急速급속 剛直강직 골격 昆蟲類곤충류 胛骨動物갑골동물 白露백로
龜귀 變化動物변화동물 動物동물은 까마귀 造化조화가 五行 中에 第一
많다. 勇敢용감 輕薄性경박성 果斷性과단성 名譽명예 體統체통 決斷力결단
력 一身이 恒時항시 고되다.

■ 寅

立春 雨水우수 生木 演연 호랑이(虎호) 陽木양목 嫩木눈목 死木 三
陽之氣삼양지기 燥木조목 仁情인정 正月之氣정월지기 初春초춘이요 三數
靑色청색 危險物위험물 棟樑之木동량지목 引火物質인화물질 爆發物폭발물 湯
火殺탕화살 새벽 3時～5時 만물을 일깨워준다. 天權星천권성 부지런
하다. 木剋土도 잘하고 木生火도 잘한다. 寅中 甲木은 土中에 싹
이다. 어두움의 세상을 밝혀준다. 暗藏丙火암장병화가 있어 때로는
變身변신을 잘하기도 한다.

職　業

■ 庚

車차, 運輸業운수업, 整備정비, 武器무기, 材料商재료상, 資材자재, 機械
기계, 交通교통, 製鐵제철, 鐵物철물, 駐車場주차장, 兵器병기, 軍人, 警察경
찰, 運動운동, 皮膚美容피부미용, 理髮師이발사, 스포츠마사지.

■ 寅

危險物위험물, 消防소방, 寺刹사찰, 宗敎종교, 塔탑, 社會事業사회사업, 文化院문화원, 藥局약국, 搭탑, 溫床온상, 寅中, 甲木은 纖維섬유, 紙類지류, 農場농장, 家畜가축 牧場목장이다.

性 格

겉으로는 냉정하나 본심은 온화하며 결단력이 강하고 매사에 계획이 있어 신용을 앞세워 매진하는데 온갖 지혜를 총동원한다. 그러나 金금이 강하면 살기가 돌고 풀은 가을에 서리가 내리면 하루아침에 그 풀이 다 죽듯이 의리는 인정에 굴복하였으니 매사에 臨事卽決임사즉결 하나 편견에 치우침이 흠이다. 운이 부실하면 성격이 조급해지고 염세주의에 빠지게 되니 조심하여야 한다. 처세가 좋고 영리하며 공부도 잘하나 지지에 財官二德재관이덕을 놓고 있어 수리에 밝으며 돈벌어 명예까지 바라보고 있으며 음성 또한 좋다. 木이 재가 되어서 한식, 양식, 분식을 즐겨 찾겠고 화상의 흉터가 없으면 화재를 주의해야 되니 화재보험에는 필히 가입하는 것이 좋겠다. 따라서 조화가 비상하며 역마지살에 해외 출입도 있어보고 이사가 번다하며 자기 위주로 살아가는 것이 특징이다. 처첩동거에 국제연애도 하여보며 총각득자에 처자식 덕은 있는 팔자이다. 여명은 이성으로 인한 고심이 많겠으며 연하의 정부를 두게 되며 직장 내에서도 인연이 될 수도 있다.

직업으로는 재정, 법정, 외교, 항공계통 등에서 입신하는 것이 좋겠으며 건강으로는 기관지나 치질, 맹장 해소에 약하니 주의하기 바란다.

場所장소：야영장, 카바레, 주점, 풍월이 노는 곳.

健康건강：肺폐, 大腸대장, 氣管支기관지, 骨格골격, 皮膚피부, 鼻비, 齒牙치아, 痔疾치질, 盲腸맹장, 血液혈액, 嗅覺후각, 腸疾扶謝장질부사, 肝膽간담, 神經痛신경통, 手足수족, 毛髮모발, 關節관절, 頭痛두통, 咽喉인후.

天干으로는 庚金은 9數요 變化변화하면 4數에 辛金이 된다. 맛은 매운맛과 신맛이요 색상은 백색과 청색이며 寅木에 方位로는 東北 艮方간방이며 季節계절로는 1월 봄이요 人物로는 中女이며 하루로는 새벽 3時에서 5時까지이고 地支에 있어서는 寅은 木으로서 數理수리로는 3이요. 木生火도 잘하고 木剋土도 잘한다.

■ 地藏干：甲 丙

暗藏암장은 비밀스러운 것, 생각이 많은 것, 남에게 밝히기를 싫어하는 것, 술책 미래를 내다보는 것, 다정한 것 내심 대가성을 따진다. 暗藏合에는 甲己合, 丙辛合이 있는데, 天干에 己와 辛이 있으면 본인의 계획대로 하려 하고, 冲에는 甲庚冲, 丙壬冲이 있는데, 天干에 庚, 壬이 있으면 변화도 많고 성격도 조급해진다.

寅은 寅午戌, 寅午, 寅戌, 午戌은 三合局, 離卦이괘, 寅卯辰은 方
　　合, 寅巳申은 三刑殺삼형살, 湯火殺탕화살, 寅月의 水隔殺수격살
　　은 戌.

■ 庚寅이 아래 天干을 만나면

甲은 偏財편재, 甲寅, 祿녹, 孤鸞殺고란살, 甲庚沖, 冠宮관궁.

乙은 正財정재, 旺宮왕궁, 乙庚合.

丙은 偏官편관, 丙寅, 同時通譯동시통역, 生宮생궁, 月德貴人월덕귀인.

丁은 正官정관, 死宮사궁, 天德貴人천덕귀인, 衾금.

戊는 偏印편인, 戊寅, 天赦星천사성, 殺印相生살인상생, 生宮생궁.

己는 正印정인, 殺印相生살인상생, 暗藏에는 甲己合, 死宮사궁.

庚은 比肩비견, 庚寅, 絶地절지, 胞宮포궁, 財官同臨재관동림, 不情胞胎부
　　정포태, 暗藏에는 甲庚沖.

辛은 比劫비겁, 胎宮태궁, 財官同臨재관동림, 暗藏에는 丙辛合.

壬은 食神식신, 壬寅, 天廚貴人천주귀인, 文昌貴人문창귀인, 病宮병궁, 暗
　　藏에는 丙壬沖.

癸는 傷官상관, 浴宮욕궁.

■ 庚寅이 아래 地支를 만나면

子는 食神식신이 傷官상관, 庚子, 泄氣설기, 盜氣도기, 金沈금침, 死宮사궁,
　　夾은 丑, 天貴星천귀성, 災殺재살, 落井關殺낙정관살, 急脚殺급각살.

丑은 正印정인, 丑寅合, 艮土간토, 墓宮묘궁, 天乙貴人천을귀인, 天厄星천

액성, 天殺전살, 自己庫자기고, 暗藏에는 甲己合, 丙辛合, 活人星활인성, 紅鸞星홍란성.

寅은 偏財편재, 庚寅, 絶地절지, 地殺지살, 天權星천권성, 財殺地재살지, 財官同臨재관동림, 同合, 方合, 胞宮포궁, 十惡日십악일, 斷矯關殺단교관살.

卯는 正財정재, 乙庚合, 天破星천파성, 桃花殺도화살, 絶地절지, 方合, 胎宮태궁.

辰은 偏印편인, 庚辰, 魁罡殺괴강살, 天奸星천간성, 傷食庫상식고, 方合, 暗藏에는 戊癸合, 乙庚合, 養宮양궁, 月殺월살, 十惡日십악일.

巳는 正官정관이 偏官편관, 寅巳刑殺인사형살, 天文星천문성, 亡神殺망신살, 暗藏에는 甲庚冲, 生宮생궁, 文曲貴人문곡귀인.

午는 偏官편관이 正官정관, 庚午, 天福星천복성, 寅午三合, 暗藏에는 甲己合, 浴宮욕궁, 將星殺장성살, 截路空亡절로공망.

未는 正印정인, 天乙貴人천을귀인, 天驛星천역성, 財庫재고, 鬼門關殺귀문관살, 攀鞍殺반안살, 帶宮대궁, 暗藏에는 甲己合, 乙庚合, 天喜神천희신, 截路空亡절로공망.

申은 比肩비견, 庚申, 祿녹, 天孤星천고성, 寅申冲, 暗藏에는 甲庚冲, 丙壬冲, 冠宮관궁, 旬中空亡순중공망, 驛馬殺역마살, 三災人皇삼재인황.

酉는 比劫비겁, 羊刃殺양인살, 旬中空亡순중공망, 天刃星천인살, 怨嗔殺원진살, 暗藏에는 丙辛合, 六害殺육해살, 旺宮왕궁, 三災天權삼재천권.

戌은 偏印편인, 庚戌, 魁罡殺괴강살, 天藝星천예성, 暗藏에는 丙辛合, 寅戌三合, 官庫관고, 印綬庫인수고, 衰宮쇠궁, 華蓋殺화개살, 三災

地災삼재지재, 水隔殺수격살.

亥는 傷官상관이 食神식신, 寅亥六合, 天壽星천수성, 六破殺육파살, 劫殺
겁살, 泄氣설기, 金沈금침, 病宮병궁, 暗藏에는 丙壬沖, 甲庚沖,
急脚殺급각살, 天廚貴人천주귀인 文昌貴人문창귀인.

■ 庚寅이

木에는 官星관성, 比肩비견, 比劫비겁.

火에는 財星재성, 印綬인수.

土에는 傷官상관, 食神식신, 官星관성.

金에는 比肩비견, 比劫비겁, 財星재성.

水에는 印綬인수, 傷官상관, 食神식신.

申子辰生은 寅卯辰年에 三災殺삼재살이다. 天蟲천충 寅卯辰年에는
子 北方이 大將軍方位대장군방위인데 나의 右側方位우측방위다. 大將軍
은 一時停止일시정지와 같다. 增築修理不可증축수리불가 上下 구별 없이
액이 따른다. 寅에는 辰이 喪門상문 子가 弔客조객이다. 丁壬日에는
寅卯가 截路空亡절로공망. 甲辰旬中에는 寅卯가 旬中空亡순중공망, 申
酉戌月에 寅戌은 急脚殺급각살. 正月은 自體자체가 斷矯關殺단교관살,
卯月에 寅은 活人星활인성. 寅은 湯火殺탕화살. 寅未는 鬼門關殺귀문관
살 天喜神천희신 寅月에 入胎月입태월은 巳. 寅申日生 入胎日은 256
日. 庚寅은 破綠馬파록마 財星驛馬재성역마 故로 貿易무역 運送운송 輸
送수송 交易교역, 庚寅은 財殺地재살지 財官同臨재관동림 不情胞胎부정포태

總角得子총각득자, 寅月에 丁은 天德貴人천덕귀인 丙은 月德貴人월덕귀인. 亥子丑生에 寅은 喪妻殺상처살. 寅月에 戌은 水隔殺수격살, 丑과 卯 사이에 夾은 寅이다.

庚寅의 變化

庚金은 金生水도 잘하고 金剋木도 잘한다. 그러나 地支의 寅木에는 生剋制化생극제화를 할 수 없으며 乙庚合은 仁義之合인의지합이라 하고 庚金은 天干을 生도 剋도 하며 形而上學的형이상학적으로는 地支寅木에 生剋制化를 잘한다. 寅木은 地支끼리도 生剋制化를 할 수 있으며 勢力세력으로도 따라가며 天干에도 生剋制化를 할 수 있다.

냉기류 때문에 종자가 발아가 안 되는 것도 있고 자라지 않는 것도 되는데 비닐하우스에서 발육을 시키라는 뜻이다. 바람이 많으며 기온이 낮은 편에 속한다고 본다. 경제가 좋아지니 경기도 좋아진다고 보며 유흥음식점도 미식가들에 의해서 성행을 한다고 예상된다. 음식에 있어서 부패되거나 또는 식중독에 염려가 되며, 초식이 죽는 형상이니 과일과 채소가격이 오를 것으로 예상된다. 사업에 부도가 나면 비관이나 원망을 잘하게 되고, 나무가 서리맞는 형상이니 봄 나무가 가을나무로 변하니 목재 합판가격이 오른다고 예상된다. 유통의 해가 되고 관광의 해가 되니 거리가 풍성하다는 것을 뜻한다고 예상된다. 학생은 경제학과,

공군사관학교, 화공학과, 외국이과, 관광학과 등에 인기가 있을 것이라고 본다. 가정위주가 되니 자연 사회가 안정을 찾으며, 노래방이 인기가 있게 되며 화물운송이 원활하게 수송이 된다라고 예상된다. 돈이 돈을 버니 투자하는 곳마다 흑자요, 철재가 변하니 도금과 같은 것이기에 기술도용을 당하는 류도 생긴다라고 예상된다. 법이 엄하고 만인이 평등을 찾는 국민에 모범 된 판결이 나온다라고 예상된다.

庚寅의 비밀성 變化

전답이 형질 변경이 되어 아파트로 변화하면 신도시 개발이 이루어지고, 산불이 많음을 예고하고 목재 값이 상승세를 나타내며, 예술적인 감각이 살아나니 작품이 전시장에 전시개방하고, 전답 팔아 큰집으로 이사하고, 어머니가 의류선물을 하여주며, 원류가 더욱 튼튼하여지니 희망이 커지며, 외가 식구들이 왕래가 많아지며, 학생은 학교를 옮기고 전학이 많아지며, 형제 중에 육영사업자나 교육자가 있으며, 부와 명예를 한꺼번에 바라보고 있으며, 상사에 변동이 있으며 직장 상사 때문에 지출이 예상된다. 임시직에서도 감원대상에 끼어 들며, 우리의 옛 풍습을 따르며 또한 되찾고자 하며, 농장과 목축업으로 수출까지 목적 달성하게 되며, 건축은 목재로만 쓴 한옥 건축양식이 많아지며, 공무원은 감사, 감독기관 업무가 많아지게 되며, 나의 업무는 정보조사 업

무가 제일이요, 天上三奇_{천상삼기}에 공부벌레라 열쇠고리가 다섯
개가되며 비철금속 가격이 오름세를 나타내며, 나무가 없어지고
물이 생기니 바람과 태풍이 예고됨이요, 기술도용에 직업으로 변
화가 되고 친구의 행실이 문제가 있으며, 노래방시설에 투자가
적격이요 장사가 잘되며, 일이 없어지니 위법행위요 친구가 없어
지니 사고대상이요. 文昌_{문창}이 교육이니 교육문화가 질이 좋아질
것으로 예상된다.

庚寅의 노출성 變化

나무와 쇠가 충돌이라 광산과도 관련이 있으며, 친구는 특수한
기술을 가졌으니 인기가 상승이요, 큰 차에서 작은 차로 둔갑하
니 덤프차에서 포장마차요 말해주고 누명쓰고 말 한마디에 구설
수까지 오르게 되며, 정치는 언론을 가장 두려워하며, 부부싸움
하고 친정 가서 화풀이하고, 음식점에서 시비 관재가 있게 되며,
갑상선, 임파선 환자가 많아서 병원출입이 많아지고, 의처증 환
자는 역학을 배우는 것이 일등급의 처방이요 응급처방은 하나의
땜질밖에 안되며, 나무가 깎이는 형상이라 벌목작업에도 해당되
며, 교육자는 정신적인 장애와 학생이 없어지니 퇴직과 관련이요
처의 변화요 애인이 변화요 생기기도 잘하고 떨어지기도 잘하며
가정이 하루가 편안할 날이 없으며, 언어와 직업은 언론이나 방
송인데 전파와 관련이 되며, 분실수 소매치기에 이력이 나있으

며, 자식이 정치언론에 입문하며 바른말하게 된다고 예상된다. 문명이 죽으니 비밀이 난무하게 되고 뒷거래가 성행하며, 노복이 왕이요 노동자가 힘이 강해지고, 남편과 자식싸움에 처는 안절부절이요 설자리가 없어지며, 부부싸움에 형제는 귀신과 같은 존재요, 나무에 서리가 내리니 초식은 죽어가며 발아도 안 된다. 빛이 죽고 열이 죽으니 혈압이 높으며 혈액순환 장애요. 충이란 본디 급하고 갑자기 생긴 일이라 인내가 필요하며, 시작은 잘하는데 끝맺음은 불가다.

辛卯

■ 辛

形而上學형이상학 精神정신 始 東 有情유정 上半期상반기 前進전진 得득 實실 생각 生成생성 上體상체 겉모양 外的외적 勝승 吉길 先 明 낮 地上 太過태과 自由. 天干은 天干끼리 生剋制化생극제화를 할 수 있다. 天干은 地支를 生剋制化 할 수 없다.

■ 卯

形而下學형이하학 物質물질 終종 西 無情무정 下半期하반기 後退후퇴 失실 虛허 行動행동 消滅소멸 下體하체 속 모양 內的내적 敗패 凶흉 後후 暗암 밤 地下 不及불급 拘束구속 地支는 天干을 生도 剋도 할 수 있고 地支는 地支끼리 生剋制化를 할 수 있다. 卯木은 生이 인색하며 剋은 잘한다.

■ 辛

寒露한로 陰金음금 柔金유금 新신 霜상 細金세금 鐘종 生金생금 軟金연금

龜귀 兵草병초 우박 꿩 更新갱신 義理의리 冷靜냉정 急速급속 改革性개혁성 肅殺之氣숙살지기 變革性변혁성 昆蟲類곤충류 土石 美人 貴金屬귀금속 金佛象금불상 非鐵金屬비철금속 金銀珠玉금은주옥 變化動物변화동물 胛骨動物갑골동물.

■ 卯

驚蟄경칩 春分 長木 二月之氣이월지기 濕木습목 活木 生木 柔木유목 楊柳木양류목 昇승 草根초근 正東정동 繁華之木번화지목 風풍 綠色녹색 仁情인정 觸角촉각 兎토 四陽之氣사양지기 陰木 午前 5時부터~7時까지 木生火는 인색하나 木剋土는 잘한다. 이는 木多火熄목다화식을 두고 하는 말이다. 天破星천파성 鐵鎖開金철쇄개금 懸針殺현침살 丙火를 봄이 좋다. 특히 藝能分野예능분야에 특출하나 경박성은 있다. 오래 가면 미워하게 된다. 상대방 가슴에 응어리지는 소리 잘한다. 辰月에 卯는 화려한 장식 피복 복지와 같다.

職 業

■ 辛

寺刹사찰, 宗敎종교, 飮酒음주, 金屬금속, 齒科치과, 音樂음악, 樂器악기, 金銀細工금은세공, 古物고물, 工具공구, 洋品양품, 술그릇, 資材자재, 皮膚美容피부미용, 理髮師이발사, 스포츠마사지.

■ 卯

醫藥의약, 法법, 宗敎종교, 哲學철학, 農林농림, 三月삼월에 卯木은 服
飾業복식업, 藝能예능, 卯戌은 文章家문장가 春色춘색이다. 卯未는 果樹
園과수원, 植木식목, 盆栽林분재림이다.

性 格

매사에 세심하고 섬세하여 까다로운 면이 있으며 명분 있는
일을 좋아하고 체통을 지키면서 원칙적이며 완벽하게 하려고 하
는 성격의 소유자이기도 하다. 바른말 잘 하기로 유명하며 상대
방 가슴 찌르는 소리를 잘하여 지탄을 받기도 한다. 편견적이며
욕심이 많고 자기의 이익을 주목적으로 생활하는 사람이며 돈만
으로 만족해야지 명예까지 욕심을 부린다면 그동안 벌어놓은 돈
까지 없어질 것이며 취재에는 일가견이 있으나 융통성이 없어
때로는 답답한 편에 속하기도 한다. 공부는 도중하차가 되기 쉽
고 부모와 불합하며 그에 고집을 꺾을 자가 없는데 사주가 부실
하면 육친불화는 물론 알거지가 될 것이다. 부선망 팔자에 형제
또한 덕이 없으며 처궁은 부실하여 본인이 바람을 피워 악처를
만나게 될까 염려되며 자손은 재생관이 안되어 돈 때문에 자손
이 상하게 되니 사업보다는 관직에 있음이 매사에 좋을 듯 싶다.
여명은 부군작첩에 독수공방하기 쉽고 시집오면서 신랑이 놀게
되며 자손덕도 없으며 돈은 벌기는 하나 자신을 위해 제대로 써

보지 못하는 팔자이다. 직업으로는 의약계나 무관직, 상업 계통에 종사함이 제격이며 건강으로는 풍습, 기관지, 폐 등에 주의하고 간경화나 간암 또한 조심해야 할 것이다.

人物_{인물} : 裁判軍人_{재판군인}, 警察官_{경찰관}, 調査官_{조사관}이요.

場所_{장소} : 警察署_{경찰서}, 法政_{법정}, 刑務所_{형무소}, 높은 곳 等이다.

健康_{건강} : 肺_폐, 大腸_{대장}, 氣管支_{기관지}, 骨格_{골격}, 皮膚_{피부}, 鼻_비, 痔疾_{치질}, 齒牙_{치아}, 盲腸_{맹장}, 肝_간, 膽_담, 神經痛_{신경통}, 手足_{수족}, 毛髮_{모발}, 關節炎_{관절염}, 頭痛_{두통}, 咽喉_{인후}, 肩_견, 風疾_{풍질}.

天干으로 辛金은 4數요 變化_{변화}하면 1數에 壬水가 된다. 맛은 매운맛과 신맛이요 색상은 백색과 綠色_{녹색}이며 卯木에 方位는 正東쪽에 속하며 季節_{계절}로는 2월 봄이요 人物로는 長男에 속하고 하루로는 午前 5時에서 7時까지이며, 四陽之氣_{사양지기}요 地支에 卯木이 數理_{수리}로는 8數요 木生火는 吝嗇_{인색}하나 木剋土는 잘한다.

■ 地藏干 : 乙

暗藏_{암장}은 혼자만의 비밀 생각이 많은 것이다. 남에게 밝히기를 싫어하며 미래를 내다보는 것도 된다. 暗藏合은 다정한 것 대가성을 내심 따진다. 暗藏合에는 乙庚金이 있는데 天干에 庚金이 있으면 본인의 계획대로 하려 하고 冲에는 乙辛冲_{을신충}이 있는데 天干에 辛金이 있으면 변화도 많고 성격도 급해진다.

卯는 亥卯未, 亥卯, 卯未, 亥未는 三合局, 震卦진괘, 寅卯辰은 方合, 子卯는 三刑殺삼형살, 卯辰은 六害殺육해살, 卯申은 怨嗔殺원진살, 鬼門關殺귀문관살, 卯에 水隔殺수격살은 申. 卯는 天破星천파성.

■ 辛卯가 아래 天干을 만나면

甲은 正財정재, 羊刃殺양인살, 旺宮왕궁, 月德貴人월덕귀인.

乙은 偏財편재, 乙卯을묘, 祿녹, 天轉殺천전살, 乙辛沖, 金木相戰금목상전.

丙은 正官정관, 浴宮욕궁, 丙辛合.

丁은 偏官편관, 丁卯, 病宮병궁, 文曲貴人문곡귀인, 梟神殺효신살.

戊는 正印정인, 絶地절지, 浴宮욕궁, 惡山악산에 雜木잡목.

己는 偏印편인, 己卯, 懸針殺현침살, 病宮병궁.

庚은 比劫비겁, 絶地절지, 胎宮태궁, 乙庚合.

辛은 比肩비견, 辛卯, 地轉殺지전살, 絶地절지, 胞宮포궁, 懸針殺현침살, 乙辛沖.

壬은 傷官상관, 死宮사궁, 盜氣도기, 泄氣설기.

癸는 食神식신, 癸卯, 生宮생궁, 泄氣설기, 文昌貴人문창귀인, 天廚貴人천주귀인.

■ 辛卯가 아래 地支를 만나면

子는 傷官상관이 食神식신, 子卯刑殺자묘형살, 泄氣설기, 金沈금침, 絶地절지, 桃花殺도화살, 天貴星천귀성, 生宮생궁, 急脚殺급각살, 紅鸞星홍란성, 天廚貴人천주귀인, 文昌貴人문창귀인, 大將軍대장군.

丑은 偏印편인, 辛丑, 自己庫藏자기고장, 養宮양궁, 暗藏에는 乙辛冲, 墓宮묘궁, 滋養之土자양지토, 月殺월살, 天厄星천액성, 喪妻殺상처살.

寅은 正財정재, 暗藏에는 丙辛合, 財殺地재살지, 財官同臨재관동림, 胎宮태궁, 亡神殺망신살, 方合, 不情胞胎부정포태, 天權星천권성, 活人星활인성, 天乙貴人천을귀인.

卯는 偏財편재, 辛卯, 懸針殺현침살, 絶地절지, 胞宮포궁, 將星殺장성살, 同合, 方合, 天破星천파성, 斷矯關殺단교관살, 乙辛冲, 金木相戰금목상전.

辰은 正印정인, 埋金매금, 卯辰, 六害殺육해살, 墓宮묘궁, 攀鞍殺반안살, 傷食庫상식고, 天奸星천간성, 方合, 自身이 戊癸合, 造化조화가 非常비상, 暗藏에는 乙辛冲, 截路空亡절로공망.

巳는 偏官편관이 正官정관, 辛巳, 官印相生관인상생, 暗藏에는 乙庚合, 丙辛合, 死宮사궁, 驛馬殺역마살, 天文星천문성, 三災黑氣삼재흑기, 截路空亡절로공망.

午는 正官정관이 偏官편관, 絶地절지, 午卯, 六破殺육파살, 六害殺육해살, 天福星천복성, 病宮병궁, 旬中空亡순중공망, 天乙貴人천을귀인, 三災陰氣삼재음기, 文曲貴人문곡귀인, 天喜神천희신.

未는 偏印편인, 辛未, 卯未三合, 衰宮쇠궁, 華蓋殺화개살, 財庫재고, 暗藏에는 乙辛冲, 天驛星천역성, 旬中空亡순중공망, 三災白殺삼재백살, 梟神殺효신살.

申은 比劫비겁, 卯申, 怨嗔殺원진살, 鬼門關殺귀문관살, 暗藏에는 乙庚合, 天孤星천고성, 旺宮왕궁, 天德貴人천덕귀인, 劫殺겁살, 落井關

殺_{낙정관살}, 水隔殺_{수격살}.

酉는 比肩_{비견}, 辛酉, 災殺_{재살}, 内庭白虎_{내정백호}, 天刃星_{천인성}, 卯酉冲, 暗藏에는 乙辛冲, 祿_녹, 冠宮_{관궁}.

戌은 正印_{정인}, 卯戌六合, 暗藏에는 乙辛冲, 羊刃殺_{양인살}, 帶宮_{대궁}, 天殺_{천살}, 天藝星_{천예성}, 印綬庫_{인수고}, 官庫_{관고}.

亥는 食神_{식신}이 傷官_{상관}, 辛亥, 金沈_{금침}, 亥卯三合, 天壽星_{천수성}, 浴宮_{욕궁}, 急脚殺_{급각살}, 地殺_{지살}, 泄氣_{설기}, 盜氣_{도기}.

■ 辛卯가

木에는 官星_{관성}, 比肩_{비견}, 比劫_{비겁}.

火에는 財星_{재성}, 印綬_{인수}.

土에는 傷官_{상관}, 食神_{식신}, 官星_{관성}.

金에는 比肩_{비견}, 比劫_{비겁}, 財星_{재성}.

水에는 印綬_{인수}, 傷官_{상관}, 食神_{식신}.

申子辰生은 寅卯辰年에 三災殺_{삼재살}이다. 天刑_{천형} 寅卯辰年에는 子 北方이 大將軍方位_{대장군방위}이다. 大將軍은 一時停止_{일시정지}와 같다. 大將軍은 增築修理不可_{증축수리불가} 厄액이 따른다. 上下가 없다. 卯에는 巳가 喪門_{상문} 丑이 弔客_{조객}이다. 丁壬日에는 寅卯_{인묘}가 截路空亡_{절로공망}. 甲辰旬中에는 寅卯가 旬中空亡_{순중공망} 二月은 亥子가 急脚殺_{급각살}. 여름 生月에 卯가 急脚殺_{급각살}. 卯月은 斷矯關殺_{단교관살}. 辰月에는 卯가 活人星_{활인성}. 卯申은 鬼門關殺_{귀문관살}, 怨嗔殺

원진살. 卯는 天破殺전파살. 戊癸日生에 卯는 落井關殺낙정관살. 己卯는 懸針殺현침살, 天破殺전파살 卯月에 入胎月입태월은 午. 卯酉日生 入胎日은 246日. 寅과 辰사이에 夾은 卯이다. 卯는 변함은 없으나 인색함은 있다. 卯戌合은 春秋合춘추합이라하여 讀書독서 또는 文章華麗문장화려다. 卯木은 午時에 꽃 문을 열고 亥時에 꽃 문을 닫는다. 卯는 才藝재예에는 特出하나 輕薄경박함은 있다. 卯는 丙火가 없으면 꽃이 피지 않는 柔木유목 無花果무화과나무다.

辛卯의 變化

辛金은 金生水에는 인색하나 金剋木은 잘한다. 그러나 地支의 卯木에는 生剋制化생극제화를 할 수 없으며 丙辛合은 威制之合위제지합이라 하고 辛金은 天干을 生도 剋도 하며 形而上學的형이상학적으로는 地支卯木에 生剋制化를 잘한다. 卯木은 地支끼리도 生剋制化를 할 수 있으며 勢力세력으로도 따라가며 天干에도 生剋制化를 할 수 있다.

냉기가 심하여 열매의 수확이 적으며 발아도 잘 안 된다고 본다. 비철금속 가격이 올라간다고 예상된다. 우산지목이 되어서 돈이 많이 벌어지지 않는다. 냉기에 의한 병균의 침투가 있을 것이라고 예상된다. 냉해로 인한 농사는 예년에 비해 수확이 떨어지고 그로 인해 가격은 오를 것이라고 예상된다. 채소와 과일 농사도 피해가 많으리라고 예상된다. 귀금속 가격의 등락 폭이 있겠다고 보며 예년에 비해 거래도 상상외로 늘어난다고 예상된다. 바닷물은 수온이 떨어지고, 금속에 관한 제품은 파동이 예상된다. 온도의 변화가 많고 대화 중에도 리듬이 끊기며 대화가 중단되고 무엇이든지 자기식대로만 이끌려고 하는 것이 예상된다. 새로운 정책발표가 예견되고 공정하게 처리된다고 예상된다. 학생은 경제와 한의과, 해양학과가 인기가 있다고 예상된다. 노력한 대가는 받으려 하지 않으며 사회에 환원되는 것이 복지사업으로 쓰여지는 것과 관련이 있음을 예상된다. 군인, 경찰의 복무가 좋아지며 업무는 늘어나고 서비스 업무는 경쟁을 다툰다고 예상된다. 할인업, 병원은 서비스가 좋아지며 환자를 손님으로 계산해 친절이 있음을 예상된다.

辛卯의 비밀성 變化

서리나 우박으로 인한 농작물의 피해가 예상된다. 의과나 간호과, 의약과가 인기를 얻으니 경쟁이 있게 된다. 사채시장과 지하경제가 성행을 하게 된다고 본다. 직업으로는 교육, 언론, 감사정보가 인기직종이요, 더 높은 관직을 비리로 올라가다가 좌천을 당한다고 본다. 예리한 관찰력으로 뜯어보며 감시감독이 강화되며, 자식은 위법행위를 잘하고 머리 쓰는 데는 명수요, 유흥가가 활기를 띠며 먹고 놀고 쓰는데 소비가 예상되며, 부모의 장인정신을 이어받아 기술사업의 성공이 예상되며, 시장경제의 침체가 예상되며 소비력만 늘어난다고 본다. 면허 없는 의료행위가 난무하며 역시 고발도 예상된다. 냉풍으로 인한 감기, 편도선, 갑상선 환자가 많음을 예고하고 건망증으로 인한 분실수가 있겠으며, 노래방 유흥가가 성행을 하며 예년에 비해 날씨가 차가우며, 형제 때문에 취직이 되며 형제로 인하여 애인이 생기고, 친구의 말 한마디가 승진과 깊은 관련이 있으며, 아내의 옛친구로 인하여 가정불화가 예상된다고 보며, 예리한 눈빛으로 처의 의처 감시가 더욱 심하여지며, 친구의 한마디가 북풍을 일으키며, 느끼지 못한 탈재라 멍든 지 모르게 멍들어가며, 애인의 관계가 내 아내에게 탄로가 나며 꼬리가 잡히고, 믿었던 친구가 산업스파이로 변신을 하게 되며, 회사가 멍들어 가며 누명은 벼슬 때문에 있는 것이요, 직업이 자주 바뀌고 말 한마디가 상대방의 피부를 찌르며, 위법행위가 난무하며 법질서를 무시한다고 예상된다.

辛卯의 노출성 變化

좌불안석에 어디를 가나 불안요소가 나타나며, 서리에 나무가 죽는 형상이니 비철금속 가격은 오르고 돈은 모자란다는 것을 예고하며, 귀금속도 또한 같은 이치요, 나무가 알 수 없는 병으로 시들어가며, 통신과 봉제업무가 바빠지며 기술업무는 갑자기 늘어나며, 여자는 자궁질환 환자로 인한 산부인과에 문전성시가 예고되며, 금목상전이라 육친불화에 신경통, 근통, 골통, 치통환자가 많이 발생하며 골절환자도 많이 발생한다고 예상된다. 초목에 서리가 내리는 격이니 통제가 심하여지니 법이 저절로 위엄을 주게된다. 나무가 철사로 감겨있는 형상이라 수형 잡는 것과 같으며, 학생은 문과보다도 이과기술로 전향이 많아진다고 보며, 신경통환자와 혈액순환장애 환자가 많아지며 냉기가 초목을 휩쓸어버리며 서리 냉기라 동상환자도 많게 된다. 채소가격이 금값으로 둔갑하며, 애인만 생겼다하면 들통이 나며 말로 주고 되로 받으며, 명분이 없는 이권에는 참가를 거부하고, 나무가 동화작용을 하는 형상이니 여자가 인기를 누리는 것과 같으며, 나무가격이 오르고 목재가격이 오른다고 예상된다. 활인성 침술, 한의학, 명리 철학계통의 학원출입이 많아지며, 애정이 깊지를 않으며 사상이나 감정이 밖으로 표출되며, 없는 자가 있는 것처럼 행세를 하니 논란의 대상이요, 위장이 되어있고 포장이 되어있으니 겉만 보고는 모르며, 돌출이 문제요 급함이 문제요 독촉은 포장을 암시하고, 경쟁이 치열하며 눈치작전에는 실패가 거듭된다.

壬辰

■ 壬

形而上學형이상학 精神정신 始 東 有情유정 上半期 前進전진 得득 實실 생각 生成 上體상체 겉모양 外的외적 勝승 吉길 先 明 낮 地上 太過태과 自由. 天干은 天干끼리 生剋制化생극제화를 할 수 있다. 天干은 地支를 生剋制化 할 수 없다.

■ 辰

形而下學형이하학 物質물질 終종 西 無情무정 下半期하반기 後退후퇴 失실 虛허 行動행동 消滅소멸 下體하체 속 모양 內的내적 敗패 凶흉 後후 暗암 밤 地下 不及불급 拘束구속 地支는 天干을 生도 剋도 할 수 있고 地支는 地支끼리 生剋制化를 할 수 있다. 辰土는 生도 잘하고 剋은 잘못하며 변화가 많다.

■ 壬

大雪대설 雲운 精정 水氣수기 밤 冬節동절 雪설 氷빙 始作시작 進化진화

萬物만물의 宗主종주요. 澤택 연못 海水 湖水호수 浦水포수 停止水정지수 陽水양수 亥水 死水 江水 收藏수장 智慧지혜 霜露상로 戰場전장 妊임 流水유수 橫流횡류 江河 氷雪빙설 監獄감옥 玄武현무 陰凶음흉 呻吟신음 秘密비밀 欺瞞기만 凝固응고 結氷결빙 遲延지연 溶解용해 忍耐인내 流動유동 姙娠임신. 適應적응을 잘함. 始와 終. 물은 東南으로 흐른다. 性은 險難험난하고 奸詐간사하고 智謀지모 淫음. 字義자의는 川 江 水.

■ 辰

清明청명 穀雨곡우 陽土양토 龍용 震진 五陽之氣오양지기 濕土습토 眞土진토 泥土이토 稼穡之土가색지토 三月之氣삼월지기 溫暖之土온난지토 巽方손방 東南間方동남간방 信 黃色황색 五數오수 雜氣잡기 風濕풍습 中性子 調節神조절신 過渡期과도기 遲延지연 地震지진 復古風복고풍 宗敎종교 中和作用중화작용 思사 信用 岸안 堤防제방 田畓 土産品토산품 不動産부동산 足腹類족복류 建築건축 濕疹습진 沃土옥토 魁罡殺괴강살 天羅地網殺천라지망살 天奸星천간성 이무기 夢中得金몽중득금 想像상상의 動物동물 山 水地庫藏수장고장 四庫之局사고지국 金之養宮금지양궁 바람神 午前 7時~9時까지 亥水를 보면 死藏사장시킨다. 土生金은 잘하나 土剋水는 못한다.

職 業

■ 壬

바다, 外國語외국어, 船舶선박, 海運해운, 水産수산, 法務법무, 外務외무,

食品식품, 酒類주류, 氷菓類빙과류, 冷凍業냉동업, 貿易무역, 沐浴湯목욕탕, 풀장, 研究家연구가, 敎育교육, 造景조경, 微生物미생물.

■ 辰

生物, 不動産부동산, 宗敎종교, 哲學철학, 農水産物농수산물, 土建토건, 醫學의학, 藥房약방, 農場농장, 藝術예술, 工藝공예, 人蔘인삼, 旅行여행, 국악, 歌手가수, 作曲家작곡가, 海水浴場해수욕장, 마사지, 魚貝類어패류, 養殖양식, 粉食분식, 飮食음식.

性 格

　모든 일에 자신만만하게 대하며 스케일을 크게 먹고사는 사람이라 할 수 있으며 임전무퇴에 절대로 남에게 굽히기를 싫어하며 자립정신이 강하고 박력이 있고 시작에 명수이기는 하나 지구력이 약한 것이 흠이다. 근심걱정이 떠날 사이가 없으며 유아시절에 잔병으로 인해 부모님이 걱정을 많이 하게 된다. 건강은 하나 한번 병이 크게 들면 쉽게 일어나지 못하며 사업에 실패하여도 재기불능에 일어서기 힘든 것이 특징이다. 고장을 놓고 있기에 실제 나이보다 더 많이 들어 보이며 겉으로는 부지런한 것처럼 보이나 사실은 게으르며 남이 더럽게 하는 것은 보기 싫어하면서 본인은 정리정돈을 하지 않는 성격이다. 돈은 쉽게 버나 쉽게 사라져버리니 버는 것보다 관리에 신경을 써야하며 자만에 치우치지 않는 것이 좋겠다. 처덕은 있으나 처궁이 부실하여 본부 해로하기 힘들며 양처득자에 자손으로 인하여 고심이 떠날 사이 없겠다. 여명은 노랑에 재취요 작첩에 무책임하며 한 가정을 본인이 이끌어 나가야되니 일복은 타고났다 하겠다.

직업으로는 군인, 경찰, 법정계, 수사기관에 종사하는 것이 좋겠으며 건강으로는 풍습에 당뇨, 비뇨기계통에 주의하여야 하며 운동으로서 극복하는 것이 좋겠다.

人物인물 : 발명가, 연구가.

場所장소 : 海洋해양, 연못, 夜間야간, 미생물 늪지.

健康건강 : 腎신, 膀胱방광, 耳鳴이명, 泌尿器비뇨기, 生殖器생식기, 聽覺청각, 몸이 붓는 症狀증상, 排泄物배설물, 老來노래에는 血壓혈압, 風疾풍치, 치매 등 持病지병으로 因하여 오래도록 고생하는 것이 흠이다. 脾腸비장, 胃腸위장, 腰요, 腹部복부, 肌肉기육, 口, 脅협, 皮膚피부, 濕疹습진, 糖尿당뇨.

天干으로 壬水는 1數요 變化변화하면 8數에 乙木이 된다. 맛은 짠맛과 단맛이요 색상은 흑색과 황색이며 辰土에 方位는 東南쪽 巽方손방에 속하며 季節계절로는 辰月 봄이요 巽卦손괘요 人物로는 長女이다. 하루로는 午前 7時에서 9時까지이며 五陽之氣오양지기요. 地支에 辰土는 數理수리로 5數요 陰陽음양이 駁雜박잡되어 있으며, 土生金은 잘하나 土剋水는 못한다.

■ 地藏干：戊 乙 癸

暗藏암장은 비밀스러운 것, 생각이 많은 것이다. 남에게 밝히기를 싫어하는 것, 술책, 미래를 내다보는 것. 暗藏合은 다정한 것 내심 명분 대가성을 따진다. 暗藏合에는 戊癸合, 乙庚合이 있는데 天干에 癸, 戊, 庚金이 있으면 본인의 계획대로 하려 하고, 冲에는 乙辛冲, 丁癸冲이 있는데, 天干에 辛, 丁이 있어서 冲을 하면 不和와 變化변화가 시작된다.

辰은 申子辰, 申子, 辰子, 申辰은 三合局, 坎卦감괘, 寅卯辰은 方合, 辰午酉亥는 自刑殺자형살, 卯辰, 害殺해살, 辰亥, 怨嗔殺원진살, 鬼門關殺귀문관살, 辰月에 水隔殺수격살은 午. 寅卯辰이 三災.

■ 壬辰이 아래 天干을 만나면

甲은 食神식신, 泄氣설기, 甲辰, 白虎大殺백호대살, 衰宮쇠궁.

乙은 傷官상관, 盜氣도기, 羊刃殺양인살, 稅務財세무재, 帶宮대궁.

丙은 偏財편재, 丙辰, 晦氣회기, 泄氣설기, 火土食神화토식신, 帶宮대궁.

丁은 正財정재, 天干, 丁壬合, 暗藏에는 丁癸冲, 衰宮쇠궁, 晦氣회기, 盜氣도기.

戊는 偏官편관, 戊辰, 魁罡殺괴강살, 白虎大殺백호대살, 運動운동, 暗藏에는 戊癸合, 帶宮대궁.

己는 正官정관, 늪지, 眞土진토, 衰宮쇠궁.

庚은 偏印편인, 庚辰, 魁罡殺괴강살, 乙庚合, 養宮양궁, 外國語외국어.

辛은 正印정인, 墓宮묘궁, 埋金매금, 乙辛冲, 天干合, 衾금.

壬은 比肩비견, 壬辰, 魁罡殺괴강살, 墓宮묘궁, 天德천덕, 月德貴人월덕귀인.

癸는 比劫비겁, 養宮양궁, 戊癸合.

■ 壬辰이 아래 地支를 만나면

子는 比肩비견이 比劫비겁, 壬子, 羊刃殺양인살, 子辰三合, 急脚殺급각살,
大將軍대장군, 旺宮왕궁, 暗藏에는 戊癸合, 天貴星천귀성, 將星殺
장성살.

丑은 正官정관, 印綬庫인수고, 六破殺육파살, 攀鞍殺반안살, 天厄星천액성,
衰宮쇠궁, 暗藏에는 乙辛冲.

寅은 食神식신, 壬寅, 泄氣설기, 病宮병궁, 驛馬殺역마살, 方合, 天權星
천권성, 暗藏에는 丙壬冲, 三災天蟲삼재천충, 天廚貴人천주귀인, 截
路空亡절로공망, 文昌貴人문창귀인.

卯는 傷官상관, 六害殺육해살, 死宮사궁, 天破星천파성, 活人星활인성, 方
合, 三災天刑삼재천형, 泄氣설기, 盜氣도기, 截路空亡절로공망, 天乙
貴人천을귀인.

辰은 偏官편관, 壬辰, 魁罡殺괴강살, 辰辰, 同合, 天奸星천간성, 華蓋殺
화개살, 三災天劫삼재천겁, 墓宮묘궁, 戊癸合, 自己庫藏자기고장, 方
合, 늪지.

巳는 正財정재가 偏財편재, 辰巳, 巽宮손궁, 바람, 暗藏에는 乙庚合,
戊癸合, 丙壬冲, 絶地절지, 胞宮포궁, 天文星천문성, 劫殺겁살, 天
喜神천희신, 天乙貴人천을귀인.

午는 偏財편재가 正財정재, 壬午, 絶地절지, 胎宮태궁, 災殺재살, 天福星천복성, 暗藏에는 丁癸冲, 旬中空亡순중공망, 水隔殺수격살.

未는 正官정관, 暗藏에는 丁壬合, 丁癸冲, 養宮양궁, 天殺천살, 天驛星천역성, 旬中空亡순중공망, 傷食庫藏상식고장.

申은 偏印편인, 壬申, 地殺지살, 長生宮장생궁, 斷矯關殺단교관살, 天孤星천고성, 暗藏에는 乙庚合, 申辰三合, 十惡日십악일, 梟神殺효신살, 文曲貴人문곡귀인.

酉는 正印정인, 辰酉六合, 暗藏에는 乙辛冲, 天刃星천인성, 桃花殺도화살, 浴宮육궁,

戌은 偏官편관, 壬戌, 魁罡殺괴강살, 白虎大殺백호대살, 懸針殺현침살, 帶宮대궁, 月殺월살, 辰戌冲, 暗藏에는 戊癸合, 丁癸冲, 乙辛冲, 天藝星천예성.

亥는 比劫비겁이 比肩비견, 急脚殺급각살, 辰亥, 怨嗔殺원진살, 天壽星천수성, 冠宮관궁, 紅鸞星홍란성, 鬼門關殺귀문관살, 亡神殺망신살, 祿녹.

■ 壬辰이

木에는 印綬인수, 財星재성.

火에는 官星관성, 傷官상관, 食神식신.

土에는 財星재성, 比肩비견, 比劫비겁.

金에는 傷官상관, 食神식신, 印綬인수.

水에는 比肩비견, 比劫비겁, 官星관성.

申子辰生은 寅卯辰年에 三災殺삼재살이다. 天劫천겁 寅卯辰年에는 子北方이 大將軍方位대장군방위다. 大將軍은 一時停止일시정지와 같다. 大將軍은 上下가 없고 厄액이 따르며 增築증축이나 修理수리는 不可. 辰에는 午가 喪門상문 寅이 弔客조객이다. 丙辛日에는 辰巳가 截路空亡절로공망. 甲午旬中에는 辰巳가 旬中空亡순중공망 辰月은 亥子가 急脚殺급각살. 亥子丑月에는 丑辰이 急脚殺급각살, 申月에는 辰이 斷矯關殺단교관살. 巳月에는 辰이 活人星활인성. 辰亥는 怨嗔殺원진살, 鬼門關殺귀문관살, 紅鸞星홍란성. 辰巳는 天羅地網殺천라지망살, 天喜神천희신, 辰은 造化가 非常비상하다. 卯와 巳사이에 夾은 辰이다. 辰月에 入胎月입태월은 未. 辰戌日生에 入胎日은 296日.

壬辰의 變化

壬水는 水生木도 잘하고 水剋火도 잘한다. 그러나 地支의 辰土에는 生剋制化생극제화를 할 수 없으며 丁壬合은 淫亂之合음란지합이라 하며 壬水는 天干을 生도 剋도 하며 形而上學的형이상학적으로는 地支辰土에 生剋制化를 잘한다. 辰土는 地支끼리도 生剋制化를 할 수 있으며 勢力세력으로도 따라가며 天干에도 生剋制化를 할 수 있다.

기나긴 장마로 습이 많으며 특이한 세균성질환이 번식하니 그 예방대책이 필요하다고 예상된다. 비가 많고 습이 많으면 당도가 떨어지니 과일이나 채소가격이 내려갈 것이라고 예상된다. 우기에 대한 대책의 조절이 필요하다고 느낀다. 풍랑이나 태풍과도 연결되기도 하며, 힘의 대결로 맞대응 함이 손실로 연결된다. 파도가 많으면 선상의 사고와 선박사고도 예견된다. 진토는 지진과도 연결되니 지역에 따라서는 지진소동도 있다고 본다. 혈압, 당뇨가 많아지는 한해라고 예상된다. 외교도 늘어나며 교역량도 늘어날 것으로 예상된다. 음란지성이 되어서 호텔과 숙박업이 활기를 찾는 것과 같고 외국과도 연결되니 수입의존도가 높아지며 외국의 비밀조직과도 연결되니 밀수에도 밀접한 관련이 있게 된다고 본다. 내 것보다는 남의 것을 선호하는 한해라고 예상되며, 비밀이 많음은 비리와도 연결된다고 예상된다. 특별히 운동에 두각을 나타내는 사람이 등장을 하게 될 것이며, 관이 무너지니 직업전환이 많아지고 양어장이 잘되며, 염전은 울상이요 우산장사는 잘되고 종교가 바뀌지며, 본인이 믿고싶은 종교를 찾아다니며, 판단이 흐려지고 본인의 잘못을 잘 모르며 고집만 강해진다.

壬辰의 비밀성 變化

환경조성이나 자연연구에 투자가 있을 것으로 예상된다. 노래방기구를 설치한 민속주점을 즐겨 찾게된다. 산과 물이 없어지고 빛이라 도시계획과 같은 것이요, 악몽에 시달리면 용왕제를 지내면 조상님이 도와주며, 유흥음식점이 우후죽순처럼 늘어나며 경쟁이 많아지며, 말 한마디 잘하면 수입과 연결이요 귀인이 도와주며, 산이 무너지는 격이니 산간벽지의 개발이 예상된다. 원수가 은인이 되고 윗사람의 사랑을 받으며, 천라지망 운이라 양어장이나 어부의 수확이 늘어나며, 비밀수사에 뒷조사가 많아질 것으로 보며, 우는 자와 웃는 자가 생기고, 학생은 해군사관학교, 해양학과가 인기가 있다고 보며, 수경재배, 도자기, 공예, 환경공학이 선호도를 보이며, 조경과 임야개발, 새로운 종자개발이 수입과 직결된다고 본다. 지연과 급속의 선상에 있으나 게으른 것이 흠이요, 직장의 연수교육의 목적은 기술연구에 있으며, 저당되어있는 집을 매입하여 작은 집에서 큰집으로 이사하며 선강후약이라 돌다리도 두들겨보고 건너는 것이 좋으며 아랫사람이 변화하고 직장이 변화하니 고소 고발과 직업과 맞물려 돌아가며 혼란이 거듭 거듭 되고 믿기가 어려우며, 상하가 귀인이요 가는 곳마다 복을 받으며, 시댁형제가 친정 집을 방문하니 물질적으로 도와주며, 피부과, 비뇨기계통 질환의 환자가 많이 발생한다고 보며, 일이 많아지고 서류가 쌓이니 과로의 현상이라 건강에 주의가 요망되며, 합리적인 것이 으뜸이요 무리는 적을 만드는 것을 말해주고 있다.

壬辰의 노출성 變化

변화가 극심이라 미결된 결재가 해결이 안 된다는 것을 의미함이요, 낮에는 새가 들고 밤에는 쥐가 들으니 비밀이 탄로 나니 재무적인 서류검사라 세무와 관련이 있으며, 심장병이요 마음에 병이라 처의 병이 악화되며, 비뇨기질환과 눈병에 시력이 악화되는 것에 주의할 것이며, 고소고발자가 생겨나니 재산압류에 어안이 벙벙하고, 변동이라 함이 갑자기 또는 급하게 하는 것은 흠이 있다는 증거요 나를 속이기 위한 술책이라는 것이다. 첩보로 입수한 모방된 기술투자는 부도가 나기 십상이며, 언론에 잘못 기재되어 주가를 떨어뜨리며, 약초재배 농사는 서리로 인한 피해가 예상되며, 채소가격은 갑자기 가격이 오르는 현상이 나타날 것으로 보며, 정신적인 변화가 물질적인 손해로 직결되기도 하며, 단 한번의 잘못이 이렇게 큰 손실을 가져올 것을 상상조차 못하게 되며, 친구의 믿음이 잘못이요, 가정파괴가 이렇게 될 줄이야. 연애를 했다 하면 들통이라 귀신이 붙었나봐. 목과 금이 투전이라 신경통 스트레스 병에 시달리며, 심장병에 정신불안이라 조상님의 병에서 온 것이요, 애인이 붙었다하면 누명이요 나에 변화를 가져오게 하며, 필화사건은 후배가 만든 것이요 정을 주고 뺨을 맞는 격이요, 사랑하다 말고 원수 되며 바꿔치기가 문제가 되며, 춤바람에 사랑싸움이요 외적으로는 바람피우고 내적으로는 사랑이라 안보면 보고싶고 붙어있으면 권태증이라. 빛과 물이 충돌이라 불꽃놀이 제품이 장사가 잘된다고 보며, 하극상과 같은 이치라 후배가 먼저 승진을 하며, 믿었던 친구로 인하여 가정이 파괴된다.

癸巳

■ 癸

形而上學형이상학 精神정신 始 東 有情유정 上半期상반기 前進전진 得득 實실 생각 生成 上體상체 겉모양 外的외적 勝승 吉길 先 明 낮 地上 太過태과 自由. 天干은 天干끼리 生剋制化생극제화를 할 수 있다. 天干은 地支를 生剋制化 할 수 없다.

■ 巳

形而下學형이하학 物質물질 終종 西 無情무정 下半期하반기 後退후퇴 失실 虛허 行動행동 消滅소멸 下體하체 속 모양 內的내적 敗패 凶흉 後후 暗암 밤 地下 不及불급 拘束구속 地支는 天干을 生도 剋도 할 수 있고 地支는 地支끼리 生剋制化를 할 수 있다. 巳火는 生은 잘하나 剋은 못하며 변화가 있다. 巳火는 合이 될 때도 있고 되지 않을 때도 있다.

■ 癸

小寒소한 揆규 陰水음수 柔水유수 弱水약수 雲霧운무 泉水천수 川水천수

生水 活水활수 溪水계수 遲延지연 收藏수장 霜露水상로수 안개 地下水 潤下之性윤하지성 困厄性곤액성 凝固응고 破壞性파괴성 장마비 反覆玄武반복현무 陰凶음흉 呻吟신음 秘密비밀 슬픔 欺滿기만 雨露水우로수 結氷결빙 流動유동 溶解용해 忍耐인내 始와 終 動物동물은 박쥐 適應적응을 잘함. 東南으로 흐른다. 性은 險難험난 奸詐간사 智謀지모 淫음. 字義자의는 川 江 水.

■ 巳

立夏 小滿소만 蛇사 陽火양화 死火 六陽之氣육양지기 强熱之火강열지화 四生之局사생지국 孟夏맹하 起기 巽方손방 天羅地網殺천라지망살 赤外線적외선 紫外線자외선 放射線방사선 二數이수 禮儀예의 明朗명랑 達辯달변 外陰內陽외음내양 午前 9時~11時 긴 動物동물 金之生宮금지생궁 바람 火生土는 잘하나 火剋金은 못한다. 大驛土대역토 熱土열토에 屬한다. 冬節동절에 巳火는 濕土습토요 溫床온상이며 農場농장 또는 穀物곡물이다. 뜨거운 廣場광장이다. 暗藏암장에는 丙戊庚이 있다. 變化변화를 잘한다. 巳月에 辰과 亥는 죽는다. 巳는 複雜복잡한 大驛대역이요 市場시장이다.

職 業

■ 癸

藝術工藝예술공예, 宇宙工學우주공학, 旅館여관, 세탁소, 法曹界법조계,

풀장, 造船조선, 船員선원, 茶房다방, 外航船외항선, 海洋學科해양학과, 外
務部외무부, 微生物工學미생물공학, 物理學물리학, 水產物수산물, 氷菓類빙
과류, 곰팡이 균 硏究연구, 무역, 言論언론, 食品식품, 酒類주류, 술집,
養殖場양직장, 上下水道상하수도, 外國語외국어, 海運해운, 情報정보, 술,
食堂식당, 魚貝類어패류.

■ 巳

雜貨商잡화상, 車차, 駐車場주차장, 石油석유, 가스 燃料연료, 航空항공,
火藥화약, 煖房난방, 電話전화, 그림, 재래시장, 電氣전기, 通信통신, 美
容室미용실, 硝子초자, 文敎문교, 言論언론, 밀가루, 敎育界교육계, 국수,
글씨, 製菓제과, 旅行業여행업.

性 格

겉보기에는 소심하고 내성적이나 외유내강으로 본인의 실속은
차린다고 보며 환경에 적응을 잘하며 어디를 가나 환대를 받을
것이다. 일지 지살로 인해 일찍 고향을 떠나겠고 공부는 학마살
이 되어 도중하차하기 쉬우며 중화를 실도하면 매사에 허덕이며
살아가게 되니 어려운 환경 속에서도 공부를 게을리 하면 안되
겠다. 부모 덕은 물론 자식 덕도 없으니 자신의 힘을 믿고 살아
가는 것이 현명한 방법이며 잘만 타고났다면 재관인 삼기에 록
마동향이 되어 참으로 아름답고 부귀겸전의 상이로다. 미남의 얼

굴에 인정이 많고 처세 또한 좋아 믿음직스러우며 정도로서 살아가려는 것이 특징이며 사도란 것은 없다. 처궁은 좋으나 작첩 한번 해보고 국제연애도 하여보며 처가가 멀리 있고 총각득자에 타자양육이 아니면 비밀자손을 두게 된다. 여명은 일편단심 시집과 남편을 위해서 헌신하게 되며 정에 약한 것이 흠이라 하겠다. 직업으로는 재정직 공무원이나 법정, 무역, 금융에 종사함이 좋겠으며 건강으로는 신방광, 비뇨기, 야뇨증, 이명 등이 있으니 조심하는 것이 좋겠다.

人物인물 : 硏究官연구관, 情報官정보관.

場所장소 : 움직이는 곳, 놀고 즐기는 곳, 쉬는 곳.

健康건강 : 賢臟신장, 膀胱방광, 泌尿器비뇨기, 耳이, 睾丸고환, 水分수분, 唾液타액, 몸이 붓는 症狀증상, 心臟심장, 小腸소장, 視力시력, 體溫체온, 血壓혈압.

天干으로 癸水는 6數요 變化변화하면 7數에 丙火가 된다. 맛은 짠맛과 쓴맛이요 색상은 흑색과 적색이요 巳火에 方位는 辰巽巳진손사 東南쪽 間方에 屬하며 季節계절로는 巳月 여름이요 人物로는 少女이다. 하루로는 午後 9時에서 11時까지이며 六陽之極육양지극이요. 地支에 巳火가 數理수리로는 2數요 火生土는 잘하나 火剋金은 못할 때도 있다.

■ 地藏干 : 丙 戊 庚

暗藏암장은 비밀스러운 것, 생각이 많은 것이다. 남에게 밝히기

를 싫어하는 것, 술책, 미래를 내다보는 것, 다정한 것, 내심 대
가성을 따진다. 명분을 찾는다, 暗藏合는 丙辛合, 戊癸合, 乙庚合
이 있고 天干에 辛, 癸, 乙이 있으면 본인의 계획대로 하려 하
고, 冲에는 丙壬冲, 甲庚冲이 있으며 天干에 壬, 甲이 있으면 변
화가 많고 성격도 조급해진다.

巳는 巳酉丑, 巳丑, 酉丑, 巳酉는 三合局, 兌卦태괘, 巳午未는 方
合, 寅巳申은 三刑殺삼형살. 巳戌은 怨嗔殺원진살, 鬼門關殺귀문
관살. 巳亥는 冲. 三災는 亥子丑. 巳月에 水隔殺수격살 辰.

■ 癸巳가 아래 天干을 만나면

甲은 傷官상관, 暗藏에는 甲庚冲, 盜氣도기, 泄氣설기, 病宮병궁.

乙은 食神식신, 乙巳, 孤鸞殺고란살, 泄氣설기, 暗藏에는 乙庚合, 浴
宮욕궁.

丙은 正財정재, 祿녹, 冠宮관궁.

丁은 偏財편재, 丁巳, 孤鸞殺고란살, 旺宮왕궁, 丁癸冲, 撮影촬영.

戊는 正官정관, 戊癸合, 祿녹, 冠宮관궁.

己는 偏官편관, 己巳, 旺宮왕궁.

庚은 正印정인, 絶地절지, 生宮생궁, 月德貴人월덕귀인.

辛은 偏印편인, 辛巳, 絶地절지, 死宮사궁, 天德貴人천덕귀인, 暗藏에는 丙
辛合.

壬은 比劫비겁, 暗藏에는 丙壬冲, 絶地절지, 胞宮포궁.

癸는 比肩비견, 癸巳, 絶地절지, 暗藏에는 戊癸合, 胎宮태궁.

■ 癸巳가 아래 地支를 만나면

子는 比劫비겁이 比肩비견, 祿녹, 冠宮관궁, 六害殺육해살, 天貴星천귀성,
　　暗藏에는 戊癸合, 三災地戶삼재지호, 截路空亡절로공망.

丑은 偏官편관, 癸丑, 印綬庫인수고, 巳丑三合, 暗藏에는 戊癸合, 丙
　　辛合, 帶宮대궁, 懸針殺현침살, 白虎大殺백호대살, 截路空亡절로공망,
　　華蓋殺화개살, 斷橋關殺단교관살, 三災地刑삼재지형, 絶地절지, 湯火殺
　　탕화살, 天厄星천액성, 羊刃殺양인살.

寅은 傷官상관, 盜氣도기, 泄氣설기, 暗藏에는 甲庚沖, 寅巳刑殺인사형살,
　　浴宮욕궁, 劫殺겁살, 天權星천권성.

卯는 食神식신, 癸卯, 泄氣설기, 急脚殺급각살, 生宮생궁, 災殺재살, 暗藏
　　에는 乙庚合, 天破星천파성, 大將軍대장군, 天乙貴人천을귀인, 文
　　昌貴人문창귀인, 天廚貴人천주귀인, 落井關殺낙정관살.

辰은 正官정관, 辰巳, 巽爲風손위풍, 暗藏에는 戊癸合, 乙庚合, 天奸
　　星천간성, 自己庫자기고, 活人星활인성, 養宮양궁, 天殺천살, 天喜神천
　　희신, 水隔殺수격살.

巳는 偏財편재가 正財정재, 癸巳, 伏吟복음, 絶地절지, 地殺지살, 同合,
　　暗藏에는 戊癸合, 天文星천문성, 方合, 胎宮태궁, 天乙貴人천을귀인.

午는 正財정재가 偏財편재, 絶地절지, 胞宮포궁, 巳午方合, 桃花殺도화살,
　　天福星천복성, 暗藏에는 丁癸沖, 財官同臨재관동림, 旬中空亡순중공망.

未는 偏官편관, 癸未, 絶地절지, 急脚殺급각살, 巳未方合, 暗藏에는 乙

庚合, 丁癸沖, 天驛星천역성, 墓宮묘궁, 月殺월살, 旬中空亡순중공망.

申은 正印정인, 暗藏에는 丙壬沖, 死宮사궁, 巳申刑殺사신형살, 六合, 亡神殺망신살, 天孤星천고성.

酉는 偏印편인, 癸酉, 將星殺장성살, 巳酉三合, 暗藏에는 丙辛合, 天刃星천인성, 病宮병궁, 文曲貴人문곡귀인, 梟神殺효신살.

戌은 正官정관, 絶地절지, 衰宮쇠궁, 攀鞍殺반안살, 怨嗔殺원진살, 鬼門關殺귀문관살, 天藝星천예성, 暗藏에는 戊癸合, 丁癸沖, 丙辛合, 紅鸞星홍란성.

亥는 比肩비견이 比劫비겁, 癸亥, 天壽星천수성, 驛馬殺역마살, 暗藏에는 丙壬沖, 甲庚沖, 巳亥沖, 旺宮왕궁, 三災天敗삼재천패, 十惡日십악일.

■ 癸巳가

木에는 印綬인수, 傷官상관, 食神식신.

火에는 官星관성, 比肩비견, 比劫비겁.

土에는 財星재성, 印綬인수.

金에는 傷官상관, 食神식신, 官星관성.

水에는 比肩비견, 比劫비겁, 財星재성.

亥卯未生은 巳午未年에 三災殺삼재살이다. 黑氣흑기 巳午未年에는 卯 東方이 大將軍方位대장군방위다. 大將軍方位는 白虎方位백호방위다. 一時停止일시정지와 같다. 大將軍방위는 上下 구별 없이 厄액이 따르며 增築증축이나 修理수리는 不可. 巳에는 未가 喪門상문 卯는 弔

客조객. 丙辛日에는 辰巳가 截路空亡절로공망, 甲午旬中갑오순중에는 辰巳가 旬中空亡순중공망. 巳月은 卯未가 急脚殺급각살, 酉月에 巳는 斷矯關殺단교관살. 甲己日生 巳는 落井關殺낙정관살, 午月에 巳는 活人星활인성. 巳戌, 怨嗔殺원진살, 鬼門關殺귀문관살, 辰巳는 地網殺지망살. 巳는 變化변화가 非常비상하다. 奸邪星간사성이다. 巳月에 入胎月입태월은 申. 巳亥日生 入胎日은 286日이다. 巳日 辰時는 발이 없는 馬가 바람을 타고 가니 千里龍馬천리용마라 한다. 辰과 午사이에 夾은 巳이다.

癸巳의 變化

癸水는 水生木에는 인색하나 水剋火는 잘한다. 그러나 地支의 巳火에는 生剋制化생극제화를 할 수 없으며 戊癸合은 無情之合무정지합이라 하며 癸水는 天干끼리 生도 剋도 하며 形而上學的형이상학적으로는 地支巳火에 生剋制化를 잘한다. 巳火는 地支끼리도 生剋制化를 할 수 있으며 勢力세력으로도 따라가며 天干에도 生剋制化를 할 수 있다.

바람이 적으며 우기의 현상을 나타내는 기후라고 볼 수 있다. 경제가 발달하며 화폐 량도 늘어난다라고 예상된다. 식품연구와 박테리아 균의 연구발표가 있다고 보며, 화공약품의 개발도 폭넓게 연구된다고 예상된다. 학생은 도자기공예, 포장디자인, 도시계획, 해양학과, 생명공학, 항공공학, 식품공학의 인기가 있다고 보며, 미래연구의 조합 구성체가 생긴다고 예상된다. 여행객이 늘어나며 미식가들의 움직임이 분주하다고 보며, 물 속에 연료라 어장확보가 재산과 같으며, 다른 해에 비하여 결혼확률이 높아진 다고 예상되며, 재래시장이 활성화되며 농촌과 직거래가 많아질 것으로 예상되며, 채소나 과일은 풍년의 한해라고 판단된다. 경 영에 성공한 자와 과학자가 인물의 대상자라 사회에 인기가 있 으며, 많은 비 때문에 토사가 무너지는 현상이라고 예상된다. 선 승차후배라 동거 생활한 자가 많아진다고 예상된다. 투자가 예상 되며 새로운 상품의 도전할 기회가 생기게 되고, 바다에 불이라 선박의 화재사고 예상된다. 학생은 수리가 발달하므로 수학점수 가 많이 나온다고 본다.

癸巳의 비밀성 變化

여행객을 가장한 보따리 행상들이 늘어나며, 노래방이나 오락 실이 늘어나며 노복이 돈을 벌어주며, 가정에 큰 수입은 부동산 도 한몫을 하며, 산에 등불이라 임야가 개발된다는 이치와 같으 며, 황무지의 개발이요 도시의 재개발과 맞물려 돌아가며, 고급 음식점이나 양주코너에 손님의 왕래가 많아진다고 본다. 안개 속 에 무지개라 스포츠, 무용을 배우는 사람이 사회생활에 있어서 건강의 한 품목으로 여기며, 선생님이 귀인이요 배움이 있다는 것은 미래가 밝음을 알려주고, 비뇨기과 질환의 환자가 많이 발생한다고 예상되며, 자식이 사업체를 만들고 사회에 이바지하며, 귀인의 해라 손님접대가 우선이요 상대방을 존중하며, 모든 문제는 정쟁보다는 대화로 풀어나간다고 예상되며, 노력한 대가만큼만 수입이 있으며 정직함을 그대로 보여주며 돈과 서류가 만나니 보증이 문제요 백지화가 되며 우리의 옛것이 수출과 동시에 인기의 주종목이 되며 한복과 도자기가 매상이 올라가며 수출과도 연결된다. 금속제품이 새 상품으로 수입에 투자가 있다고 보며, 자식이 표창장에 한 가문을 빛내며, 어머니가 자식과 같이 공부를 하며 학위를 따고, 월급쟁이 하다 사업에 투자를 하게 되며, 민속주점이나 분식이 잘되며 재미를 톡톡히 보고, 안정 속에 사업이 잘되며 오나가나 웃음꽃이 피며, 여자가 귀인이요 여자의 말 한마디가 성공의 길이 되며, 어머니가 가장이요 아내가 가장역할을 하며.

癸巳의 노출성 變化

처가 다른 마음을 먹게 되며 딴 주머니 차게 되고, 갑자기 성급하게 변화란 본디 악성종양과 같으며, 기계고장으로 인해 하자가 많으며 노복의 노력이 부족하고 인쇄물 종이 또한 오름세를 나타내며 가격을 인상시키고, 불을 물로 끄고 있는 현상이라 화재로도 연결되며, 위험이 따르는 것은 보험이 뒷받침을 하여주며, 말 한마디로 인한 상처가 거래처에 귀인이 아니라 원수가 되며, 구르는 돌이 박힌 돌을 빼내며 하극상이 일어나며, 부하가 상사가 되며 기관장으로 모시게되니 실수가 연발이요, 형제나 친구로 인해 아내와 부부싸움을 하게 되고, 건강은 갑상선, 임파선, 편도선염, 목 감기가 비상이요, 수입이 두절이라 밀수거래는 적발이 예고됨을 예상된다. 가정이 편안하지가 않으면 사업이 안되며 수입이 없게 되며, 원류가 두절이라 귀인을 접대방식부터 고쳐야 함을 말해주고, 학생은 선생님을 등지고 배반하며 공부가 무엇인지를 모르며, 행동이 일방적이니 정치나 언론이 적격함을 말해주며, 주는 것이 인색하니 꽁생원과 같으니 대화가 막히며, 돈 앞에서는 눈물로 호소하며 연기가 한몫을 하게 하고, 사랑은 외적으로만 하며 돌아서면 유수와 같으며, 형제도 돈 거래는 이웃보다 못하며 원수와 같고, 옷을 자주 바꾸어 입는다는 것은 새로운 대상자가 있다는 표시요, 오는 정은 고운데 가는 정은 곱지가 않으며, 눈을 감고 강을 건너니 해상사고요 선박사고가 예상되며, 수몰사고에는 비협조적이니 눈물이 앞을 가리며, 금속에 나무라 나무가 병이 든다 라고 예상된다.

甲午

■ 甲

形而上學형이상학 精神정신 始 東 有情유정 上半期상반기 前進전진 得득 實실 생각 生成 上體상체 겉모양 外的외적 勝승 吉길 先 明 낮 地上 太過태과 自由. 天干은 天干끼리 生剋制化생극제화를 할 수 있다. 天干은 地支를 生剋制化 할 수 없다.

■ 午

形而下學형이하학 物質물질 終종 西 無情무정 下半期하반기 後退후퇴 失실 虛허 行動행동 消滅소멸 下體하체 속 모양 內的내적 敗패 凶흉 後후 暗암 밤 地下 不及불급 拘束구속 地支는 天干을 生도 剋도 할 수 있고 地支는 地支끼리 生剋制化를 할 수 있다. 午火는 生도 잘하고 剋도 잘하며 변화가 없다.

■ 甲

十干之首십간지수 匣갑 雨雷우뢰 棟樑之木동량지목 陽木양목 死木사목 無

根之木무근지목 驚蟄경칩 長木장목 巨木거목 直木직목 高林고림 山林산림 頭上두상 精神정신 家長가장 龍雷용뢰 신맛 剛木강목 溫暖온난 酸素산소 供給源공급원 靑龍청용 大林木대림목 胞포 生育생육 寡黙과묵 十干은 戶主호주다. 萬物만물의 根本근본을 主帝주재. 動物동물은 여우. 頭두 神신 長性은 靑청.

■ 午

夏至 仲夏 五月之氣오월지기 正午 陰火음화 生火 柔火유화 活火활화 燈등 燭촉 正南 離宮이궁 七數칠수 馬마 盛火성화 四旺之局사왕지국 紅艶殺홍염살 湯火殺탕화살 紅色홍색 散산 꽃 苦고 舌설 精神정신 逆上역상 羽族類우족류 赤外線적외선 紫外線자외선 電氣전기 火藥類화약류 引火物質인화물질 飮毒음독 悲觀비관 外陽內陰외양내음 赤黃色적황색 一陰始生일음시생 地上에 交通手段교통수단이다. 豊풍 달리는 馬는 移動馬이동마가 되니 運送交通운송교통에 종사한다. 午日生은 外食性외식성으로 活動활동이 奔走분주하다. 火生土도 잘하고 火剋金도 잘한다. 暗藏암장에는 丁己가 있다.

職 業

■ 甲

木材, 家具가구, 紙物지물, 樂器악기, 竹細工죽세공, 木刻목각, 衣類의류, 造林조림, 敎育교육, 宗敎종교, 社會事業사회사업, 建設건설, 建築건축, 不

動產부동산, 保健衛生보건위생, 纖維섬유, 藝能예능, 粉食분식, 醫科의과, 文
敎문교, 遞信체신, 保社보사, 文化, 織物직물, 앞장서는 것.

■ 午

　醫藥의약, 毒劇物取扱독극물취급, 危險物取扱위험물취급, 消防官소방관,
爆藥폭약, 引火物質인화물질, 化工, 電子전자, 祈禱기도, 建築건축, 호텔,
自動車部品자동차부품.

性 格

　인정이 과다하여 병이 되고 자기의 실속보다는 남을 위해 봉
사하며 상대로 하여금 착하다는 소리를 들으며 앞장서기를 좋아
하는 스타일이다. 시작은 좋으나 끝이 없으니 용두사미에 불과하
고 비밀이 없어 손해를 보며 인물은 준수하고 미남 미녀형에 속
하며 다혈질이기도 하다. 또한 일에 있어 대가성으로 말을 하며
실행보다는 먼저 말이 앞서며 계획에 맞지 않는 일을 하기도 하
며 부모 덕이 없고 큰 재복은 주지 않았으니 욕심을 부리지 않
는 것이 좋겠으며 내가 이기는 방법은 공부하여 수양을 쌓아 나
에게 맞는 직업으로만 간다면 순탄한 생활과 동시에 행복감을
느낄 수 있을 것이다. 부부궁은 좋지 않아 해로하기 힘들겠고
도처에 여자가 있기 쉬우며 자손 또한 귀자 두기 어려우며 타자
양육도 염려된다. 여명은 부궁에 대한 수심이 많고 부군작첩에

내 것 주고도 배신당하며 자손 하나 믿고 사는데 재산 모으기가 힘들어서 어려움이 많다 하겠다. 직업으로는 교육이 좋고 사업을 한다면 의약, 섬유, 자동차용품, 건설이 적합하며 건강으로는 간담에 병이 오면 안되니 술을 삼가야 하고 화상의 흉터가 있겠으며 큰 재복은 주지 않았으니 욕심을 부리지 않는 것이 좋겠다.

場所_{장소} : 林, 山中, 都市_{도시}.

健康_{건강} : 肝膽_{간담}, 神經性_{신경성}, 咽喉_{인후}, 甲狀腺_{갑상선}, 淋巴腺_{임파선}, 手足_{수족}, 毛髮_{모발}, 頭_두, 痲痺_{마비}, 關節_{관절}, 中風_{중풍}, 心臟_{심장}, 小腸_{소장}, 血壓_{혈압}, 視力_{시력}, 腦溢血_{뇌일혈}.

天干으로 甲木은 3數요 變化_{변화}하면 10數에 己土가 된다. 맛은 신맛과 쓴맛이며 색상은 청색과 적색이요 午火에 方位는 正 南쪽에 속하며 季節_{계절}로는 午月 여름이요 離卦_{이괘}요 人物로는 中女이다. 하루로는 午前 11時에서 午後 1時까지이며 一陰_{일음}이 始生處_{시생처}이다. 地支에 午火는 數理_{수리}로는 7數요 外陽內陰_{외양내음}으로서 겉으로는 陽이나 속은 陰이요 體_체와 用이 각각 다르다. 火剋金도 잘하고 火生土도 잘한다.

■ 地藏干 : 丁 己

暗藏_{암장}은 비밀스러운 것, 생각이 많은 것이다. 남에게 밝히기를 싫어하며 미래를 내다보는 것도 된다. 暗藏合은 다정한 것, 대가성을 내심 따진다. 체통을 찾는다. 暗藏合에는 丁壬合, 甲己

合이 있는데 天干에 甲, 壬이 있으면 本人의 計劃계획대로 하려 하고, 冲에는 丁癸冲이 있는데 天干에 癸水가 있으면 變化변화가 있게 되며 짜증도 많이 낸다.

午는 寅午戌, 寅戌, 午戌, 寅午는 三合局, 離卦이괘, 巳午未는 方合, 午未는 六合, 丑午는 怨嗔殺원진살, 鬼門關殺귀문관살, 午卯는 六破殺육파살, 湯火殺탕화살, 午月에 水隔殺수격살은 寅. 申酉戌이 三災.

■ 甲午가 아래 天干을 만나면

甲은 比肩비견, 甲午, 伏吟복음, 天赦星천사성, 死宮사궁, 泄氣설기, 盜氣도기, 木焚목분.

乙은 比劫비겁, 生宮생궁, 泄氣설기, 木焚목분.

丙은 食神식신, 丙午, 木焚목분, 泄氣설기, 月德貴人월덕귀인, 羊刃殺양인살, 旺宮왕궁, 天轉殺천전살.

丁은 傷官상관, 祿根녹근, 冠宮관궁, 木焚목분.

戊는 偏財편재, 絶地절지, 戊午, 羊刃殺양인살, 旺宮왕궁, 地轉殺지전살.

己는 正財정재, 絶地절지, 甲己合, 祿根녹근, 冠宮관궁.

庚은 偏官편관, 絶地절지, 甲庚冲, 庚午, 浴宮욕궁.

辛은 正官정관, 病宮병궁.

壬은 偏印편인, 壬午, 丁壬合, 胎宮태궁, 絶地절지.

癸는 正印정인, 暗藏에는 丁癸冲, 絶地절지, 胞宮포궁.

■ 甲午가 아래 地支를 만나면

子는 偏印편인이 正印정인, 甲子, 梟神殺효신살, 天赦星천사성, 子午沖, 暗藏에는 丁癸沖, 天貴星천귀성, 浴宮욕궁, 災殺재살.

丑은 正財정재, 官庫관고, 丑午, 怨嗔殺원진살, 鬼門關殺귀문관살, 六害殺육해살, 帶宮대궁, 天厄星천액성, 天殺천살, 湯火殺탕화살, 暗藏에는 甲己合, 丁癸沖, 絶地절지, 天乙貴人천을귀인.

寅은 比肩비견, 祿녹, 甲寅, 孤鸞殺고란살, 寅午三合, 地殺지살, 天廚貴人천주귀인, 水隔殺수격살, 暗藏에는 甲己合, 冠宮관궁, 天權星천권성.

卯는 比劫비겁, 羊刃殺양인살, 天喜神천희신, 午卯, 六破殺육파살, 旺宮왕궁, 天破星천파성, 桃花殺도화살, 大將軍대장군, 急脚殺급각살.

辰은 偏財편재, 甲辰, 白虎大殺백호대살, 印綬庫藏인수고장, 暗藏에는 丁癸沖, 衰宮쇠궁, 月殺월살, 天奸星천간성, 十惡日십악일, 絶地절지, 旬中空亡순중공망.

巳는 傷官상관이 食神식신, 巳午方合, 木焚목분, 亡神殺망신살, 病宮병궁, 暗藏에는 甲庚沖, 天文星천문성, 活人星활인성, 文昌貴人문창귀인, 旬中空亡순중공망, 落井關殺낙정관살, 天廚貴人천주귀인.

午는 食神식신이 傷官상관, 甲午, 伏吟복음, 甲己合, 同合, 天福星천복성, 死宮사궁, 方合, 將星殺장성살, 天赦星천사성.

未는 正財정재, 急脚殺급각살, 暗藏에는 甲己合, 自己庫자기고, 方合, 絶地절지, 天乙貴人천을귀인, 墓宮묘궁, 攀鞍殺반안살, 天驛星천역성.

申은 偏官편관, 甲申, 懸針殺현침살, 絶地절지, 胞宮포궁, 殺印相生살인상생, 驛馬殺역마살, 天孤星천고성, 暗藏에는 甲庚沖, 丁壬合, 截路空

亡절로공망, 三災人皇삼재인황.

酉는 正官정관, 絶地절지, 紅鸞星홍란성, 六害殺육해살, 馬扶殺마부살, 三災天權삼재천권, 截路空亡절로공망, 胎宮태궁, 天刃星천인성.

戌은 偏財편재, 甲戌, 絶地절지, 財官同臨재관동림, 午戌三合, 天藝星천예성, 斷矯關殺단교관살, 養宮양궁, 財庫재고, 傷食庫상식고, 華蓋殺화개살, 三災地災삼재지재.

亥는 正印정인이 偏印편인, 天德貴人천덕귀인, 文曲貴人문곡귀인, 天壽星천수성, 長生宮장생궁, 劫殺겁살, 暗藏에는 丁壬合, 甲己合.

■ 甲午가

木에는 比肩비견, 比劫비겁, 傷官상관, 食神식신.

火에는 印綬인수, 比肩비견, 比劫비겁.

土에는 官星관성, 印綬인수.

金에는 財星재성, 官星관성.

水에는 傷官상관, 食神식신, 財星재성.

亥卯未生은 巳午未年에 三災殺삼재살이다. 陰氣음기 巳午未年에는 卯 東方이 大將軍方位대장군방위다. 大將軍方位는 白虎方位백호방위다. 一時停止일시정지와 같다. 大將軍은 上下가 없고 액이 따르며 增築증축이나 修理수리도 不可, 午에는 申이 喪門상문이고 辰은 弔客조객이다. 乙庚日에는 午未가 截路空亡절로공망. 甲申旬中갑신순중에는 午未가 旬中空亡순중공망. 辛日에 寅午가 天乙貴人천을귀인. 戌月에 午는

斷嬌關殺단교관살, 未月에 午는 活人星활인성. 丑午는 怨嗔殺원진살, 鬼門關殺귀문관살. 午火는 變化변화가 없다. 天福星천복성. 巳와 未사이에 夾은 午이다. 午月에 入胎月입태월은 酉. 子午日生 入胎日은 276日.

甲午의 變化

甲木은 木生火도 잘하고 木剋土도 잘한다. 그러나 地支의 午火에는 生剋制化생극제화를 할 수 없으며 甲己合은 中正之合이라 하며 甲木은 天干끼리 生도 剋도 하며 形而上學的형이상학적으로는 地支午火에 生剋制化를 잘한다. 午火는 地支끼리도 生剋制化를 할 수가 있으며 勢力세력으로도 따라가며 天干에도 生剋制化를 할 수 있다.

건축, 호텔, 숙박업 경기가 살아나며 화재도 빈번하다고 본다. 비가 적고 기온이 높으며 찜통더위가 예상된다. 관광의 해가 되어 여행객이 늘어날 것으로 예상된다. 역마의 해라 운송이 잘되며 물류운송 계통의 일이 많아지며, 나무가 없어지는 형상이니 산불과도 연결되며 벌목작업과도 연결된다. 나무가 말라지는 형상이니 나무의 병충해를 입을 것으로 예상된다. 기온이 높아 무더위가 예상되니 피서지 삼림욕과 펜션 타운을 찾는 이가 많아진다고 예상된다. 마부살이라 운전사들의 경쟁이 심하여지니 항공사고와도 연결된다. 국민이 알권리가 생기며 열기구 종류가 개발되며, 금속류는 보합세를 이루며 부동산경기는 살아난다고 본다. 언론정책이 투명하여지며 비밀이 없어진다고 예상된다. 태양열의 연구발표가 있다고 보며 열기구의 각종연구가 활발하다고 본다. 비관성과의 연결이라 폭발성물질이 사고가 예상된다. 녹색채소가 병이 드는 현상이니 가격이 올라간다고 예상되며, 힘 자랑이라 구세대보다는 투명세대의 즉 신세대구축이 힘이 모아지며 인기가 있음을 예상된다. 의류는 밝은 색상이 유행을 하게되며 짧은 복고풍이 인기를 끈다고 예상된다. 학생은 복지과, 외교정치학과, 공사, 신방과가 인기가 있겠으며.

甲午의 비밀성 變化

나쁜 것을 도모하고 엉터리로 가르쳐주며, 호텔, 건설, 전원주택이 늘어나며, 겉으로는 좋은 척하나 속으로는 속이 들여다보이는 거짓말을 잘하며, 건물 임대사업은 경쟁이 있을 것으로 예상되며, 수하의 보증 서주고 책임지는 일이 발생하며, 언론이 투명하여지며 학생은 학원가로 몰리게 되고, 공군사관학교, 건축학과, 정치외교학과가 인기과목이요, 아내가 사업에 뛰어들며 문명이 발달하여지며, 돈 때문에 의리 잃고 친구마저 잃어버리게 된다. 동창회에 초대받으며 연회석에 참가하게 되고, 노복이 기술을 도둑질하여 넘겨주고 이익을 챙기며, 조경사업이 잘되고 기술도 배우고 모방도 하게 되며, 산불과 불조심으로 인한 피해가 예상되며, 목재, 종이, 문구류 가격이 오름세로 나타난다고 예상되며, 학생은 국어점수가 안나오며 문제가 어려워지고 불평불만이 많으며, 수학점수는 대체적으로 쉽게 출제된다고 예상되니 점수는 많이 나오게된다고 본다. 옛것과 오래된 물품의 구매욕이 생기므로 백자나 청자도자기가 잘 팔린다고 예상된다. 외국문물의 수입으로 인한 제조업의 피해가 예상된다. 의료계나 서비스 업무는 환자나 손님접대에 개선이 되며, 적색황토가 곳곳에 쓰여지며 조경정책이 앞장서가며, 새로운 안경기술이 도입되고 발전을 거듭하게 되고, 노복이 친구가 되고 후배가 동등한 위치에 있게 되며, 토지가 개간되고 도시계획과 같으며 밝은 사회로 전진하며, 시집을 간 후로 시댁이 재산이 점점 증가하게 되며, 손자가 고시에 합격을 하게되니 집안에 경사로 겹치며.

甲午의 노출성 變化

직장업무가 많아서 감당을 못하며 익숙하지 못하게 되고, 상사에 말 잘못하여 감원 대상의 입에 오르내리게 되며, 나도 모르던 서류의 문제가 불거져 나오며, 정신이 산만하고 좌불안석에 모든 일을 서두르게 되며 조각, 목수들의 기술과 손재주가 독특한 예술적인 것을 나타내며, 나무가 없어지니 화재가 예상되고 벌목작업도 예상된다. 재래시장 보다는 백화점의 선호도가 높아지며, 목 감기가 유행하는 한해라고 예상된다. 비관음독 타인을 비방하고 남이 잘되는 것을 보지 못하며, 학생은 학교가 마음에 들지 않으며 취업을 하려고 하며, 조상님께 정성을 드리면 조상님이 도와준다는 것을 알게되며, 언론으로 인한 피해는 명예 손상으로 돌아가게 되고, 감시나 감독이 강화되고 다른 사람의 결점의 관찰을 잘하며, 직장의 변화가 많으며 안 해본 것이 없으며, 무관직업이 인기요 나에게는 천직과 같으며, 눈을 다치게 되거나 시력이 떨어지거나 밤눈이 어두워지는 현상이 나타날 수도 있으며, 물 속에 전기라 감전사고와도 연결이 된다고 본다. 등대가 보이지 않으니 해상사고와도 연결된다고 예상된다. 열대성기후가 발생하니 땅이 갈라지는 현상이라 가뭄이 예상되고 지진이 예상되며, 때아닌 꽃이 피게되니 이상기온이라고 보며, 의욕이 없어지고 피로가 찾아오니 간이 스트레스라 짜증만 거듭되게 된다. 간이 피로하면 염증이요 간 염증 환자가 많이 발생하게 된다고 본다. 상하가 정쟁이라 도움이 안되며 말 한마디가 잘못이요, 초목이 마르는 증상이라 채소가 더위에 말라버리는 현상이요, 다혈질이 일을 그르치며 인내가 필요로 하다.

乙未

■ 乙

形而上學형이상학 精神정신 始 東 有情유정 上半期상반기 前進전진 得득 實실 생각 生成 上體상체 겉모양 外的외적 勝승 吉길 先 明 낮 地上 太過태과 自由. 天干은 天干끼리 生剋制化생극제화를 할 수 있다. 天 干은 地支에 生剋制化를 할 수 없다.

■ 未

形而下學형이하학 物質물질 終종 西 無情무정 下半期하반기 後退후퇴 失실 虛허 行動행동 消滅소멸 下體하체 속 모양 內的내적 敗패 凶흉 後후 暗암 밤 地下 不及불급 拘束구속 地支는 天干을 生도 剋도 할 수 있고 地支는 地支끼리 生剋制化를 할 수 있다. 未土는 生은 인색하며 剋은 잘하며 변화가 있다. 未土는 合이 될 때도 있고 안될 때도 있다.

■ 乙

淸明청명 矯木교목 陰木음목 生木 軋알 枝葉木지엽목 活木활목 濕木습목

柔木유목 草초 草木초목 風풍 樹木수목 根근 同化作用동화작용 楊柳木양류목 屈木굴목 藤木등목 綠色녹색 角木각목 曲處곡처 陰地木음지목 繁華之木번화지목 달 春춘 硬化경화 呼호 雷뇌 長장 農場농장 浮부 林림 藝能예능 木刻목각 樂器악기 觸角촉각 智明지명 動物동물은 수달피. 木剋土를 잘한다.

■ 未

小暑소서 大暑대서 羊양 陰土음토 味미 二陰之氣이음지기 旺土왕토 燥土조토 足腹類족복류 木之庫藏목지고장 火餘氣화여기 四庫之局사고지국 信신 天驛星천역성 三伏之氣삼복지기 모래땅 자갈땅 赤外線적외선 引火物質인화물질 電池전지 電子전자 放射線방사선 火藥類화약류를 함유하고 있다. 심술성 土中에는 뜨거운 土다. 不毛地불모지땅. 샘이 많다. 土生金은 못하나 土剋水는 잘한다. 亥水를 감당을 못한다. 紅色홍색을 지닌 땅 木에 庫藏고장이므로 낮은 野山야산이다. 夏節하절 沙土사토로 人工培養土인공배양토다. 午後 1時에서 午後 3時까지 관장.

職 業

■ 乙

그림, 글씨, 藝術예술, 藥草약초, 農場농장, 韓醫師한의사, 言論언론, 피아노, 花園화원, 粉食분식, 디자인, 娛樂오락, 씨앗, 衣類의류, 作曲작곡, 家具가구, 合版합판, 상자, 齒科치과, 理髮師이발사.

■ 未

建設土木건설토목, 農業농업, 乾草건초(漢藥한약), 술, 食堂식당, 土地토지, 藝術工藝예술공예, 九流術業구류술업, 哲學철학, 不動産부동산, 醫藥業의약업.

性 格

인정과 예의가 많으며 명석하여 학문과 예능에도 뛰어난 재능이 있으며 음악에는 약한 편이다. 또한 성격이 까다로워 상대하기가 어려우며 심술이 많고 날카로워서 신경질적이며 근면성실하나 지구력이 약한 것이 흠이다. 자기 고장을 놓고 있어 철이 빨리 든 반면 실속이 없고 흰머리가 많은 것이 특징이며 애늙은이란 별명이 붙는다. 늙은 것 같으면서도 마음은 청춘이며 현대적인 것보다 보수적인 기질에 치우치다보니 마음과 행동이 다르며 재복은 있다하나 관리를 잘못해 고생이 많겠다. 어려서 잔병으로 인해 부모님의 걱정이 많겠고 백호대살에 성질이 급하여 깊이 생각하지도 않고 결정을 내리는 것이 흠이며 부모 덕도 없지만 처궁 또한 부실하여 결혼의 실패가 되기 쉬우며 처의 잔질로 고심이 많겠다. 여명은 부궁 부실에 본성은 착하며 자식에 대한 사랑은 지극하나 시어머니 사이가 원만하지 않으며 시집살이에 신경성 질환에 시달리는 경향이 많으니 마음을 편히 먹는 것이 최선의 방법일 것이다.

직업은 재정, 금융, 공무원에서 많이 보고 있으나 한 직장을 오래가지 못하며 건강은 간담과 신경성 위장병, 혈액순환장애로 고생을 하니 종교로서 마음을 다스리는 것이 좋겠다.

場所장소 : 빈 공간 놀이장소, 새로운 것.

健康건강 : 肝膽간담, 神經痛신경통, 咽喉인후, 手足수족, 毛髮모발, 風풍, 頭두, 痲痺마비, 關節관절, 偏頭痛편두통, 脾비, 胃腸위장, 허리, 腹部복부, 口, 肌肉기육, 血壓혈압, 糖尿당뇨, 특히 合倂症합병 증을 조심.

　　天干으로 乙木은 8數요 變化변화하면 9數에 庚金경금이 된다. 맛은 신맛과 단맛이요 색상은 녹색과 황색이며, 未土에 方位는 未坤申미곤신 南西쪽에 屬하며 季節계절로는 未月 여름이요 人物로는 長男이다. 하루로는 午後 1時에서 3時까지이며 二陰之氣이음지기요. 地支에 未土가 數理수리로는 10數요 土生金은 인색하나 土剋水는 잘한다.

■ 地藏干 : 己 丁 乙

　　暗藏암장은 비밀스러운 것, 생각이 많은 것이다. 남에게 밝히기를 싫어하며 미래를 내다보는 것도 된다. 暗藏合은 다정한 것 대가성을 내심 따진다. 暗藏合에는 甲己合, 丁壬合, 乙庚合이 있는데 天干에 甲, 壬, 庚이 있으면 本人의 계획대로 하려 하고, 冲에는 丁癸冲, 乙辛冲이 있는데 天干에 癸, 辛이 있으면 변화가 많고 내심 성격도 급하다.

未는 亥卯未, 亥未, 亥卯, 卯未는 三合局, 震卦진괘, 巳午未는 方合,
　　午未는 六合, 寅未는 鬼門關殺귀문관살, 子未는 怨嗔殺원진살,
　　六害殺육해살, 巳午未는 三災, 未月에 水隔殺수격살은 子.

■ 乙未가 아래 天干을 만나면

甲은 比劫비겁, 天月德貴人천월덕귀인, 墓宮묘궁, 自己庫자기고, 暗藏에는
　　甲己合, 天乙貴人천을귀인.

乙은 比肩비견, 乙未, 白虎大殺백호대살, 自己庫자기고, 墓宮묘궁, 養宮양궁,
　　乾草건초, 漢藥한약.

丙은 傷官상관, 衰宮쇠궁, 印綬庫藏인수고장, 羊刃양인.

丁은 食神식신, 丁未, 羊刃양인(陰刃음인), 帶宮대궁.

戊는 正財정재, 羊刃양인, 衰宮쇠궁, 官庫관고.

己는 偏財편재, 己未, 羊刃양인, 모래, 자갈 땅, 陽地양지, 帶宮대궁.

庚은 正官정관, 財庫재고, 帶宮대궁, 暗藏에는 乙庚合.

辛은 偏官편관, 辛未, 衰宮쇠궁, 財庫재고, 暗藏에는 乙辛沖, 金木相
　　戰금목상전.

壬은 正印정인, 養宮양궁, 傷食庫藏상식고장, 暗藏에는 丁壬合.

癸는 偏印편인, 癸未, 墓宮묘궁, 絶地절지, 暗藏에는 丁癸沖, 傷食庫상식고.

■ 乙未가 아래 地支를 만나면

子는 正印정인이 偏印편인, 桃花殺도화살, 病宮병궁, 天貴星천귀성, 怨嗔
　　殺원진살, 暗藏에는 丁癸沖, 六害殺육해살, 水隔殺수격살, 天乙貴

人천을귀인, 落井關殺낙정관살, 文曲貴人문곡귀인.

丑은 偏財편재, 乙丑, 衰宮쇠궁 官庫관고, 丑未沖, 月殺월살, 絶地절지, 暗藏에는 丁癸沖, 乙辛沖, 天厄星천액성, 湯火殺탕화살.

寅은 比劫비겁, 旺宮왕궁, 鬼門關殺귀문관살, 暗藏에는 甲己合, 天權星천권성, 亡神殺망신살, 天喜神천희신.

卯는 比肩비견, 乙卯, 祿녹, 卯未三合, 大將軍대장군, 將星殺장성살, 天破星천파성, 急脚殺급각살, 冠宮관궁, 天轉殺천전살.

辰은 正財정재, 羊刃殺양인살, 印綬庫藏인수고장, 攀鞍殺반안살, 旬中空亡순중공망, 暗藏에는 丁癸沖, 帶宮대궁, 天奸星천간성.

巳는 食神식신이 傷官상관, 乙巳, 孤鸞殺고란살, 乙庚合, 泄氣설기, 盜氣도기, 浴宮욕궁, 木焚목분, 驛馬殺역마살, 天文星천문성, 巳未는 方合, 三災黑氣삼재흑기, 十惡日십악일, 旬中空亡순중공망.

午는 傷官상관이 食神식신, 泄氣설기, 生宮생궁, 六害殺육해살, 天福星천복성, 木焚목분, 六合, 方合, 三災陰氣삼재음기, 截路空亡절로공망, 活人星활인성, 天廚貴人천주귀인, 文昌貴人문창귀인.

未는 偏財편재, 乙未, 伏吟복음, 絶地절지, 養宮양궁, 同合, 自己庫藏자기고장, 白虎大殺백호대살, 方合, 乾草건초, 木焚목분, 華蓋殺화개살, 天驛星천역성, 截路空亡절로공망, 三災白殺삼재백살, 急脚殺급각살.

申은 正官정관, 胎宮태궁, 劫煞겁살, 天孤星천고성, 未申은 坤土곤토, 紅鸞星홍란성, 天乙貴人천을귀인, 暗藏에는 丁壬合, 乙庚合.

酉는 偏官편관, 乙酉, 懸針殺현침살, 絶地절지, 胞宮포궁, 災殺재살, 暗藏에는 乙辛沖, 天刃星천인성, 斷矯關殺단교관살.

戌은 正財정재, 雜氣財官잡기재관, 暗藏에는 乙辛沖, 未戌刑殺미술형살, 傷食庫상식고, 財庫재고, 六破殺육파살, 天藝星천예성, 墓宮묘궁, 天殺천살.

亥는 偏印편인이 正印정인, 乙亥, 死宮사궁, 地殺지살, 生宮생궁, 暗藏에는 丁壬合, 甲己合, 天壽星천수성.

■ 乙未가

木에는 比肩비견, 比劫비겁, 財星재성.

火에는 印綬인수, 傷官상관, 食神식신.

土에는 官星관성, 比肩비견, 比劫비겁.

金에는 財星재성, 印綬인수.

水에는 傷官상관, 食神식신, 官星관성.

亥卯未生은 巳午未年에 三災殺삼재살이다. 白殺백살 巳午未年에는 卯 東方이 大將軍方位대장군방위다. 大將軍方位는 白虎方位백호방위다. 一時停止일시정지와 같다. 增築증축이나 修理수리는 避피함이 좋고 上下 구별 없이 厄액이 따른다. 未에는 酉가 喪門상문이요 巳가 弔客조객 이다. 乙庚日에는 午未가 截路空亡절로공망. 寅未는 鬼門關殺귀문관살, 甲申旬中갑신순중에는 午未가 旬中空亡순중공망. 子未는 怨嗔殺원진살, 六害殺육해살, 甲戊庚日에 丑未가 天乙貴人천을귀인. 巳午未月生에 未 는 急脚殺급각살. 亥月生에 未는 斷矯關殺단교관살. 申月에 未는 活人 星활인성. 未는 變하기도 잘하면서 變하지 않을 때도 있다. 未月에

入胎月입태월은 戌. 丑未日生 入胎日은 266日. 午와 申 사이에 夾은 未이다.

乙未의 變化

乙木은 木生火는 인색하나 木剋土는 잘한다. 그러나 地支의 未土에는 生剋制化생극제화를 할 수 없으며 乙庚合은 仁義之合인의지합이라 하며 乙木은 天干에 生도 剋도 하며 形而上學的형이상학적으로는 地支未土에 生剋制化를 잘한다. 未土는 地支끼리도 生剋制化를 할 수 있으며 세력으로도 합할 수 있고 天干에도 生剋制化를 할 수 있다.

기온이 상승하며 무더운 찜통 더위가 예상된다. 초목이 마르는 형상이니 나무나 초목이 말라죽는 병이 있게된다고 예상된다. 물부족 현상이 나타나니 양수기가 품절의 현상이 나타날 것으로 예상된다. 과일이 당도는 올라가나 겉은 익으나 속은 병이 드는 현상이 나타난다고 예상된다. 학생은 육군사관학교, 경영학과, 조각과, 농과, 한의학과, 경찰학과, 예능학과가 인기의 주종을 이룰 것으로 예상된다. 사고나 관재가 많아지는 한해라고 예상되니 질서만 잘 지키면 예방이 될 것으로 본다. 건설분야는 토목분야가 일이 많아진다고 예상되며, 교육자는 투명한 교육을 위주로 하려고 한다고 예상된다. 광산이나 석재, 농업분야에 새로운 계기가 마련될 것으로 예상된다. 살성이 있으니 성격이 난폭하여지고 급해지니 좌불안석이요. 희귀한 병이 발생하며 병명이 나타나지 않는다고 예상된다. 옛것을 찾으며 고유의 우리의 것을 승화시킨다고 예상된다. 예능분야가 발전하며 새로운 인물이 나와 인기를 누리며, 조각분야에 참신한 인물이 나와 인기를 차지하며, 마음은 바쁘나 행동과는 전혀 다른 결과가 나오며, 바다는 높은 이상기온 관계로 수온이 높아진다고 예상된다. 행동이 급하면 사고로 연결됨을 알아야 한다.

乙未의 비밀성 變化

동업으로 인한 사업은 확장을 하게 되며, 목재나 섬유가 돈이 되며 친구나 형제가 도와주며, 승진에 승진이라 더 높은 관직을 바라보며, 놀이장소, 오락실, 노래방 등이 많이 늘어나며, 꽃집이나 분재, 조경 장사가 잘되며 흑자를 내게되고, 카드 빚이나 보증으로 인한 것에 시달리게 되며, 국문과가 경제과로 탈바꿈을 하게되며, 나무에 관한 기술이 돈이 되며 명예가 살게되고, 정신병 때문에 마음에 상처를 많이 받으며, 여행 중에 실물수가 있게 되며, 노복으로 인한 중요한 문서가 실물수가 있으며, 예술문화 방면으로 관심이 많아지며, 교통사고로 수술환자가 늘어나며, 계획은 있으나 마음은 바쁜데 실행이 되지 않으며, 공업기술이 개발되어 정부에 지원사업이 지정되며, 부동산거래가 많아지며 금융이 제재를 받으며, 거래대금은 현금으로 하려 하며 모방기술이 이익을 보며, 임야개발이 살아나며 임야가 변화가 있어 형질 변경이 되기도 하며, 금전독촉에 재무 분야에 감사나 조사가 이루어지며, 나무가 크지 않고 가격이 높은 것이 거래가 있게 되며, 수석이나 장승 조형물 같은 것이 일이 많아지게 되며, 일이 빠를수록 좋은 일이 많아지게 되며 이익이 있게 되며, 자연환경이 변화를 가져오니 경쟁이 아니면 결사반대 항의가 있게 되며 고생을 하여 번 재산은 돈이라는 것을 알게 되며, 마음은 일확천금이나 실지행동은 모래성 쌓기요, 마음의 변화가 오니 건축에 관한 일을 하고 싶어하며, 정신과 행동은 따로 따로라 일의 결과가 좋으며.

乙未의 노출성 變化

기계기술이나 통신, 봉제, 금속기술자를 많이 보고, 나무를 철사로 감아놓은 형상이니 나무에 수형을 잡는 것과 같은 것이요 배우면서 가르치는 속도는 빠르며, 인정은 있다하나 인색한 편이요 지식이 모자라 가르치는 것도 인색한 편이요, 경쟁이 심하며 가는 곳마다 경쟁이요 소개하면서부터 후회하고 일을 하는 자와 노는 자가 따로 정해져 있으며, 일이 많아 직업병에 두통, 치통, 신경통까지 있게 되며, 별정직에 들어가게 되니 음해와 시비구설이 많아지며, 자식의 출세는 조상님이 막고 있으니 되는 일이 없으며, 좌불안석에 공부가 되지 않으며 기술을 배우고 싶어하며, 노는데는 명수요 돈을 쓰는데도 명수요 오라는 곳은 없어도 갈곳은 많으며, 예능에는 발달은 하였으나 부모는 하기 싫은 공부타령만 하게 되며 내 마음을 전혀 모르게 되고, 토목, 조경, 약초재배에 잘 맞고 이발, 미용기술에 잘 맞으며, 노복의 보증문제가 확대되며 책임을 지게 되고, 친구 때문에 음지생활이요 양지생활하기가 어려우며, 사고가 났다하면 나의 소식이요 가는 곳마다 노동자요 권리를 찾으려하며 도와주고 욕먹으며 주머니가 펑크나게 되며, 상사와 부하직원 때문에 내가 설자리가 없으며, 시작이 잘못이요 아는 것이 없으며, 배설구가 막혀 있는데 배부른데 또 먹어라 하며, 소화능력이 없으면서 욕심은 목까지 차있으며, 필화사건에 연루되며 되는 일이 없으며, 주택구입으로 인한 손재는 화재사건으로 돌아가게 되며, 당뇨병, 위장병, 합병증 환자가 많아지며 옆구리가 결리고 꾀병과도 같다.

丙申

■ 丙

形而上學형이상학 精神정신 始 東동 有情유정 上半期상반기 前進전진 得득 實실 생각 生成 上體상체 겉모양 外的외적 勝승 吉길 先 明 낮 地上 太過태과 自由. 天干은 天干끼리 生剋制化생극제화를 할 수 있다. 天干은 地支에 生剋制化를 할 수 없다.

■ 申

形而下學형이하학 物質물질 終종 西 無情무정 下半期하반기 後退후퇴 失실 虛허 行動행동 消滅소멸 下體하체 속 모양 內的내적 敗패 凶흉 後후 暗암 밤 地下 不及불급 拘束구속 地支는 天干을 生도 剋도 할 수 있고 地支는 地支끼리 生剋制化를 할 수 있다. 申金은 生도 잘하며 剋도 잘하고 변화도 잘 한다.

■ 丙

芒種망종 起火기화 陽火양화 炳병 動物동물은 사슴 밝다 太陽之火태양지화 君王之火군왕지화 爐冶之火노야지화 電氣전기 光線광선 電波전파 紫外

線자외선 赤外線적외선 放射線방사선 超能力초능력 빛 死火 旺火왕화 純陽
순양 强熱之火강열지화 透視力투시력 逆上역상 불꽃 太陽태양 화려한 것
펼쳐만 놓는다. 字義자의는 日 昌창 光광 陽양 高고요 소리는 雄壯웅
장한 곳. 場所장소는 밝은 곳 晝間주간이요 繁昌藏蓄地번창장축지. 在來
市場재래시장 器物기물은 大衆대중 集合집합 場所장소다. 性質성질은 明朗
명랑 快活쾌활이다.

■ 申

立秋 處暑처서 改革개혁 肅殺之氣숙살지기 變革변혁 更新갱신 神氣신기
霜상 神신 角각 兵草병초 陽金양금 猴후 坤方곤방 白色백색 冷氣냉기 燥조
國防국방 交通교통 運輸운수 機械기계 製鐵제철 怒노 剛金강금 急速급속 鐵
物철물 四生之局사생지국 三陰之氣삼음지기 白虎백호 名分명분 體統체통 昆
蟲類곤충류 龜귀 血光혈광 堅固견고 老窮노궁 義理의리 冷靜냉정 頑金丈鐵완
금장철 胛骨動物갑골동물 變化動物변화동물 懸針殺현침살 骨格골격 痔疾치질
肺폐 大腸盲腸대장맹장 鐵馬철마 自動車자동차 天孤星천고성 結實결실 模倣
모방 夕陽석양 涼량 神신을 관장 포부가 크다. 强柔강유함축 金生水도
잘하고 金剋木도 잘한다. 午後 3時에서 5時까지.

職 業

■ 丙

雜貨商잡화상, 車차, 駐車場주차장, 石油석유, 가스 燃料연료, 航空항공,

火藥화약, 煖房난방, 電話전화, 在來市場재래시장, 眼鏡안경, 檢査검사, 行政工作행정공작, 政治정치, 照明器具조명기구, 勞動問題노동문제, 運動운동, 電氣전기, 運輸業운수업, 通信통신, 美容室미용실, 硝子초자, 文敎문교, 言論언론, 産資部산자부.

■ 申

寺刹사찰, 自動車자동차, 運輸業운수업, 鐵物철물, 整備정비, 機械기계, 軍人, 運動운동, 武器무기, 資材자재, 針침, 皮膚美容피부미용, 마사지.

性 格

이마가 넓어 상대로 하여금 시원한 인상을 주게 되며 명랑하고 예의 바르며 신용과 명분을 따지며 확고부동한 성격이다. 바른 말을 잘하여 항시 구설이 따름과 동시 말이 씨가 되니 주의하여야 하겠고 수리 계산에 밝아 암산이 남달리 빠르며 대가성을 바라고 돈이 된다면 무조건 하고 본다는 식으로 성급하게 일을 처리한다는 것이 단점이라 하겠다. 공부는 도중하차하겠고 역마지살에 일찍 고향을 떠나 자수성가하겠으며 남의 것을 모방하는 데는 일가견이 있으며 일지에 편재를 놓고 있어 사업의 기질을 타고났다 하겠다. 재복은 있으나 처덕은 주지 않았으니 중매하는 것이 좋겠으나 사교술은 타고나서 연애를 했다하면 선승차후배라 임신을 잘하여 부모님을 속썩여보며 여자라면 사업가와 인연이 있으며 시어머니의 변덕이 심해 편안한 날이 없으니 중매결혼이 필수조건이라 하겠다.

　직업으로는 돈과 관련된 일로 금융, 경영, 재정직이며 사업으로는 운수업이나 정미소, 부동산 계통의 종사함도 있겠고 건강은 위장, 허리, 대장이나 폐 기능에 병이 오면 고생을 하게 되며 정신적인 장애도 있을 수 있다.

健康_{건강} : 心臟_{심장}, 小腸_{소장}, 心包_{심포}, 三焦_{삼초}, 眼病_{안병}, 體溫_{체온}, 血壓_{혈압}, 熱_열, 舌_설, 精神_{정신}, 循環期系統_{순환기계통}, 大腸_{대장}, 骨格_{골격}, 齒牙_{치아}, 皮膚_{피부}, 血疾_{혈질}, 氣管支_{기관지}, 痔疾_{치질}, 盲腸_{맹장}, 鼻_비, 吹角_{취각}.

　天干으로 丙火는 7數요 變化_{변화}하면 6數에 癸水가 된다. 맛은 쓴맛과 매운맛이요 색상은 적색과 백색이요 申金은 未坤申_{미곤신} 西南쪽 方位이며 季節_{계절}로는 申月 초가을이요 人物로는 中男 中女에 속하고 하루로는 午後 3時에서 5時까지이며 三陰之氣_{삼음지기}요 地支 申金에 數理_{수리}로는 9數요 金生水도 잘하고 金剋木도 잘한다.

■ 地藏干 : 庚 壬

　暗藏_{암장}은 비밀스러운 것, 생각이 많은 것이다. 남에게 밝히기를 싫어하며 미래를 예견하는 것도 된다. 暗藏은 다정한 것 후중한 것 대가성을 내심 따진다. 暗藏合에는 乙庚合, 丁壬合이 있는데 天干에 乙이나 丁이 있으면 본인의 계획대로 하려고 한다.
冲에는 甲庚冲, 丙壬冲이 있는데 天干에 甲, 丙이 있으면 변화가
많고 내심 성격도 급하다.

申은 申子辰, 申子, 子辰, 申辰은 三合局삼합국, 坎卦감괘, 申酉戌은
方合, 卯申은 怨嗔殺원진살, 鬼門關殺귀문관살, 申亥는 六害殺육
해살, 寅卯辰은 三災, 寅巳申은 三刑殺삼형살, 申에 水隔殺수격살
은 戌.

■ 丙申이 아래 天干을 만나면

甲은 偏印편인, 甲申, 懸針殺현침살, 甲庚冲, 殺印相生살인상생, 絶地절지,
胞宮포궁, 活人業활인업.

乙은 正印정인, 暗藏에는 乙庚合, 胎宮태궁, 殺印相生살인상생.

丙은 比肩비견, 丙申, 伏吟복음, 暗藏에는 丙壬冲, 財殺地재살지, 財官
同臨재관동림, 月德空월덕공, 不情胞胎부정포태, 絶地절지, 病宮병궁.

丁은 比劫비겁, 財殺地재살지, 丁壬合, 淫亂之合음란지합, 研究官연구관,
浴宮욕궁, 月德合월덕합.

戊는 食神식신, 戊申, 孤鸞殺고란살, 文昌貴人문창귀인, 病宮병궁, 天赦星
천사성, 天廚貴人천주귀인, 泄氣설기.

己는 傷官상관, 泄氣설기, 盜氣도기, 土變토변, 浴宮욕궁.

庚은 偏財편재, 庚申, 專祿전녹, 冠宮관궁, 敬神경신.

辛은 正財정재, 旺宮왕궁, 丙辛合.

壬은 偏官편관, 丙壬沖, 壬申, 十惡日십악일, 梟神殺효신살, 長生宮장생궁, 月德貴人월덕귀인, 文曲貴人문곡귀인.

癸는 正官정관, 死宮사궁, 天德貴人천덕귀인.

■ 丙申이 아래 地支를 만나면

子는 偏官편관이 正官정관, 丙子, 絶地절지, 胎宮태궁, 晦氣회기, 火熄화식, 申子三合, 水局수국, 將星殺장성살, 天貴星천귀성.

丑은 傷官상관, 天喜神천희신, 攀鞍殺반안살, 財庫재고, 養宮양궁, 天厄星천액성, 暗藏에는 丙辛合.

寅은 偏印편인, 丙寅, 梟神殺효신살, 寅申沖, 暗藏암장, 丙壬沖, 甲庚沖, 天權星천권성, 生宮생궁, 驛馬殺역마살, 子宮閉塞症자궁폐색증, 金木相戰금목상전, 急脚殺급각살, 三災天蟲삼재천충, 文曲貴人문곡귀인.

卯는 正印정인, 暗藏에는 乙庚合, 六害殺육해살, 怨嗔殺원진살, 鬼門關殺귀문관살, 天破星천파성, 浴宮욕궁, 三災地刑삼재지형.

辰은 食神식신, 丙辰, 晦氣회기, 泄氣설기, 火熄화식, 申辰三合, 華蓋殺화개살, 帶宮대궁, 官庫관고, 三災天劫삼재천겁, 暗藏에는 乙庚合, 戊癸合, 斷矯關殺단교관살, 截路空亡절로공망, 天奸星천간성, 旬中空亡순중공망.

巳는 比劫비겁이 比肩비견, 祿녹, 巳申刑殺사신형살, 劫煞겁살, 冠宮관궁, 暗藏에는 丙壬沖, 天文星천문성, 旬中空亡순중공망, 截路空亡절로공망.

午는 比肩비견이 比劫비겁, 丙午, 羊刀殺양인살, 暗藏에는 丁壬合, 天福星천복성, 大將軍대장군, 旺宮왕궁, 災殺재살.

未는 傷官상관, 未申은 坤土곤토, 印綬庫인수고, 暗藏에는 丁壬合, 乙庚合, 天驛星천역성, 紅鸞星홍란성, 活人星활인성, 鬼神門귀신문, 衰宮쇠궁, 天殺천살.

申은 偏財편재, 丙申, 伏吟복음, 財殺地재살지, 同合, 地殺지살, 絶地절지, 病宮병궁, 天孤星천고성, 方合, 財生殺재생살, 財官同臨재관동림, 落井關殺낙정관살, 文昌貴人문창귀인.

酉는 正財정재, 桃花殺도화살, 絶地절지, 死宮사궁, 天刃星천인성, 方合, 天乙貴人천을귀인, 丙辛合.

戌은 食神식신, 丙戌, 泄氣설기, 白虎大殺백호대살, 水隔殺수격살, 傷食庫상식고, 自己庫자기고, 月殺월살, 暗藏에는 丙辛合, 丁壬合, 天藝星천예성, 墓宮묘궁, 急脚殺급각살, 方合.

亥는 正官정관이 偏官편관, 絶地절지, 胞宮포궁, 火熄화식, 天壽星천수성, 亡神殺망신살, 六害殺육해살, 天乙貴人천을귀인, 暗藏에는 丙壬沖, 甲庚沖.

■ 丙申이

木에는 傷官상관, 食神식신, 官星관성.

火에는 比肩비견, 比劫비겁, 財星재성.

土에는 印綬인수, 傷官상관, 食神식신.

金에는 官星관성, 比肩비견, 比劫비겁.

水에는 財星재성, 印綬인수.

寅午戌生은 申酉戌年에 三災殺삼재살이다. 人皇인황 申酉戌年에는 午 南方이 大將軍方位대장군방위다. 大將軍方位는 白虎方位백호방위다. 일시정지와 같다. 增築증축이나 修理수리는 避피함이 좋고 상하 구별 없이 厄액이 따른다. 申에는 戌이 喪門상문이요 午가 弔客조객이다. 甲己日에 申酉가 截路空亡절로공망. 甲戌旬中갑술순중에는 申酉가 旬中空亡순중공망. 乙己日에는 子申이 天乙貴人천을귀인. 辰月에 申은 斷矯關殺단교관살, 酉月에 申은 活人星활인성. 卯申은 怨嗔殺원진살, 鬼門關殺귀문관살, 申亥는 六害殺육해살, 寅巳申은 三刑殺삼형살, 申巳는 六破殺육파살, 入胎日입태일은 寅申日生은 256日, 申은 變하기도 잘하지만 변하지 않을 때도 있다. 申月에 入胎月은 亥. 酉와 未사이에 申은 夾이다.

丙申의 變化

丙火는 火生土도 잘하고 火剋金도 잘한다. 그러나 地支의 申金에는 生剋制化생극제화를 할 수 없으며 丙辛合은 威制之合위제지합이라 하며 丙火는 天干을 生도 剋도 하며 形而上學的형이상학적으로는 地支申金에 生剋制化를 잘한다. 申金은 地支끼리도 生剋制化를 할 수가 있으며 勢力으로도 따라가며 天干에도 生剋制化를 할 수 있다.

비가 많이 오는 한해라고 보며 냉기로 인한 농사와 과일, 채소가 갑자기 내리는 우박이나 소나기성 비로 인한 피해가 있음을 예상된다. 비철금속 가격과 기계류 가격이 변동이 있음을 예상된다. 전기전자제품은 가격 변동이 있을 것이라 예상된다. 병원은 정신질환 환자가 문전성시 하는 것도 예상된다. 냉해로 인하여 채소가격이 갑자기 변동을 예고하며, 시력이 나빠지고 심장마비, 백내장, 녹내장환자가 많아지며 뇌졸중과 심장병, 혈압환자가 한 해는 많아진다고 예상된다. 돈에 대한 대가성이 많아지며 뒷거래를 좋아한다. 관광의 해가 되어 여행객이 늘어나며, 경제의 해가 되어 기계산업이 발달하고 내수시장보다는 수출입도 늘어나며 자연적 흑자가 많아지게 되고, 해산물의 인지도가 높아지며 미식가들의 발걸음이 바빠지며, 풍년의 해는 되나 냉기나 수해, 냉해 피해는 있음이 예상된다. 선승차후배라 결혼식도 하지 않고 동거생활이 많아지며 학생은 경제, 경영, 기계공작, 무역학과가 인기가 있겠으며 전기전자는 인기가 떨어지며 교통 운송은 바빠지고, 한 몸에 두 지게를 지는 것과 같으며 힘이 들어도 즐거우며 자동차문화가 발달하게 된다고 예상된다.

丙申의 비밀성 變化

매입하였던 증권을 파는 사람이 많아지고, 부동산 투기가 많아지고 놀이를 제공하여주는 노래방이나 PC방들이 돈을 잘 벌며, 원예사업이나 조경사업으로 확장이 거듭되며, 숙박업, 호텔 등의 투숙객이 많아지며 여행객이 늘어나며, 학생은 전지전자, 기계기술에 인기가 있어 모여들며, 조상님의 유산을 받으며 공부하다 연애하며, 부모가 주택을 팔아 사업자금을 만들어주며, 친구에게 보증 서주게 되어 집안이 시끄러워지며 공동투자에 회사설립하고 공동연구소까지 만들게되며, 바람피우면 총각득자 하게 되며 사랑이 먼저 앞서며, 원수가 은인이 되며 윗사람의 사랑을 받으며, 학생은 과학기술분야에 전향이 많아지게 되며, 가구의 기술이 새로워지며 인기를 누리며, 생명공학의 새로운 연구발표가 예상되며, 사업자금이 해외로 투자가 시작되며 바빠지게 되고, 나무에 철판을 붙인 것이라 디자인이 발달하게되며, 가을에 태양이라 곡식을 말리는 것과 같아 정미소와도 관련이 있으며 찜질방과도 연결된다고 본다. 처를 얻고 벼슬길에 오르게 되니 일거양득이요, 부모님의 우정과 화합은 우리들의 본보기요, 누이의 사랑은 눈뜨고는 못 봐주며, 처갓집의 음식 맛은 어디를 가나 그 맛은 나오지 않으며, 유흥음식점이 많아지니 술집을 찾는 손님이 많이 드나들며, 지하경제가 음성적으로 살아나며 돈이라는 것을 알게되며, 돈이 없어지는 형상이니 소비심리가 살아나기도 하며, 형이상학적인 생명수라 채소나 꽃가꾸기를 좋아하고, 생명공학을 배우고 싶어하며 나무를 재배하고 싶어하며.

丙申의 노출성 變化

임시직도 친구나 동료 때문에 밀려나며, 이 직업 저 직업 안 해본 것이 없으며, 권모술수로 결재를 미루다가 부도가 나게 되며, 일은 많이 하나 이익은 줄어들고 남는 것이 없으며, 마음이 성급하여 수리나 정비 기능직이 알맞으며, 기계기술 자동차 정비로 돈을 잘 벌고 재산을 늘려가고, 일을 하여주고도 좋은 소리를 못 들으니 일하기가 싫어지며, 돈을 벌지 못하니 가정이 파괴되며 애처가 악처가 되며, 여자가 많으니 변덕이 심하여지고 되는 일이 없으며, 눈뜨고 도둑맞으며 내 돈 쓰고 배신당하며, 보증서류 때문에 처의 얼굴을 못 쳐다보게 되며, 먹는 것마다 체하게 되고 되는 일이 없으니 허리까지 아프며, 직장에서 모방하다 배신당하고 밀려나며 배상까지 하게 되며, 생각지도 못한 일이 자꾸만 일어나며, 친구의 고자질로 가정불화가 생기고, 내 발등에 불이 떨어졌어도 앞이 전혀 보이지 않으며, 정신병에 심장병 환자의 취급을 받으며, 파고가 79미터라 성질이 났다하면 태풍과도 같아 고약하며, 행동이 바르지 못하며 윗사람을 섬길 줄 모르게 되고, 꿈은 크나 뜬구름이요 말만 했다하면 과장된 것이요, 권모술수가 많으며 잔꾀부리고 내 집에는 금송아지가 있으며, 일반상식에 능하고 예의는 바르나 믿음이 없으며, 태양이 서산에 걸쳤으니 밤일은 잘하게 되며, 남쪽과 서쪽이라 길 방향은 남서쪽이요, 오라는 곳은 없어도 갈곳은 많아 일복은 타고났으며, 마음이 바쁘면 사고가 나는 것은 대기를 하고 있으며, 태양이 힘을 못쓰는 형상이니 여성상위시대라 할 수 있다.

丁酉

■ 丁

形而上學형이상학 精神정신 始 東 有情유정 上半期상반기 前進전진 得득 實실 생각 生成 上體상체 겉모양 外的외적 勝승 吉길 先 明 낮 地上 太過태과 自由. 天干은 天干끼리 生剋制化생극제화를 할 수 있다. 天干은 地支에 生剋制化를 할 수 없다.

■ 酉

形而下學형이하학 物質물질 終종 西 無情무정 下半期하반기 後退후퇴 失실 虛허 行動행동 消滅소멸 下體하체 속 모양 內的내적 敗패 凶흉 後후 暗암 밤 地下 不及불급 拘束구속 地支는 天干을 生도 剋도 할 수 있고 地支는 地支끼리 生剋制化를 할 수 있다. 酉金은 生은 인색하며 剋은 잘하고 변화가 없다. 酉金은 合이 되어도 변함이 없다.

■ 丁

小暑소서 陰火음화 生火 별 燈등 燭촉 電波전파 逆上역상 壯丁장정 백화점 祈禱기도 호텔 빛 燈臺등대 신호 禮式場예식장 消防소방 航空항공

羽族類우족류 電氣전기 光線광선 赤外線적외선 紫外線자외선 放射線방사선 불꽃 星辰성진 孤獨고독 老火노화 動物운동은 獐장.

■ 酉

白露백로 秋分추분 鷄계 陰金음금 生金 軟金연금 金 銀은 珠玉주옥 針침 非鐵金屬비철금속 燥조 輕金屬경금속 製鍊제련된 金 淸白청백 正西 四旺之局사왕지국 兌宮태궁 結實결실 白色백색 角각 冷氣냉기 銅線동선 鳳凰봉황 急速급속 白虎백호 名分 體統체통 龜귀 血光혈광 堅固견고 老窮노궁 義理의리 冷靜냉정 胛骨動物갑골동물 昆蟲類곤충류 變化動物변화동물 霜상 貴金屬귀금속 술독 가위 收수 酒器주기 午後 5時에서 7時까지 칠면조 굽힐 줄을 모른다. 天刃星천인성 霜雪상설 肅殺之氣숙살지기 懸針殺현침살 타인을 잘 돕는다. 새로운 것, 金生水는 인색하나 金剋木은 잘한다.

職 業

■ 丁

禮式場예식장, 호텔, 運輸業운수업, 修道人수도인, 占術점술, 化粧品화장품, 眼鏡안경, 寫眞사진, 美容室미용실, 圖書館도서관, 절, 寺刹사찰, 祈禱기도, 어려운 일이 닥치면 촛불 켜고 기도하면 좋은 일 생김.

■ 酉

貴金屬귀금속, 非鐵金屬비철금속, 寺刹사찰, 鍾종, 時計시계, 武科무과,

針침, 齒科치과, 皮膚美容피부미용, 洋品양품, 마사지, 理髮師이발사, 運動운동, 寫眞機사진기, 兵器병기, 機械기계, 音樂家음악가, 樂器악기.

性 格

예의와 인정이 있으면서도 냉정한 면이 있으며 약한 것처럼 보이나 강한 면이 있고 명랑한 척 하면서 고독한 면이 있다. 할 말은 다 하면서도 뒤끝이 없으며 급한 성격이나 세심한 면이 있으며 또한 주는 것을 싫어하는 것은 아니나 불필요한 곳에 돈을 쓰지 않는 것이 몸에 배어있기 때문에 타인으로 하여금 인색한 면이 엿보일 수 있으며 돈이라는 것을 빨리 알게 되며 타인에 비해 돈 관리를 잘하는 것이 장점이라 할 수 있다. 그러나 명주가 균형을 이루지 못하면 정신적인 질환을 앓게 되며 시력에 이상이 있을 수도 있으며 애주가에 대가성이 아니면 익히 응하지 않는 것이 흠이라면 흠이라 하겠다. 안 되는 줄 알면서도 돈 앞에서는 망설이고 주춤거리는 것이 안타까운 일이다. 또한 정신집중을 잘하며 종교와는 불교와 인연이 있으니 금 불상 앞에서 기도를 하면 귀인을 만날 수 있으며 좋은 배우자를 만나게 되며 예체능에도 소질이 다분하다. 직업은 교육공무원이나 재정직, 유흥주점, 종교와 인연이 있으며 건강은 심장과 간담이 허약하여 시력이 약하며 가슴이 답답함과 술병에 주의해야 하겠다.

場所장소 : 도서관, 절.

健康건강 : 心臟심장, 小腸소장, 心包심포, 三焦삼초, 視力시력, 體溫체온, 血壓혈압, 肺폐, 大腸대장, 齒牙치아, 皮膚피부, 氣管支기관지, 痔疾치질, 盲腸맹장, 鼻비, 血疾혈질, 臭覺후각, 造血조혈.

天干으로 丁火는 2數요 變化변화하면 3數에 甲木이 된다. 맛은 쓴맛과 매운맛이요 색상은 적색과 백색이다. 酉金은 方位는 西쪽이요 季節계절로는 가을이며 하루로는 午後 5時에서 7時까지이며 四陰之氣사음지기요 地支 酉金이 數理수리로는 4數요 金生水는 吝嗇인색하나 金剋木은 잘한다.

■ 地藏干 : 辛

暗藏암장은 비밀스러운 것, 생각이 많은 것이다. 남에게 밝히기를 싫어하며 미래를 내다보는 것도 된다. 暗藏은 다정한 것 대가성을 내심 따진다. 暗藏合에는 丙辛合이 있으며 天干에 丙火가 있으면 本人의 계획대로 하려 하고, 冲에는 乙辛冲이 있는데 天干에 乙木이 있으면 변화가 많을 뿐더러 본인의 계획대로 잘 되지 않는다.

酉는 巳酉丑, 巳酉, 丑酉, 巳丑은 三合局, 兌卦태괘, 申酉戌은 方合, 子酉는 六破殺육파살, 寅酉는 怨嗔殺원진살, 戌酉는 六害殺육해살, 天刃星천인성, 酉에 水隔殺수격살은 申, 三災는 亥子丑.

■ 丁酉가 아래 天干을 만나면

甲은 正印정인, 絶地절지, 胎宮태궁.

乙은 偏印편인, 乙酉, 絶地절지, 懸針殺현침살, 胞宮포궁, 乙辛冲, 坐不
安席좌불안석, 鍼術침술.

丙은 比劫비겁, 絶地절지, 火熄화식, 丙辛合, 死宮사궁.

丁은 比肩비견, 丁酉, 絶地절지, 火熄화식, 生宮생궁.

戊는 傷官상관, 泄氣설기, 盜氣도기, 死宮사궁.

己는 食神식신, 己酉, 泄氣설기, 土變토변, 生宮생궁.

庚은 正財정재, 丁庚合, 月德貴人월덕귀인, 旺宮왕궁.

辛은 偏財편재, 辛酉, 內庭白虎내정백호, 剋夫離別극부이별, 交通事故교통
사고, 天轉殺천전살.

壬은 正官정관, 丁壬合, 淫亂之合음란지합, 浴宮욕궁.

癸는 偏官편관, 癸酉, 丁癸冲, 病宮병궁, 地轉殺지전살, 文曲貴人문곡귀인,
梟神殺효신살.

■ 丁酉가 아래 地支를 만나면

子는 正官정관이 偏官편관, 子酉, 六破殺육파살, 天喜神천희신, 丁癸冲,
天貴星천귀성, 胞宮포궁, 六害殺육해살, 鬼門關殺귀문관살, 三災地戶
삼재지호.

丑은 食神식신, 丁丑, 晦氣회기, 泄氣설기, 暗藏에는 丁癸冲, 酉丑三
合, 白虎大殺백호대살, 天厄星천액성, 財庫재고, 三災地刑삼재지형,
華蓋殺화개살, 墓宮묘궁.

寅은 正印_{정인}, 暗藏에는 丙辛合, 急脚殺_{급각살}, 怨嗔殺_{원진살}, 劫殺_{겁살}, 死宮_{사궁}, 截路空亡_{절로공망}, 天權星_{천권성}, 天德貴人_{천덕귀인}.

卯는 偏印_{편인}, 丁卯, 卯酉冲, 金木相戰_{금목상전}, 乙辛冲, 天破星_{천파성}, 病宮_{병궁}, 災殺_{재살}, 截路空亡_{절로공망}, 文曲貴人_{문곡귀인}, 梟神殺_{효신살}.

辰은 傷官_{상관}, 辰酉六合, 天殺_{천살}, 衰宮_{쇠궁}, 暗藏에는 乙辛冲, 丁癸冲, 天奸星_{천간성}, 旬中空亡_{순중공망}.

巳는 比肩_{비견}이 比劫_{비겁}, 丁巳, 孤鸞殺_{고란살}, 斷矯關殺_{단교관살}, 巳酉三合, 天文星_{천문성}, 地殺_{지살}, 旺宮_{왕궁}, 暗藏에는 丙辛合, 旬中空亡_{순중공망}.

午는 比劫_{비겁}이 比肩_{비견}, 祿_녹, 冠宮_{관궁}, 桃花殺_{도화살}, 天福星_{천복성}, 紅鸞星_{홍란성}, 天廚貴人_{천주귀인}.

未는 食神_{식신}, 丁未, 羊刃殺_{양인살}, 帶宮_{대궁}, 印綬庫藏_{인수고장}, 暗藏에는 乙辛冲, 天驛星_{천역성}, 月殺_{월살}.

申은 正財_{정재}, 絶地_{절지}, 浴宮_{욕궁}, 財殺地_{재살지}, 財官同臨_{재관동림}, 暗藏에는 丁壬合, 水隔殺_{수격살}, 方合, 亡神殺_{망신살}, 天孤星_{천고성}, 活人星_{활인성}.

酉는 偏財_{편재}, 丁酉, 絶地_{절지}, 方合, 同合, 天刃星_{천인성}, 天乙貴人_{천을귀인}, 文昌貴人_{문창귀인}, 生宮_{생궁}, 十惡日_{십악일}.

戌은 傷官_{상관}, 傷食庫_{상식고}, 自己庫_{자기고}, 急脚殺_{급각살}, 六害殺_{육해살}, 方合, 養宮_{양궁}, 攀鞍殺_{반안살}, 天藝星_{천예성}, 落井關殺_{낙정관살}.

亥는 偏官_{편관}이 正官_{정관}, 丁亥, 天乙貴人_{천을귀인}, 絶地_{절지}, 胞宮_{포궁},

驛馬殺역마살, 天壽星천수성, 三災天敗삼재천패, 十惡日십악일.

■ 丁酉가

木에는 傷官상관, 食神식신, 官星관성.

火에는 比肩비견, 比劫비겁, 財星재성.

土에는 印綬인수, 傷官상관, 食神식신.

金에는 官星관성, 比肩비견, 比劫비겁.

水에는 財星재성, 印綬인수.

寅午戌生은 申酉戌年에 三災殺삼재살이다. 天劫천겁 申酉戌年에는 午 南方이 大將軍方位대장군방위다. 大將軍方位는 白虎方位백호방위이며 一時停止일시정지와 같다. 增築증축이나 修理수리는 避피함이 좋고 上下 구별 없이 厄액이 따른다. 酉에는 亥가 喪門상문이요 未가 弔客조객. 甲己日에는 申酉가 截路空亡절로공망, 甲戌旬中갑술순중에는 申酉가 旬中空亡순중공망, 丙丁日에 亥酉가 天乙貴人천을귀인, 未月生에 酉는 斷矯關殺단교관살, 戌月에 酉는 活人星활인성, 春月춘월에 酉日酉時는 盲人殺맹인살, 寅酉는 怨嗔殺원진살, 子酉는 鬼門關殺귀문관살, 六破殺육파살, 酉戌은 六害殺육해살, 酉는 變하지 않는 것이 특징이기도 하나 때로는 고집이 많다. 庚日에 酉는 羊刃殺양인살, 酉月에 入胎月입태월은 子, 卯酉日生 入胎日입태일은 246日, 申과 戌사이는 酉가 夾이다. 佛國불국에 鐘종, 노래 소리 歌聲가성, 樂器악기, 神器신기요 他人介入性타인개입성.

丁酉의 變化

丁火는 火生土에는 吝嗇인색하나 火剋金은 잘한다. 그러나 地支의 酉金에는 生剋制化생극제화를 할 수가 없으며 丁壬合은 淫亂之合음란지합이라 하며 丁火는 天干에 生도 剋도 하며 形而上學的형이상학적으로는 地支酉金에 生剋制化를 잘한다. 酉金은 地支끼리도 生剋制化를 할 수가 있으며 勢力세력으로도 따라가며 天干에도 生剋制化를 할 수 있다.

귀인의 도움을 잘 받으며 어디를 가나 인기집중을 하게 된다. 냉해로 인한 피해가 있음이 우려된다고 예상된다. 젊은 세대구축이 하나의 축이 됨을 의미하고, 보장성이 되고 거짓이 없으며 순수하다는 것을 의미한다. 대가성을 따지며 보장대책을 내적으로는 바란다. 서산에 태양이 걸터앉는 것과 같으니 밤일은 시작과 같으며 순금 24K와 같으며 겉으로는 순수하게 보이나 속으로는 진하다고 본다. 종교를 찾으며 시간을 잘 지키고 예능에 소질이 있으며 기도는 일상생활과 같으며 기도를 하면 할수록 하는 일이 잘되며, 비철금속 가격이 오른다고 예상된다. 보석이 빛을 비추는 것과 같으니 보석의 가치가 높아지며, 이론이 좋아 어디를 가나 달변가요 닭이 아니라 봉황이요, 문명은 뒤떨어지나 전자 칩이 개발된다고 예상된다. 새 상품의 전자제품이 선을 보이며 인기를 모으게 되며, 전기전자가 고장이나 단전 의문점이 생긴다고 예상된다. 빛을 잡는 형상이니 레이저개발의 성공이 눈앞에 있으며, 마음을 먹으면 변하지 않으며 소년천재가 나온다고 예상된다. 경제는 내수시장 점유를 목표로 삼으며 내실을 다지게 되고, 학생은 금속공학, 경제, 전자공학에 인기가 있다고 본다.

丁酉의 비밀성 變化

조경이나 원예계통에 관심이 있으며, 금속공학에 전문직으로 되고 싶어하며, 삼계탕에서 용봉탕으로 직업전환을 하려고 하며, 동업의 조건이 까다로워 규제를 많이 받으며, 친구가 귀인이 되며 친구로 인한 일이 정의로운 것이요, 금속이나 또는 초자에 관한 제품의 가격이 오른다고 예상된다. 베짱이 투기가 되어 땅 짚고 헤엄치기로 돈을 벌게 되고, 선견지명이 있어 돈을 버는 법은 잘 알고 있으며, 조상님의 은덕으로 귀인을 만나며 좋은 직장을 다니게 되고, 부모님이나 윗사람으로 인하여 취직이 되며 처를 얻으면서 부자가 되고, 경제계에 자문이나 고문직으로 초대를 받으며, 배운 것이 조경이요 미용이요 이발사라 등급은 같으며, 직장보다는 사업에 마음이 더 가 있으며, 처의 바라는 상은 미인이어야 하고 능력이 있어야 한다. 겉은 인색하나 속은 정이 많으며 이론은 좋아 대가성이요, 나의 자식은 형제의 자식에 비해 공부를 잘하는 편이요, 친구가 추천한 직장이 분에 넘치며 고마움을 알게 되며, 후배 때문에 장사를 시작하게 되며 제조업에 입문하여 보고, 자연과학을 사랑하게 되며 자연을 좋아하게 되고, 금속을 녹이는 형상이라 주물공장에서 근무를 하게 되고, 물과 불이 만나니 목욕탕이 아니면 칸막이 술집과 인연이 있어 유흥음식점을 하여보게 되며, 양주코너와 인연이 있으며 애주가 요, 해상에 등불이라 선박선장과 같은 일을 하여본다고 본다. 언 어로 돈을 버는 직업은 교육이 아니면 학원가요.

丁酉의 노출성 變化

일이 많아지며 큰일을 도모하며 뜬구름과 같으며, 통신이나 봉 제기술이 돈이 되며 기술자요, 부모불화에 공부는 뒷전이며 직업 전선에 나서며, 애인을 알면 부모는 자연적 멀어지며, 학원사업 은 애인 때문에 안되며, 편두통, 치통, 신경통질환에 시달리며 병원출입을 하여보며, 금 불상 앞에서 기도를 하면 안정을 찾게 되며, 사업은 수표로 인하여 부도를 나게 하며, 나무나 농작물은 서리나 우박으로 피해가 크며, 나무 가꾸는 것을 잘하며 원예에 기능사와 같으며, 여자는 자궁질환이 있게 되며, 서두르면 손해 나는 줄 알면서 행하게 되고, 저당되어 있는 것도 모르고 주택 을 마련한 것이 잘못이요, 시누이 시집살이는 씨알도 먹히지 않 으며, 욕심이 많아지고 일은 노예와 같으며 천한 일은 혼자서 다하게 되며, 시작이 잘못이요 정을 준 것이 상처를 준 것이요, 공부시간에 공부는 안되고 애인이 머리 속에 담겨 있으며, 모든 사람들이 나에게 시선집중이라 귀신으로 보이며, 믿었던 친구에게 인기가 아니라 누명만 쓰게되며, 귀가 엷어 남의 말을 잘 들으며 잘도 넘어가게 되며, 귀인이 아니라 원수요 나에게 덮어씌우며, 하는 것마다 후회하게 되고 안 하면 하고 싶어지며, 친구나 형제에게 청탁한 것이 말썽으로 돌아서며, 장인정신으로 기술을 배우면 성공할 것이요, 꿈은 뜬구름에 불과한 것이요 과장은 허상으로 연결되니 부도의 위기에 몰리게 된다.

戊戌

■ 戊

　形而上學형이상학 精神정신 始시 東 有情유정 上半期상반기 前進전진 得득
實실 생각 生成 上體상체 겉모양 外的외적 勝승 吉길 先 明 낮 地上
太過태과 自由. 天干은 天干끼리 生剋制化생극제화를 할 수 있다. 天
干은 地支를 生剋制化 할 수 없다.

■ 戌

　形而下學형이하학 物質물질 終종 西 無情무정 下半期하반기 後退후퇴 失실
虛허 行動행동 消滅소멸 下體하체 속 모양 內的내적 敗패 凶흉 後 暗암
밤 地下 不及불급 拘束구속 地支는 天干을 生도 剋도 할 수 있고
地支는 地支끼리 生剋制化를 할 수 있다. 戌土는 生도 하며 剋
도 잘하고 변화가 많다. 戌土는 合이 될 때도 있고 안될 때도
있다.

■ 戊

　陽土양토 茂무 山 언덕 堤防제방 剛土강토 高原고원 茂盛무성 荒野황야

死土 中央중앙 久구 안개 霧무 廣場광장 泰山태산 蹇滯건체 脅협 句陳구진
復古風복고풍 이슬비 大地 高土 中性子중성자 過渡期과도기 濛雨몽우 黃
氣황기 求心點구심점 黃砂現象황사현상 際제 磁力자력 傳播전파 外觀裝飾외
관장식 象상은 艮土간토 高山이요, 性은 위대하다. 體체는 느리나 用용
은 빠름. 묵은 것 오래된 것. 풍족을 바라는 것.

■ 戌

寒露한로 霜降상강 寒土한토 滅멸 狗구 晚秋之氣만추지기 陽土양토 旺土
왕토 燥土조토 剛土강토 火山 언덕 堤防제방 天門星천문성 乾宮건궁 西北
艮方서북간방 天羅地網전라지망 魁罡殺괴강살 敬神性경신성 燃料연료 탱크 宗
敎종교 寺院사원 四庫之局사고지국 信 午後 7時에서 9時까지 大驛土대
역토 五陰之氣오음지기 土生金은 吝嗇인색하나 土剋水는 잘한다. 開發
개발을 할 수 있는 땅이다. 收穫수확의 時期 寺刹사찰은 戌土가 없으
면 운영을 못한다. 活人활인을 잘한다.

職 業

■ 戌

漢文한문, 自然科學자연과학, 考古學고고학, 土産品토산품, 農場농장, 運
動운동, 골프, 登山등산, 運動場운동장, 運動器具운동기구, 垈地대지, 土建
토건, 예체능, 不動産부동산, 建設部건설부, 內務部내무부, 穀物곡물, 밀가
루, 骨董品골동품, 宗敎종교, 仲介業중개업, 哲學철학.

■ 戌

變電所변전소, 乾電池건전지, 蓄電池축전지, 家電製品가전제품, 動資部동자부, 商工部상공부, 電氣전기, 電子전자, 技術者기술자, 宗敎종교, 易學역학, 道人도인, 僧人승인, 巫堂무당, 場所장소, 佛國나라, 不動産부동산, 警備경비, 倉庫창고, 醫藥業의약업, 九流術業구류술업, 敬神경신.

性 格

두꺼비 상처럼 등이 약간 굽어보이며 신의가 있고 후중하며 운동에는 다방면의 소질이 있으며 겉보기에는 느리게 보이나 생각 외로 빠르며 힘이 강하고 지구력이 있다. 항상 타인의 편에 서려 하고 남을 위해 봉사하려는 정신이 강한 반면 고지식한 면도 있다. 옛것을 좋아하고 꿈이 잘 맞는 편이며 종교와도 깊은 관련이 있다. 어디를 가나 선봉장이며 앞장서길 좋아하고 타인의 일에 발벗고 나서서 해주니 본인의 할 일은 못하고 가정에 소홀할 수밖에 없다. 여명은 가정보다 종교를 더 좋아하며 부군의 작첩으로 자신이 가정을 이끌어가야 하는 것이 흠이라면 흠이라 하겠다. 직업으로는 군인, 경찰이나 운동, 교육, 고고학이나 사학자에 많고 사업을 한다면 토산품, 부동산, 고서, 종교서적 등에 관련된 일은 좋으나 동업을 해서는 안 된다고 본다. 건강은 위장병, 피부병, 방광, 혈압, 당뇨에 주의해야 하며 정기적으로 건강진단을 받는 것이 좋을 듯 싶다.

場所장소 : 運動場운동장, 山, 岸안.

健康건강 : 脾胃비위, 腰요, 腹部복부, 肌肉기육, 口, 脅협, 皮膚피부, 血壓혈압, 糖尿당뇨, 結石결석.

天干으로 戊土는 5數요 變化변화하면 2數에 丁火가 된다. 맛은 단맛이요 색상은 황색이며 戊土에 方位는 戊乾亥술건해 乾方건방 西北 間方간방이요 季節계절로는 戊月 가을이요 人物로는 長男이다. 하루로는 午後 7時부터 9時까지이며 五陰之氣오음지기요 地支 戊土는 數理수리로 5數요 土生金은 吝嗇인색하나 土剋水는 잘한다.

■ 地藏干 : 戊 丁 辛

暗藏암장은 비밀스러운 것, 생각이 많은 것이다. 남에게 밝히기를 싫어하며 미래를 설계하는 것도 된다. 暗藏合은 다정한 것 사랑이요 내심 명분을 찾는 것이다. 暗藏合에는 戊癸合, 丁壬合, 丙辛合이 있는데, 天干에 癸, 壬, 丙이 있으면 본인의 계획대로 하려 하고 沖에는 丁癸沖, 乙辛沖이 있는데 天干에 癸, 乙이 있으면 변화도 많고 역시 다혈질이 되기도 한다.

戊은 寅午戌, 寅戌, 午戌, 寅午는 三合局, 離卦이괘, 申酉戌은 方合, 酉戌은 六害殺육해살, 未戌은 六破殺육파살, 刑殺형살, 巳戌은 怨嗔殺원진살, 鬼門關殺귀문관살, 天藝星천예성, 天羅地網殺천라지망살, 戊月에 水隔殺수격살은 午.

■ 戊戌이 아래 天干을 만나면

甲은 偏官편관, 甲戌, 絶地절지, 土多木折토다목절, 財官同臨재관동림, 養宮양궁.

乙은 正官정관, 絶地절지, 墓宮묘궁, 土多木折토다목절, 暗藏에는 乙辛冲.

丙은 偏印편인, 丙戌, 白虎大殺백호대살, 天月德貴人천월덕귀인, 暗藏에는 丙辛合, 墓宮묘궁, 泄氣설기.

丁은 正印정인, 盜氣도기, 泄氣설기, 養宮양궁.

戊는 比肩비견, 戊戌, 魁罡殺괴강살, 伏吟복음, 十惡日십악일, 墓宮묘궁, 自己庫자기고, 印綬庫인수고.

己는 比劫비겁, 養宮양궁.

庚은 食神식신, 庚戌, 魁罡殺괴강살, 衰宮쇠궁.

辛은 傷官상관, 丙辛合, 羊刃殺양인살, 埋金매금, 帶宮대궁.

壬은 偏財편재, 壬戌, 魁罡殺괴강살, 懸針殺현침살, 暗藏에는 丁壬合, 帶宮대궁, 白虎大殺백호대살, 絶地절지, 流塞유색.

癸는 正財정재, 暗藏에는 戊癸合, 丁癸冲, 絶地절지, 衰宮쇠궁.

■ 戊戌이 아래 地支를 만나면

子는 偏財편재가 正財정재, 戊子, 絶地절지, 胎宮태궁, 暗藏에는 戊癸合, 災殺재살, 天貴星천귀성, 暗藏에는 丁癸冲, 截路空亡절로공망.

丑은 比劫비겁, 天乙貴人천을귀인, 丑戌, 刑殺형살, 養宮양궁, 天殺천살, 土木, 骨材골재, 鑛山광산, 天厄星천액성, 傷食庫상식고, 暗藏에는 戊癸合, 丁癸冲, 截路空亡절로공망.

寅은 偏官편관, 戊寅, 生宮생궁, 殺印相生살인상생, 寅戌, 三合局, 地殺지살, 天權星천권성, 急脚殺급각살, 文曲貴人문곡귀인, 暗藏에는 丙辛合, 운동을 잘함.

卯는 正官정관, 浴宮욕궁, 卯戌合, 讀書合독서합, 暗藏에는 乙辛冲, 桃花殺도화살, 天破星천파성, 落井關殺낙정관살.

辰은 比肩비견, 戊辰, 白虎大殺백호대살, 魁罡殺괴강살, 帶宮대궁, 月殺, 辰戌冲진술충, 丁癸冲, 乙辛冲, 戊癸合, 天奸星천간성, 旬中空亡순중공망, 財庫재고.

巳는 正印정인이 偏印편인, 冠宮관궁, 亡神殺망신살, 暗藏에는 丙辛合, 巳戌, 鬼門關殺귀문관살, 怨嗔殺원진살, 天文星천문성, 紅鸞星홍란성, 祿녹, 旬中空亡순중공망.

午는 偏印편인이 正印정인, 戊午, 羊刃殺양인살, 斷矯關殺단교관살, 將星殺장성살, 水隔殺수격살, 午戌三合, 旺宮왕궁, 天福星천복성, 梟神殺효신살.

未는 比劫비겁, 羊刃殺양인살, 官庫관고, 未戌刑殺, 六破殺육파살, 攀鞍殺반안살, 天乙貴人천을귀인, 天驛星천역성, 衰宮쇠궁, 暗藏에는 乙辛冲.

申은 食神식신, 戊申, 泄氣설기, 病宮병궁, 天孤星천고성, 驛馬殺역마살, 方合방합, 三災入皇삼재입황, 暗藏에는 丁壬合, 孤鸞殺고란살, 文昌貴人문창귀인, 天廚貴人천주귀인, 天赦星천사성.

酉는 傷官상관, 泄氣설기, 盜氣도기, 死宮사궁, 六害殺육해살, 活人星활인성, 方合, 三災天權삼재천권, 天刃星천인성.

戌은 比肩비견, 戊戌, 魁罡殺괴강살, 墓宮묘궁, 華蓋殺화개살, 印綬庫인수고,

天藝星천예성, 急脚殺급각살, 同合, 方合, 三災地災삼재지재, 十惡日십악일.

亥는 正財정재가 偏財편재, 絶地절지, 胞宮포궁, 劫殺겁살, 天喜神천희신, 天壽星천수성, 財官同臨재관동림, 暗藏에는 丁壬合.

■ 戊戌이

木에는 財星재성.

火에는 傷官상관, 食神식신.

土에는 比肩비견, 比劫비겁.

金에는 印綬인수.

水에는 官星관성.

寅午戌生은 申酉戌年에 三災殺삼재살이다. 地災지재 申酉戌年에는 午 南方이 大將軍方位대장군방위다. 大將軍方位는 白虎方位백호방위다. 一時停止일시정지와 같다. 增築증축이나 修理수리는 避피함이 좋고 上下 구별 없이 厄액이 따른다. 戌에는 子가 喪門상문이요 申이 弔客조객, 十惡日십악일은 戊戌, 甲子旬中에는 戌亥가 旬中空亡순중공망, 申酉戌月에 戌은 急脚殺급각살, 午月生에 戌은 斷矯關殺단교관살, 水隔殺수격살, 亥月에 戌은 活人星활인성, 未戌은 六破殺육파살, 酉戌은 六害殺육해살, 巳戌은 怨嗔殺원진살, 鬼門關殺귀문관살, 戌月에 入胎月입태월은 丑, 辰戌日生 入胎日은 296日. 戌土는 변하기도 잘하면서 변하지 않을 때도 있다. 酉와 亥사이에 戌은 夾이다.

戊戌의 變化

戊土는 土生金도 잘하고 土剋水도 잘한다. 그러나 地支 戊土에는 生剋制化생극제화를 할 수 없으며 戊癸合은 無情之合무정지합이라 하며 戊土는 天干에 生도 剋도 하며 形而上學的형이상학적으로는 地支戊土에 生剋制化를 잘한다. 戊土는 地支끼리 生剋制化를 할 수가 있으며 勢力세력으로도 따라가며 天干에도 生剋制化를 할 수 있다.

기온상승으로 인하여 물 부족 현상이 나오며 가뭄이 있다고 예상된다. 과일이 속에서 썩는 병이 있음이 예상된다. 대여물품이 많아지며 대여하여주는 업종이 인기요 성황을 이루며 옛것을 찾으며 우리의 것을 찾게 되며 조상의 얼을 찾게 되며 학생은 고고학, 한문, 중국어 계통의 인기가 있겠으며, 우리의 옛 문화의 모습을 보러 관광객이 들어오게 되며, 나타나지 않는 광석에 관한 광산이 개발된다고 예상된다. 건설과 특히 토목분야가 일이 많아지게 되며 광산개발에도 성공을 할 수 있는 좋은 기회라고 본다. 고 건축문화가 살아난다고 예상된다. 임야가 대지로 형질 변경되니 화재 훼손의 난 개발로 인한 환경보존연구에 새로운 법안이 나오리라고 예상된다. 군인이나 경찰에서 특출한 인물이 인기를 보이게 되며, 화장품의 소비량이 많이 늘어난다고 예상된다. 마음과 행동이 같아지게 되고 모임이 많아지며, 종교를 찾는 사람이 많아지며 종교가 변화를 가져오며, 기온의 변화 때문에 씨앗의 발육이 예년에 비해 빨라진다. 황토문화에 놀이시설을 많이 찾게 된다고 예상된다. 위장병이 성행하여 병원출입이 번다하다고 예상된다.

戊戌의 비밀성 變化

목적은 돈에 있으며 목적을 달성하여 만인을 군림하려 하고 먹을 복 있고 가질 복 있으며 가는 곳마다 입맛이 당기며, 나의 재주는 사업이요 소원했던 꿈이 이루어지게 되고, 시어머니 재산을 나의 재산으로 유산을 받으며, 경제학을 연구하여 사업의 길로 뛰어들게 되며, 복고풍의 의복이 유행을 하게 되고, 아이디어 생산이 돈이 되며 노력의 대가가 있으며, 임대주택을 선호하며 임대사업이 인기가 있게 되며, 예술품을 모으는데 취미가 있게 되며, 급수환경 때문에 국민이 한차례 소동이 있다고 예상된다. 돈 앞에서는 만인이 군림 받는다는 것을 알게 되며, 재산이 늘어나고 계산이 빨라지며 인기도 상승한다. 조경사업이 잘되게 되며 묘목이 돈이 되며, 학생은 환경공학, 생명공학, 전자공학에 인기가 있겠으며, 대가성이 인정이 되면 무난하게 통솔에는 잘되며, 상사와 부하가 한마음이 되어 나의 생각과 같으며, 할인업이 돈이 되며 사업성도 있으며, 배운 것이 교육으로 직결되니 의식주에는 걱정이 없으며, 부모님은 나의 직업에 대한 각별한 관심이 많아지며, 토속적인 민속주가 인기를 끌며 옛것이 살아나게 되며, 묵은 돈 받으며 지난 이야기하게 되며 관리를 잘하게 되고. 가만히 있어도 환경이 나를 바쁘게 만들며, 건강이 좋아지며 아버지한테 인정을 받으며 사랑 받는다. 애인이 생기니 사업이 잘되고 내가 인정을 받으며, 몰라보았던 옛 친구가 나를 도와주니 더없이 기쁘며.

戊戌의 노출성 變化

하던 일을 다시 하게 되니 제자리걸음에 진전이 없으며, 땅이 흔들리니 지진이 아니면 붕괴가 분명하게 되고, 사업하면서 수표를 잘못 받아 부도로 직결되며, 기온변화로 채소나 과일이 피해가 있겠다고 예상되며, 큰집에서 작은집으로 이사하게 되니 울상이요, 자식이 공부보다는 놀고 먹는데 명수요 백수라, 먹는 것마다 걸리고 한푼 들어오고 서푼 나가게 되며, 욕심이 가로막아 보이는 것이 없으며, 서리맞고 집이 없어지니 그림 속에 떡이요, 계산은 보이나 뜬구름이요 죽 쒀서 개 좋은 일 시키며, 도와주고 뒤집어 쓰게되며 되는 일이 없으니 재수가 없으며, 선을 보아도 앞만 보면 실패요 옆 뒤를 다 보아야 하며, 한약방, 건재상을 찾는 사람이 많아진다고 보며, 말의 실수가 많으며 시비구설이 있게 되고, 눈병 환자가 발생된다고 보며 병원출입이 많아지게 되고, 귀인이 아니라 원수요 부모의 잔소리가 많아지며, 학생은 공부가 안되며 잠만 늘어난다고 본다. 숫자가 둔갑해서 바뀌며 나의 능력의 한계가 있으며, 이긴다는 것이 잘못이요 무엇이던지 먹으면 체하게 되고, 설 땅이 없으며 경쟁에서 지고 가는 곳마다 패망이요, 노력은 나의 문명을 알게 하고 능력을 키우는 것이요, 나의 말실수로 상사와 부하가 등을 돌리며, 승자가 아니라 패자요 만져보지도 못하고 여난이요, 욕심은 도벽을 낳게 하고 도벽은 집안을 망하게 한다. 정주고 마음 상하고 구르는 돌이 박힌 돌을 뽑아낸다.

己亥

■ 己

形而上學형이상학 精神정신 始 東 有情유정 上半期상반기 前進전진 得득 實실 생각 生成 上體상체 겉모양 外的외적 勝승 吉길 先 明 낮 地上 太過태과 自由. 天干은 天干끼리 生剋制化생극제화를 할 수 있다. 天 干은 地支를 生剋制化 할 수 없다.

■ 亥

形而下學형이하학 物質물질 終종 西 無情무정 下半期하반기 後退후퇴 失실 虛허 行動행동 消滅소멸 下體하체 속 모양 內的내적 敗패 凶흉 後후 暗암 밤 地下 不及불급 拘束구속 地支는 天干을 生도 剋도 할 수 있고 地支는 地支끼리 生剋制化를 할 수 있다. 亥水는 生도 하며 剋 도 잘하고 변화가 많다. 亥水는 合이 될 때도 있고 안될 때도 있다.

■ 己

陰土음토 柔土유토 田 田園전원 雲운 活人활인 起기 生土 氣기 脾비 休

息期휴식기 腹部복부 沃土옥토 仲媒중매 低地帶저지대 平地평지 野야 中央 騰蛇등사 虛驚허경 蹇滯건체 □ 時間은 午時.

■ 亥

立冬입동 小雪소설 湖水호수 海水해수 江水강수 浦水포수 停止水정지수 橫流횡류 暖流난류 乾方건방 天河水천하수 天門星천문성 天壽星천수성 魚種類어종류 六陰之氣육음지기 動物동물은 猪저 收藏수장 陽水양수 死水사수 雪설 寒한 凝응 終종이면서 始作시작 空亡공망은 房內念佛방내염불이다. 核핵 外陰內陽외음내양 外柔內强외유내강 午後 9時에서 11時까지 질서를 잘 지킨다.

職 業

■ 己

술, 食堂식당, 土地토지, 藝術工藝예술공예, 九流術業구류술업, 哲學철학, 不動産부동산, 建築건축, 醫藥業의약업.

■ 亥

바다, 外國語외국어, 海運해운, 船舶선박, 水産수산, 食品식품, 貿易무역, 沐浴湯목욕탕, 海草類해초류, 外國외국, 法법, 佛國불국, 修道人수도인, 宗教指導者종교지도자, 旅館여관, 水泳場수영장.

性 格

신용을 위주로 지혜와 인정으로 삶 하게 되어 있으며 솔직 담백하고 기동력과 순발력이 있으며 운동신경이 발달되어 있다. 처세가 좋고 영리하며 상상력이 좋아 선견지명이 있기 때문에 남보다 한 수 앞서가며 꿈이 잘 맞으니 생활에 도움이 된다고 하겠다. 신앙이 독실하며 외음내양이니 실속은 있다고 보나 일간이 허약하면 허경에 깜짝 깜짝 놀라며 미신 숭배하다가 무당이 될까 염려된다. 부모 덕은 없으나 처 얻고 부터는 돈을 알게 되며 자수성가하여 벼슬도 하여 보나 운이 나쁘면 재생살에 돈주고 매맞는 격이니 힘을 기르는 것이 좋겠다. 항상 분주하며 해외출입도 하여 보며 외화획득으로 국익에 이바지하는데 재관동림으로 총각득자 하게 되며 국제연예도 하여 본다. 본인은 사상이나 감정을 밖으로 드러내지 않음이 장점이라면 장점이요 또한 재주를 안으로 가지고 있는 것이 있으며 밖으로 노출을 꺼려하며 일명 입이 무겁다고나 할까 여명은 연애결혼에 부군도 귀하게 되나 명주가 부실하면 남편에게 의심받고 정통도주하며 남자가 많이 따르겠고, 직업으로는 재정, 외교, 무역, 수산, 원양어업, 운수, 식품 등에 종사함이 좋으며 건강은 비위가 약하고 요통으로 고생하며 시력과 심장이 약함도 원인은 위장에 있으니 위장병을 다스려야 몸이 건강하여진다 하겠다.

場所_{장소} : 平地_{평지}, 田園_{전원}, 해저탐사.

健康건강 : 脾비, 胃腸위장, 허리, 腹部복부, 口, 肌肉기육, 虛驚허경(깜짝
         깜짝 놀라는 것), 腎臟신장, 膀胱방광, 生殖器생식기, 泌尿器
         비뇨기, 耳이, 排泄物배설물, 聽覺청각, 붓는 증상.

天干으로 己土는 10數요 變化변화하면 5數에 戊土가 된다. 맛은
단맛과 짠맛이요 색상은 황색과 흑색이며 亥水의 方位는 西北
間方간방에 乾건 方向이요 季節계절로는 亥月은 겨울이요 하루로는
午後 9時부터 11時까지이며 六陰之氣육음지기요 地支에 亥水는 數
理수리로 6數이며 水生木도 잘하고 水剋火도 잘한다.

■ 地藏干 : 壬 甲

暗藏암장은 비밀스러운 것, 생각이 많은 것이다. 남에게 밝히기
를 싫어하며 미래를 내다보는 것도 된다. 暗藏合은 다정한 것
내심 명분을 잘 따진다. 暗藏合에는 丁壬合, 甲己合이 있는데,
天干에 丁, 己가 있으면 本人의 생각대로 하려 하고 冲에는 丙
壬冲, 甲庚冲이 있는데 天干에 丙, 庚이 있으면 변화가 많고 내
심 精神散漫정신산만도 된다.

亥는 亥卯未, 亥未, 亥卯, 卯未는 三合局, 震卦진괘, 亥子丑은 方
    合, 寅亥는 六破殺육파살, 申亥는 六害殺육해살, 辰亥는 怨嗔殺
    원진살, 鬼門關殺귀문관살, 十惡日십악일은 丁亥, 己亥, 癸亥日, 亥
    에 水隔殺수격살은 辰.

■ 己亥가 아래 天干을 만나면

甲은 正官정관, 浮木부목, 生宮생궁, 漂木표목, 月德貴人월덕귀인, 文曲貴
人문곡귀인.

乙은 偏官편관, 乙亥, 浮木부목, 死宮사궁, 天德貴人천덕귀인.

丙은 正印정인, 絶地절지, 暗藏에는 丙壬沖, 胞宮포궁, 天乙貴人천을귀인.

丁은 偏印편인, 丁亥, 胎宮태궁, 暗藏에는 丁壬合, 十惡日십악일, 天乙
貴人천을귀인.

戊는 比劫비겁, 絶地절지, 胞宮포궁, 土流토류, 財官同臨재관동림, 不情胞
胎부정포태.

己는 比肩비견, 己亥, 土流토류, 絶地절지, 胎宮태궁, 暗藏에는 甲己合,
十惡日십악일.

庚은 傷官상관, 泄氣설기, 盜氣도기, 金沈금침, 病宮병궁, 甲庚沖, 天廚
貴人천주귀인, 文昌貴人문창귀인.

辛은 食神식신, 辛亥, 金沈금침, 盜氣도기, 泄氣설기, 浴宮욕궁.

壬은 正財정재, 祿녹, 冠宮관궁, 水多土流수다토류.

癸는 偏財편재, 癸亥, 旺宮왕궁, 十惡日십악일, 大海水대해수, 水多土流수
다토류.

■ 己亥가 아래 地支를 만나면

子는 正財정재가 偏財편재, 水多土流수다토류, 桃花殺도화살, 絶地절지, 天
貴星천귀성, 天乙貴人천을귀인, 胞宮포궁, 方合방합.

丑은 比肩비견, 己丑, 急脚殺급각살, 方合, 陰地田畓음지전답, 暗藏에는

甲己合, 天厄星_{천액성}, 傷食庫_{상식고}, 冬土_{동토}, 凍土_{동토}, 月殺_{월살}, 墓宮_{묘궁}.

寅은 正官_{정관}, 殺印相生_{살인상생}, 暗藏에는 甲己合, 丙壬沖, 亡神殺_{망신살}, 死宮_{사궁}, 六合, 天權星_{천권성}, 六破殺_{육파살}.

卯는 偏官_{편관}, 己卯, 懸針殺_{현침살}, 亥卯三合, 病宮_{병궁}, 將星殺_{장성살}, 天破星_{천파성}, 文曲貴人_{문곡귀인}.

辰은 比劫_{비겁}, 水隔殺_{수격살}, 怨嗔殺_{원진살}, 鬼門關殺_{귀문관살}, 急脚殺_{급각살}, 天奸星_{천간성}, 攀鞍殺_{반안살}, 衰宮_{쇠궁}, 紅鸞星_{홍란성}, 旬中空亡_{순중공망}.

巳는 偏印_{편인}이 正印_{정인}, 己巳, 梟神殺_{효신살}, 巳亥沖, 暗藏에는 甲庚沖, 丙壬沖, 天文星_{천문성}, 旺宮_{왕궁}, 驛馬殺_{역마살}, 落井關殺_{낙정관살}, 黑氣三災_{흑기삼재}, 旬中空亡_{순중공망}.

午는 正印_{정인}이 偏印_{편인}, 祿_녹, 暗藏에는 丁壬合, 甲己合, 天福星_{천복성}, 六害殺_{육해살}, 陰氣三災_{음기삼재}, 冠宮_{관궁}.

未는 比肩_{비견}, 己未, 羊刃殺_{양인살}, 帶宮_{대궁}, 亥未三合, 暗藏에는 甲己合, 丁壬合, 官庫_{관고}, 天驛星_{천역성}, 華蓋殺_{화개살}, 白殺三災_{백살삼재}.

申은 傷官_{상관}, 泄氣_{설기}, 盜氣_{도기}, 土變_{토변}, 暗藏에는 甲庚沖, 六害殺_{육해살}, 浴宮_{욕궁}, 天孤星_{천고성}, 劫殺_{겁살}, 天乙貴人_{천을귀인}, 截路空亡_{절로공망}.

酉는 食神_{식신}, 己酉, 泄氣_{설기}, 生宮_{생궁}, 大將軍_{대장군}, 文昌貴人_{문창귀인}, 災殺_{재살}, 截路空亡_{절로공망}, 天刃星_{천인성}, 天廚貴人_{천주귀인}.

戌은 比劫_{비겁}, 養宮_{양궁}, 印綬庫_{인수고}, 自己庫_{자기고}, 乾宮_{건궁}, 暗藏에는

丁壬合, 天藝星천예성, 天殺전살, 活人星활인성, 天喜神천희신.

亥는 偏財편재가 正財정재, 己亥, 絶地절지, 土流토류, 伏吟복음, 十惡日십악일, 絶地절지, 天壽星천수성, 水多土流수다토류, 地殺지살, 方合, 同合, 胎宮태궁.

■ 己亥가

木에는 財星재성, 印綬인수.

火에는 傷官상관, 食神식신, 官星관성.

土에는 比肩비견, 比劫비겁, 財星재성.

金에는 印綬인수, 傷官상관, 食神식신.

水에는 官星관성, 比肩비견, 比劫비겁.

巳酉丑生은 亥子丑年에 三災殺삼재살이다. 天敗전패 亥子丑年에는 酉 西方向이 大將軍方位대장군방위다. 大將軍方位는 白虎方位백호방위다. 一時停止일시정지와 같다. 增築증축이나 修理수리는 避피함이 좋고 上下 구별 없이 厄액이 따른다. 亥에는 丑이 喪門상문이요 酉가 弔客조객, 甲子旬中에는 戌亥가 旬中空亡순중공망, 丙丁日에 亥酉가 天乙貴人천을귀인, 寅卯辰月에 亥가 急脚殺급각살, 子月에 亥는 斷嬌關殺단교관살, 子月에 亥는 活人星활인성, 戌과 子 사이에 夾은 亥, 亥水는 잘 變하기도 하면서 變하지 않을 때도 있다. 亥月에 入胎月입태월은 寅. 巳亥日生 入胎日은 286日, 寅亥合은 六合 亥가 寅을 보면 德덕이 없고 官災관재 損財손재가 多發다발, 亥가 辰을 보면

死豚사돈이다. 亥는 잠이 많고 筋肉근육이 없어 물을 좋아한다. 丁亥 丁酉日生은 一貴格일귀격이다. 亥가 文昌문창이면 水産수산, 醫療의료, 教員교원, 教授교수에 該當해당된다. 亥生에 亥日이면 一專心崇佛일전심숭불이면 天恩천사를 입는다. 亥가 巳火를 冲하면 불꽃이 일고 화려하다. 亥는 丙火를 보면 잔잔한 湖水호수이므로 長久官印장구관인에 該當해당된다.

己亥의 變化

己土는 土生金에는 인색하나 土剋水는 잘한다. 그러나 地支 亥水에는 生剋制化생극제화를 할 수가 없으며 甲己合은 中正之合중정지합이라 하며 己土는 天干에 生도 剋도 하며 形而上學的형이상학적으로는 地支亥水에 生剋制化를 잘한다. 亥水는 地支끼리 生剋制化를 할 수가 있으며 세력으로도 따라가며 天干에도 生剋制化를 할 수 있다.

지나칠 정도로 장마가 심하며 물난리에 태풍은 물론 대홍수, 산사태, 가옥침수소동까지 있을 것이라고 예상된다. 사면이 바다로 둘러 쌓여 있는 하나의 섬과 같아 보이는 형상과 같다. 고독해 보이기는 하나 정작 본인은 고독을 모르며 살아간다고 보며, 타인이 볼 때는 외로워 보이며 산에서 사는 사람이 아니면 바다에서 일을 하며 살아가는 사람이라고 여겨진다. 산이 떠내려가는 형상이니 여행을 좋아하며 무역도 좋아한다. 농산물이나 채소의 작황은 별로 좋다고 여겨지지 않는다. 지대가 높은 곳이 좋으나 꼭 안전하다고는 볼 수가 없으며 산사태에도 주의가 필요하다고 예상된다. 여야에 있어서는 타협이 서로간에 잘된다고 예상된다. 나라의 경제가 살아나며 건축 경기도 살아나고 부동산은 부분적으로만 살아난다고 예상된다. 학생은 경제분야, 무역학과, 의약계, 해군사관학교, 도시계획과, 부동산학과, 관광경영학과가 인기가 있다고 예상된다. 도시로 집중하고 좋은 물이 개발되고 물의 해라고 선정되며 관광객 수도 많이 늘어난다고 예상된다. 동양에서 무역에 관한 위성도시가 생긴다고 예상된다. 정치의 주요 쟁점은 경제가 될 것으로 예상된다.

己亥의 비밀성 變化

오나가나 바빠지며 할 일이 생기며 가는 곳마다 환영이요, 귀인이 도와주며 주름살이 펴지고 눈가에 미소가 있게되며, 돈이라는 것을 알게 되며 그렇게 소중하다는 것도 알게 된다. 애인이 귀인이요 만난 다음에는 반드시 일이 생기며, 건축이 나의 꿈이요 꿈이 현실로 나타나며 진행이 잘되며, 종교인은 기도가 잘되며 신도가 따르고 많아지게 되고 나날이 바빠지며 환경의 변화가 많아지며 적응이 필요하고, 조경사업이 잘되고 수해의 기초는 나무를 심는 것이요, 환경을 이길 수는 없지만 잘만 이용할 줄 안다면 누구나 성공을 할 것이라고 판단된다. 연애를 했다하면 임신이라 총각득자하게 되니 같이 살자고 애원하며, 처가 학원이나 학교에 관련이 있으며, 노는 땅에 좋은 나무를 심어 기르는 일이 많아지며, 수산물 무역이 활발하여지며 칸막이 술집이 늘어나며, 돈주고 승진하려는 사람이 많아진다고 예상된다. 친구 때문에 직업이 없어지며 세무감사가 우려된다. 도와주는 자가 구속되고 협박을 당하며 누명을 쓰게 된다. 쌍방이 바람을 피우게 되니 가정이 파탄이라, 대리근무가 나의 직장을 그만두게 만들고 해고당하며, 부동산 경매가 붐을 일으키며 여자로 인하여 망신수요, 새 식구가 늘어나며 귀인의 탄생을 의미하고, 나의 재주는 돈을 벌 줄만 알았지 쓸 줄은 잘 모르며, 묵은 돈 받으며 옛이야기하고 관리를 더욱 더 잘하게 된다. 인기를 끌다보니 외모 가꾸기에 신경을 쓰게 되며, 돈 앞에서는 만인이 군림한다는 것을 알게 되며.

己亥의 노출성 變化

먹는 것마다 걸리고 귀인이 아니라 모두가 원수로 변하며, 승자가 아니라 항상 항복으로 복종하며 살아가게 되고, 몸 주고 돈 빼앗기고 내 몸이 천하다는 것을 알게 되며, 숫자가 둔갑이라 속는 것이 일상화되어 있으며, 먹는데는 명수요 누가 보거나 말거나 추태를 부리며, 계산은 보이나 하나의 뜬구름에 불과할 뿐이요, 내가 설 땅이 없으며 앞이 보이지가 않으며 캄캄할 뿐이다. 오라는 곳은 없으나 갈곳은 많아도 하나같이 올바른 곳이 없으며, 능률이 떨어지며 그림 속의 떡이요 속사정을 몰라주며, 해초류가 기온변화로 인하여 작황이 예년에 비해 어려우며, 해양산업이 발달은 하나 나에게는 꿈이요, 해양대학교에 인기가 있겠으며 일자리는 따 논 밥상이요, 돈의 목적은 벼슬에 있으며 직장생활 하다가 사업으로 전환하며, 아랫사람이 윗사람 노릇을 하게 되며, 처로 인해 어머니와 사이가 멀어지게 되며, 건설업에는 직업이 잘 맞지는 않으나 건설중장비가 맞으며 해가 떠있는 날보다 비 오는 날이 많으니 소금장사는 울상이요, 채소류는 녹아 없어져 품절이니 가격은 오르게 되며, 자기가 자기 꾀에 넘어가고 자기 스스로 무덤을 파며, 행동은 착실한데 언어는 반항심의 위반이 앞서며, 흉이라는 개념을 모르며 자식한테 한 수 배우며 살아가고, 말 한번 잘해서 복을 받고 싶었는데 마음과 행동이 다르고, 감투를 씌워놓고 도둑질하여 먹으며 대신하여 감옥가게 되고, 앉아서 주고 서서도 못 받으며 돈 빌려주고 재판하게 되며, 내가 일을 했다하면 꼬이고 욕심이 과다하여진다.

庚子

■ 庚

形而上學형이상학 精神정신 始 東 有情유정 上半期상반기 前進전진 得득
實실 생각 生成생성 上體상체 겉모양 外的외적 勝승 吉길 先 明 낮 地
上 太過태과 自由. 天干은 天干끼리 生剋制化생극제화를 할 수 있다.
天干은 地支를 生剋制化 할 수 없다.

■ 子

形而下學형이하학 物質물질 終종 西 無情무정 下半期하반기 後退후퇴 失실
虛허 行動행동 消滅소멸 下體하체 속 모양 內的내적 敗패 凶흉 後후 暗암
밤 地下 不及불급 拘束구속 地支는 天干을 生도 剋도 할 수 있고
地支는 地支끼리 生剋制化를 할 수 있다. 子水는 生이 吝嗇인색하
며 剋은 잘하고 變化변화가 없다.

■ 庚

月星월성 純金순금 煉金연금 剛金강금 鋼鐵강철 陽金양금 死金사금 更갱

무쇠 兵草之權병초지권 命分 改革性개혁성 更新갱신 風霜풍상 白氣백기 雨
雹우박 革命家혁명가 古物고물 肅殺之氣숙살지기 變革性변혁성 義理의리 冷
靜냉정 急速급속 剛直강직 골격 昆蟲類곤충류 胛骨動物갑골동물 白露백로
龜귀 變化動物변화동물 動物동물은 까마귀 造化조화가 五行 中에 第一
제일 많다. 勇敢용감 輕薄性경박성 果斷性과단성 名譽명예 體統체통 決斷力
결단력 一身일신이 恒時항시 고되다.

■ 子

陰水음수 11月 一陽始生일양시생 冬至동지 子正 始作시작 寒冷之水한냉
지수 揆규 鼠서 氷雪빙설 寒流한류 泉水천수 川水천수 外陽內陰외양내음 從
流종류 流水유수 活水활수 生水 流下之性유하지성 始시 風流풍류 첫 번째
地支 正北 坎宮감궁 黑色흑색 1.6數 짠맛 智慧지혜 天貴星천귀성 十二
支의 首수. 水氣수기. 하루의 始作 四旺之局사왕지국. 정신을 집중한
다. 水生木은 인색하나 水剋火는 잘한다. 어둡다. 黑色흑색. 인색
하다. 他 五行을 만나도 變化변화가 안 된다. 象상은 陰極之水음극지
수이다. 의심을 안주는 것 같고 덜 주는 것 같다. 부지런하기도
하다.

職 業

■ 庚

車차, 運輸業운수업, 整備정비, 武器무기, 材料商재료상, 資材자재, 機械

기계, 交通교통, 製鐵제철, 鐵物철물, 駐車場주차장, 兵器병기, 軍人군인, 警察경찰, 運動운동, 皮膚美容피부미용, 理髮師이발사, 스포츠마사지, 撮影촬영, 建設건설, 建築건축, 敎育교육.

■ 子

水産物수산물, 氷菓類빙과류, 旅館여관, 養殖業양식업, 沐浴湯목욕탕, 낚시, 外國語외국어, 海運해운, 풀장, 세탁, 연못, 水平線수평선, 法曹界법조계, 海洋業해양업, 分水분수, 漁場어장, 旅行業여행업.

性 格

신용을 앞세워 의리로써 인정을 베푸나 庚金은 변해보았자 金으로 변하지 않는 것이 특징이다. 다른 일간에 비해 변화작용이 없으며 고지식하고 보수적이면서도 한편으로는 진보의 경향이 있다. 그러나 가정에는 인색하며 좋은 소리를 못 들으며 금수쌍청으로 청백함은 타인이 부러워하나 물도 지나치게 깨끗하면 고기가 살지 못하니 고독을 자초하기 쉽고 타인이 마음으로 따르지 않는 것이 염려된다. 노력하는 대가만큼은 없으며 겉모습이 냉정하여 교제가 어렵고 가슴 찌르는 소리를 잘하여 타인에게 마음의 상처를 주며 앞을 멀리 내다보지 못한 것이 흠이다. 겉으로는 예민하면서도 강한 인상이 엿보이며 내적으로는 상대가 고개를 숙이고 대화를 하면 마음이 부드러운 면도 있으며 장기적인 계획보다는 단기적인 목적에 이익만 생각하는 면이 있다. 여자는 부부궁의 금실이 좋지 않으며 자손을 낳고 몸이 허약해지며 건강은 하체가 부실하여 고생이 많고 폐, 기관지, 냉 대하증에 주의하여야 하며 직업은 언론, 교육, 정치외교, 군인, 경찰 공무원이 제격이다.

場所장소：야영장, 카바레, 촬영, 풍월이 노는 곳.

健康건강：肺폐, 大腸대장, 氣管支기관지, 骨格골격, 皮膚피부, 鼻비, 齒牙치아, 痔疾치질, 盲腸맹장, 血液혈액, 嗅覺후각, 腸疾扶謝장질부사, 腎臟신장, 膀胱방광, 睾丸고환, 泌尿器비뇨기, 耳이, 수분, 唾液타액, 몸이 붓는 증상.

天干으로 庚金은 9數요 變化변화하면 4數에 辛金이 된다. 맛은 매운맛과 짠맛이요 색상은 백색과 흑색이며 子水에 方位는 正北에 屬하고 季節계절로는 子月 겨울이요 하루로는 밤 11時에서 1時까지이며 一陽始生일양시생이요 地支의 子水는 數理수리로 1數요 水生木에는 吝嗇인색하나 水剋火는 잘한다.

■ 地藏干：癸

暗藏암장은 비밀스러운 것, 생각이 많은 것이다. 남에게 밝히기를 싫어하며 미래를 내다보는 것도 된다. 暗藏合은 다정한 것 내심 명분을 따진다. 暗藏合에는 戊癸合이 있는데, 天干에 戊土가 있으면 본인의 계획대로 하려 하고 冲에는 丁癸冲이 있는데,

天干에 丁火가 있으면 변화가 많고 정서적이지를 못한다.

子는 申子辰, 申子, 子辰, 申辰은 三合局, 亥子丑은 方合, 天貴星천귀성, 子酉는 六破殺육파살, 鬼門關殺귀문관살, 子未는 六害殺육해살, 怨嗔殺원진살, 子卯는 刑殺형살, 子에 水隔殺수격살은 寅, 寅卯辰은 三災삼재.

■ 庚子가 아래 天干을 만나면

甲은 偏財편재, 甲庚冲, 甲子, 梟神殺효신살, 浴宮욕궁, 浮木부목, 天赦星천사성.

乙은 正財정재, 乙庚合, 病宮병궁, 浮木부목, 文曲貴人문곡귀인.

丙은 偏官편관, 丙子, 火熄화식, 胎宮태궁, 絶地절지, 地轉殺지전살, 職業煩多직업번다.

丁은 正官정관, 火熄화식, 絶地절지, 胞宮포궁.

戊는 偏印편인, 戊子, 土流토류, 絶地절지, 胎宮태궁.

己는 正印정인, 土流토류, 絶地절지, 胞宮포궁.

庚은 比肩비견, 庚子, 伏吟복음, 泄氣설기, 盜氣도기, 死宮사궁.

辛은 比劫비겁, 泄氣설기, 生宮생궁.

壬은 食神식신, 壬子, 羊刃殺양인살, 月德貴人월덕귀인, 旺宮왕궁, 天轉殺천전살, 유랑객.

癸는 傷官상관, 祿녹, 冠宮관궁.

■ 庚子가 아래 地支를 만나면

子는 食神식신이 傷官상관, 庚子, 泄氣설기, 盜氣도기, 死宮사궁, 方合, 同合, 將星殺장성살, 天貴星천귀성, 伏吟복음, 落井關殺낙정관살.

丑은 正印정인, 方合, 六合, 天乙貴人천을귀인, 天厄星천액성, 攀鞍殺반안살, 自己庫자기고, 墓宮묘궁, 急脚殺급각살.

寅은 偏財편재, 庚寅, 絶地절지, 財殺地재살지, 財官同臨재관동림, 胞宮포궁, 驛馬殺역마살, 天權星천권성, 水隔殺수격살, 三災天蟲삼재천충, 暗藏에는 甲庚冲, 十惡日십악일.

卯는 正財정재, 子卯刑殺자묘형살, 紅鸞星홍란성, 絶地절지, 胎宮태궁, 暗藏에는 乙庚合, 天破星천파성, 三災天刑삼재천형, 六害殺육해살.

辰은 偏印편인, 庚辰, 養宮양궁, 魁罡殺괴강살, 暗藏에는 乙庚合, 戊癸合, 旬中空亡순중공망, 梟神殺효신살, 天奸星천간성, 傷食庫상식고, 急脚殺급각살, 三災天劫삼재천겁, 華蓋殺화개살, 十惡日십악일.

巳는 正官정관이 偏官편관, 暗藏에는 戊癸合, 生宮생궁, 劫殺겁살, 天文星천문성, 天德貴人천덕귀인, 旬中空亡순중공망, 文曲貴人문곡귀인.

午는 偏官편관이 正官정관, 庚午, 子午冲, 丁癸冲, 浴宮욕궁, 災殺재살, 截路空亡절로공망, 天福星천복성.

未는 正印정인, 財庫재고, 暗藏에는 丁癸冲, 乙庚合, 子未, 怨嗔殺원진살, 天乙貴人천을귀인, 六害殺육해살, 帶宮대궁, 天殺천살, 天驛星천역성, 截路空亡절로공망.

申은 比肩비견, 庚申, 祿녹, 冠宮관궁, 地殺지살, 申子三合, 天孤星천고성.

酉는 比劫비겁, 羊刃殺양인살, 子酉자유, 六破殺육파살, 天喜神천희신, 旺

宮왕궁, 桃花殺도화살, 天刃星천인성, 鬼門關殺귀문관살.

戌은 偏印편인, 庚戌, 魁罡殺괴강살, 印綬庫藏인수고장, 官庫관고, 暗藏에
　　는 戊癸合, 天藝星천예성, 月殺월살, 衰宮쇠궁, 梟神殺효신살.

亥는 傷官상관이 食神식신, 文昌貴人문창귀인, 甲庚冲, 泄氣설기, 病宮병궁,
　　亡神殺망신살, 天壽星천수성, 方合, 斷矯關殺단교관살, 活人星활인성,
　　天廚貴人천주귀인.

■ 庚子가

木에는 官星관성, 印綬인수.

火에는 財星재성, 官星관성.

土에는 傷官상관, 食神식신, 財星재성.

金에는 比肩비견, 比劫비겁, 傷官상관, 食神식신.

水에는 印綬인수, 比肩비견, 比劫비겁.

巳酉丑生은 亥子丑年에 三災殺삼재살이다. 地戶지호 亥子丑年에는
酉 西쪽이 大將軍方位대장군방위다. 大將軍方位는 白虎方位백호방위인
데 일시정지와 같다. 增築증축이나 修理수리는 避피함이 좋고 上下
구별 없이 厄액이 따른다. 子에는 寅이 喪門상문이요 戌이 弔客조객,
戊癸日에는 子丑이 截路空亡절로공망, 甲寅旬中에는 子丑이 旬中空
亡순중공망, 乙己日에 子申이 天乙貴人천을귀인, 寅卯辰月에 亥子는 急
脚殺급각살, 12月生에 子는 斷矯關殺단교관살, 乙庚日에 子는 落井關
殺낙정관살, 子月에 入胎月입태월은 卯, 子午日生 入胎日은 276日, 丑

月에 子는 活人星활인성, 亥와 丑사이에 夾은 子이다. 子는 變하지
않으나 生에는 인색하고 剋은 잘한다.

庚子의 變化

庚金은 金生水도 잘하고 金剋木도 잘한다. 그러나 地支 子水에
는 生剋制化생극제화를 할 수 없으며 乙庚合은 仁義之合인의지합이라
하며 庚金은 天干에 生도 剋도 하며 形而上學的형이상학적으로는 地
支子水에 生剋制化를 잘한다. 子水는 地支끼리도 生剋制化를 할
수 있으며 勢力세력으로도 따라가며 天干에도 生剋制化를 할 수
있다.

교육, 언론의 모두가 바라는 변화가 있다고 예상된다. 물의 해
가 되어 모두가 먹는 수돗물과도 관련이 있다고 예상된다. 농작
물은 냉해로 인한 피해가 있게 된다고 예상되며, 금이 피상 되
니 철재 가격이 내림세 또는 보합세를 이룬다고 예상된다. 냉기
가 심하며 비는 자주 많이 온다고 예상된다. 학생은 교육, 정치
외교, 해양학과, 해군사관학교 등에 인기가 있다고 예상된다. 조
선소는 우리나라에서 가장 큰배를 건조할 것이라고 예상된다. 대
화의 쟁투 언어가 과장되거나 앞서가는 경우도 된다. 물의 수질
이 나빠지니 각별한 검사가 요망된다고 예상된다. 밝지가 않거나
어두운 곳을 의미하니 비밀과도 연결된다. 노력보다는 움직이지
않고 대가성이 없는 수입을 올린다. 말로만 봉사정신이요 인색하

며 주는 것보다는 받는 것을 좋아한다. 국민이 바라는 국가의 정책이 예상된다. 차가운 공기가 불어오면 감기환자가 발생하기가 쉽다고 본다. 변화를 하지 않으려 하고 현재 그대로를 유지하는 것이 좋으며, 변화를 하면 돌이킬 수 없는 상황이라고 예상된다. 가구나 놀이방 기구가 발전하고 방송장비 또는 새로운 촬영장비가 도입되거나 발명될 것이라고 예상된다.

庚子의 비밀성 變化

배운 즉시 써먹게 되며 활용을 잘하게 된다. 공부의 목적은 정치외교에 있으며, 조부님의 영향으로 벼슬까지 오르게 되며, 공부는 장인정신의 교훈이 되고 명예가 높아지며 그러나 편법으로 공부하기 쉬우니 대가성으로 가르치면 좋겠다. 생각지도 않은 매매수가 있으며 뜻밖의 소식을 듣게 된다. 서류가 일이 되니 부동산에 관련된 일을 하여보며, 자연환경, 미생물에 대한 연구를 많이 하여본다. 오락시설 문화가 늘어나나 적자를 면하지 못할 것이요, 처가 희생해 보았자 도움이 되지 못하며, 녹색 채소류는 우박이나 서리로 인해 고사되어 물가가 오르게되며, 광석, 철기 구제품 가격이 떨어지는 현상을 나타내며, 외교무역에 관심이 많으며 경쟁이 심하여진다고 여겨진다. 학원가로 학생이 몰리며 사립학교가 인기가 있겠으며, 여행의 목적은 그 나라의 문명을 배우기 위해서이며, 자식 낳고 공부하게 되고 명예가 생기며, 기술과 아이디어로 인하여 포상에 승진이요, 철제가 물위에 떠 있으니 군함과 같아 해군에 인기가 있으며 철이 물에 닿으니 녹이 스는 형상이라 겉포장만 깨끗하며, 도둑에 분실수라 경계가 소홀하며 주머니 사정이 나빠지며, 배운 것이 직업과 연결되니 이과가 분명하며, 이론가에 명분이라 우리의 옛것이 주가 되며, 기술을 도용하여 돈을 벌기는 하나 결과는 적자요, 타협이 안되며 경쟁이 나를 망하게 하며 배신을 하게 되고 강경책이 오히려 후퇴를 불러오게 되며.

庚子의 노출성 變化

자기 꾀에 자기가 스스로 넘어가게 되며 시작은 좋은데 결과가 미진하며 무모한 행동을 자행한다. 부하로 인하여 충격을 받으며 조사 받으며 쫓겨나고 내 것 주고 배신당하며 시비구설이 따라다닌다. 투자해 보았자 한강에 돌 던지기요 노력해도 대가가 없으며 상사에게 반항심이 생기고 일의 노예가 된다. 꿈은 크나 뜬구름이요 과장이 심하여지고 직장을 그만두면 놀고 먹으려 하고 직장 구하기가 힘들며 눈병 때문에 병원출입 하여보고 직장에 노조가 발생하여 언론으로 인한 시비가 잦으며 학생은 학교가 싫어지고 위법행위를 자행하게 되며 교육정책이 달라진다고 보며 정신이 산만하여지며 자식이나 남편이 내 마음과 같지가 않으며 도움이 안되며 모든 것을 서두르면 정신이 산만하게 되니 되는 것이 없으며, 신경성 신경통에 다혈질이요 육친불화에 접근을 못하며, 문명이 없어지니 밀어붙이기 식이며 누구도 못 말리며, 다혈질에 가정이 불안하며 기를 펴지 못하며, 기술개발에 두뇌가 명석하며 하나를 배우면 두 가지를 알고 건망증, 망상증에 앞서거니 뒤서거니 건너뛰기를 잘하며, 시작은 잘하나 끝이 없어지니 오리무중이요, 교육에 선구자요 봉사자요 복지사업에 적격자이며, 멍들어 가는 것이 멍든 지 모르게 멍들어가며, 실수가 연발이요 성격이 급함이 문제이며, 장기적인 안목이 없으며 눈앞에 것만 보이며, 모방하는데 명수요 커닝을 잘하며 기술은 쉽게 배운다.

辛丑

■ 辛

　形而上學형이상학 精神정신 始 東 有情유정 上半期상반기 前進전진 得득
實실 생각 生成 上體상체 겉모양 外的외적 勝승 吉길 先 明 낮 地上
太過태과 自由. 天干은 天干끼리 生剋制化생극제화를 할 수 있다. 天
干은 地支를 生剋制化 할 수 없다.

■ 丑

　形而下學형이하학 物質물질 終종 西 無情무정 下半期하반기 後退후퇴 失실
虛허 行動행동 消滅소멸 下體하체 속 모양 內的내적 敗패 凶흉 後후 暗암
밤 地下 不及불급 拘束구속 地支는 天干을 生도 剋도 할 수 있고
地支는 地支끼리 生剋制化를 할 수 있다. 丑土는 生을 잘하며
剋은 못하고 變化변화가 많다. 丑土는 合이 될 때도 있고 되지 않
을 때도 있다.

■ 辛

　寒露한로 陰金음금 柔金유금 新신 霜상 細金세금 鐘종 生金생금 軟金연금

龜귀 兵草병초 우박 꿩 更新갱신 義理의리 冷靜냉정 急速급속 改革性개혁성 肅殺之氣숙살지기 變革性변혁성 昆蟲類곤충류 土石 美人 貴金屬귀금속 金佛象금불상 非鐵金屬비철금속 金銀珠玉금은주옥 變化動物변화동물 胛骨動物갑골동물.

■ 丑

大寒대한 寒土한토 紐유 牛우 陰土음토 凍土동토 濕土습토 二陽之氣이양지기 昆蟲類곤충류 生土 柔土유토 胛骨動物갑골동물 金庫금고 墓宮묘궁 四庫之局사고지국 허리 옆구리 불모지 땅. 天厄星천액성 곡식이 안 되는 土. 言語寡默언어과묵 乙丑이면 乾草건초다. 毒劇物독극물 艮方간방 丑月에 酉는 死. 印星인성 食神식신을 暗藏암장하고 있다. 背배 萬物만물이 자라지 못하는 不生土불생토다. 겨울 土는 노는 땅. 丑은 火가 반드시 必要필요하다. 金庫금고인데 戌鍵술건으로 열어야 한다. 土生金은 잘하나 土剋水는 못한다. 惡氣악기가 많은 土다. 鑛山광산으로는 必要필요한 土다. 寒土한토로서 버려진 땅이라고는 하나 개발의 여지가 있다.

職 業

■ 辛

寺刹사찰, 宗敎종교, 飮酒음주, 金屬금속, 齒科치과, 音樂음악, 樂器악기, 金銀細工금은세공, 古物고물, 工具공구, 洋品양품, 술그릇, 資材자재, 皮膚

美容피부미용, 理髮師이발사, 스포츠마사지.

■ 丑

毒劇物取扱독극물취급, 消防소방, 鑛山광산, 炭鑛탄광, 개발할 수 있는 땅, 古物商業고물상업.

性 格

신의가 있고 근면하며 남에게 덕을 베풀 줄 알고 공부를 열심히 하며 인기가 좋으나 첫인상이 냉정하게 보이는 것이 흠이며 아집이 대단하다. 한번 마음먹으면 굳게 지키려 하고 결단성이 있으나 비위가 상하면 다시는 안 보려는 성격의 소유자이다. 섬세하고 세심하며 변덕을 부리기로 말하면 칠면조와 같으며 자기 성질에 못 이겨 급한 나머지 부모님의 마음을 상하게 하며 편법적으로 행동을 하게 된다. 손재주와 기술은 있으나 써먹지 못함이 흠이요, 부모 덕은 없어 공부를 중단하겠고 자기의 고집으로 인해 일을 그르칠 수 있으니 매사의 유정하고 아무리 어려운 일이라도 반드시 결실을 할 때까지 노력해야 하며 한 우물을 파는 것이 현명한 방법일 것이다. 처자에 유덕하나 모처불합은 면할 길이 없으며 매사의 완벽한 것을 좋아하니 처가 매운 시집살이로 인해 비관할까 염려된다. 여명은 미모의 얼굴로 부군의 사랑을 받으나 만족하기 어려우며 시댁보다는 친정을 가까이 하며 살겠다.

직업으로는 무관직이나 교육이 제격이며, 의약, 비철금속, 고물상, 금은방, 독극물취급에도 적합하며, 건강은 화상이나 냉한 체질, 대장암에도 주의하기 바란다.

人物인물 : 裁判軍人재판군인, 警察官경찰관, 調査官조사관이요.

場所장소 : 警察署경찰서, 法政법정, 刑務所형무소, 한적한 곳 等이다.

健康건강 : 肺폐, 大腸대장, 氣管支기관지, 骨格골격, 皮膚피부, 鼻비, 痔疾치질, 盲腸맹장, 便秘변비, 齒痛치통, 冷帶河냉대하, 凍傷동상, 濕疹습진, 무좀, 糖尿당뇨, 呼吸氣호흡기, 脾비, 胃腸위장, 허리.

天干으로 辛金은 4數요 變化변화하면 1數에 壬水가 된다. 맛은 매운맛과 단맛이요 색상은 백색과 황색이며 丑土에 方位로는 東北 艮方간방이며 季節계절로는 12월 겨울이요 하루로는 새벽 1時에서 3時까지이며 二陽之氣이양지기요 地支에 있어서 丑土가 數理수리로는 10數에 해당하며 土生金은 잘하고 土剋水에는 인색하다.

■ 地藏干 : 己 辛 癸

暗藏암장은 비밀스러운 것, 생각이 많은 것이다. 남에게 밝히기를 싫어하며 미래에 계획이 있게 된다. 暗藏合은 다정한 것 내심 명분을 따진다. 暗藏合에는 甲己合, 丙辛合, 戊癸合이 있는데 天干에 甲丙戊가 있으면 본인의 계획대로 하려 하고, 沖에는 丁癸沖, 乙辛沖이 있는데 天干에 乙丁이 있으면 변화가 많고 마음이 조급할 수 있다.

丑은 巳酉丑, 巳丑, 巳酉, 酉丑은 三合局, 兌卦태괘, 亥子丑은 方
合, 丑戌未는 三刑殺삼형살, 湯火殺탕화살, 丑辰은 六破殺육파살,
丑午는 六害殺육해살, 怨嗔殺원진살, 鬼門關殺귀문관살, 華蓋殺화개살,
水隔殺수격살은 子, 三災삼재는 亥子丑.

■ 辛丑이 아래 天干을 만나면

甲은 正財정재, 甲己合, 絶地절지, 無根무근, 帶宮대궁.

乙은 偏財편재, 乙丑, 絶地절지, 衰宮쇠궁, 財殺地재살지, 財官同臨재관동림,
明명, 暗藏에는 乙辛冲.

丙은 正官정관, 盜氣도기, 泄氣설기, 晦氣회기, 養宮양궁, 暗藏에는 丙辛合.

丁은 偏官편관, 丁丑, 泄氣설기, 晦氣회기, 墓宮묘궁, 白虎大殺백호대살,
暗藏에는 丁癸冲.

戊는 正印정인, 養宮양궁, 埋金매금, 暗藏에는 戊癸合, 陰地음지, 惡山
악산, 溪谷계곡.

己는 偏印편인, 己丑, 陰地田畓음지전답, 墓宮묘궁, 冬土동토, 鐵分過多철
분과다.

庚은 比劫비겁, 庫藏고장, 古鐵고철, 天月德貴人천월덕귀인.

辛은 比肩비견, 辛丑, 養宮양궁, 古金고금, 古物商고물상.

壬은 傷官상관, 金沈금침, 衰宮쇠궁.

癸는 食神식신, 癸丑, 羊刃양인, 帶宮대궁, 白虎大殺백호대살, 絶地절지,
懸針殺현침살.

■ 辛丑이 아래 地支를 만나면

子는 傷官상관이 食神식신, 方合, 六合, 活人星활인성, 天貴星천귀성, 金沈
금침, 泄氣설기, 生宮생궁, 六害殺육해살, 斷橋關殺단교관살, 三災地戶
삼재지호, 水隔殺수격살, 天廚貴人천주귀인, 文昌貴人문창귀인.

丑은 偏印편인, 辛丑, 同合, 方合, 天厄星천액성, 華蓋殺화개살, 養宮양궁,
急脚殺급각살, 三災삼재, 地刑지형, 自己庫자기고, 梟神殺효신살.

寅은 正財정재, 財殺地재살지, 丑寅艮合축인간합, 暗藏에는 甲己合, 丙
辛合, 天乙貴人천을귀인, 劫殺겁살, 胎宮태궁, 天權星천권성, 紅鸞
星홍란성.

卯는 偏財편재, 辛卯, 絶地절지, 懸針殺현침살, 寅而來인이협, 暗藏에는
乙辛冲, 胞宮포궁, 災殺재살, 天破星천파성.

辰은 正印정인, 急脚殺급각살, 六破殺육파살, 暗藏에는 乙辛冲, 戊癸合,
天殺천살, 天奸星천간성, 傷食庫상식고, 墓宮묘궁, 旬中空亡순중공망,
截路空亡절로공망.

巳는 偏官편관이 正官정관, 辛巳, 三合, 暗藏에는 丙辛合, 戊癸合,
死宮사궁, 地殺지살, 天文星천문성, 旬中空亡순중공망, 截路空亡절로공망.

午는 正官정관이 偏官편관, 丑午, 暗藏에는 丁癸冲, 怨嗔殺원진살, 六
害殺육해살, 桃花殺도화살, 病宮병궁, 天福星천복성, 鬼門關殺귀문관살,
天乙貴人천을귀인, 文曲貴人문곡귀인.

未는 偏印편인, 辛未, 丑未冲, 暗藏에는 乙辛冲, 丁癸冲, 天驛星천역성,
財庫재고, 月殺월살, 衰宮쇠궁, 梟神殺효신살.

申은 比劫비겁, 天喜神천희신, 天孤星천고성, 旺宮왕궁, 亡神殺망신살, 落

井關殺_{낙정관살}.

酉는 比肩_{비견}, 辛酉, 祿_녹, 酉丑三合, 冠宮_{관궁}, 將星殺_{장성살}, 天刃星_{천인성}, 大將軍_{대장군}.

戌은 正印_{정인}, 帶宮_{대궁}, 丑戌刑殺, 攀鞍殺_{반안살}, 天藝星_{천예성}, 官庫_{관고}, 印綬庫藏_{인수고장}, 羊刃殺_{양인살}, 暗藏에는 丁癸冲, 戊癸合.

亥는 食神_{식신}이 傷官_{상관}, 辛亥, 暗藏에는 甲己合, 三災天敗_{삼재천패}, 金沈_{금침}, 天壽星_{천수성}, 泄氣_{설기}, 盜氣_{도기}, 驛馬殺_{역마살}, 浴宮_{욕궁}, 方合, 孤鸞殺_{고란살}.

■ 辛丑이

木에는 官星_{관성}, 財星_{재성}.

火에는 財星_{재성}, 傷官_{상관}, 食神_{식신}.

土에는 傷官_{상관}, 食神_{식신}, 比肩_{비견}, 比劫_{비겁}.

金에는 比肩_{비견}, 比劫_{비겁}, 印綬_{인수}.

水에는 印綬_{인수}, 官星_{관성}.

巳酉丑生은 亥子丑年에 三災殺_{삼재살}이다. 地刑_{지형} 亥子丑年에는 酉 西方이 白虎方位_{백호방위}다. 大將軍方位_{대장군방위}는 白虎方位다. 나의 右側方位_{우측방위}다. 일시정지와 같다. 增築_{증축}이나 修理_{수리}는 不可_{불가} 厄_액이 있다. 上下 구별 없이 厄_액이 따른다. 丑에는 卯는 喪門_{상문} 亥는 弔客_{조객}, 戊癸日에는 子丑이 截路空亡_{절로공망}, 甲寅旬中_{갑인순중}에는 子丑이 旬中空亡_{순중공망}, 丑月에는 丑辰이 急脚殺_{급각살},

巳月에 丑은 斷矯關殺단교관살, 寅月에 丑은 活人星활인성, 丑月에 入胎月입태월은 辰, 丑未日生 入胎日은 266日, 丑에 申은 天喜神천희신, 子와 寅사이에 夾은 丑, 丑戌未는 三刑殺삼형살 背信之刑배신지형이다. 丑은 戌로 鍵건하고 開門개문한다. 鑛山광산 炭鑛탄광으로 성공하려면 丑이 필요하다. 霜降以後상강이후 立春까지는 調喉不及조후불급은 穀食곡식이 안 되는 土다. 丑은 戌이 있어야 不動産開發부동산개발을 잘한다. 丑日生은 言語寡默언어과묵하다. 外面외면은 陰음이나 內心내심은 陽性양성이다. 丑日 己未時라면 月光월광이 柄枝병지에 照映조영하니 上格상격이다. 陰極음극하면 陽生양생하니 陽氣양기가 地下에서 始動시동한다.

辛丑의 變化

辛金은 金生水는 인색하나 金剋木은 잘한다. 그러나 地支 丑土에는 生剋制化생극제화를 할 수 없으며 丙辛合은 威制之合위제지합이라 하며 辛金은 天干에 生도 剋도 하며 形而上學的형이상학적으로는 地支丑土에 生剋制化를 잘한다. 丑土는 地支끼리도 生剋制化를 할 수 있으며 勢力세력으로도 따라가며 天干에도 生剋制化를 할 수 있다.

다른 해에 비하여 추위가 좀더 빨리 오겠다고 예상된다. 예년에 비해 추위가 길게 갈 것이 예상된다. 학생은 이과, 외국어과, 기술과가 인기가 높겠다고 예상된다. 중고용품 또는 고물상을 하는 자가 흑자를 낼 것이라고 예상된다. 화학제품의 새로운 기술 개발이 있다고 예상된다. 우리 것을 사랑하고 옛것을 모집하는 것이 인기가 있겠으며, 호흡기질환이나 폐 질환 환자가 많이 발생한다고 예상된다. 광산업종이나 토목분야에 부를 누린다고 예상된다. 신제품이 중고용품으로 둔갑하여 매매가 성행을 하게 된다고 예상된다. 예년에 비해 위장병, 감기환자가 많아진다고 보며 본인의 건강관리가 소홀하다고 본다. 냉기가 심하니 농작물의 피해가 있겠다고 예상된다. 구관이 명관이요 구세대가 주축을 이루게 된다고 예상된다. 여당과 야당이 국민의 칭찬을 받으며 화합을 이루게 된다. 자연환경보호에 앞장서는 운동이 일어난다고 보며, 옛것을 찾고 오래된 것 묵은 것이 거래가 잘되며, 고물가격이 올라가니 비철금속 가격도 올라간다고 예상된다. 고궁이나 사찰을 많이 찾으며 우리 것을 보고 배우고 싶어하며, 신제품이 아니라 재고품의 거래가 잘 이루어지며.

辛丑의 비밀성 變化

연구하고 노력하여 문명을 알리려는 마음이 간절하고, 자식에 대한 기대는 정치외교에 뜻이 있겠으며, 친구는 비밀정보 또는 감사조사에 근무를 하게 되며, 부모님이 선물을 사주는 것에 대하여 크게 바라고 있으며, 공부는 경제 또는 회계에 큰 관심이 있다고 보며, 희망과 계획이 크며 원대한 포부가 크다 하겠으며,

돈이 나가고 문서가 들어오니 증권매입을 하게 되며, 주택에 살면서 또 주택을 매입하며 이사수가 있게 되고, 처덕으로 공부하고 문명을 배우며 주권은 처에게로 가며, 경영방침은 학원사업부터 시작이 된다고 본다. 여행의 목적은 돈을 벌기 위한 견학일 것이요, 기술을 모방하고 기술연수교육을 가르치게 되며, 고물상이나 헌집을 매입하여 고쳐서 팔면 돈이 되고, 미개발지역이 신도시로 발전을 거듭하며, 교육은 후손의 미래에 문명을 밝게 하여주며, 학창시절의 연애가 미래까지 연결되니 결혼을 한다라고 보며, 직장에서 친구로 인해 조사 받는 과정에서 잘못되어 그 직장을 그만두게 되며, 컴퓨터 칩의 기술 양이 어두워지며, 상하가 나를 도우니 저절로 명예가 올라가며, 음식을 먹었다 하면 지나친 過食과식이 문제요, 형제와 친구와의 경쟁이요 조직적인 교육이 강화되고, 글을 쓰다보니 문장이 이루어지고 소설이 되며 돈으로 연결된다. 웅변의 목적은 정치외교나 대중연설에 뜻을 두게 되고, 금속개발에 박차를 가하게 되며 새로운 금속이 나오게 되며, 광산은 광맥을 발견하게 될 것이라고 예상된다.

辛표의 노출성 變化

전지를 잘못하여 어린 나무가 죽어가니 수형 기술을 요구하며, 재단이나 이·미용에 기술을 배우는 학생이 많아지며, 동업하며 경영체제에 갑자기 변동수가 있으며, 자금이 막히고 회전이 안되며 부도의 위기에 몰리게 되며, 먹는 욕심이 많아 위장에 무리가 오며 허리 아픈 증세가 나타나며, 형제와 처 사이에 갈등이 증폭되며, 믿었던 친구가 갑자기 변화하고 애인마저 변심을 하게 된다. 음식 먹고 배탈이라 식중독의 주의가 필요하며, 투자한 것이 잘못되어 누명쓰고 공갈 협박당하며, 편두통 환자가 많아지며 신경통에 시달리는 사람이 많아지며, 학생은 전학을 자주 하게 되니 철새와 같으니 진로에 발전이 없으며, 시력에다 난시라 병원출입을 자주 하게 되고, 냉한으로 인한 피해로 어린 채소류가 고사를 당하고, 말 한마디 잘못하여 회사에서 밀려나며, 냉·대하증, 대장무력증, 잦은 변비로 고생을 하게 되며, 비철금속이나 고물을 사재기하며 파동을 예고하고, 잔병에 혈액순환장애가 뒤따르며 고생을 하게 되는데 몸에 보온이 필요로 하는데 가벼운 운동이 건강을 위해서 좋으며, 여명에 편두통은 빈혈 약이 좋아질 수도 있으며, 작은 산에 꽃 돌이라 장인정신의 기술이 필요로 하며, 변화를 촉구하며 새로운 것으로 전환하고 싶어하며, 배운 것이 기술이요 목수가 아니면 조각가요 건축가에서도 많이 보며, 비밀에는 탄로가 나며 뇌물은 나의 적이요, 후배가 상관이라 내가 있는 자리가 좌불안석이며, 의리가 생명과도 같으니 무슨 일을 했다하면 손해다.

壬寅

■ 壬

形而上學_{형이상학} 精神_{정신} 始 東 有情_{유정} 上半期_{상반기} 前進_{전진} 得_득 實_실 생각 生成 上體_{상체} 겉모양 外的_{외적} 勝_승 吉_길 先 明 낮 地上 太過_{태과} 自由_{자유} 天干은 天干끼리 生剋制化_{생극제화}를 할 수 있다. 天干은 地支를 生剋制化 할 수 없다.

■ 寅

形而下學_{형이하학} 物質_{물질} 終_종 西 無情_{무정} 下半期_{하반기} 後退_{후퇴} 失_실 虛_허 行動_{행동} 消滅_{소멸} 下體_{하체} 속 모양 內的_{내적} 敗_패 凶_흉 後_후 暗_암 밤 地下 不及_{불급} 拘束_{구속} 地支는 天干을 生도 剋도 할 수 있고 地支는 地支끼리 生剋制化를 할 수 있다. 寅木은 合이 될 때도 있고 안될 때도 있다.

■ 壬

大雪_{대설} 雲_운 精_정 水氣_{수기} 밤 冬節_{동절} 雪_설 氷_빙 始作_{시작} 進化_{진화}

萬物만물의 宗主종주요. 澤택 연못 海水 湖水호수 浦水포수 停止水정지수 陽水양수 亥水 死水사수 江水 收藏수장 智慧지혜 霜露상로 戰場전장 妊임 流水유수 橫流횡류 江河강하 氷雪빙설 監獄감옥 玄武현무 陰凶음흉 呻吟신음 秘密비밀 欺滿기만 凝固응고 結氷결빙 遲延지연 溶解용해 忍耐인내 流動유동 姙娠임신 適應적응을 잘함. 始시와 終종. 물은 東南으로 흐른다. 性은 險難험난하고 奸詐간사하고 智謀지모 淫음. 字義자의는 川 江 水.

■ 寅

立春입춘 雨水우수 生木 演연 호랑이(虎호) 陽木양목 嫩木순목 死木사목 三陽之氣삼양지기 燥木조목 仁情인정 正月之氣정월지기 初春초춘이요 三數삼수 靑色청색 危險物위험물 棟樑之木동량지목 引火物質인화물질 爆發物폭발물 湯火殺탕화살 새벽 3時~5時 만물을 일깨워준다. 天權星천권성 부지런하다. 木剋土도 잘하고 木生火도 잘한다. 寅中 甲木은 土中의 싹이다. 어두운 세상을 밝혀준다. 暗藏丙火암장병화가 있어 때로는 變身변신을 잘하기도 한다.

職業

■ 壬

바다, 外國語외국어, 船舶선박, 海運해운, 水産수산, 法務법무, 外務외무, 食品식품, 酒類주류, 氷菓類빙과류, 冷凍業냉동업, 貿易무역, 沐浴湯목욕탕, 풀장, 硏究家연구가, 敎育교육, 造景조경, 微生物미생물.

■ 寅

危險物위험물, 消防소방, 寺刹사찰, 宗敎종교, 塔탑, 社會事業사회사업, 文化院문화원, 藥局약국, 搭탑, 溫床온상, 寅中, 甲木은 纖維섬유, 紙類지류, 農場농장, 家畜가축, 牧場목장이다.

性 格

지혜가 있고 원만하여 환경에 적응을 잘하고 두뇌가 명철하여 천재에 일명 박사라는 말을 많이 들으며 항시 타인보다는 한 수 두수를 앞서가며 선견지명이 있어 만인을 군림하며 인기도 매우 좋다 하겠다. 일찍이 고향을 떠나야 성공을 하며 매사에 오라는 곳은 없어도 갈곳은 많으니 세상사가 한 몸으로 두 사람 몫의 일을 하려하니 어찌 분주하다 아니하겠는가. 또한 몸에 화상이나 점, 흉터가 있다고 보며 이것은 오히려 흉이 아니라 복이 될 것이니 염려할 것은 없겠고 도량이 후중하고 용기는 있으나 태만함과 게으름이 흠이다. 운만 좋다면 교수에 박사소리 들으며 국제적인 활동을 하게 되며 처를 사랑하고 가정을 위하기는 하나 작첩 한번 하여보는 것은 면할 길이 없으며 자손은 부모가 기대한 만큼 자랑스러울 수는 없겠고 여명은 직업여성이며 지나치게 똑똑하여 부군을 꺾게 되거나 국제적인 활동을 하게 되며 음식 솜씨 또한 좋아 어디를 가나 주위에서 칭찬을 받는다고 본다. 직업으로는 법정, 교육, 재정, 외국상사에 입신하여보며 식품이나 무역에도 제격이며 건강은 폐가 약한 편이고 지방간이나 피부질환, 방광계통에도 주의가 필요하다고 본다.

人物인물 : 발명가, 연구가.

場所장소 : 海洋해양, 연못, 夜間야간, 미생물, 山神산신이요.

健康건강 : 腎신, 膀胱방광, 耳鳴이명, 泌尿器비뇨기, 生殖器생식기, 聽覺청각, 몸이 붓는 症狀증상, 排泄物배설물, 老來노래에는 血壓혈압, 風疾풍질, 치매 등의 持病지병으로 因하여 오래도록 고생하는 것이 흠이다.

天干으로 壬水는 1數요 變化변화하면 8數에 乙木이 된다. 맛은 짠맛과 신맛이요 색상은 흑과 청색이며, 寅木에 方位로는 東北艮方간방이며 季節계절로는 1월 봄이요, 人物로는 中女이며 하루로는 새벽 3時에서 5時까지이고, 地支에 있어서 寅은 木으로서 修理수리로는 3이요, 木生火도 잘하고 木剋土도 잘한다.

■ 地藏干 : 甲 丙

暗藏암장은 비밀스러운 것, 생각이 많은 것, 남에게 밝히기를 싫어하는 것, 술책 미래를 내다보는 것, 다정한 것 내심 대가성을 따진다. 暗藏合에는 甲己合, 丙辛合이 있는데, 天干에 己土와 辛金이 있으면 본인의 계획대로 하려 하고, 冲에는 甲庚冲, 丙壬冲이 있는데, 天干에 庚, 壬이 있으면 변화도 많고 성격도 조급해진다.

寅은 寅午戌, 寅午, 寅戌, 午戌은 三合局, 離卦이괘, 寅卯辰은 方
　　合, 寅巳申은 三刑殺삼형살, 湯火殺탕화살, 寅月의 水隔殺수격살
　　은 戌, 寅卯辰年에 子는 大將軍대장군.

■ 壬寅이 아래 天干을 만나면

甲은 食神식신, 甲寅, 祿녹, 冠宮관궁, 孤鸞殺고란살.

乙은 傷官상관, 旺宮왕궁.

丙은 偏財편재, 丙壬沖, 丙寅, 生宮생궁, 月德貴人월덕귀인.

丁은 正財정재, 死宮사궁, 天德貴人천덕귀인, 丁壬合.

戊는 偏官편관, 戊寅, 天赦星천사성, 殺印相生살인상생, 生宮생궁.

己는 正官정관, 殺印相生살인상생, 暗藏에는 甲己合, 死宮사궁.

庚은 偏印편인, 庚寅, 絶地절지, 胞宮포궁, 財官同臨재관동림, 不情胞胎부
　　정포태, 暗藏에는 甲庚沖.

辛은 正印정인, 胎宮태궁, 財官同臨재관동림, 暗藏에는 丙辛合.

壬은 比肩비견, 壬寅, 天廚貴人천귀귀인, 文昌貴人문창귀인, 病宮병궁, 暗
　　藏에는 丙壬沖.

癸는 比劫비겁, 浴宮욕궁.

■ 壬寅이 아래 地支를 만나면

子는 比肩비견이 比劫비겁, 壬子, 旺宮왕궁, 災殺재살, 急脚殺급각살, 天
　　貴星천귀성, 夾혈은 丑, 羊刃殺양인살, 大將軍대장군.

丑은 正官정관, 丑寅合, 艮土간토, 衰宮쇠궁, 天厄星천액성, 天殺천살, 印

綬庫藏인수고장, 紅鸞星홍란성, 暗藏에는 甲己合, 丙辛合, 活人
星활인성.

寅은 食神식신, 壬寅, 天權星천권성, 同合, 方合, 斷矯關殺단교관살, 文
昌貴人문창귀인, 地殺지살, 泄氣설기, 病宮병궁, 暗藏에는 丙壬沖,
天廚貴人천주귀인, 截路空亡절로공망.

卯는 傷官상관, 天破星천파성, 桃花殺도화살, 方合, 死宮사궁, 天乙貴人천
을귀인, 截路空亡절로공망.

辰은 偏官편관, 壬辰, 魁罡殺괴강살, 天奸星천간성, 自己庫자기고, 方合, 暗
藏에는 戊癸合, 墓宮묘궁, 月殺월살, 旬中空亡순중공망.

巳는 正財정재가 偏財편재, 寅巳刑殺인사형살, 天文星천문성, 亡神殺망신살,
胞宮포궁, 天乙貴人천을귀인, 旬中空亡순중공망, 暗藏에는 甲庚沖,
丙壬沖.

午는 偏財편재가 正財정재, 壬午, 絶地절지, 胎宮태궁, 天福星천복성, 寅午
三合, 將星殺장성살, 暗藏에는 甲己合, 丁壬合, 火多水蒸화다수증.

未는 正官정관, 天驛星천역성, 傷食庫상식고, 養宮양궁, 鬼門關殺귀문관살,
攀鞍殺반안살, 天喜神천희신, 暗藏에는 甲己合, 丁壬合.

申은 偏印편인, 壬申, 生宮생궁, 天孤星천고성, 寅申沖, 暗藏에는 甲庚
沖, 丙壬沖, 驛馬殺역마살, 三災人皇삼재인황, 十惡日십악일, 梟神
殺효신살, 文曲貴人문곡귀인.

酉는 正印정인, 怨嗔殺원진살, 暗藏에는 丙辛合, 浴宮욕궁, 天刃星천인성,
三災天權삼재천권, 六害殺육해살.

戌은 偏官편관, 壬戌, 魁罡殺괴강살, 天藝星천예성, 懸針殺현침살, 暗藏에

는 丙辛合, 丁壬合, 寅戌三合, 官庫관고, 財庫재고, 白虎大殺백
호대살, 帶宮대궁, 華蓋殺화개살, 三災地災삼재지재, 水隔殺수격살.
亥는 比劫비겁이 比肩비견, 祿녹, 寅亥六合, 急脚殺급각살, 天壽星천수성,
六破殺육파살, 劫殺겁살, 冠宮관궁, 暗藏에는 丙壬冲.

■ 壬寅이

木에는 印綬인수, 比肩비견, 比劫비겁.
火에는 官星관성, 印綬인수.
土에는 財星재성, 官星관성.
金에는 傷官상관, 食神식신, 財星재성.
水에는 比肩비견, 比劫비겁, 傷官상관, 食神식신.

申子辰生은 寅卯辰年에 三災殺삼재살이다. 天蟲천충 寅卯辰年에는
子 北方이 大將軍方位대장군방위인데 나의 右側方位우측방위다. 大將軍
은 一時停止일시정지와 같다. 丑과 卯사이에 夾은 寅이다. 增築修理
不可증축수리불가 厄액이 따른다. 上下 구별이 없다. 寅에는 辰이 喪門
상문 子가 弔客조객이다. 丁壬日에는 寅卯가 截路空亡절로공망, 甲辰旬
中갑진순중에는 寅卯가 旬中空亡순중공망, 申酉戌月에 寅戌은 急脚殺급
각살, 正月은 自體자체가 斷矯關殺단교관살, 卯月에 寅은 活人星활인성,
寅은 湯火殺탕화살, 寅未는 鬼門關殺귀문관살, 天喜神천희신, 寅月에 入
胎月입태월은 巳, 寅申日生 入胎日은 256日, 庚寅은 破祿馬파록마,
財星驛馬재성역마, 故고로 貿易무역, 運送운송, 輸送수송, 交易교역, 庚寅

은 財殺地재살지, 財官同臨재관동림, 不情胞胎부정포태, 總角得子총각득자, 寅月에 丁은 天德貴人천덕귀인, 丙은 月德貴人월덕귀인, 亥子丑生에 寅은 喪妻殺상처살, 寅月에 戌은 水隔殺수격살.

壬寅의 變化

壬水는 水生木도 잘하고 水剋火도 잘한다. 그러나 地支의 寅木에는 生剋制化생극제화를 할 수 없으며 丁壬合은 淫亂之合음란지합이라 하며 壬水는 天干에 生도 剋도 하며 形而上學的형이상학적으로는 地支寅木에 生剋制化를 잘한다. 寅木은 地支끼리도 生剋制化를할 수 있으며 勢力세력으로도 따라가며 天干에도 生剋制化를 할수 있다.

교육계에 변화가 예상되며 교육의 질이 좋아진다고 본다. 잦은 장마가 예상되고 나무를 사랑하는 해가 될 것으로 보인다. 조사가 엄격하여지고 관리 감독이 엄하여진다고 본다. 언론이 투명하여지며 국민이 알권리로 투명하여진다고 보며, 자선사업이나 복지사업이 역할을 다하며 사랑을 받는다. 학생은 교육계, 해군사관학교, 해양학과, 정치외교나 신문방송과 등에 인기가 있을 것으로 예상된다. 음식은 깨끗하여지고 맛이 살아나며 미식가들로 하여금 발걸음의 왕래가 많아진다고 예상된다. 해산물은 어획량이 많아진다고 보며 또한 찾는 사람도 많아지고 가격도 오른다고 예상된다. 전체적으로는 공산품의 소비량이 늘어날 것으로 예

상된다. 살아있는 나무는 대체적으로 묘목 가격이 오른다고 예상
된다. 돈을 벌려면 수산업에 투자하는 것이 적격하다고 예상된
다. 개인적으로도 소비량이 늘어나며 특히 생산업에 투자가 늘어
나며 생산업에 종사하는 자는 일의 양이 많아진다고 예상된다.
木씨를 가진 성씨가 인기를 집중하게 된다고 예상된다. 환경자연
보호 사랑의 캠페인이 일어날 것이 예상된다. 건강으로는 피부질
환의 질병에 주의가 필요하다고 본다.

壬寅의 비밀성 變化

증조부 묘는 나의 벼슬과 관련이 있게되며, 교육계로 진출을
하게 되면 목표는 교장에 있으며, 내가 노력한 만큼 대가성은
있으며 관직으로 들어가게 되고, 목돈이 푼돈이 되며 처로 인하
여 탈재가 되기도 한다. 부동산이나 증권의 서류가 친구에게로
넘어가게 되고, 서류분실하고 보증 서주고 배신당하고 귀금속을
도둑 맞으며, 배우며 돈을 버는 것은 비닐하우스의 농사가 돈이
되며, 술집이 인기직종이요 비밀요정을 하고 싶어하며, 자식의
일로 보증서고 자식의 말 한마디에 돈벌게 되고, 마음과 행동은
따로따로 이며 가르치는 것이 돈이 되며, 돈을 벌기 위한 것이
라면 어떠한 비밀도 지켜내며, 두뇌회전이 빨라 일명 박사라는
말은 자주 들으며, 농림이나 자연환경의 교육자가 되며, 물위에
등불과 같으니 해상에 신호라 해양대학교 교수와 같으며 친구가

제자라니 멋쩍은 면도 있으며, 건설분야는 일이 거듭거듭 생겨나며, 친구와 행동을 하면 항상 내가 돈을 쓰게 되며, 어린 나무의 묘목에 투자라 장기적인 측면으로 내다보며, 어부들이 필요로 한 것은 고기를 담는 그릇이요 상자이며, 장마로 인한 손실은 천재지변이라 누구도 막을 수 없으며, 막는다고 하면 나무를 많이 심으면 흉을 피할 수가 있겠으며, 호텔이나 숙박업이 잘되며 음식점까지 잘된다고 본다. 처의 마음은 돈밖에 모르며 꿈이 나보다 원대하며, 자연환경을 훼손하면 무거운 중벌을 받게 될 것이라고 예상된다. 귀보다는 부로 마음이 흘러가게 되어 있음이라.

壬寅의 노출성 變化

종업원으로 인하여 거래처가 시름시름 떨어져 나가게 되며, 갑상선이나 임파선, 편도선으로 감기가 유행을 한다고 보며, 학원사업은 부진하여 학원생 인원이 줄어들게 되며, 옛친구를 만나나 이로울 것이 없으며, 나의 것을 빼앗기고 강탈당하며 눈뜨고 도둑을 맞으며, 학생은 공부하다 학업을 중단하고 기술을 배우고 익히며, 욕심이 화를 불러일으키며 가정 불화까지 오게되며, 재래시장의 장사가 예전에 비해 못하며 점점 빛을 잃어가고 무역 수입품이 활기를 찾으며 소비량이 늘어나며, 구르는 돌이 박힌 돌을 뽑아내며 주객이 전도되고, 인원감축이 예상되며 세무감사도 강화될 것으로 보인다. 도둑에 분실수요 정신 산만에 건망증이 심하게 되며, 혈액순환장애가 빈번하다고 보며 불난 집에 부채질하며, 다혈질에 시작도 하기 전에 결실부터 보려하며, 금속 재료 가격이 올라가니 배짱을 부리면서 팔게 되고, 예년에 비해 화재가 많이 줄어든다고 예상된다. 벌려고 하는 마음은 급하나 조급증에 놓치는 것이 태반이요, 오는 손님은 까다로운 반면에 얼렁뚱땅하는 모습을 보이고, 밤중에 물이 새는 형상이니 비밀이 누설된다는 이치요, 물과 빛이 부딪치니 천둥번개와 같으며 돈 때문에 싸움이요, 나무를 톱으로 썰어내는 형상과 같으니 원목수입과 연결되고 겉모습과 속마음은 전혀 다르며, 식신이 역마살이면 망신 수에 화가 백가지로 일어나며, 나무 위에 물방울이 있는 형상과 같으니 장마를 예고하며, 조상님의 묘를 건드리지 마라 화가 백가지로 일어난다.

癸卯

■ 癸

形而上學_{형이상학} 精神_{정신} 始_시 東 有情_{유정} 上半期_{상반기} 前進_{전진} 得_득 實_실 생각 生成 上體_{상체} 겉모양 外的_{외적} 勝_승 吉_길 先 明 낮 地上 太過_{태과} 自由. 天干은 天干끼리 生剋制化_{생극제화}를 할 수 있다. 天干은 地支를 生剋制化 할 수 없다.

■ 卯

形而下學_{형이하학} 物質_{물질} 終_종 西 無情_{무정} 下半期_{하반기} 後退_{후퇴} 失_실 虛_허 行動_{행동} 消滅_{소멸} 下體_{하체} 속 모양 內的_{내적} 敗_패 凶_흉 後_후 暗_암 밤 地下 不及_{불급} 拘束_{구속} 地支는 天干을 生도 剋도 할 수 있고 地支는 地支끼리 生剋制化를 할 수 있다. 卯木은 生이 인색하며 剋은 잘한다.

■ 癸

小寒_{소한} 揆_규 陰水_{음수} 柔水_{유수} 弱水_{약수} 雲霧_{운무} 泉水_{천수} 川水_{천수} 生水 活水_{활수} 溪水_{계수} 遲延_{지연} 收藏_{수장} 智慧_{지혜} 霜露水_{상로수} 안개

地下水 潤下之性윤하지성 困厄性곤액성 凝固응고 破壞性파괴성 장마비 反覆玄武반복현무 陰凶음흉 呻吟신음 秘密비밀 슬픔 欺滿기만 雨露水우로수 結氷결빙 流動유동 溶解용해 忍耐인내 始시와 終종 動物동물은 박쥐 適應적응을 잘함. 東南으로 흐른다. 性은 險難험난 奸詐간사 智謀지모 淫음. 字義자의는 川 江 水.

■ 卯

驚蟄경칩 春分춘분 長木장목 二月之氣이월지기 濕木습목 活木활목 生木柔木유목 楊柳木양류목 昇승 草根초근 正東정동 繁華之木번화지목 風풍 綠色녹색 仁情인정 觸角촉각 兎묘 四陽之氣사양지기 陰木음목 午前 5時부터~7時까지 木生火는 인색하나 木剋土는 잘한다. 이는 木多火熄목다화식을 두고 하는 말이다. 天破星천파성 鐵鎖開金철쇄개금 懸針殺현침살 丙火를 봄이 좋다. 특히 藝能分野예능분야에 특출하나 경박성은 있다. 상대방 가슴에 응어리지는 말을 잘한다. 辰月에 卯는 화려한 장식 피복 복지와 같다.

職　業

■ 癸

藝術工藝예술공예, 宇宙工學우주공학, 旅館여관, 세탁소, 法曹界법조계, 풀장, 造船조선, 船員선원, 茶房다방, 外航船외항선, 海洋學科해양학과, 外務部외무부, 微生物工學미생물공학, 物理學물리학, 水産物수산물, 氷菓類빙과류, 곰팡이 균 研究연구, 무역, 言論언론, 食品식품, 酒類주류, 술집, 養殖場양식장, 上下水道상하수도, 外國語외국어, 海運해운, 情報정보, 술, 食堂식당, 魚貝類어패류.

■ 卯

醫藥의약, 法법, 宗敎종교, 哲學철학, 農林농림, 三月에 卯木은 服飾業복식업, 藝能예능, 卯戌은 文章家문장가 春色춘색이다. 卯未는 果樹園과수원, 植木식목, 盆栽林분재림이다.

性 格

동양적인 얼굴형이며 순수한 마음씨에 귀여움이 엿보이나 보수적이면서 소심한 면이 있다. 주고싶을 때 주기는 하는데 시원스럽게 주지 못하고 인색하며 남을 위해 노력은 하나 돌아오는 것은 없고 근심걱정이 많으며 아집이 대단하여 꺾을 자가 없다. 말을 하는데 있어서 나는 아는 것은 많은데 리듬이 끊어져 간혹 실수를 할 때도 있으며 또한 남에게 이용당하기 쉽고 매사에 불안을 조성하며 여유가 없는 것이 흠이기도 하다. 매사에 조화가 불능이니 이것은 게으른데서 오는 것이요 직업은 길게 가지 못하고 부부궁도 또한 서로를 미루며 본인이 스스로가 위축되는 생활에 멍든 지 모르게 멍이 들어가는 것이 안타깝다고 할 수 있다. 水일주에 도화를 놓아 가정을 지키기는 어렵고 과음하면 노년의 치매 등으로 고생하며 수액에 위장병을 조심해야 하는데 보온을 하는 것이 건강의 지름길이 될 것이다.

직업으로는 교육, 법정이 좋고 건강은 신경통 질환, 중풍, 신 방광계통에 주의를 요하며 산후 풍으로 고생을 하겠다.

人物_{인물} : 硏究官_{연구관}, 情報官_{정보관}, 調査官_{조사관}, 檢査官_{검사관}.

場所_{장소} : 움직이는 곳, 놀고 즐기는 곳, 세는 곳.

健康_{건강} : 腎臟_{신장}, 膀胱_{방광}, 泌尿器_{비뇨기}, 耳_이, 睾丸_{고환}, 水分_{수분}, 睡液_{타액}, 몸이 붓는 症狀_{증상}, 肝_간, 膽_담, 神經痛_{신경통}, 手足_{수족}, 毛髮_{모발}, 關節炎_{관절염}, 頭痛_{두통}, 咽喉_{인후}, 肩_견, 風疾_{풍질}.

天干으로 癸水는 6數요 變化_{변화}하면 7數에 丙火가 된다. 맛은 짠맛과 신맛이요 색상은 흑색과 청색이요, 卯木에 方位는 正 東 쪽에 속하며 季節_{계절}로는 2월 봄이요, 人物로는 長男에 속하고 하루로는 午前 5時에서 7時까지이며, 四陽之氣_{사양지기}요 地支의 卯木이 數理_{수리}로는 8數요 木生火는 吝嗇_{인색}하나 木剋土는 잘한다.

■ 地藏干 : 乙

暗藏_{암장}은 혼자만의 비밀 생각이 많은 것이다. 남에게 밝히기를 싫어하며 다정한 것 내심 대가성을 따진다. 暗藏合은 다정한 것 대가성을 내심 따진다. 暗藏合에는 乙庚金이 있는데 天干에 庚金이 있으면 본인의 계획대로 하려 하고 沖에는 乙辛沖이 있는데 天干에 辛金이 있으면 변화도 많고 성격도 급해진다.

卯는 亥卯未, 亥卯, 卯未, 亥未는 三合局, 震卦진괘, 寅卯辰은 方
    合, 子卯는 三刑殺삼형살, 卯辰은 六害殺육해살, 卯申은 怨嗔殺
    원진살, 鬼門關殺귀문관살, 卯에 水隔殺수격살은 申, 卯는 天破星천
    파성, 子는 大將軍대장군.

■ 癸卯가 아래 天干을 만나면

甲은 傷官상관, 羊刃殺양인살, 旺宮왕궁, 月德貴人월덕귀인.

乙은 食神식신, 乙卯, 祿녹, 天轉殺전전살, 冠宮관궁.

丙은 正財정재, 浴宮욕궁.

丁은 偏財편재, 丁卯, 病宮병궁, 丁癸沖.

戊는 正官정관, 絶地절지, 浴宮욕궁, 戊癸合, 惡山악산에 雜木잡목.

己는 偏官편관, 己卯, 絶地절지, 懸針殺현침살, 病宮병궁.

庚은 正印정인, 絶地절지, 胎宮태궁, 乙庚合.

辛은 偏印편인, 辛卯, 牛山之木우산지목, 地轉殺지전살, 絶地절지, 胞宮포
    궁, 懸針殺현침살, 乙辛沖.

壬은 比劫비겁, 死宮사궁, 泄氣설기, 盜氣도기.

癸는 比肩비견, 癸卯, 生宮생궁, 泄氣설기.

■ 癸卯가 아래 地支를 만나면

子는 比劫비겁이 比肩비견, 子卯刑殺자묘형살, 祿녹, 桃花殺도화살, 天貴

星천귀성, 冠宮관궁, 急脚殺급각살, 紅鸞星홍란성, 大將軍대장군, 截路空亡절로공망.

丑은 偏官편관, 癸丑, 白虎大殺백호대살, 懸針殺현침살, 印綬庫藏인수고장, 月殺월살, 天厄星천액성, 帶宮대궁, 絶地절지, 暗藏에는 乙辛沖, 截路空亡절로공망, 羊刃殺양인살.

寅은 傷官상관, 浴宮욕궁, 泄氣설기, 盜氣도기, 亡神殺망신살, 方合, 天權星천권성, 活人星활인성.

卯는 食神식신, 癸卯, 生宮생궁, 將星殺장성살, 同合, 方合, 天破星천파성, 斷矯關殺단교관살, 泄氣설기, 天廚貴人천주귀인, 文昌貴人문창귀인, 天乙貴人천을귀인, 落井關殺낙정관살.

辰은 正官정관, 卯辰, 六害殺육해살, 自己庫藏자기고장, 攀鞍殺반안살, 天奸星천간성, 方合, 養宮양궁, 暗藏에는 戊癸合, 旬中空亡순중공망.

巳는 偏財가 正財정재, 癸巳, 絶地절지, 暗藏에는 戊癸合, 乙庚合, 胎宮태궁, 驛馬殺역마살, 天文星천문성, 三災黑氣삼재흑기, 天乙貴人천을귀인, 旬中空亡순중공망.

午는 正財정재가 偏財편재, 絶地절지, 胞宮포궁, 午卯, 六破殺육파살, 六害殺육해살, 三災陰氣삼재음기, 天福星천복성, 天喜神천희신, 暗藏에는 丁癸沖.

未는 偏官편관, 癸未, 絶地절지, 墓宮묘궁, 卯未三合, 華蓋殺화개살, 傷食庫상식고, 天驛星천역성, 暗藏에는 丁癸沖, 三災白殺삼재백살.

申은 正印정인, 卯申, 怨嗔殺원진살, 鬼門關殺귀문관살, 暗藏에는 乙庚合, 天孤星천고성, 死宮사궁, 天德貴人천덕귀인, 劫殺겁살.

酉는 偏印편인, 癸酉, 病宮병궁, 文曲貴人문곡귀인, 災殺재살, 天刃星천인성, 卯酉冲, 梟神殺효신살, 暗藏에는 乙辛冲.

戌은 正官정관, 卯戌六合, 絶地절지, 暗藏에는 戊癸合, 乙辛冲, 丁癸冲, 衰宮쇠궁, 天藝星천예성, 財庫재고, 官庫관고, 天殺천살.

亥는 比肩비견이 比劫비겁, 癸亥, 亥卯三合, 天壽星천수성, 旺宮왕궁, 急脚殺급각살, 地殺지살, 十惡日십악일.

■ 癸卯가

木에는 印綬인수, 比肩비견, 比劫비겁.

火에는 官星관성, 印綬인수.

土에는 財星재성, 官星관성.

金에는 傷官상관, 食神식신, 財星재성.

水에는 比肩비견, 比劫비겁, 傷官상관, 食神식신.

申子辰生은 寅卯辰年에 三災殺삼재살이다. 天刑천형 寅卯辰年에는 子 北方이 大將軍方位대장군방위이다. 大將軍은 一時停止일시정지와 같다. 大將軍은 增築修理不可증축수리불가 厄액이 따른다. 上下 구별이 없다. 卯에는 巳가 喪門상문 丑이 弔客조객이다. 丁壬日에는 寅卯가 截路空亡절로공망, 甲辰旬中에는 寅卯가 旬中空亡순중공망, 二月은 亥子가 急脚殺급각살, 여름 生月에 卯가 急脚殺급각살, 卯月은 斷矯關殺단교관살, 辰月에는 卯가 活人星활인성, 卯申은 天喜神천희신 鬼門關殺귀문관살 怨嗔殺원진살, 卯는 天破殺천파살, 戊癸日生에 卯는 落井關

殺_{낙정관살}, 寅과 辰사이에 夾은 卯, 卯月에 入胎月_{입태월}은 午, 卯酉 日生 入胎日은 246日, 卯는 변함은 없으나 인색함은 있다. 己卯 는 懸針殺_{현침살}, 卯戌合은 春秋合_{춘추합}이라 하여 讀書_{독서} 또는 文 章華麗_{문장화려}다. 卯木은 午時에 꽃 문을 열고 亥時에 꽃 문을 닫 는다. 卯는 才藝_{재예}에는 特出하나 輕薄_{경박}함은 있다. 卯는 丙火가 없으면 꽃이 피지 않는 柔木_{유목} 無花果_{무화과}나무다.

癸卯의 變化

癸水는 水生木은 인색하나 水剋火는 잘한다. 그러나 地支 卯木 에는 生剋制化_{생극제화}를 할 수 없으며 戊癸合은 無情之合_{무정지합}이 라 하며 癸水는 天干에 生도 剋도 하며 形而上學的_{형이상학적}으로는 地支 卯木에 生剋制化를 잘한다. 卯木은 地支끼리 生剋制化를 할 수가 있으며 勢力_{세력}으로도 따라가며 天干에도 生剋制化를 할 수 있다.

예년에 비해 비가 자주 오는 긴 장마가 예상된다. 홍수로 인한 농작물이 물에 잠기는 현상이 나타날 것이 예상된다. 비도 많고 태풍과 해일도 있다고 보며 또한 병균이 많으므로 전염병에 대 한 세심한 소독이 필요하다고 예상된다. 수인성 질병에 전염되는 것의 주의가 필요하다고 예상된다. 음식물에 있어서는 식중독에 걸리지 않도록 주의가 필요하다. 학생은 교육계, 의과, 정치외교, 해군사관학교, 해양학과, 복지과, 외국어과, 신방과 등에 인기가 있다고 예상된다. 투자에 투자가 거듭되며 설계착오가 나온다고 예상된다. 자연환경의 변화가 따르며 수정이 불가피하다고 예상된다. 교육자는 학생의 직업전환이 올바르게 못 간다고 예상된다. 병원은 피부비뇨기과가 인산인해를 한다고 예상된다. 노인정책에 대한 좋은 대안이 발표가 있다고 예상된다. 서비스가 좋아지며 복지교육이 우선된다고 예상된다. 수질이 오염됨을 예고하고 각종 음료가 시판된다고 예상된다. 새로운 물이 발견되는 해라고 보며 물의 종류도 많다고 여겨지며 개발에 투자가 된다고 예상된다. 해상에서는 기상악화로 인한 선박사고가 예상된다. 변화는 하는데 어려움이 뒤따르며 뜬구름이요.

癸卯의 비밀성 變化

청정지역에서 생산되는 것이 수입을 올리며, 정보직업이나 감사직업으로 인한 업종이 잘 맞으며, 물 속에서 자라는 나무라 해초류 가격이 올라가며, 주는 것도 인색하지만 받는 것도 인색한 편이라고 본다. 남편을 사랑하면 시댁을 위하여 정성을 다하게 되며, 수경재배나 원예식물이 인기도가 높다고 보며, 교육계는 양질의 교육이 발전의 발전이 거듭나며, 나무와 쇠를 합하는 기술이라 연구와 개발에 박차를 가하고, 승진을 바라는 것이 아니라 깨끗함을 바라며, 국민은 자연환경변화에 관심이 많으며, 임야가 형질 변경되어 새로운 도시로 둔갑하며, 자식이 공부하여 연구기관에 들어가며, 식물에 물을 뿌려주는 현상이니 식물의 연구가 거듭되며, 목표는 관청이라 재정을 담당하는 것이 좋으며, 배우고 연구하는 것이 적성에 잘 맞으니 교육계가 적합하며, 암산은 잘하나 정리정돈이 잘되지 않으며, 정신은 산만하고 행동은 뜻대로 되지 않으며, 정신적으로는 부지런한데 육체적으로는 게으른 것이 흠이요, 잔디재배와 약초재배가 잘된다고 보며, 물을 이용한 사업이 개발된다고 보며, 베푼다는 것은 좋은 것이나 받으려고 해서는 안되며, 신개발 품이 돈이 되며 사업확장을 거듭거듭 하게 되며, 남편이 인색하고 처가 인색함이라 발전이 없으며, 고생이 많고 눈물이 많음이라 한탄하지말고 미래를 생각하라. 환경에 적응을 잘하며 재도전을 하면 꼭 성공한다고 본다.

癸卯의 노출성 變化

들어오는 즉시 지출이라 기억이 잘되지 않으며, 안 좋은 것에 관심을 더 가지게 되며 허송세월을 보내고, 기술분야는 으뜸이요 전기통신, 봉제가 잘 맞으며, 신경통, 두통에 시달리는 자가 많으며, 여명에 편두통은 혈액순환장애나 빈혈이 아니면 월경통이요, 돈을 버는데 머리를 쓰며 계산이 너무 앞서며, 판단착오에 해놓고 보면 후회하게 되고 미련을 가지게 되며, 잔디를 기계로 깎는 형상이라 이발 미용기술이 적격이요, 잘 자라고 있는 식물에 냉기가 내리면 채소류가 고사되니 채소가격이 오르게 된다고 보며, 언어 과장에 실수를 거듭하게 되며 입 조심을 함이 좋고, 학생은 선생님 교육방침이 마음에 들지 않아 미워하며, 도와주는 것이 잘못되고 미움을 당하며, 무모한 행동을 서두르며 후회하고 시달리며, 노력은 해도 하나같이 나를 배신하며 욕만 하고, 내가 설 땅이 없으며 가는 곳마다 혼란을 조성하며, 부하가 배신하고 후배가 뒤돌아 서며 나의 말을 들어주지 않으며 모든 일이 역행이라 하늘도 무심이라 가슴이 메이며, 내 것 주고 배신이라 대가성이 없으며, 여자로 하여금 시달림을 당하여보고 있어보고, 돈답게 써보지 못하고 밀려나게 되며, 주는 것이 인색하여 사랑하던 애인이 돌아서며, 하나님도 무심하다는 말이 연속으로 나오며, 자기 꾀에 자기가 스스로 무덤을 파며 무모한 추진이 병이요, 원류가 두절이라 한강에 돌 던지기요, 잘 가르쳤다고 했으나 제자는 나를 배신한다.

甲辰

■ 甲

形而上學형이상학 精神정신 始시 東 有情유정 上半期상반기 前進전진 得득 實실 생각 生成 上體상체 겉모양 外的외적 勝승 吉길 先선 明 낮 地上 太過태과 自由. 天干은 天干끼리 生剋制化생극제화를 할 수 있다. 天干은 地支를 生剋制化 할 수 없다.

■ 辰

形而下學형이하학 物質물질 終종 西 無情무정 下半期하반기 後退후퇴 失실 虛허 行動행동 消滅소멸 下體하체 속 모양 內的내적 敗패 凶흉 後후 暗암 밤 地下 不及불급 拘束구속 地支는 天干을 生도 剋도 할 수 있고 地支는 地支끼리 生剋制化를 할 수 있다. 辰土는 生도 잘하고 剋은 잘 못하며 변화가 많다.

■ 甲

十干之首십간지수 匣갑 雨雷우뢰 棟樑之木동량지목 陽木양목 死木사목 無 根之木무근지목 驚蟄경칩 長木장목 巨木거목 直木식목 高林고림 山林 頭上

두상 精神정신 家長가장 龍雷용뢰 신맛 剛木강목 溫暖온난 酸素산소 供給

源공급원 靑龍청룡 大林木대림목 胞포 生育생육 寡默과묵 十干은 戶主호주

다. 萬物만물의 根本근본을 主帝주제. 動物동물은 여우. 頭두 神신 長장

性성은 靑청.

■ 辰

淸明청명 穀雨곡우 陽土양토 龍용 震진 五陽之氣오양지기 濕土습토 眞土진

토 泥土이토 稼穡之土가색지토 三月之氣삼월지기 溫暖之土온난지토 巽方손방

東南間方동남간방 信 黃色황색 五數오수 雜氣잡기 風濕풍습 中性子중성자 調

節神조절신 過渡期과도기 遲延지연 地震지진 復古風복고풍 宗敎종교 中和作

用중화작용 思사 信用신용 岸안 堤防제방 田畓전답 土産品토산품 不動産부동산

足腹類족복류 建築건축 濕疹습진 沃土옥토 魁罡殺괴강살 天羅地網殺천라지망

살 天奸星천간성 이무기 夢中得金몽중득금 想像상상에 動物동물 山 水地庫

藏수지고장 四庫之局사고지국 金之養宮금지양궁 바람神 午前 7時～9時까

지 亥水를 보면 死藏시킨다. 土生金은 잘하나 土剋水는 못한다.

造化가 비상. 辰이 酉를 보면 죽은 닭이니 알을 못 낳는다.

職 業

■ 甲

木材목재, 家具가구, 紙物지물, 樂器악기, 竹細工죽세공, 木刻목각, 衣類

의류, 造林조림, 敎育교육, 宗敎종교, 社會事業사회사업, 建設건설, 建築건축,

不動産부동산, 保健衛生보건위생, 纖維섬유, 藝能예능, 粉食분식, 醫科의과, 文敎문교, 遞信체신, 保社보사, 文化문화, 織物직물, 앞장서는 것.

■ 辰

生物생물, 不動産부동산, 宗敎종교, 哲學철학, 農水産物농수산물, 土建토건, 醫學의학, 藥房약방, 農場농장, 藝術예술, 工藝공예, 人蔘인삼, 旅行여행, 국악, 歌手가수, 作曲家작곡가, 海水浴場해수욕장, 마사지, 魚貝類어패류 養殖양식, 粉食분식, 飮食음식.

性 格

온순 과묵하고 강직한 성격으로 타에 굴복하지 않고 항상 우위에 서려는 마음이 앞서며 환경에 적응을 잘하는 반면에 성격은 급하고 빨라 시작은 잘하나 뒤가 무르는 게 흠이다. 착실한 반면에 어리석어 가끔 흔들림이 나타나며 총명한 두뇌에 손재주는 남달리 뛰어났으며 예·체능계에서 많이 보며 취미는 옛것을 수집하는데 일가견이 있다. 부모님의 잔병으로 인하여 마음고생을 하여보며 부모님의 덕이 없으며 공부보다는 취재에 눈이 어두워 가정에 소홀하다 하겠다. 처가 어머니 대역을 하게 되고 연상의 여인과 인연이 있으며 남의 여자가 내 아내로 둔갑해 보이며 처 또한 후중한 반면에 몸집이 커지는 것이 흠이 될 수도 있다. 명주가 부실하면 돈만 아는 사람이 되어 모두를 잃어버릴까 염려가 되며 처궁은 좋으나 처덕은 부실하니 연애보다는 중매결혼을 택하는 것이 좋겠다. 직업으로는 재정, 목재, 섬유, 토목건축, 기술계가 제격이며 건강으로는 간염, 간경화, 습병, 당뇨병으로 고생을 하니 음주나 담배는 삼가는 것이 좋겠다.

場所장소 : 林임, 山中, 미생물 늪지요.

健康건강 : 肝膽간담, 神經性신경성, 咽喉인후, 甲狀腺갑상선, 淋巴腺임파선, 手足수족, 毛髮모발, 頭두, 痲痺마비, 關節관절, 中風중풍, 脾臟비장, 胃腸위장, 腰요, 腹部복부, 肌肉기육, 口, 脅협, 皮膚피부, 濕疹습진, 糖尿당뇨.

天干으로 甲木은 3數요 變化변화하면 10數에 己土가 된다. 맛은 신맛과 단맛이며 색상은 청색과 황색이요, 辰土에 方位는 東南쪽 巽方손방에 속하며 季節계절로는 辰月 봄이요, 巽卦손괘요 人物로는 長女이다. 하루로는 午前 7時에서 9時까지이며 五陽之氣오양지기요, 地支에 辰土는 數理수리로 5數요 陰陽음양이 駁雜박잡되어 있으며, 土生金은 잘하나 土剋水는 못한다.

■地藏干 : 戊 乙 癸

暗藏암장은 비밀스러운 것, 생각이 많은 것이다. 남에게 밝히기를 싫어하는 것, 술책, 미래를 내다보는 것, 暗藏合은 다정한 것 내심 명분 대가성을 따진다. 暗藏合에는 戊癸合, 乙庚合이 있는데 天干에 癸, 戊, 庚金이 있으면 본인의 계획대로 하려 하고,

冲에는 乙辛冲, 丁癸冲이 있는데 天干에 辛, 丁이 있어서 冲을 하면 不和불화와 變化변화가 시작된다.

辰은 申子辰, 申子, 辰子, 申辰은 三合局, 坎卦감괘, 寅卯辰은 方合, 辰午酉亥는 自刑殺자형살, 卯辰, 害殺해살, 辰亥, 怨嗔殺원진살, 鬼門關殺귀문관살, 辰月에 水隔殺수격살은 午, 寅卯辰이 三災삼재.

■ 甲辰이 아래 天干을 만나면

甲은 比肩비견, 甲辰, 白虎大殺백호대살, 衰宮쇠궁, 絶地절지, 印綬庫藏인수고장.

乙은 比劫비겁, 絶地절지, 羊刃殺양인살, 稅務財세무재, 帶宮대궁, 印綬庫인수고.

丙은 食神식신, 丙辰, 晦氣회기, 泄氣설기, 火土食神화토식신, 帶宮대궁, 官庫관고.

丁은 傷官상관, 暗藏에는 丁癸冲, 衰宮쇠궁, 晦氣회기, 盜氣도기, 官庫관고.

戊는 偏財편재, 絶地절지, 戊辰, 魁罡殺괴강살, 白虎大殺백호대살, 運動운동, 暗藏에는 戊癸合, 帶宮대궁, 財庫재고.

己는 正財정재, 늪지, 眞土진토, 衰宮쇠궁, 財庫재고.

庚은 偏官편관, 庚辰, 魁罡殺괴강살, 甲庚冲, 養宮양궁, 外國語외국어, 傷食庫상식고.

辛은 正官정관, 墓宮묘궁, 埋金매금, 乙辛冲, 衾금, 傷食庫상식고.

壬은 偏印편인, 壬辰, 魁罡殺괴강살, 墓宮묘궁, 自己庫藏자기고장, 天德천덕,

月德貴人월덕귀인.

癸는 正印정인, 養宮양궁, 戊癸合, 自己庫藏자기고장.

■ 甲辰이 아래 地支를 만나면

子는 偏印편인이 正印정인, 甲子, 梟神殺효신살, 子辰三合, 急脚殺급각살, 大將軍대장군, 浴宮욕궁, 暗藏에는 戊癸合, 天貴星천귀성, 將星殺장성살, 天赦星천사성.

丑은 正財정재, 官庫관고, 六破殺육파살, 攀鞍殺반안살, 天厄星천액성, 帶宮대궁, 暗藏에는 乙辛沖, 戊癸合, 甲己合, 絶地절지, 天乙貴人천을귀인.

寅은 比肩비견, 甲寅, 祿녹, 冠宮관궁, 驛馬殺역마살, 孤鸞殺고란살, 天權星천권성, 三災天蟲삼재천충, 旬中空亡순중공망, 方合.

卯는 比劫비겁, 羊刃殺양인살, 六害殺육해살, 馬夫殺마부살, 旺宮왕궁, 天破星천파성, 活人星활인성, 方合, 三災天刑삼재천형, 旬中空亡순중공망.

辰은 偏財편재, 甲辰, 帶木之土대목지토, 白虎大殺백호대살, 辰辰, 同合, 方合, 天奸星천간성, 華蓋殺화개살, 三災天劫삼재천겁, 늪지, 絶地절지, 衰宮쇠궁, 印綬庫藏인수고장, 十惡日십악일.

巳는 傷官상관이 食神식신, 辰巳, 巽宮손궁, 病宮병궁, 暗藏에는 乙庚合, 戊癸合, 泄氣설기, 木焚목분, 天文星천문성, 劫殺겁살, 天喜神천희신, 文昌貴人문창귀인, 天廚貴人천주귀인, 落井關殺낙정관살.

午는 食神식신이 傷官상관, 甲午, 泄氣설기, 盜氣도기, 死宮사궁, 災殺재살, 天福星천복성, 天赦星천사성, 木焚목분, 暗藏에는 甲己合, 丁癸

沖, 水隔殺수격살.

未는 正財정재, 暗藏에는 甲己合, 丁癸沖, 墓宮묘궁, 天殺천살, 天驛
星천역성, 自己庫藏자기고장, 木焚목분, 天乙貴人천을귀인.

申은 偏官편관, 甲申, 地殺지살, 懸針殺현침살, 斷矯關殺단교관살, 暗藏에
는 甲庚沖, 乙庚合, 申辰三合, 絶地절지, 胞宮포궁, 天孤星천고성,
截路空亡절로공망.

酉는 正官정관, 辰酉六合, 絶地절지, 暗藏에는 乙辛沖, 天刃星천인성,
桃花殺도화살, 胎宮태궁, 截路空亡절로공망.

戌은 偏財편재, 甲戌, 絶地절지, 養宮양궁, 月殺월살, 辰戌沖, 暗藏에는
戊癸合, 丁癸沖, 乙辛沖, 天藝星천예성, 傷食庫藏상식고장, 財庫
재고, 寡婦殺과부살, 折木절목.

亥는 正印정인이 偏印편인, 生宮생궁, 急脚殺급각살, 辰亥, 怨嗔殺원진살,
天壽星천수성, 紅鸞星홍란성, 鬼門關殺귀문관살, 亡神殺망신살, 文曲
貴人문곡귀인.

■ 甲辰이

木에는 比肩비견, 比劫비겁, 財星재성.

火에는 印綬인수, 傷官상관, 食神식신.

土에는 官星관성, 比肩비견, 比劫비겁.

金에는 財星재성, 印綬인수.

水에는 傷官상관, 食神식신, 官星관성.

申子辰生은 寅卯辰年에 三災殺삼재살이다. 天劫천겁 寅卯辰年에는 子北方자북방이 大將軍方位대장군방위다. 大將軍은 一時停止일시정지와 같다. 巳月에 辰이 活人星활인성, 大將軍은 上下 구별 없이 厄액이 따르며 增築증축이나 修理수리는 不可불가, 辰에는 午가 喪門상문 寅이 弔客조객이다. 申月에는 辰이 斷嬌關殺단교관살, 丙辛日에는 辰巳가 截路空亡절로공망, 甲午旬中에는 辰巳가 旬中空亡순중공망, 辰月은 亥子가 急脚殺급각살, 亥子丑月에는 丑辰이 急脚殺급각살, 辰亥는 怨嗔殺원진살, 鬼門關殺귀문관살, 紅鸞星홍란성, 辰巳는 天羅地網殺천라지망살, 天喜神천희신, 辰은 造化조화가 非常비상하다. 卯와 巳사이에 夾은 辰이다. 辰月에 入胎月입태월은 未, 辰戌日生에 入胎日은 296日.

甲辰의 變化

甲木은 木生火도 잘하고 木剋土도 잘한다. 그러나 地支의 辰土에는 生剋制化생극제화를 할 수 없으며 甲己合은 中正之合중정지합이라 하며 甲木은 天干을 生도 剋도 하며 形而上學的형이상학적으로는 地支 辰土에 生剋制化를 잘한다. 辰土는 地支끼리 生剋制化를 할 수가 있으며 勢力세력으로도 따라가며 天干에도 生剋制化를 할 수 있다.

건축경기가 살아나며 부동산 거래도 활기를 띨 것이 예상된다. 건축자재 중에서도 목재 가격이 올라간다고 예상된다. 농사는 풍년의 한해가 예상된다고 본다. 녹색채소는 풍년이 되나 가격 면에서는 동결될 것으로 예상된다. 나무를 사랑하는 해이며 나무를 심는 한해라고 예상된다. 마음이 바쁘면 교통사고와 연결되니 안정함이 필요하다고 예상된다. 나무가 없어지니 산불과도 연결되니 불조심이 예상된다. 땅이 울리고 나무가 뽑히니 지진이 있음을 예상된다. 금융이 좋아진다고 보며 재무감사가 엄하다고 예상된다. 사업은 수출이 잘되고 금융지원도 좋아진다고 예상된다. 경제지수가 올라가니 정부의 신임도가 올라간다고 예상되며, 나무장사가 잘되고 목재수입도 많이 늘어날 것으로 보며, 고가구나 통나무로 된 조각예술품이 인기가 있다고 보며 가격이 올라간다고 예상된다. 신앙을 가진 사람은 개종을 많이 하게 된다고 예상된다. 토지개발에 형질변경으로 인한 큰 수입을 올리며, 정신적인 변화는 사업확장에 큰 꿈이 있으며, 학생은 경제, 회계, 육군사관학교에 인기가 있다고 예상된다. 섬유제품의 품질이 좋은 개발상품이 나온다고 예상된다. 의류제품이 장사가 잘된다고 예상된다.

甲辰의 비밀성 變化

야망이 커 원대한 시장개척의 꿈이 가득 차며, 경영에 있어 계획을 세워 연구하고 아이디어를 창출해내며, 경영에 독촉이 내재되어 있고 경영기법이 누설되며, 농업에 관심도가 높아지니 부동산투자로 재산이 불어나며, 누이가 결혼하여 나의 직업을 알선하여 주며, 타인의 벼락이 나의 발등에 떨어지게 되고, 친구로 인하여 시비와 구조가 있음이라. 자연환경에 대한 정보수집에 관심이 있게 되며, 내가 희생함은 경제를 키우기 위함이요, 나무가 늪지 위에서 핀 꽃이라 수경재배가 수입을 올리며, 나무가 철판과 합하였으니 가구산업이 발달하게 되며, 민속주가 개발이 돼서 시장개척을 하게 되며, 들려오는 소식마다 돈을 벌라는 소식이요, 어머니와 처가 합심하여 나의 길을 열어주며, 놀이기구는 많이 개발되어 신제품이 나오나 돈이 안되며, 어두운 곳이 밝아지니 한옥이 현대식으로 개조가 되며, 경제가 발달하니 빈부의 차가 점점 커지며, 처가 아이디어를 창출하고 연구직에 근무하게 되며, 어머니가 잔병으로 고생을 하게 되고, 처가 어머니의 대역을 하게 되며 형제가 별정직이요, 귀인이 아니라 내가 도와주어야 하며, 예술계에 큰 변화가 있게 될 것으로 예상되며, 어머니의 잔병으로 인한 돈을 많이 쓰이게 되며, 처의 성격이 급하므로 나보다 앞서가게 되며, 경제가 문명을 밝혀주므로 앞날이 밝아지게 되며.

甲辰의 노출성 變化

땅에다 나무를 박으니 땅이 갈라지는 현상이니 지진이 발생하는 지역이 나타난다고 예상된다. 하는 일이 뜬구름이요 계획만 무성하게 되고, 대리근무가 나의 직업을 떨어뜨리며, 욕심이 가로막아 보이는 것이 없으며 있는 것은 달고 나가며, 목 감기나 갑상선, 임파선, 편도선환자가 많이 발생하며, 건설토목공사는 부실공사가 될까 우려되며, 땅이 붕괴되는 형상이니 나무가 훼손되는 것과 같으며, 신경성두통이나 지방간에 시달리는 환자가 많아지며, 말실수로 거래처가 떨어져나가게 되며, 임시직이 많아지고 장기적인 직업이 못되며, 일해주고 누명쓰고 천한 일만 골라서 하게 되며, 좋게 말하면 미식가요 먹는 것마다 천하게 보이며, 관리력, 통제력은 있으나 주위가 거리감을 두게 되고, 계산은 앞서나 들어오는 것은 없어지게 되고, 동업하면 친구 형제가 멀어지고 뜬구름 같은 직장이라, 여자가 개입하면 실패요 이긴다는 것은 잘못된 생각이요, 후배에게 보증서지 마라 보증으로 인한 가정파탄이 두려우며, 땅이 흔들리는 것이 되니 전답이 형질변경이 되며, 적성에 맞지 않는 직업만 골라서 일하게 되니 힘만 들게되고, 목수나 목공예에 예술적인 기질이 타고났으며, 남이 보지를 않으면 위법행위를 자행하게 되고, 바람피우다 발각이라 처와 애인이 싸우는 형상이요, 꿈을 많이 꾸게 되고 마음이 나약하여지며, 나무에 서리 냉해라 농사에는 적자가 날까 두려우며, 돈이 거래라 이익이 작은 거래는 사채시장과 같다.

乙巳

■ 乙

形而上學형이상학 精神정신 始시 東 有情유정 上半期상반기 前進전진 得득 實실 생각 生成 上體상체 겉모양 外的외적 勝승 吉길 先 明 낮 地上 太過태과 自由. 天干은 天干끼리 生剋制化생극제화를 할 수 있다. 天干은 地支를 生剋制化 할 수 없다.

■ 巳

形而下學형이하학 物質물질 終종 西 無情무정 下半期하반기 後退후퇴 失실 虛허 行動행동 消滅소멸 下體하체 속 모양 內的내적 敗패 凶흉 後후 暗암 밤 地下 不及불급 拘束구속 地支는 天干을 生도 剋도 할 수 있고 地支는 地支끼리 生剋制化를 할 수 있다. 巳火는 生은 잘하나 剋은 못하며 변화가 있다. 巳火는 合이 될 때도 있고 안될 때도 있다.

■ 乙

清明청명 矯木교목 陰木음목 生木 軋알 枝葉木지엽목 活木활목 濕木습목

柔木유목 草초 草木초목 風풍 樹木수목 根근 同化作用동화작용 楊柳木양류목 屈木굴목 藤木등목 綠色녹색 角木각목 曲處곡처 陰地木음지목 繁華之木번화지목 樹木수목 달 春춘 硬化경화 呼호 雷뢰 長장 農場농장 浮부 林 藝能예능 木刻목각 樂器악기 觸角촉각 智明지명 動物동물은 수달피. 木剋土를 잘한다.

■ 巳

立夏입하 小滿소만 蛇사 陽火양화 死火사화 六陽之氣육양지기 强熱之火강열지화 四生之局사생지국 孟夏맹하 起기 巽方손방 天羅地網殺천라지망살 赤外線적외선 紫外線자외선 放射線방사선 二數이수 禮儀예의 明朗명랑 達辯달변 外陰內陽외음내양 午前 9時~11時 긴 動物동물 金之生宮금지생궁 바람 火生土는 잘하나 火剋金은 못한다. 巳月에 辰과 亥는 죽는다. 冬節동절에 巳火는 濕土습토요 溫床온상이며 農場농장 또는 穀物곡물이다. 뜨거운 廣場광장이다. 巳는 複雜복잡한 大驛대역이요 市場시장이다. 大驛土대역토는 熱土열토에 屬속한다. 巳는 긴 動物동물이며 地上에 말없이 달리는 것이니 交通手段교통수단이다. 暗藏암장에는 丙戊庚이 있다.

職 業

■ 乙

그림, 글씨, 藝術예술, 藥草약초, 農場농장, 韓醫師한의사, 言論언론, 피아노, 花園화원, 粉食분식, 디자인, 娛樂오락, 씨앗, 衣類의류, 作曲작곡, 家具가구, 合版합판, 상자, 齒科치과, 理髮師이발사.

■ 巳

雜貨商잡화상, 車차, 駐車場주차장, 石油석유, 가스 燃料연료, 航空항공, 火藥화약, 煖房난방, 電話전화, 그림, 재래시장, 電氣전기, 通信통신, 美容室미용실, 硝子초자, 文敎문교, 言論언론, 밀가루, 敎育界교육계, 국수, 글씨, 製菓제과, 旅行業여행업.

性 格

인정과 예의가 있고 명랑한 성격인데 그 정도가 지나쳐 다정한 것도 병이 되어버렸고 고란살이 있어 고독을 자초하고 지구력과 인내심이 부족하다 하겠다. 신경이 예민하고 다혈질이며 매사 한꺼번에 해치우려는 욕심에 밀어붙이는 성격의 소유자이다. 머리 회전은 빠르고 영리하기는 하나 포부가 커서 본인의 희생으로 돈과 명예를 잡으려고 하나 희생으로만 끝이 나고 물거품이 되어버리니 꿈만 먹고사는 팔자라. 대범하기는 하지만 말이 앞서다보니 좋은 결과를 기대하기 어려운 것이 흠이라 하겠다. 운이 좋아 잘만 가면 교수요 정치언론이요 세상을 밝게 해 주지만 운이 좋지 않으면 짝사랑하다 고독해지는 팔자이다. 미모의 처와 생활하나 작첩은 면하기 어렵고 재관동림으로 총각득자 하여보며 여자에게는 약한 편이다. 여명은 처음은 독신을 주장하나 결혼 후에는 사방에 정부를 두게 되니 자손으로 인하여 애인이 생기고 연하의 남자와 인연이 있으며 부정포태와 타자양육도 하여본다. 직업으로는 교육, 예체능, 육영 문화사업에 적합하며 건강은 간담이 허약하고 두통, 정신분열이 염려되니 술은 삼가는 것이 좋겠다.

場所소소 : 빈 공간, 놀이장소, 새로운 것.

健康건강 : 肝膽간담, 神經痛신경통, 咽喉인후, 手足수족, 毛髮모발, 風풍, 頭두, 痲痺마비, 關節관절, 偏頭痛편두통, 心臟심장, 小腸소장, 視力시력, 體溫체온, 血壓혈압, 心包심포, 三焦삼초, 精神정신, 熱열, 舌설.

天干으로 乙木은 8數요 變化변화하면 9數에 庚金이 된다. 맛은 신맛과 쓴맛이요 색상은 녹색과 적색이며, 巳火에 方位는 辰巽巳진손사 東南쪽 間方간방에 屬속하며, 季節계절로는 巳月 여름이요 人物로는 少女이다. 하루로는 午後 9時에서 11時까지이며 六陽之極육양지극이요, 地支에 巳火가 數理수리로는 2數요 火生土는 잘하나 火剋金은 못할 때도 있다.

■ 地藏干 : 丙 戊 庚

暗藏암장은 비밀스러운 것, 생각이 많은 것이다. 남에게 밝히기를 싫어하는 것, 술책, 미래를 내다보는 것, 다정한 것 대가성을 내심 따진다. 명분을 찾는다. 暗藏合에는 丙辛合, 戊癸合, 乙庚合

이 있는데 天干에 辛, 癸, 乙이 있으면 본인의 계획대로 하려 하고, 沖에는 丙壬沖, 甲庚沖이 있으며 天干에 壬, 甲이 있으면 변화가 많고 성격도 조급해진다.

巳는 巳酉丑, 巳丑, 酉丑, 巳酉는 三合局, 兌卦태괘, 巳午未는 方合, 寅巳申은 三刑殺삼형살, 巳戌은 怨嗔殺원진살, 鬼門關殺귀문관살, 巳亥는 沖, 三災삼재는 亥子丑, 巳月에 水隔殺수격살 辰, 大將軍대장군은 卯.

■ 乙巳가 아래 天干을 만나면

甲은 比劫비겁, 暗藏에는 甲庚沖, 盜氣도기, 泄氣설기, 病宮병궁.

乙은 比肩비견, 乙巳, 木焚목분, 孤鸞殺고란살, 泄氣설기, 暗藏에는 乙庚合, 浴宮욕궁.

丙은 傷官상관, 冠宮관궁, 木火通明목화통명.

丁은 食神식신, 丁巳, 孤鸞殺고란살, 旺宮왕궁.

戊는 正財정재, 祿녹, 冠宮관궁.

己는 偏財편재, 己巳, 旺宮왕궁, 生宮생궁.

庚은 正官정관, 乙庚合, 絶地절지, 生宮생궁, 月德貴人월덕귀인.

辛은 偏官편관, 乙辛沖, 辛巳, 絶地절지, 死宮사궁, 天德貴人천덕귀인, 暗藏에는 丙辛合.

壬은 正印정인, 暗藏에는 丙壬沖, 絶地절지, 胞宮포궁.

癸는 偏印편인, 癸巳, 絶地절지, 暗藏에는 戊癸合, 胎宮태궁.

■ 乙巳가 아래 地支를 만나면

子는 正印_{정인}이 偏印_{편인}, 浮木_{부목}, 病宮_{병궁}, 馬夫殺_{마부살}, 天貴星_{천귀성}, 暗藏에는 戊癸合, 落井關殺_{낙정관살}, 三災地戶_{삼재지호}, 天乙貴人_{천을귀인}, 文曲貴人_{문곡귀인}.

丑은 偏財_{편재}, 乙丑, 絶地_{절지}, 華蓋殺_{화개살}, 巳丑三合, 暗藏에는 戊癸合, 丙辛合, 衰宮_{쇠궁}, 官庫_{관고}, 斷矯關殺_{단교관살}, 三災地刑_{삼재지형}, 湯火殺_{탕화살}, 天厄星_{천액성}.

寅은 比劫_{비겁}, 暗藏에는 甲庚冲, 寅巳刑殺_{인사형살}, 旺宮_{왕궁}, 劫殺_{겁살}, 天權星_{천권성}, 六害殺_{육해살}, 旬中空亡_{순중공망}.

卯는 比肩_{비견}, 乙卯, 祿_녹, 急脚殺_{급각살}, 冠宮_{관궁}, 災殺_{재살}, 暗藏에는 乙庚合, 天破星_{천파성}, 大將軍_{대장군}, 旬中空亡_{순중공망}, 天轉殺_{천전살}.

辰은 正財_{정재}, 羊刃殺_{양인살}, 辰巳, 巽爲風_{손위풍}, 暗藏에는 戊癸合, 乙庚合, 天奸星_{천간성}, 印綬庫藏_{인수고장}, 活人星_{활인성}, 帶宮_{대궁}, 天殺_{천살}, 天喜神_{천희신}, 水隔殺_{수격살}.

巳는 食神_{식신}이 傷官_{상관}, 乙巳, 伏吟_{복음}, 泄氣_{설기}, 盜氣_{도기}, 木焚_{목분}, 地殺_{지살}, 天文星_{천문성}, 同合, 方合, 暗藏에는 乙庚合, 浴宮_{욕궁}, 十惡日_{십악일}, 孤鸞殺_{고란살}.

午는 傷官_{상관}이 食神_{식신}, 泄氣_{설기}, 木焚_{목분}, 生宮_{생궁}, 巳午方合, 桃花殺_{도화살}, 天福星_{천복성}, 文昌貴人_{문창귀인}, 天廚貴人_{천주귀인}, 截路空亡_{절로공망}.

未는 偏財_{편재}, 乙未, 絶地_{절지}, 急脚殺_{급각살}, 白虎大殺_{백호대살}, 巳未方合, 自己庫藏_{자기고장}, 暗藏에는 乙庚合, 天驛星_{천역성}, 養宮_{양궁},

月殺월살, 木焚목분, 乾草건초, 截路空亡절로공망.

申은 正官정관, 暗藏에는 乙庚合, 丙壬沖, 胎宮태궁, 巳申刑殺사신형살,
六合육합, 亡神殺망신살, 天孤星천고성, 天乙貴人천을귀인, 六破殺육파살.

酉는 偏官편관, 乙酉, 絶地절지, 胞宮포궁, 懸針殺현침살, 將星殺장성살,
巳酉三合, 天刃星천인성, 暗藏에는 乙辛沖, 丙辛合.

戌은 正財정재, 絶地절지, 墓宮묘궁, 攀鞍殺반안살, 怨嗔殺원진살, 鬼門關
殺귀문관살, 天藝星천예성, 暗藏에는 乙辛沖, 丙辛合, 紅鸞星홍란성.

亥는 偏印편인이 正印정인, 乙亥, 浮木부목, 死宮사궁, 梟神殺효신살, 天
壽星천수성, 三災天敗삼재천패, 驛馬殺역마살, 暗藏에는 丙壬沖,
甲庚沖, 巳亥沖.

■ 乙巳가

木에는 比肩비견, 比劫비겁, 傷官상관, 食神식신.

火에는 印綬인수, 比肩비견, 比劫비겁.

土에는 官星관성, 印綬인수.

金에는 財星재성, 官星관성.

水에는 傷官상관, 食神식신, 財星재성.

亥卯未生은 巳午未年에 三災殺삼재살이다. 黑氣흑기 巳午未年에는
卯 東方이 大將軍方位대장군방위다. 大將軍方位는 白虎方位백호방위다.
一時停止일시정지와 같다. 大將軍은 上下 구별 없이 厄액이 따르며
增築증축이나 修理수리는 不可, 巳에는 未가 喪門상문 卯는 弔客조객.

丙辛日에는 辰巳가 截路空亡절로공망, 甲午旬中갑오순중에는 辰巳가 旬中空亡순중공망. 巳月은 卯未가 急脚殺급각살, 酉月에 巳는 斷矯關殺단교관살. 甲己日生 巳는 落井關殺낙정관살, 午月에 巳는 活人星활인성. 巳戌 怨嗔殺원진살, 鬼門關殺귀문관살, 辰巳는 地網殺지망살, 巳는 變化변화가 非常비상하다. 奸邪星간사성이다. 巳月에 入胎月입태월은 申. 巳亥日生 入胎日은 286日이다. 辰과 午사이에 夾은 巳이다. 巳日 辰時는 발이 없는 馬가 바람을 타고 가니 千里龍馬천리용마라 한다.

乙巳의 變化

乙木은 木生火에는 인색하나 木剋土는 잘한다. 그러나 地支의 巳火에는 生剋制化생극제화를 할 수 없으며 乙庚合은 仁義之合인의지합이라 하며 乙木은 天干끼리 生도 剋도 하며 形而上學的형이상학적으로는 地支巳火에 生剋制化를 잘한다. 巳火는 地支끼리도 生剋制化를 할 수 있으며 勢力세력으로도 따라가며 天干에도 生剋制化를 할 수 있다.

나무가 불에 타는 형상이니 산불이 난다라고 예상된다. 녹색 나무가 타고 있는 형상이니 채소 류가 열에 녹아 불볕더위가 예상되니 녹색채소, 과일 가격은 올라갈거라 예상된다. 많은 관광객이 외국으로 나간다고 예상된다. 수입보다는 수출 또는 소비량이 많아진다고 예상된다. 더위가 예상되니 전염병도 있다고 예상된다. 나무가 열에 잘 휘는 형상이니 예체능에 인기가 있다고 예상된다. 스포츠 운동에 많은 인구가 참여한다고 예상된다. 놀이시설기구의 장사가 예상외로 잘된다고 예상된다. 화재와 교통사고가 유난히 많은 사고가 된다고 예상된다. 학생은 교육계, 정치외교, 언론, 공군사관학교, 유학, 신문방송학과가 인기가 있을 것으로 예상된다. 윗사람의 공경도가 예년에 비해 낮은 비율로 나타난다고 예상되며 또한 독신도 많아진다고 예상된다. 나무가 불에 타면 연기가 나는 형상이니 가스사고나 폭발물사고도 예상된다. 녹색채소가 열에 의하여 녹아 내린 형상이니 과일 속이 썩는 것에 대한 예방대책이 필요하다. 나무가 타버리면 없어지니 목재가격이 오른다고 예상된다. 보수적이기보다는 진보로 가는 경향이 크다고 예상된다.

乙巳의 비밀성 變化

서민을 위한 민원봉사에 중점을 두게 되며 유기농 재배에 연구를 거듭하게 되고 자식이 결혼한다는 소식이 들려오며 여행을 보내주게 되며 연수교육 때문에 교육을 받으러 해외에 나가게 되고, 대리근무 때문에 시비구설수에 오르게 되며, 문서나 보증으로 인하여 실물 수 있게 되며, 부모의 재산이 손자에게 유산되며, 공무원은 승진케이스에 해당되고, 여행객은 배낭여행이 많아지며, 가구나 놀이기구에 기술투자를 요구하며, 처가 철이 없어 위법행위를 잘하게 되고, 자식이 취직을 하는데 보증문서가 들어가게 되며, 부모가 교육자이며 복지사업 연구에 거듭되고, 형제가 비밀정보원에 근무하며, 간염으로 병원출입을 자주 하게 되며 신경통에 시달리며, 전답이 불모지로 변화되고 보상도 받지 못하며, 아파트가격이 하락세로 전매가 부실하여지며, 거래처의 장사가 안되어 내가 도와주어야 하며, 날씨가 무더워 민속주보다는 양주코너를 많이 찾게 되고, 행동보다는 뜬구름만 마음에 가득 차 있으며, 녹색채소 류 장사는 수입을 올리게 되며, 화물이나 물류집하장은 물류배달이 늘어나게 되며, 항공산업이 발달하니 항공물류 배달도 늘어난다고 예상된다. 손자가 공부를 잘하여 상장과 상패는 독차지하며, 처와 어머니는 남을 위하여 봉사정신이 투철하고.

乙巳의 노출성 變化

직장을 자주 옮기니 별정직마저 떨어지기도 하며, 채소나 약초가 수분이 부족하고 한증으로 인한 피해가 예상되며, 경쟁이 심하고 임시직에서도 물러나게 되며, 보증 서주고 후배와 말다툼하게 되며, 자식은 어머니의 잔소리로 좌불안석되며 공부가 되지 않으며, 윗사람이나 상사에게 귀여움을 받지를 못하며, 시누이 시집살이가 심하고 스트레스를 잘 받으며, 눈병환자와 안질환자 그리고 정신신경질환자가 많아지며, 목재나 제지가격이 불규칙하거나 안정을 취하지 못하며, 찜통더위로 사고율이 많아지며, 종업원으로 인한 잘못으로 거래처가 멀어지며, 화재는 방화로 인한 것이니 급할수록 자제력이 필요하며, 뜬구름이 문제요 하루에 빌딩이 하나가 왔다갔다하며, 갑상선, 편도선이 심하여지고 몸이 약하여지며, 독신주의라 남의 말은 듣지 않으며 고집 태왕 하여지며, 수화상전이라 일을 벌리기만 하였지 수습을 못하며, 인정과 의리가 없음이라 말라있는 것은 의리요, 금과 목이 서로 다투는 형상이라 육친과는 不和불화하게 되며, 한여름에 갑작스런 냉해라 초목이 다 죽어나가게 되며, 누이의 자극 때문에 내가 직업을 찾게 되며, 조상님 덕택으로 때문에 손자가 출세하게 되며, 준법정신이 없으니 눈만 돌렸다 하면 위법행위 하게되며, 모든 일이 역행하니 반항심만 생긴다. 선생님은 학생이 속을 썩이니 스트레스를 받게 되고, 수입이 아니라 지출이요 무모한 행동을 함부로 하게 된다.

丙午

■ 丙

　形而上學_{형이상학} 精神_{정신} 始_시 東 有情_{유정} 上半期_{상반기} 前進_{전진} 得_득
實_실 생각 生成 上體_{상체} 겉모양 外的_{외적} 勝_승 吉_길 先_선 明 낮 地上
太過_{태과} 自由. 天干은 天干끼리 生剋制化_{생극제화}를 할 수 있다. 天
干은 地支를 生剋制化 할 수 없다.

■ 午

　形而下學_{형이하학} 物質_{물질} 終_종 西 無情_{무정} 下半期_{하반기} 後退_{후퇴} 失_실
虛_허 行動_{행동} 消滅_{소멸} 下體_{하체} 속 모양 內的_{내적} 敗_패 凶_흉 後_후 暗_암
밤 地下 不及_{불급} 拘束_{구속} 地支는 天干을 生도 剋도 할 수 있고
地支는 地支끼리 生剋制化를 할 수 있다. 午火는 生도 잘하고
剋도 잘하며 변화가 없다.

■ 丙

　芒種_{망종} 起火_{기화} 陽火_{양화} 炳_병 動物_{동물}은 사슴 밝다 太陽之火_{태양}
_{지화} 君王之火_{군왕지화} 爐冶之火_{노야지화} 電氣_{전기} 光線_{광선} 電波_{전파} 紫外

線자외선 赤外線적외선 放射線방사선 超能力초능력 빛 死火 旺火왕화 純陽
순양 强熱之火강열지화 透視力투시력 逆上역상 불꽃 太陽태양 화려한 것
펼쳐만 놓는다. 字義자의는 日 昌창 光광 陽양 高고요 소리는 雄壯웅
장한곳. 場所장소는 밝은 곳 晝間주간이요 繁昌藏蓄地번창장축지. 在來
市場재래시장 器物기물은 大衆대중 集合집합 場所장소다. 性質성질은 明朗
명랑 快活쾌활이다.

■ 午

夏至하지 仲夏중하 五月之氣오월지기 正午 陰火음화 生火 柔火유화 活
火활화 燈등 燭촉 正南정남 離宮이궁 七數칠수 馬마 盛火성화 四旺之局사왕
지국 紅艶殺홍염살 湯火殺탕화살 紅色홍색 散산 꽃 苦고 舌설 精神정신 逆
上역상 羽族類우족류 赤外線적외선 紫外線자외선 電氣전기 火藥類화약류 引
火物質인화물질 飮毒음독 悲觀비관 外陽內陰외양내음 赤黃色적황색 一陰始
生일음시생 地上에 交通手段교통수단이다. 豊풍 달리는 馬는 移動馬이동
마가 되니 運送交通운송교통에 종사한다. 午日生은 外食性외식성으로
活動활동이 奔走분주하다. 火生土도 잘하고 火剋金도 잘한다. 暗藏암
장에는 丁己가 있다.

職　業

■ 丙

雜貨商잡화상, 車차, 駐車場주차장, 石油석유, 가스 燃料연료, 航空항공,

火藥화약, 煖房난방, 電話전화, 在來市場재래시장, 眼鏡안경, 檢査검사, 行政工作행정공작, 政治정치, 照明器具조명기구, 勞動問題노동문제, 運動운동, 電氣전기, 運輸業운수업, 通信통신, 美容室미용실, 硝子초자, 文敎문교, 言論언론, 産資部산자부.

■ 午

醫藥의약, 毒劇物取扱독극물취급, 危險物取扱위험물취급, 消防官소방관, 爆藥폭약, 引火物質인화물질, 化工화공, 電子전자, 祈禱기도, 建築건축, 호텔, 自動車部品자동차부품, 百貨店백화점.

性 格

명랑 쾌활하고 항상 웃음을 띠며 인상은 둥글넓적하고 이마가 넓으며 빈부귀천을 가리지 않으며 누구에게나 평등하게 대해주며 달변가로서 조급한 성격이기는 하나 뒤는 없다. 상사에 직언을 잘하며 하극상의 기질이 있는데 다소 산만한 편이며 인내심과 지구력이 부족하고 거짓이 없는 대신에 타인의 비밀을 지킬줄 모른다. 타인을 무시하는 경향이 있고 영리하기는 하지만 매사에 자신은 있으나 결실이 부족하다. 형제로 인한 고심이 많고인덕이 없음은 자신의 아집으로 인한 것이다. 처궁은 부실하여초혼이 이루어지기가 어렵고 의처증이 있으며 이 모두가 자기위주로 생활을 하는데서 오는 것이다. 여명도 지나치게 강하여 차

라리 독신녀가 제격인데 결혼을 하면서부터는 부군의 하는 일이 안 풀리고 성격이 까다로워 형제간에 불화가 있겠으며 부군과도 결별하기 쉬우며 비관 음독할까 염려된다. 직업으로는 교육, 무관, 통신, 잡화상, 초자, 외식사업, 재래시장까지 다양하나 실물을 주의해야 하며 거부되기는 어렵다. 건강으로는 안과질환, 폐, 순환기계통, 정신질환도 해당되니 각별히 조심해야 하겠다.

場所장소 : 밝은 곳, 주간 공간, 시장, 대중 집합장소.

健康건강 : 心臟심장, 小腸소장, 心包심포, 三焦삼초, 眼病안병, 體溫체온, 血壓혈압, 熱열, 舌설, 精神정신, 循環期系統순환기계통, 視力시력, 腦溢血뇌일혈.

天干으로 丙火는 7數요 變化변화하면 6數에 癸水가 된다. 맛은 쓴맛이요 색상은 적색이요, 午火에 方位는 正 南쪽에 속하며 季節계절로는 午月 여름이요, 離卦이괘요 人物로는 中女이다. 하루로는 午前 11時에서 午後 1時까지이며 一陰일음이 始生處시생처이다. 地支에 午火는 數理수리로 7數요 外陽內陰외양내음으로서 겉으로는 陽양이나 속은 陰이요 體체와 用용이 각각 다르다. 火剋金도 잘하고 火生土도 잘한다.

■ 地藏干 : 丁 己

暗藏암장은 비밀스러운 것, 생각이 많은 것이다. 남에게 밝히기를 싫어하며 미래를 내다보는 것도 된다. 暗藏合은 다정한 것 대가성을 내심 따진다. 체통을 찾는다. 暗藏合에는 丁壬合, 甲己合이 있는데 天干에 壬水, 甲木이 있으면 本人의 計劃_{계획}대로 하려 하고, 沖에는 丁癸沖이 있는데 天干에 癸水가 있으면 變化_{변화}가 있게 되며 짜증도 많이 낸다.

午는　寅午戌, 寅戌, 午戌, 寅午는　三合局, 離卦_{이괘}, 巳午未는　方合, 午未는　六合, 丑午는　怨嗔殺_{원진살}, 鬼門關殺_{귀문관살}, 午卯는　六破殺_{육파살}, 湯火殺_{탕화살}, 午月에　水隔殺_{수격살}은　寅, 申酉戌이　三災_{삼재}.

■ 丙午가 아래 天干을 만나면

甲은　偏印_{편인}, 甲午, 天赦星_{천사성}, 懸針殺_{현침살}, 死宮_{사궁}, 泄氣_{설기}, 盜氣_{도기}, 木焚_{목분}, 暗藏에는 甲己合.

乙은　正印_{정인}, 生宮_{생궁}, 泄氣_{설기}, 木焚_{목분}, 文昌貴人_{문창귀인}.

丙은　比肩_{비견}, 丙午, 羊刃殺_{양인살}, 旺宮_{왕궁}, 伏吟_{복음}, 月德貴人_{월덕귀인}, 天轉殺_{천전살}.

丁은　比劫_{비겁}, 祿根_{녹근}, 冠宮_{관궁}.

戊는　食神_{식신}, 戊午, 羊刃殺_{양인살}, 旺宮_{왕궁}, 地轉殺_{지전살}.

己는　傷官_{상관}, 祿根_{녹근}, 冠宮_{관궁}.

庚은　偏財_{편재}, 庚午, 絶地_{절지}, 浴宮_{욕궁}.

辛은　正財_{정재}, 病宮_{병궁}, 丙辛合, 絶地_{절지}.

壬은　偏官_{편관}, 壬午, 丁壬合, 丙壬沖, 胎宮_{태궁}, 絶地_{절지}.

癸는 正官_{정관}, 暗藏에는 丁癸沖, 絶地_{절지}, 胞宮_{포궁}.

■ 丙午가 아래 地支를 만나면

子는 偏官_{편관}이 正官_{정관}, 丙子, 絶地_{절지}, 胎宮_{태궁}, 水剋火_{수극화}, 地轉殺_{지전살}, 子午沖, 暗藏에는 丁癸沖, 天貴星_{천귀성}, 災殺_{재살}.

丑은 傷官_{상관}, 財庫_{재고}, 丑午, 怨嗔殺_{원진살}, 鬼門關殺_{귀문관살}, 六害殺_{육해살}, 養宮_{양궁}, 天厄星_{천액성}, 天殺_{천살}, 湯火殺_{탕화살}, 暗藏에는 丙辛合, 丁癸沖.

寅은 偏印_{편인}, 丙寅, 寅午三合, 地殺_{지살}, 水隔殺_{수격살}, 天權星_{천권성}, 暗藏에는 甲己合, 生宮_{생궁}, 文曲貴人_{문곡귀인}, 旬中空亡_{순중공망}, 梟神殺_{효신살}.

卯는 正印_{정인}, 天喜神_{천희신}, 午卯, 六破殺_{육파살}, 浴宮_{욕궁}, 天破星_{천파성}, 桃花殺_{도화살}, 大將軍_{대장군}, 急脚殺_{급각살}, 旬中空亡_{순중공망}.

辰은 食神_{식신}, 丙辰, 泄氣_{설기}, 悔氣_{회기}, 官庫_{관고}, 暗藏에는 丁癸沖, 帶宮_{대궁}, 天奸星_{천간성}, 月殺_{월살}, 截路空亡_{절로공망}.

巳는 比劫_{비겁}이 比肩_{비견}, 祿_녹, 巳午方合, 亡神殺_{망신살}, 冠宮_{관궁}, 天文星_{천문성}, 活人星_{활인성}, 截路空亡_{절로공망}, 天廚貴人_{천주귀인}.

午는 比肩_{비견}이 比劫_{비겁}, 丙午, 伏吟_{복음}, 羊刃殺_{양인살}, 同合, 天福星_{천복성}, 旺宮_{왕궁}, 方合, 將星殺_{장성살}.

未는 傷官_{상관}, 急脚殺_{급각살}, 印綬庫藏_{인수고장}, 方合, 攀鞍殺_{반안살}, 天驛星_{천역성}, 羊刃殺_{양인살}, 衰宮_{쇠궁}.

申은 偏財_{편재}, 丙申, 絶地_{절지}, 財殺地_{재살지}, 財官同臨_{재관동림}, 病宮_{병궁},

驛馬殺_{역마살}, 天孤星_{천고성}, 暗藏에는 丙壬沖, 丁壬合, 三災人皇_{삼재인황}, 文昌貴人_{문창귀인}.

酉는 正財_{정재}, 紅鸞星_{홍란성}, 馬扶殺_{마부살}, 暗藏에는 丙辛合, 三災天權_{삼재천권}, 天乙貴人_{천을귀인}, 絶地_{절지}, 死宮_{사궁}, 天刃星_{천인성}.

戌은 食神_{식신}, 丙戌, 泄氣_{설기}, 暗藏에는 丙辛合, 午戌三合, 天藝星_{천예성}, 華蓋殺_{화개살}, 斷嬌關殺_{단교관살}, 自己庫藏_{자기고장}, 墓宮_{묘궁}, 傷食庫_{상식고}, 三災地災_{삼재지재}, 白虎大殺_{백호대살}.

亥는 正官_{정관}이 偏官_{편관}, 天德貴人_{천덕귀인}, 劫殺_{겁살}, 絶地_{절지}, 胞宮_{포궁}, 天乙貴人_{천을귀인}, 天壽星_{천수성}, 暗藏에는 丁壬合, 甲己合, 丙壬沖.

■ 丙午가

木에는 傷官_{상관}, 食神_{식신}.

火에는 比肩_{비견}, 比劫_{비겁}.

土에는 印綬_{인수}.

金에는 官星_{관성}.

水에는 財星_{재성}.

亥卯未生은 巳午未年에 三災殺_{삼재살}이다. 陰氣_{음기} 巳午未年에는 卯 東方이 大將軍方位_{대장군방위}다. 大將軍方位는 白虎方位_{백호방위}다. 一時停止_{일시정지}와 같다. 大將軍은 上下 구별 없이 액이 따르며 增築_{증축}이나 修理_{수리}도 不可, 午에는 申이 喪門_{상문}이고 辰은 弔客

조객이다. 乙庚日에는 午未가 截路空亡절로공망. 甲辰旬中갑진순중에는 寅卯가 旬中空亡순중공망. 辛日에 寅午가 天乙貴人천을귀인. 戌月에 午는 斷矯關殺단교관살, 未月에 午는 活人星활인성. 丑午는 怨嗔殺원진살, 鬼門關殺귀문관살, 午火는 變化변화가 없다. 天福星천복성. 巳와 未사이에 夾은 午이다. 午月에 入胎月입태월은 酉. 子午日生 入胎日은 276日.

丙午의 變化

丙火는 火生土도 잘하고 火剋金도 잘한다. 그러나 地支 午火에는 生剋制化생극제화를 할 수 없으며 丙辛合은 威制之合위제지합이라 하며 丙火는 天干끼리 生도 剋도 하며 形而上學的형이상학적으로는 地支 午火에 生剋制化를 잘한다. 午火는 地支끼리 生剋制化를 할 수가 있으며 勢力세력으로도 따라가며 天干에도 生剋制化를 할 수 있다.

지열이 올라가니 불볕더위에 예년에 없는 사상 최대의 기온상승이라 할 수 있다라고 예상된다. 여행객이 늘어나며 피서지가 대만원으로 예상된다. 숙박업이 잘되며 예년에 비해 성수기라고 예상된다. 재래시장이나 백화점은 소비심리로 인하여 장사가 잘된다라고 예상된다. 불볕더위라 물 부족 현상이 일어난다라고 예상된다. 물류사업과 운수업종이 호황을 누린다고 예상된다. 건설, 건축업은 시설물의 수리가 많아진다고 예상된다. 학생은 군인, 경찰, 체육학과, 공군사관학교, 전기, 전자공학과, 신방과, 경영학과가 인기가 있을 것으로 예상된다. 기술 투자사업은 잘 된다라고 예상된다. 가뭄의 현상으로 농사는 피해를 볼 수 있다고 예상된다. 과일종류는 당도는 올라가나 기온상승으로 인한 속이 썩는 증상에 주의가 필요하다고 예상된다. 재래시장이 활성화된다 라고 예상된다. 소매치기와 실물수가 생긴다라고 예상된다. 직장보다는 자영업이 늘어난다라고 예상된다. 무역업무가 늘어나며 동업자가 생긴다라고 예상된다. 온도 상승으로 인한 전염병에 주의 필요하다고 예상된다.

丙午의 비밀성 變化

공동투자로 회사를 설립하게 되고 법인이나 단체에 가입하며, 기술을 모방하여 변형된 제품을 연구제작을 하게 되고, 노조로 인하여 일이 지연된다고 보며, 조경에서 나무의 수형과 관련된 정보를 수집하여 연구하는 해가 되며, 이중 삼중으로 사기배신의 기회가 되기도 하며, 감사로 인한 일의 지연문제가 발생하게 되고, 친구의 희생으로 나에게는 좋은 희소식이요, 매부가 기관장이요 연수교육 때문에 여행이 빈번하게되고, 자식이 교육자가 되고 언론에 투신을 하며, 화재로 인해 여러 사람들이 피해를 많이 보게 되고, 인원감축의 대상이 되고 실업률도 많아지며, 여자로 인한 돈 때문에 망신 수에 시달리며, 급한 성격을 이기는 데는 기도를 하면 해결된다. 물에 사는 고기장사를 하게 되면 수입은 저절로 있게 되며, 나에게 건축업이 적합한 직업이 되기도 하며, 금융계나 외환금융직업이 나의 적성에 맞는 직업은 금융계에 적격하며, 생각이 앞서니 잘 될 수 있는 것은 시장장사요, 친구가 아름다운 미인을 소개시켜주며 연상의 여인에 사랑이 미녀에 너무 빠지면 복상사에 주의가 필요하게 되고, 나에게는 기술직이 길이요 초자 기술도 잘 맞으며, 증조부 조상님 묘소는 나에게는 정치입문과 관련이 되며, 외국어 공부를 하여 놓으면 나에게는 잘 배웠다 하게되고, 별정직이 좋으며 여행업무도 재미를 붙이게 되고, 친구 때문에 살길이 나오게 되고 처와는 맞벌이를 하게되며, 부지런하고 바쁘게 사회활동을 하게 되며 안정을 찾게 된다.

丙午의 노출성 變化

너무 많이 아는척하는 것이 흠이요 문명이 막히게 되고, 정신이 산만하게 되면 불안정한 상태가 오래가며, 게으르며 낮을 모르니 잠만 자게 되고 아니면 불면증에 시달리게 되며, 자식이 학교중퇴에 패싸움에 연루되며 험한 길을 자초하며, 직장 잃고 친구 잃어 오라는 곳은 많아도 갈곳이 없으며, 갑자기 직업의 변화가 있게 되니 불안정이 심하며, 정신불안, 혈압, 지병 등으로 병원출입을 하게 되며, 정신혼란으로 물건분실을 하게되며 자포자기하게 되고, 술친구는 많아도 진정한 친구는 없으니 한편으로 외로움을 느끼며, 열 체질이라 여자보다도 술이 더 좋으며, 생각지도 못한 일이 자주 터지는 것은 성격이 급한데서 나오고, 남편한테 터지고 친정 가서 화풀이하며 부모 탓으로 늘어놓으며, 남편은 처가 형제와 화목하지 않으며 만나기를 싫어하며, 뒷거래나 밀거래는 하지 않는 것이 좋으며, 운전을 잘하는 것은 타고났으나 교통사고에는 조심할 것이며, 투명할수록 나에게는 이익을 많이 차지하게 되어 있으며, 애인이 멀어지고 친구가 멀어지는 것은 언어가 지나친 것이요, 마음이 허약하여 꿈이 많아지면 되는 일이 없어지며, 형제간의 일 때문에 고혈압에 뇌졸중에 주의가 필요하며, 모방기술이 잘못되어 어깨너머로 배운 것이 실수가 연발이요, 예의가 없고 의리가 없으니 의형제가 아니라 원수가 되며, 신용을 지키려 노력은 하나 상대방이 믿어주지를 않으며, 급한 성격에 음식은 급하게 먹으며 그래도 쓴맛의 음식을 좋아하며, 기도만 할 수 있다면 모든 것이 정상적으로 돌아갈 것이요, 눈뜨고 도둑맞고 내 돈 쓰고 배신당한다.

丁未

■ 丁

形而上學형이상학 精神정신 始시 東 有情유정 上半期상반기 前進전진 得득 實실 생각 生成 上體상체 겉모양 外的외적 勝승 吉길 先 明 낮 地上 太過태과 自由. 天干은 天干끼리 生剋制化생극제화를 할 수 있다. 天干은 地支를 生剋制化 할 수 없다.

■ 未

形而下學형이하학 物質물질 終종 西 無情무정 下半期하반기 後退후퇴 失실 虛허 行動행동 消滅소멸 下體하체 속 모양 內的내적 敗패 凶흉 後후 暗암 밤 地下 不及불급 拘束구속 地支는 天干을 生도 하고 剋도 할 수 있으며 地支는 地支끼리 生剋制化를 할 수 있다. 未土가 生에는 인색하며 剋은 잘하며 변화가 있다. 未土는 合이 될 때도 있고 안될 때도 있다.

■ 丁

小暑소서 陰火음화 生火 별 燈燭등촉 電波전파 逆上역상 壯丁장정 백화

점 祈禱기도 호텔 빛 燈臺등대 신호 禮式場예식장 消防소방 航空항공 羽
族類우족류 電氣전기 光線광선 赤外線적외선 紫外線자외선 放射線방사선 불
꽃 星辰성진 孤獨고독 老火노화 動物동물은 獐장.

■ 未

小暑소서 大暑대서 羊양 陰土음토 味미 二陰之氣이음지기 旺土왕토 燥土
조토 足腹類족복류 木之庫藏목지고장 火餘氣화여기 四庫之局사고지국 信신
天驛星천역성 三伏之氣삼복지기 모래땅 자갈땅 赤外線적외선 引火物質인
화물질 電池전지 電子전자 放射線방사선 火藥類화약류를 함유하고 있다.
심술성 土中에는 뜨거운 土다. 不毛地불모지 땅. 샘이 많다. 土生
金은 인색하나 土剋水는 잘한다. 亥水를 감당을 못한다. 紅色홍색
을 지닌 땅 木에 庫藏고장이므로 낮은 野山야산이다. 夏節하절 沙土사
토로 人工培養土인공배양토다. 午後 1時에서 午後 3時까지 관장.

職 業

■ 丁

禮式場예식장, 호텔, 運輸業운수업, 修道人수도인, 占術점술, 化粧品화장
품, 眼鏡안경, 寫眞사진, 美容室미용실, 圖書館도서관, 절, 寺刹사찰, 祈禱기
도, 어려운 일이 생기면 촛불 켜고 기도하면 좋은 일 생김.

■ 未

建設土木건설토목, 農業농업, 乾草건초(漢藥한약), 술, 食堂식당, 土地토지, 藝術工藝예술공예, 九流術業구류술업, 哲學철학, 不動產부동산, 醫藥業의약업.

性 格

명랑한 성격에 달변가이며 사리판단이 정확하여 모범이 되며 살아가면서 똑똑하기는 하나 그의 고집을 꺾을 자가 없으며 또한 자기의 몫은 다하여 어떠한 투쟁을 해서라도 꼭 차지하고야 마는 성격이다. 만인에게 공덕은 쌓으나 음성이 높아 타인에게 오해를 받기 쉽다. 예체능에는 소질이 있으며 장인정신을 이어받아 손재주가 다양하며 취미로는 수집하는 것을 좋아하고 옛것을 모으는 경향이 있다. 현실주의자이면서 보수적인 기질이 다분하며 부모 덕이 없어 일찍이 사회로 진출하고 공부는 도중하차에 몸에 흉터가 있어야 하는데 아니면 수술을 받아보아야 한다. 어머님의 잔병으로 인해 고심이 많겠고 고부간의 갈등으로 처와도 해로하기 어려우니 심사숙고해야 되겠으며 연상의 여인과 인연이 깊다. 여명은 너무 똑똑하여 부군을 꺾겠고 부군의 작첩은 면할 길이 없으며 타자양육도 있어 본다. 직업으로는 교육, 군인, 경찰 아니면 기술계나 가공업이 적당하나 큰 재물 복은 없으니 욕심을 내서는 안 된다. 건강으로는 혈압, 기관지염, 폐렴, 심장에 주의를 요하며 술은 삼가 하는 것이 좋겠다.

場所장소 : 도서관, 절.

健康건강 : 心臟심장, 小腸소장, 心包심포, 三焦삼초, 視力시력, 體溫체온, 血壓혈압, 精神病정신병, 脾비, 胃腸위장, 허리, 腹部복부, 口, 肌肉기육, 糖尿당뇨, 骨節골절, 특히 合併症합병증을 조심.

天干으로 丁火는 2數요 變化변화하면 3數에 甲木이 된다. 맛은 쓴맛과 단맛이요 색상은 적색과 황색이며, 未土에 方位는 未坤申미곤신, 南西쪽에 屬속하며 季節계절로는 未月 여름이요 人物로는 長男이다. 하루로는 午後 1時에서 3時까지이며 二陰之氣이음지기요. 地支에 未土가 數理수리로는 10數요 土生金은 못하나 土剋水는 잘한다.

■ 地藏干 : 己 丁 乙

暗藏암장은 비밀스러운 것, 생각이 많은 것이다. 남에게 밝히기를 싫어하며 미래를 내다보는 것도 된다. 暗藏合은 다정한 것 대가성을 내심 따진다. 暗藏合에는 甲己合, 丁壬合, 乙庚合이 있는데 天干에 甲, 壬, 庚이 있으면 本人의 계획대로 하려 하고, 冲충에는 丁癸冲, 乙辛冲이 있는데 天干에 癸, 辛이 있으면 변화가 많고 내심 성격도 급하다.

未는 亥卯未, 亥未, 亥卯, 卯未는 三合局, 震卦진괘, 巳午未는 方合, 午未는 六合, 寅未는 鬼門關殺귀문관살, 子未는 怨嗔殺원진살,

六害殺육해살, 巳午未는 三災, 未月에 水隔殺수격살은 子.

■ 丁未가 아래 天干을 만나면

甲은 正印정인, 天月德貴人천월덕귀인, 墓宮묘궁, 自己庫자기고, 暗藏에는
　　甲己合, 天乙貴人천을귀인.

乙은 偏印편인, 乙未, 白虎大殺백호대살, 自己庫자기고, 墓宮묘궁, 養宮양궁,
　　乾草건초, 漢藥한약.

丙은 比劫비겁, 衰宮쇠궁, 印綬庫藏인수고장, 羊刃양인.

丁은 比肩비견, 丁未, 羊刃양인(陰刃음인), 帶宮대궁.

戊는 傷官상관, 羊刃양인, 衰宮쇠궁, 官庫관고.

己는 食神식신, 己未, 羊刃양인, 燥土조토, 모래, 자갈 땅, 陽地양지, 帶
　　宮대궁.

庚은 正財정재, 財庫재고, 帶宮대궁, 暗藏에는 乙庚合.

辛은 偏財편재, 辛未신미, 衰宮쇠궁, 財庫재고, 暗藏에는 乙辛沖.

壬은 正官정관, 養宮양궁, 傷食庫藏상식고장, 明合명합, 暗藏에는 丁壬合.

癸는 偏官편관, 癸未, 墓宮묘궁, 絶地절지, 天地沖천지충, 暗藏에는 丁
　　癸沖, 傷食庫상식고.

■ 丁未가 아래 地支를 만나면

子는 正官정관이 偏官편관, 桃花殺도화살, 絶地절지, 胞宮포궁, 天貴星천귀성,
　　怨嗔殺원진살, 暗藏에는 丁癸沖, 六害殺육해살, 水隔殺수격살.

丑은 食神식신, 丁丑, 墓宮묘궁, 財庫재고, 丑未沖, 月殺월살, 白虎大殺

백호대살, 悔氣희기, 泄氣설기, 暗藏에는 丁癸冲, 乙辛冲, 天厄星천액성, 湯火殺탕화살.

寅은 正印정인, 死宮사궁, 鬼門關殺귀문관살, 暗藏에는 甲己合, 天權星천권성, 旬中空亡순중공망, 亡神殺망신살, 天喜神천희신, 湯火殺탕화살, 截路空亡절로공망.

卯는 偏印편인, 丁卯, 卯未三合, 大將軍대장군, 將星殺장성살, 天破星천파살, 急脚殺급각살, 病宮병궁, 天轉殺천전살, 旬中空亡순중공망, 截路空亡절로공망, 文曲貴人문곡귀인, 梟神殺효신살.

辰은 傷官상관, 衰宮쇠궁, 悔氣희기, 泄氣설기, 盜氣도기, 官庫관고, 攀鞍殺반안살, 天奸星천간성, 暗藏에는 丁癸冲.

巳는 比肩비견이 比劫비겁, 丁巳, 孤鸞殺고란살, 暗藏에는 乙庚合, 旺宮왕궁, 驛馬殺역마살, 天文星천문성, 巳未는 方合, 三災黑氣삼재흑기.

午는 比劫비겁이 比肩비견, 冠宮관궁, 馬夫殺마부살, 天福星천복성, 六合, 方合, 活人星활인성, 祿녹, 三災陰氣삼재음기, 天廚貴人천주귀인.

未는 食神식신, 丁未, 伏吟복음, 羊刃殺양인살, 帶宮대궁, 急脚殺급각살, 同合, 印綬庫藏인수고장, 伏吟복음, 方合, 華蓋殺화개살, 天驛星천역성, 三災白殺삼재백살.

申은 正財정재, 浴宮욕궁, 財殺地재살지, 財官同臨재관동림, 天孤星천고성, 未申合, 紅鸞星홍란성, 暗藏에는 丁壬合, 乙庚合.

酉는 偏財편재, 丁酉정유, 絶地절지, 生宮생궁, 災殺재살, 暗藏에는 乙辛冲, 斷矯關殺단교관살, 十惡日십악일, 天刃星천인성, 天乙貴人천을귀인, 文昌貴人문창귀인.

戌은 傷官상관, 暗藏에는 乙辛冲, 未戌刑殺미술형살, 傷食庫상식고, 自己庫藏자기고장, 天殺천살, 六破殺육파살, 天藝星천예성, 墓宮묘궁, 養宮양궁.

亥는 偏官편관이 正官정관, 丁亥, 絶地절지, 胎宮태궁, 地殺지살, 天壽星천수성, 天乙貴人천을귀인, 十惡日십악일, 亥未三合, 暗藏에는 甲己合, 丁壬合.

■ 丁未가

木에는 傷官상관, 食神식신, 財星재성.

火에는 比肩비견, 比劫비겁, 傷官상관, 食神식신.

土에는 印綬인수, 比肩비견, 比劫비겁.

金에는 官星관성, 印綬인수.

水에는 財星재성, 官星관성.

亥卯未生은 巳午未年에 三災殺삼재살이다. 白殺백살 巳午未年에는 卯 東方이 大將軍方位대장군방위다. 大將軍方位는 白虎方位백호방위다. 一時停止일시정지와 같다. 增築증축이나 修理수리는 避피함이 좋고 上下 구별 없이 厄액이 따른다. 未에는 酉가 喪門상문이요 巳가 弔客조객이다. 乙庚日에는 午未가 截路空亡절로공망. 寅未는 鬼門關殺귀문관살, 甲申旬中에는 午未가 旬中空亡순중공망. 子未는 怨嗔殺원진살, 六害殺육해살, 甲戊庚日에 丑未가 天乙貴人천을귀인. 巳午未月生에 未는 急脚殺급각살. 亥月生에 未는 斷矯關殺단교관살. 申月에 未는 活人星활인성.

未는 變하기도 잘 하지만 變하지 않을 때도 있다. 未月에 入胎月입태월은 戌. 丑未日生 入胎日은 266日, 午와 申 사이에 夾은 未이다.

丁未의 變化

丁火는 火生土에는 吝嗇인색하나 火剋金은 잘한다. 그러나 地支未土에는 生剋制化생극제화를 할 수 없으며 丁壬合은 淫亂之合음란지합이라 하며 丁火는 天干에 生도 剋도 하며 形而上學的형이상학적으로는 地支未土에 生剋制化를 잘한다. 未土는 地支끼리 生剋制化를 할 수가 있으며 勢力세력으로도 따라가며 天干에도 生剋制化를 할 수 있다.

건설경기가 살아나며 특히 석산, 토목광산 개발이 살아나며 학생은 교육계, 육군사관학교, 신문방송, 건축공학, 한의학과에 인기가 있다고 예상된다. 예년에 비해 기온상승이 예상되며 물 부족현상이 예상된다. 재래시장보다 백화점을 찾는 사람이 많아질 것이 예상된다. 산이 온통 붉은 색이라 산불이 있음이 예상된다. 전자산업이 발달하고 더불어 생산이 늘어난다고 예상된다. 노동인력이 남아돌아 인건비가 절약된다고 예상된다. 부동산 취득자가 많아지니 경기가 살아난다라고 예상된다. 토지거래 허가규제를 받는다고 예상되며, 대중음식점과 민속주점이 찾는 이로 하여금 인기가 있다고 예상된다. 열병으로 인한 전염병이 생긴다라고 예상된다. 약초재배가 다른 해에 비해 수입을 올린다고 예상되며, 양약 보다는 한약을 찾는 인구가 많아질 것이 예상된다. 더위로 인한 농산물의 피해가 생긴다고 예상된다. 과일은 당도는 높아지나 생산이 줄어든다고 예상된다. 비닐하우스재배 같은 인공재배생산은 늘어난다고 보며, 인화성 물질이 사고와 위험을 부르는 해가 될 것이 예상된다. 사고자의 발생으로 병원출입자가 많아진다고 예상된다.

丁未의 비밀성 變化

가르치면서 배우게 되니 교육자의 가정으로 되어가며, 토목건설에 더욱 관심이 많아지며, 증권투자나 부동산투자에 관심이 많아지며, 임야나 전답이 개발의 대상자가 되기가 쉬우며, 나무는 분재나 묘목의 가격이 올라가게 된다라고 본다. 화재에 조심을 할 것이며 또한 사고에도 조심을 예고한다. 어머니가 잔병에 항상 마음고생을 하게되고 가정이 기울어져가며, 바라지도 않았는데 내 앞으로 주택이 생기게 되고, 사학자나 고고학에 관심이 많으며 수집가가 되기도 하며, 서류가 없어지니 분실이 분명하고 아니면 건망증이요, 직업의 적성으로는 고기장사가 인연으로 정육점이나 어물전이 잘되고, 어머니의 도움으로 재산을 취득하게 되며, 야산을 개척하여 약초재배에도 잘되어 성공을 하게되며, 화재는 방화로 인한 화재요 보험가입이 필수적이며, 장소를 제공하는 업종이 잘 맞으며 수입을 올리게 되고, 날씨가 더울 것이 예상되니 겨울의류보다는 여름의류가 더 장사가 잘된다고 보니 대비를 철저하게 해야하며, 들어오는 것이 되돌아나가게 되니 수입이 아니라 지출이요, 위장병과 허리를 다치는 것이 있을 것이니 조심을 바라며, 들려오는 소식이란 관청에 있는 친구가 도움이요, 나에게 맞는 직업이란 여러 나라를 돌아다니는 관광업무가 아니면 호텔업이 적격이 될 것이요, 인물조각이 아니면 장승조각이 적성에 잘 맞으며, 조상이 물려준 장인정신으로 업을 이어가며, 어려운 일이 생기면 촛불을 켜고 기도를 하라 그러면 풀린다.

丁未의 노출성 變化

좌불안석에 정신이 산만하게 되니 되는 것이 없으며, 다혈질에 불같은 성미로 위법행위를 잘하게 되고, 급한 성격이라 가정불화에 가슴에 응어리가 맺혀 있으며, 지출 때문에 배신을 당하며 꿈이 무산되기도 하며, 여자를 알면 공부가 안되고 직업전선에 뛰어들게 되며, 투자가 잘못이요 사기에 배신까지 당하게 되며 어리둥절하게되고, 타인으로 인하여 수술을 한번 하여보게 되며, 지출을 잘못함으로 보기가 싫어지고 정이 떨어지며 의리가 없어지고, 증권은 시기를 잘못 맞추어 손해를 많이 보며, 갑작스런 변화에 동서남북으로 바빠지며 투자만 하게 되고, 직업으로는 자동차부품 판매업무가 적격이요, 인적이 드문 한적한 곳에 주택을 구입하고 싶어하며, 교육은 수리나 정비기술교육이 적격이며 판매도 된다. 조상님은 증조부가 좋지 않은 곳에 묻혀있다고 보며, 무더위가 기승을 부리니 발아가 잘되지 않으며, 불모지 땅이 개발이라 기름진 옥답이 되기도 하며, 사고가 났다하면 팔이 아니면 다리가 많이 다치게 되고, 신경성두통, 빈혈, 뇌출혈, 치통 환자가 많이 발생하며, 직장을 자주 옮기니 때아닌 철새가 분명하며, 믿었던 직장에서 경쟁이 아닌 경쟁에 배신을 당하게 되고, 사돈지간에 불화라 시어머니가 미워지며 보기가 싫어지고, 의식주가 해결이 안되니 노숙자생활이 두려우며, 가슴이 답답해 고향에 가고 싶어도 연고가 없으며, 화를 냈다하면 혈압이 올라가며 후회를 하게 되고, 열심히 하여보아도 하늘도 무심하다는 말의 연속이다.

戊申

■ 戊

形而上學형이상학 精神정신 始시 東 有情유정 上半期상반기 前進전진 得득 實실 생각 生成 上體상체 겉모양 外的외적 勝승 吉길 先 明 낮 地上 太過태과 自由. 天干은 天干끼리 生剋制化생극제화를 할 수 있다. 天干은 地支를 生剋制化 할 수 없다.

■ 申

形而下學형이하학 物質물질 終종 西 無情무정 下半期하반기 後退후퇴 失실 虛허 行動행동 消滅소멸 下體하체 속 모양 內的내적 敗패 凶흉 後 暗암 밤 地下 不及불급 拘束구속 地支는 天干을 生도 剋도 할 수 있고 地支는 地支끼리 生剋制化를 할 수 있다. 申金은 生도 잘하고 剋도 잘하며 변화도 잘한다. 申金은 合이 될 때도 있고 안될 때도 있다.

■ 戊

陽土양토 茂무 山 언덕 堤防제방 剛土강토 高原고원 茂盛무성 荒野황야

死土사토 中央중앙 久구 안개 霧무 廣場광장 泰山태산 蹇滯건체 脅협 句陳
구진 復古風복고풍 이슬비 大地 高土고토 中性子중성자 過渡期과도기 濛雨
몽우 黃氣황기 求心點구심점 黃砂現象황사현상 際제 磁力자력 傳播전파 外觀
裝飾외관장식 象상은 艮土간토 高山고산이요. 性성은 위대하다. 體체는
느리나 用용은 빠름. 묵은 것 오래된 것. 풍족을 바라는 것.

■ 申

立秋입추 處暑처서 改革개혁 肅殺之氣숙살지기 變革변혁 更新갱신 神氣신기
霜상 身신 角각 兵草병초 陽金양금 猴후 坤方곤방 白色백색 冷氣냉기 燥조
國防국방 交通교통 運輸운수 機械기계 製鐵제철 怒노 剛金강금 急速급속 鐵
物철물 四生之局사생지국 三陰之氣삼음지기 白虎백호 名分명분 體統체통 昆蟲類
곤충류 龜귀 血光혈광 堅固견고 老窮노궁 義理의리 冷靜냉정 頑金丈鐵완금장철
胛骨動物갑골동물 變化動物변화동물 懸針殺현침살 骨格골격 痔疾치질 肺폐
大腸대장 盲腸맹장 鐵馬철마 自動車자동차 天孤星천고성 結實결실 模倣모방
夕陽석양 凉량 鬼神귀신을 관장 포부가 크다. 强柔강유함축 金生水도
잘하고 金剋木도 잘한다. 午後 3時에서 5時까지.

職　業

■ 戊

漢文한문, 自然科學자연과학, 考古學고고학, 土產品토산품, 農場농장, 運
動운동, 골프, 登山등산, 運動場운동장, 運動器具운동기구, 垈地대지, 土建

토건, 예체능, 不動産부동산, 建設部건설부, 内務部내무부, 穀物곡물, 밀가루, 骨董品골동품, 宗敎종교, 仲介業중개업, 登山등산, 哲學철학.

■ 申

寺刹사찰, 自動車자동차, 運輸業운수업, 鐵物철물, 整備정비, 機械기계, 軍人군인, 運動운동, 武器무기, 資材자재, 針침, 皮膚美容피부미용, 마사지.

性 格

신의가 있고 재주가 있다하나 깊지를 못함이 흠이고 매사에 완전과 결실을 기대하며 추리력, 응용력, 상상력이 풍부하여 총명하고 문장력은 좋아 학계와 인연이 있으며 소년시절에는 문학에 심취하게 되고 종교와 관련 또한 깊다. 부모님의 뒷받침만 좋다면 교수에 재정, 식품가공에도 소질이 다분하나 부모 덕이 없으면 공부보다는 사회로 진출하여 산전수전 다 겪게되며 고독한 생활을 할까 염려된다. 또 묵은 소리 잘하며 능구렁이 담 넘어가듯 생각하다 기회를 잘 놓치며 한가지에 몰두하다 보면 거기에 빠져 헤어 나오지 못하는 것이 흠이다. 역마살이 있어 돌아다니길 좋아하며 해외출입도 하여보며 가정적이며 애처가에 처덕 또한 있으나 외방자식을 둘까 염려되니 주의를 하는 것이 좋겠으며 여명 또한 부군의 작첩으로 독수공방하기 쉬우며 결혼에 실패하면 다시는 혼인을 하지 않고 혼자 살려고 하는 팔자이다.

직업으로는 교육, 재정, 외국기관에 입신하고 사업으로는 식품 가공, 운수업, 육영사업, 출판업에 적합하며 건강으로는 위장, 허리, 비만체구에 신장, 방광까지 조심해야 할 것이다.

場所_{장소} : 運動場_{운동장}, 山_산, 岸_안, 神_신.

健康_{건강} : 脾胃_{비위}, 腰_요, 腹部_{복부}, 肌肉_{기육}, 脅_협, 皮膚_{피부}, 濕疹_{습진}, 糖尿_{당뇨}, 盲腸_{맹장}, 口, 吹角_{취각}, 鼻_비, 循環期系統_{순환기계통}, 大腸_{대장}, 骨格_{골격}, 齒牙_{치아}, 血疾_{혈질}, 氣管支_{기관지}, 痔疾_{치질}.

天干으로 戊土는 5數요 變化_{변화}하면 2數에 丁火가 된다. 맛은 단맛과 매운맛이요 색상은 황색과 백색이며, 申金은 未坤申_{미곤신} 西南쪽 方位이며 季節_{계절}로는 申月 초가을이요 人物로는 中男, 中女에 속하고 하루로는 午後 3時에서 5時까지이며 三陰之氣_{삼음지기}요 地支 申金에 數理_{수리}로는 9數요 金生水도 잘하고 金剋木도 잘한다

■ 地藏干 : 庚 壬

暗藏_{암장}은 비밀스러운 것, 생각이 많은 것이다. 남에게 밝히기를 싫어하며 미래를 내다보는 것도 된다. 暗藏은 다정한 것, 후중한 것, 대가성을 내심 따진다. 暗藏合에는 乙庚合, 丁壬合이 있는데 天干에 乙木이나 丁火가 있으면 본인의 계획대로 하려고 한다. 冲에는 甲庚冲, 丙壬冲이 있는데 天干에 甲, 丙이 있으면 변화가 많고 내심 성격도 급하다.

申은 申子辰, 申子, 子辰, 申辰은 三合局, 坎卦감괘, 申酉戌은 方合, 卯申은 怨嗔殺원진살, 鬼門關殺귀문관살, 申亥는 六害殺육해살, 寅卯辰은 三災, 寅巳申은 三刑殺삼형살, 申에 水隔殺수격살은 戌.

■ 戊申이 아래 天干을 만나면

甲은 偏官편관, 甲申, 懸針殺현침살, 甲庚沖, 殺印相生살인상생, 絶地절지, 胞宮포궁, 活人業활인업.

乙은 正官정관, 暗藏에는 乙庚合, 絶地절지, 胎宮태궁, 殺印相生살인상생.

丙은 偏印편인, 丙申, 暗藏에는 丙壬沖, 財殺地재살지, 財官同臨재관동림, 月德空월덕공, 絶地절지, 不情胞胎부정포태, 病宮병궁.

丁은 正印정인, 財殺地재살지, 丁壬合, 淫亂之合음란지합, 硏究官연구관, 浴宮욕궁, 月德合월덕합.

戊는 比肩비견, 戊申, 伏吟복음, 孤鸞殺고란살, 文昌貴人문창귀인, 病宮병궁, 泄氣설기, 天赦星천사성, 天廚貴人천주귀인.

己는 比劫비겁, 泄氣설기, 盜氣도기, 土變토변, 浴宮욕궁.

庚은 食神식신, 庚申, 專祿전록, 冠宮관궁, 敬神경신.

辛은 傷官상관, 旺宮왕궁.

壬은 偏財편재, 壬申, 十惡日십악일, 梟神殺효신살, 長生宮장생궁, 月德貴人월덕귀인, 文曲貴人문곡귀인.

癸는 正財정재, 死宮사궁, 戊癸合, 天德貴人천덕귀인.

■ 戊申이 아래 地支를 만나면

子는 偏財편재가 正財정재, 戊子, 絶地절지, 胎宮태궁, 土流토류, 暗藏에
는 戊癸合, 天貴星천귀성, 申子三合, 水局수국, 將星殺장성살, 截
路空亡절로공망.

丑은 比劫비겁, 天喜神천희신, 攀鞍殺반안살, 傷食庫상식고, 養宮양궁, 天
厄星천액성, 暗藏암장, 戊癸合, 天乙貴人천을귀인, 截路空亡절로공망.

寅은 偏官편관, 戊寅, 天赦星천사성, 寅申沖, 暗藏에는 丙壬沖, 甲庚
沖, 天權星천권성, 生宮생궁, 驛馬殺역마살, 子宮閉塞症자궁폐색증,
金木相戰금목상전, 急脚殺급각살, 三災天蟲삼재천충, 絶地절지, 殺印
相生살인상생, 土崩토붕, 文曲貴人문곡귀인, 旬中空亡순중공망.

卯는 正官정관, 暗藏에는 乙庚合, 馬夫殺마부살, 怨嗔殺원진살, 鬼門關
殺귀문관살, 三災地刑삼재지형, 天破星천파성, 浴宮욕궁, 落井關殺낙정
관살, 惡山악산에 雜木잡목, 旬中空亡순중공망.

辰은 比肩비견, 戊辰, 魁罡殺괴강살, 白虎大殺백호대살, 申辰三合, 華蓋
殺화개살, 三災天劫삼재천겁, 帶宮대궁, 財庫재고, 暗藏에는 乙庚合,
戊癸合, 斷矯關殺단교관살, 天奸星천간성.

巳는 正印정인이 偏印편인, 祿녹, 巳申刑殺사신형살, 劫煞겁살, 冠宮관궁,
暗藏에는 丙壬沖, 天文星천문성.

午는 偏印편인이 正印정인, 戊午, 羊刃殺양인살, 暗藏에는 丁壬合, 天福
星천복성, 大將軍대장군, 旺宮왕궁, 災殺재살, 梟神殺효신살.

未는 比劫비겁, 羊刃양인, 未申은 坤土곤토, 官庫관고, 暗藏에는 丁壬合,
乙庚合, 衰宮쇠궁, 天驛星천역성, 紅鸞星홍란성, 天殺천살, 活人星활

인성, 鬼神門귀신문, 天乙貴人천을귀문.

申은 食神식신, 戊申, 伏吟복음, 泄氣설기, 同合, 地殺지살, 病宮병궁, 天
孤星천고성, 文昌貴人문창귀인, 方合, 天赦星천사성, 天廚貴人천주귀인.

酉는 傷官상관, 桃花殺도화살, 死宮사궁, 天刃星천인성, 方合, 埋金매금.

戌은 比肩비견, 戊戌, 魁罡殺괴강살, 水隔殺수격살, 印綬庫인수고, 自己庫
자기고, 月殺월살, 天藝星천예성, 暗藏에는 丁壬合, 墓宮묘궁, 急脚
殺급각살, 方合, 十惡日십악일.

亥는 正財정재가 偏財편재, 絶地절지, 胞宮포궁, 土流토류, 天壽星천수성,
亡神殺망신살, 六害殺육해살, 暗藏에는 甲庚冲.

■ 戊申이

木에는 財星재성, 官星관성.

火에는 傷官상관, 食神식신, 財星재성.

土에는 比肩비견, 比劫비겁, 傷官상관, 食神식신.

金에는 印綬인수, 比肩비견, 比劫비겁.

水에는 官星관성, 印綬인수.

寅午戌生은 申酉戌年에 三災殺삼재살이다. 人皇인황 申酉戌年에는
午 南方이 大將軍方位대장군방위다. 大將軍方位는 白虎方位백호방위다.
일시정지와 같다. 增築증축이나 修理수리는 避피함이 좋고 상하 구
별 없이 厄액이 따른다. 申에는 戌이 喪門상문이요 午가 弔客조객이
다. 甲己日에 申酉가 截路空亡절로공망. 甲戌旬中갑술순중에는 申酉가

旬中空亡순중공망. 乙己日에는 子申이 天乙貴人천을귀인. 辰月에 申은 斷矯關殺단교관살, 酉月에 申은 活人星활인성. 卯申은 怨嗔殺원진살, 鬼門關殺귀문관살, 申亥는 六害殺육해살, 寅巳申은 三刑殺삼형살, 申巳는 六破殺육파살, 酉와 未사이에 申은 夾이다. 申은 變하기도 잘하면서 변하지 않을 때도 있다. 申月에 入胎月입태월은 亥. 入胎日은 寅申日生은 256日.

戊申의 變化

戊土는 土生金도 잘하고 土剋水도 잘한다. 그러나 地支의 申金에는 生剋制化생극제화를 할 수 없으며 戊癸合은 無情之合무정지합이라하며 戊土는 天干을 生도 剋도 하며 形而上學的형이상학적으로는 地支申金에 生剋制化를 잘한다. 申金은 地支끼리도 生剋制化를 할 수 있으며 勢力세력으로도 따라가며 天干에도 生剋制化를 할 수 있다.

예년에 비해 지출과 소비량이 많아질 것으로 예상된다. 농사에는 냉해를 피함이 수확과 연결된다고 예상된다. 예년에 비해 독신자생활이 늘어난다고 예상되며, 사업에는 설명회와 투자가 있어지게 된다고 예상된다. 관광의 해가 되기 때문에 여행객이 늘어나며 소비량도 늘어난다고 예상된다. 잘못된 투자도 있어보며 수입이 줄어들고 지출이 많아진다고 보며, 건축에 관한 설계변경도 예상되며, 임야가 개발대상에 들어가며 형질변경도 예상된다.

학생은 교육계, 신문방송, 정치외교, 산업기술과, 육군사관학교, 도시계획과, 문과가 인기도가 높아질 것으로 예상된다. 자동차문화가 발달하며 새로운 제품도 예상된다. 언론이 비밀이 없으니 언어가 자유스럽다고 예상된다. 투자는 눈에 나타나게 보이나 수입은 비밀이요. 금속제품이 소비량이 늘어 가격이 오른다고 예상된다. 철강제품을 밀어내는 형상이니 기계장비가 수출과도 관련이 되니 외화획득에도 도움된다고 예상된다. 직장생활보다는 개인사업에 투자가 늘어난다고 예상된다. 복지사업, 봉사활동으로 사회에 공헌을 하게 된다고 예상된다. 병원은 위장병, 비뇨기과 환자가 많아질 것으로 예상된다.

戊申의 비밀성 變化

경제학 공부에 관심도가 높아지며 경쟁자가 많아지고, 비밀정보에 관한 조사가 심하여지며, 언론은 관청이나 직장에서 고소고발이 있게 되며, 깊은 함정에 빠져 들어가게 되고 재주와 잔꾀만 늘어나며, 돈이 나가고 문서가 들어오니 증권이 아니면 부동산을 구입을 하게 되며, 자식은 언론 감사관에 근무를 하게 되며, 밖에 나가면 위법행위를 일삼고 대가성을 바라게 되며, 돈 주고 취직을 하게되며 애인이 직장을 알선해 주며, 놀이를 제공하여주는 유흥음식점이 늘어나며, 돈을 벌기 위한 목적은 학원사업이 제격이요, 인테리어 기술 꾸미는 것이 관심이 있으며, 내가 노력한 만큼 도와주는 자가 나타나게 되며, 직장을 잃은 노동자가 많아지며 노숙자도 늘어난다고 본다. 먹는 음식에 탐이 생기고 돈에 욕심이 두드러지게 나타난다. 처가 주택을 팔아 공부를 하겠다고 소원을 하며, 직장생활 하다 그만두고 사회사업을 하게 되며, 부하들의 사고가 연발이요 자손 때문에 애인이 생기며, 동업자로 인하여 수입이 만만치가 않으며, 술집이나 노래방, 대중음식점을 하고 싶어하며, 예체능이 발달하여 예술가로 전향을 하고 싶어하며, 직업을 바꾸어보며 일을 하다보니 후회가 되며, 가르치고 논의하는 직업이 나에게는 최고의 직업이요, 환경 또는 수질에 관하여서도 공부를 하고 싶어하며, 여학생이 봉사정신은 간호과도 적성이 맞으며, 남의 돈으로 인해 수완이 좋아 사업에 성공을 하는 자요.

戊申의 노출성 變化

언론이 무서워 임시직에서 물러나며, 주택건설 공사에 있어서는 부도가 아니면 분양이 잘되지 않으며, 교통정책이 바뀌는 것인가 하면 신호체계가 잘못되는 곳도 있으며, 경제가 안정이 되지 않으니 소비에 문제점이요, 사업계획이 서류로 인하여 근본이 잘못되어 있으며, 수산업 투자가 잘못이니 생산에 차질이 우려가 되기도 하며, 운수업이나 제강회사가 변화가 있게 된다고 보며, 건축자재의 목재가격은 보합세를 나타낸다고 보며, 좌불안석에 스트레스를 많이 받으며 직장문제로 신경을 많이 쓰니 두통까지 오게 되며, 공부는 중단이요 애인까지 자주 바뀌며 되는 일이 없게 되며, 자식은 택일을 해서 낳아야 가정이 평안하여지며, 어머니는 애인 사귀는 것을 반대하며 싫어한다. 갑상선, 임파선, 편도선, 자궁질환 환자가 성행을 하게 되고, 위장병은 위하수증세가 많이 발생하고 유행을 하며, 뜬구름을 잡는 격이라 되는 일이 없으며 언어부실에 믿음이 가지 않으며, 작게 배우고 활용도는 많아지게 되며, 자식이 학교에서 위법행위를 자행하게 되고 왕따를 시키며, 생각 따로 행동 따로 투자가 설계변경으로 손해를 본다. 돈을 버는 목적은 공부에 있으니 교육계로 변화가 되고, 노력해서 재산은 취득을 하나 보증을 서며 관재 소송이 흠이요, 노복의 노조 때문에 진행되는 일이 차질이 생기게 되고, 한번 투자를 잘못하여 망하는 줄 모르게 망해간다. 노동자의 노조 대표로 추대를 받기도 하며, 상사의 자그마한 잘못으로 하극상이 있게 되기도 한다.

己酉

■ 己

形而上學형이상학 精神정신 始시 東 有情유정 上半期상반기 前進전진 得득 實실 생각 生成 上體상체 겉모양 外的외적 勝승 吉길 先 明 낮 地上 太過태과 自由. 天干은 天干끼리 生剋制化생극제화를 할 수 있다. 天 干은 地支를 生剋制化 할 수 없다.

■ 酉

形而下學형이하학 物質물질 終종 西 無情무정 下半期하반기 後退후퇴 失실 虛허 行動행동 消滅소멸 下體하체 속 모양 內的내적 敗패 凶흉 後후 暗암 밤 地下 不及불급 拘束구속 地支는 天干을 生도 剋도 할 수 있고 地支는 地支끼리 生剋制化를 할 수 있다. 酉金은 生은 인색하며 剋은 잘하고 변화가 없다. 酉金은 合이 되어도 변함이 없다.

■ 己

陰土음토 柔土유토 田 田園전원 雲운 活人활인 起기 生土 氣기 脾비 休 息期휴식기 腹部복부 沃土옥토 仲媒중매 低地帶저지대 平地평지 野야 中央중앙

騰蛇_{등사} 虛驚_{허경} 蹇滯_{건체} □ 運動神經發達_{운동신경발달}. 쉬는 其間_{기간}이 많다. 時間은 午時 他人_{타인}을 위하여 活人_{활인}을 잘한다. 갈아 버리면 말라버린다.

■ 酉

白露_{백로} 秋分_{추분} 鷄_계 陰金_{음금} 生金 軟金_{연금} 金 銀_은 珠玉_{주옥} 針_침 非鐵金屬_{비철금속} 燥_조 輕金屬_{경금속} 製鍊_{제련}된 金 淸白_{청백} 正西 四旺之 局_{사왕지국} 兌宮_{태궁} 結實_{결실} 白色_{백색} 角_각 冷氣_{냉기} 銅線_{동선} 鳳凰_{봉황} 急 速_{급속} 白虎_{백호} 名分 體統_{체통} 龜_귀 血光_{혈광} 堅固_{견고} 老窮_{노궁} 義理_{의리} 冷靜_{냉정} 胛骨動物_{갑골동물} 昆蟲類_{곤충류} 變化動物_{변화동물} 霜_상 貴金屬_{귀금} _속 술독 가위 收_수 酒器_{주기} 午後 5時에서 7時까지 칠면조 굽힐 줄 을 모른다. 天刃星_{천인성} 霜雪_{상설} 肅殺之氣_{숙살지기} 懸針殺_{현침살} 타인을 잘 돕는다. 새로운 것. 金生水는 인색하나 金剋木은 잘한다.

職 業

■ 己

술, 食堂_{식당}, 土地_{토지}, 藝術工藝_{예술공예}, 九流術業_{구류술업}, 哲學_{철학}, 不動産_{부동산}, 建築_{건축}, 醫藥業_{의약업}.

■ 酉

貴金屬_{귀금속}, 非鐵金屬_{비철금속}, 寺刹_{사찰}, 鍾_종, 時計_{시계}, 武科_{무과},

針침, 齒科치과, 皮膚美容피부미용, 洋品양품, 마사지, 理髮師이발사, 運動운동, 寫眞機사진기, 兵器병기, 機械기계, 音樂家음악가, 樂器악기.

性 格

신용과 의리를 앞세우며 깨끗한 성격에 세심한 면은 있으나 남에게 베풀려는 마음씨가 참으로 고우며 실속이 없는 것이 하나의 흠이다. 아집은 대단하나 주체가 약하고 강자에게는 강하고 약자에게는 약한 것이 특징이기도 하다. 마음이 약하여 애로사항을 사정하면 무난히 넘어가기도 하며 겉에는 흙이나 지하에는 보석광맥이 당권하고 있어 전답보다는 금광으로 개발하는 것이 유익하게 되어 있으니 본래의 목적을 바꾸어 편법으로 출세하는 것이 빠른 길이라 할 것이다. 부모 형제 덕은 별로 없어 자수성가를 해야할 것이며 애처가에 처궁도 부실하며 처덕도 좋다고 할 수 없으며 일지 도화에 女난은 면키 어려우며 여명은 남편 덕이 없어 독수공방을 하게 되는데 이는 자손위주의 생활이 원인이며 희생도 좋지만 본인의 건강에도 신경을 써야 할 것이다. 결혼하고 자식을 낳으면서부터는 몸매가 더욱 날씬해지고 본인의 신장이 적으면 신랑의 키도 비례한다고 보면 될 것이다.

직업으로는 교육, 법정, 의약, 식품, 육영사업 등이 좋은데… 본래가 淸格청격으로서 財福재복은 주지 않았으니 돈을 탐하지 말 것이며 건강은 위하수와 氣기가 약하여 잘 놀래고 간 질환, 요통에 주의하여야 한다.

場所장소 : 平地평지, 田園전원, 野야.

健康건강 : 脾비, 胃腸위장, 허리, 腹部복부, 口, 肌肉기육, 虛驚허경(깜짝
깜짝 놀라는 것, 肺폐, 大腸대장, 齒牙치아, 皮膚피부, 氣管支기
관지, 痔疾치질, 盲腸맹장, 鼻비, 血疾혈질, 臭覺취각, 造血조혈.

天干으로 己土는 10數요 變化변화하면 5數에 戊土가 된다. 맛은
단맛과 매운맛이요 색상은 황색과 백색이며, 酉金은 方位는 西쪽
이요 季節계절로는 가을이며, 하루로는 午後 5時에서 7時까지이며
四陰之氣사음지기요 地支 酉金이 數理수리로는 4數요 金生水는 吝嗇
인색하나 金剋木은 잘한다.

■ 地藏干 : 辛

暗藏암장은 비밀스러운 것, 생각이 많은 것이다. 남에게 밝히기
를 싫어하며 미래를 내다보는 것도 된다. 暗藏은 다정한 것 내
심 대가성을 따진다. 暗藏合에는 丙辛合이 있으며 天干에 丙火가
있으면 本人의 계획대로 하려 하고, 冲에는 乙辛冲이 있는데 天
干에 乙木이 있으면 변화가 많을 뿐더러 본인의 계획대로 되지
않는다.

酉는 巳酉丑, 巳酉, 丑酉, 巳丑은 三合局, 兌卦태괘, 申酉戌은 方
合, 子酉는 鬼門關殺귀문관살, 六破殺육파살, 寅酉는 怨嗔殺원진살,
戌酉는 六害殺육해살, 午는, 大將軍대장군, 申酉戌은 三災삼재,

水隔殺수격살은 申, 天刃星천인성.

■ 己酉가 아래 天干을 만나면

甲은 正官정관, 絶地절지, 胎宮태궁, 甲己合.

乙은 偏官편관, 乙酉, 絶地절지, 懸針殺현침살, 胞宮포궁, 乙辛冲, 坐不
　　安席좌불안석, 鍼術침술.

丙은 正印정인, 陽地양지, 絶地절지, 丙辛合, 死宮사궁.

丁은 偏印편인, 丁酉, 絶地절지, 生宮생궁.

戊는 比劫비겁, 泄氣설기, 死宮사궁.

己는 比肩비견, 己酉, 伏吟복음, 泄氣설기, 生宮생궁.

庚은 傷官상관, 月德貴人월덕귀인, 旺宮왕궁, 羊刃양인.

辛은 食神식신, 辛酉, 祿녹, 冠宮관궁, 內庭白虎내정백호, 剋夫離別극부이별,
　　交通事故교통사고, 天轉殺천전살.

壬은 正財정재, 浴宮욕궁.

癸는 偏財편재, 癸酉, 病宮병궁, 梟神殺효신살, 地轉殺지전살, 文曲貴人문
곡귀인.

■ 己酉가 아래 地支를 만나면

子는 正財정재가 偏財편재, 子酉, 六破殺육파살, 天喜神천희신, 天乙貴人
　　천을귀인, 鬼門關殺귀문관살, 天貴星천귀성, 馬夫殺마부살, 胞宮포궁,
　　絶地절지, 三災地戶삼재지호.

丑은 比肩비견, 己丑, 凍土동토, 酉丑三合, 傷食庫藏상식고장, 華蓋殺화

개살, 三災地刑삼재지형, 墓宮묘궁, 天厄星천액성, 十惡日십악일.

寅은 正官정관, 暗藏에는 甲己合, 丙辛合, 劫殺겁살, 死宮사궁, 天德貴人천덕귀인, 急脚殺급각살, 天權星천권성, 怨嗔殺원진살, 旬中空亡순중공망.

卯는 偏官편관, 己卯, 懸針殺현침살, 卯酉冲, 金木相戰금목상전, 暗藏에는 乙辛冲, 災殺재살, 天破星천파성, 旬中空亡순중공망, 絶地절지, 病宮병궁, 文曲貴人문곡귀인.

辰은 比劫비겁, 眞土진토, 辰酉六合, 天奸星천간성, 衰宮쇠궁, 暗藏에는 戊癸合, 乙辛冲, 財庫재고, 天殺천살, 陰陽음양이 駁雜박잡.

巳는 偏印편인이 正印정인, 己巳, 巳酉三合, 暗藏에는 丙辛合, 旺宮왕궁, 天文星천문성, 斷矯關殺단교관살, 地殺지살, 落井關殺낙정관살, 梟神殺효신살.

午는 正印정인이 偏印편인, 祿녹, 冠宮관궁, 桃花殺도화살, 天福星천복성, 紅鸞星홍란성, 大將軍대장군.

未는 比肩비견, 己未, 羊刃殺양인살, 帶宮대궁, 官庫관고, 月殺월살, 天驛星천역성, 暗藏에는 乙辛冲.

申은 傷官상관, 泄氣설기, 盜氣도기, 浴宮욕궁, 水隔殺수격살, 天乙貴人천을귀인, 方合, 亡神殺망신살, 天孤星천고성, 活人星활인성, 截路空亡절로공망, 土變토변.

酉는 食神식신, 己酉, 生宮생궁, 泄氣설기, 方合, 同合, 伏吟복음, 天刃星천인성, 將星殺장성살, 截路空亡절로공망, 文昌貴人문창귀인, 天廚貴人천주귀인.

戌은 比劫비겁, 自己庫藏자기고장, 印綬庫인수고, 急脚殺급각살, 六害殺육해살,

燥土조토, 方合, 養宮양궁, 攀鞍殺반안살, 天藝星천예성, 休地期휴지기.
亥는 偏財편재가 正財정재, 己亥, 絶地절지, 胎宮태궁, 驛馬殺역마살, 天
壽星천수성, 三災天敗삼재천패, 暗藏에는 甲己合, 十惡日십악일,
土流토류.

■ 己酉가

木에는 財星재성, 官星관성.

火에는 傷官상관, 食神식신, 財星재성.

土에는 比肩비견, 比劫비겁, 傷官상관, 食神식신.

金에는 印綬인수, 比肩비견, 比劫비겁.

水에는 官星관성, 印綬인수.

寅午戌生은 申酉戌年에 三災殺삼재살이다. 天劫천겁 申酉戌年에는
午 南方이 大將軍方位대장군방위다. 大將軍方位는 白虎方位백호방위이
며 一時停止일시정지와 같다. 增築증축이나 修理수리는 避피함이 좋고
上下 구별 없이 厄액이 따른다. 酉에는 亥가 喪門상문이요 未가 弔
客조객. 甲己日에는 申酉가 截路空亡절로공망. 甲戌旬中갑술순중에는 申
酉가 旬中空亡순중공망. 丙丁日에 亥酉가 天乙貴人천을귀인. 未月生에
酉는 斷矯關殺단교관살, 戌月에 酉는 活人星활인성. 春月에 酉日酉時
는 盲人殺맹인살, 寅酉는 怨嗔殺원진살. 子酉는 鬼門關殺귀문관살, 六破
殺육파살. 酉戌은 六害殺육해살, 酉는 變하지 않는 것이 특징이기도
하나 때로는 고집이 많다. 庚日에 酉는 羊刃殺양인살. 酉月에 入胎

月입태월은 子. 卯酉日生 入胎日은 246日. 申과 戌사이는 酉가 夾이다. 佛國불국에 鐘종. 노래 소리 歌聲가성 樂器악기 神器신기요 他人介入性타인개입성.

己酉의 變化

己土는 土生金은 인색하나 土剋水는 잘한다. 그러나 地支酉金에는 生剋制化생극제화를 할 수 없으며 甲己合은 中正之合중정지합이라 하며 己土는 天干을 生도 剋도 하며 形而上學的형이상학적으로는 地支酉金에 生剋制化를 잘한다. 酉金은 地支끼리 生剋制化를 할 수가 있으며 勢力세력으로도 따라가며 天干에도 生剋制化를 할 수 있다.

고집으로 인해 관재가 생기며 종내는 손해를 본다고 예상된다. 발전이 아니라 후퇴요 멍든 지 모르게 멍들어가며, 비철금속 가격이 오름세를 나타낼 것으로 예상된다. 부동산이나 건축경기는 주춤할 것으로 예상된다. 학생은 교육학과, 경찰대학교, 철도학교, 무과, 기계공학과, 전자공학과, 동국대불교학과, 컴퓨터학과, 육군사관학교, 정치외교학과, 신문방송학과 등이 인기가 있겠다고 예상된다. 새 시대에 맞는 새롭고 참신한 인물이 등장하여 인기도가 높아진다고 예상된다. 학생은 시험문제의 난이도가 높아 점수가 적게 나온다고 예상된다. 예년에 비해 이상기온으로 인해 냉한 함과 또는 우박 같은 갑작스런 기후변화로 가을날씨

같은 예측불허의 현상이 나타난다고 예상된다. 산불도 예상되며, 장식용구와 소비용품 매출이 많아질 것으로 예상된다. 남자용품 보다는 여자용품이 인기도가 높아진다고 예상된다. 애주가가 많아지는 형상이니 술 소비량도 늘어난다고 예상된다. 예년에 비해 서비스업무가 소비자에게 전달이 잘되지 않으니 봉사정신을 살리는 자가 경쟁에 이길 것이라 예상된다. 酉는 칠면조라 의류업종도 때아닌 호황을 누린다고 예상된다. 권력으로 인한 파벌싸움이 종종 일어난다고 예상된다.

己酉의 비밀성 變化

내가 좋은 일을 하면서 베풀면 재앙도 소멸된다고 보며, 배우면서 연구한 것이 돈으로 연결되며, 산림과 환경에 대한 각별한 신경을 쓰게 되며, 건축을 하려고 하는 운이며 직장생활에 권태증이 나며, 취직부탁을 하였다가 사기를 당하기도 하며, 귀금속 가격이 오름세를 나타낸다고 본다. 산업스파이로 인해 회사의 기술을 빼돌림 당할 수 있으며, 공공요금과 전기통신요금으로 인한 지출 폭이 커진다고 보며, 건설업은 비수기라고 보며 자식은 빨리 돈에 눈을 뜨게 되고 말 한마디에 도와주고 돕지 않는 것은 귀인이 왔다갔다하며, 산에는 나무가 없어지는 형상이니 벌목작업과도 연결이 되기도 하며, 산에 금이라 광산개발에 도움이 되기도 하며, 학계와 인연이 있으며 문학에 심취하는 면이 많아지며, 직장생활에 대리근무를 시키지 말 것이며, 친정의 재산이 나에게 돌아오는 것이 있으며, 장모와 어머니가 힘을 합하여 나의 생활에 도움을 주며, 결혼을 약속한 애인이 나의 친구를 소개한 이후 애인이 변화를 가져오며 혹은 빼앗기는 것도 해당된다. 열심히 한 대가로 큰일을 계획한 것이 적중하게 되고 전기통신은 전선가격이 오를 것이 예상되니 전선장사가 돈이 되고, 무에서 유를 창조해내는 격이니 보이지 않는 재물을 창출해내며, 하늘이 나를 도우며 조상님이 나를 도와주며, 어머니가 꿈에 보이면 돈이 잘 벌어지기도 하며, 노력한 대가성은 꼭 있기 마련이요, 누가 뭐라 해도 신용과 의리로 살아가게 되며.

己酉의 노출성 變化

뜬구름을 잡으려하니 되는 일이 없으며, 언어가 거칠고 직장이 변화가 많아지며, 두통, 치통, 신경통 질환에 시달리는 자가 많아지며, 언론이나 정치이야기만 나오면 열을 내고 혈압이 올라가며, 노동자는 회사를 상대로 노조와 조직이 강화되고, 회사는 부도위기를 맞으면서 노동자에게 임금을 주지도 못하며, 땅에 철분이 과다라 또한 냉해로 인한 채소 농사가 피해는 있으나 채소장사가 돈이 된다고 보며, 옥토가 불모지 땅으로 변하고 휴지기로 변화되니 농사에는 가격을 맞출 수가 없으며, 자식하나로 인해 부부싸움이요 가정불화가 많아지기도 하며, 학생은 전학을 자주

하기도 하며, 내 것 주고 배신당하고 대가성이 없으며, 꽃은 피지도 않았는데 수확량만 계산하고 있으며, 모든 일이 역행이라 반항심만 발생하게 되고, 부하로 인하여 충격 받고 조사까지 받아보며, 내가 설 땅이 없어지며 내가 스스로 무덤을 파기도 하며, 하는 것마다 되는 일이 없으니 공포에 떨기도 하며, 시작은 잘하고 끝맺음을 못하니 매사가 용두사미 격이라. 사랑으로 베푼 것이 원수가 되기도 하며, 투자가 아니라 투기만 일삼으니 하루만에 빌딩이 올라가며, 가는 길이 정치가 아니면 언론이나 노조가 천성직업이요, 내가 부하에게 희생을 당하고 초조와 불안은 그치지 않으며 내가 하고싶어 하는 것은 다 해 보았으나 하나같이 이루어지는 것은 없으며, 직업이 열 가지, 스무 가지를 다 하여보았다고는 하나 반푼이 직업이라 자랑할 것은 못 된다.

庚戌

■ 庚

形而上學형이상학 精神정신 始시 東 有情유정 上半期상반기 前進전진 得득 實실 생각 生成 上體상체 겉모양 外的외적 勝승 吉길 先 明 낮 地上 太過태과 自由. 天干은 天干끼리 生剋制化생극제화를 할 수 있다. 天干은 地支를 生剋制化 할 수 없다.

■ 戌

形而下學형이하학 物質물질 終종 西 無情무정 下半期하반기 後退후퇴 失실 虛허 行動행동 消滅소멸 下體하체 속 모양 內的내적 敗패 凶흉 後후 暗암 밤 地下 不及불급 拘束구속 地支는 天干을 生도 剋도 할 수 있고 地支는 地支끼리 生剋制化를 할 수 있다. 戌土는 生도 하고 剋도 잘하며 변화가 많다. 戌土는 合이 될 때도 있고 안될 때도 있다.

■ 庚

月星월성 純金순금 煉金연금 剛金강금 鋼鐵강철 陽金양금 死金사금 更갱 무쇠 兵草之權병초지권 命分명분 改革性개혁성 更新갱신 風霜풍상 白氣백기

雨雹우박 革命家혁명가 古物고물 肅殺之氣숙살지기 變革性변혁성 義理의리
冷靜냉정 急速급속 剛直강직 골격 昆蟲類곤충류 胛骨動物갑골동물 白露백로
龜귀 變化動物변화동물 動物동물은 까마귀 造化조화가 五行 中에 第一
많다. 勇敢용감 輕薄性경박성 果斷性과단성 名譽명예 體統체통 決斷力결단
력 一身일신이 恒時항시 고되다.

■ 戌

寒露한로 霜降상강 寒土한토 滅멸 狗구 晚秋之氣만추지기 陽土양토 旺土
왕토 燥土조토 剛土강토 火山 언덕 堤防제방 天門星천문성 乾宮건궁 西北
間方서북간방 天羅地網천라지망 魁罡殺괴강살 敬神性경신성 燃料연료탱크 宗
敎종교 寺院사원 四庫之局사고지국 信 午後 7時에서 9時까지 大驛土대
역토 五陰之氣오음지기 土生金은 吝嗇인색하나 土剋水는 잘한다. 開發
개발을 할 수 있는 땅이다. 收穫수확의 時期 寺刹사찰은 戌土 없이는
운영을 못한다. 活人활인을 잘한다.

職 業

■ 庚

車차, 運輸業운수업, 整備정비, 武器무기, 材料商재료상, 資材자재, 機械
기계, 交通교통, 製鐵제철, 鐵物철물, 駐車場주차장, 兵器병기, 軍人군인, 警
察경찰, 運動운동, 皮膚美容피부미용, 理髮師이발사, 스포츠마사지, 撮影촬
영, 建設건설, 建築건축, 敎育교육.

■ 戌

變電所변전소, 乾電池건전지, 蓄電池축전지, 家電製品가전제품, 動資部동자부, 商工部상공부, 電氣전기, 電子전자, 技術者기술자, 宗敎종교, 易學역학, 道人도인, 僧人승인, 巫堂무당, 場所장소, 佛國불국나라, 不動産부동산, 警備경비, 倉庫창고, 醫藥業의약업, 九流術業구류술업, 敬神경신.

性 格

겉으로 보기에는 냉정하고 차갑게 느껴지지만 속마음은 따뜻하고 온순하며 정에 못 이겨 약해지는가 하면 어느 일이든 끝맺음을 우선으로 삶하며 명예와 체통 명분이 없는 일에는 가담하지 않으며 결단력이 강하다. 매사에 계획이 있으며 두령 격으로 타에 굴복하지 않고 신용과 의리로 남아로서 우국우족하며 임전무퇴의 정신으로 한번 결정하면 기어이 해내는 성격이며 예감이 빠른 편이기도 하다. 처궁은 부실하나 처덕은 좋으며 어머니같이 인자한 처이기는 하지만 건강이 좋아 처 하나로는 만족하지 못하겠고 자손을 키우는데 어려움이 따르며 자손으로 인한 근심걱정이 있으니 남이 알아주지 않는 고민이라 할 수 있다. 여명 또한 여걸로서 군림하며 남자다운 성격이기에 부군의 마음이 변하고 그러므로 남자의 세계와 심리를 더 잘 알고 있기에 남자를 조종하는데 일가견이 있다고는 하나 본인이 가구주 노릇을 해야 하며 평생 직장을 사전에 준비해 두어야 할 것이다.

직업은 무관직이나 군경, 건축, 운동, 법조계가 제일 좋고 건강은 간담, 시력이 약하고 혈압, 당뇨에도 주의해야 할 것이다.

場所장소 : 야영장, 카바레, 촬영 풍월이 노는 곳, 運動場운동장, 山산, 岸안.

健康건강 : 肺폐, 大腸대장, 氣管支기관지, 骨格골격, 皮膚피부, 鼻비, 齒牙치아, 痔疾치질, 盲腸맹장, 血液혈액, 嗅覺후각, 腸疾扶謝장질부사, 脾胃비위, 腰요, 腹部복부, 肌肉기육, 口, 脅협, 皮膚피부, 血壓혈압, 糖尿당뇨, 結石결석.

天干으로 庚金은 9數요 變化변화하면 4數에 辛金이 된다. 맛은 매운맛과 단맛이요 색상은 백색과 황색이며, 戌土에 方位는 戌乾亥술건해 乾方건방 西北 間方간방이요 季節계절로는 戌月 가을이요, 人物로 中男이다. 하루로는 午後 7時부터 9時까지이며 五陰之氣오음지기요 地支 戌土는 數理수리로 5數요 土生金은 吝嗇인색하나 土剋水는 잘한다.

■ 地藏干 : 戊 丁 辛

暗藏암장은 비밀스러운 것, 생각이 많은 것이다. 남에게 밝히기를 싫어하며 미래를 설계하는 것도 된다. 暗藏合은 다정한 것 사랑이요 내심 명분을 찾는 것이다. 暗藏合에는 戊癸合, 丁壬合, 丙辛合이 있는데, 天干에 癸, 壬, 丙이 있으면 본인의 계획대로 하려 하고 冲에는 丁癸冲, 乙辛冲이 있는데 天干에 癸, 乙이 있으면 변화도 많고 역시 다혈질이 되기도 한다.

戌은 寅午戌, 寅戌, 午戌, 寅午는 三合局, 離卦이괘, 申酉戌은 方
　　　合, 酉戌은 六害殺육해살, 丑未戌은 三刑殺삼형살, 未戌은 六破
　　　殺육파살, 巳戌은 怨嗔殺원진살, 鬼門關殺귀문관살, 天藝星천예성, 天
　　　羅地網殺전라지망살, 水隔殺수격살은 午.

■ 庚戌이 아래 天干을 만나면

甲은 偏財편재, 甲戌, 絶地절지, 甲庚沖, 折木절목, 財官同臨재관동림,
　　　養宮양궁, 傷食庫상식고.

乙은 正財정재, 絶地절지, 墓宮묘궁, 折木절목, 暗藏에는 乙庚合, 乙辛
　　　沖, 財庫재고, 傷食庫상식고.

丙은 偏官편관, 丙戌, 白虎大殺백호대살, 天月德貴人천월덕귀인, 暗藏에
　　　는 丙辛合, 墓宮묘궁, 泄氣설기, 傷食庫상식고, 自己庫藏자기고장.

丁은 正官정관, 盜氣도기, 泄氣설기, 養宮양궁.

戊는 偏印편인, 戊戌, 魁罡殺괴강살, 十惡日십악일, 墓宮묘궁, 自己庫자기고,
　　　印綬庫인수고.

己는 正印정인, 養宮양궁, 印綬庫인수고.

庚은 比肩비견, 庚戌, 伏吟복음, 魁罡殺괴강살, 衰宮쇠궁, 官庫관고, 印綬
　　　庫인수고.

辛은 比劫비겁, 羊刃殺양인살, 埋金매금, 帶宮대궁, 官庫관고, 印綬庫인수고.

壬은 食神식신, 壬戌, 魁罡殺괴강살, 懸針殺현침살, 白虎大殺백호대살, 暗

藏에는 丁壬合, 帶宮대궁, 絕地절지, 流塞유색, 財庫재고, 官庫관고.

癸는 傷官상관, 暗藏에는 戊癸合, 丁癸冲, 絕地절지, 衰宮쇠궁, 流塞유색, 財庫재고, 官庫관고.

■ 庚戌이 아래 地支를 만나면

子는 食神식신이 傷官상관, 庚子, 泄氣설기, 盜氣도기, 暗藏에는 戊癸合, 丁癸冲, 死宮사궁, 災殺재살, 天貴星천귀성, 落井關殺낙정관살.

丑은 正印정인, 天乙貴人천을귀인, 丑戌, 三刑殺삼형살, 墓宮묘궁, 天殺천살, 土木, 骨材골재, 鑛山광산, 天厄星천액성, 自己庫자기고, 暗藏에는 戊癸合, 丁癸冲.

寅은 偏財편재, 庚寅, 財殺地재살지, 寅戌, 三合局, 地殺지살, 天權星천권성, 旬中空亡순중공망, 急脚殺급각살, 暗藏에는 丙辛合, 甲庚冲, 胞宮포궁, 十惡日십악일.

卯는 正財정재, 胎宮태궁, 卯戌六合, 讀書合독서합, 暗藏에는 乙庚合, 乙辛冲, 絕地절지, 桃花殺도화살, 天破星천파성, 旬中空亡순중공망.

辰은 偏印편인, 庚辰, 魁罡殺괴강살, 辰戌冲, 暗藏에는 丁癸冲, 乙辛冲, 戊癸合, 天奸星천간성, 養宮양궁, 月殺월살, 梟神殺효신살, 十惡日십악일.

巳는 正官정관이 偏官편관, 生宮생궁, 亡神殺망신살, 暗藏에는 丙辛合, 巳戌, 鬼門關殺귀문관살, 怨嗔殺원진살, 天文星천문성, 紅鸞星홍란성, 文曲貴人문곡귀인.

午는 偏官편관이 正官정관, 庚午, 斷矯關殺단교관살, 將星殺장성살, 水隔

殺_{수격살}, 午戌三合_오, 截路空亡_{절로공망}, 絶地_{절지}, 浴宮_{욕궁}, 紅艶
殺_{홍염살}, 天福星_{천복성}, 大將軍_{대장군}.

未는 正印_{정인}, 財庫_{재고}, 未戌, 三刑殺_{삼형살}, 六破殺_{육파살}, 攀鞍殺_{반안살},
天乙貴人_{천을귀인}, 帶宮_{대궁}, 天驛星_{천역성}, 暗藏에는 乙辛沖, 截
路空亡_{절로공망}.

申은 比肩_{비견}, 庚申, 祿_녹, 冠宮_{관궁}, 天孤星_{천고성}, 驛馬殺_{역마살}, 方合,
暗藏에는 丁壬合, 三災人皇_{삼재인황}.

酉는 比劫_{비겁}, 羊刃殺_{양인살}, 旺宮_{왕궁}, 六害殺_{육해살}, 活人星_{활인성}, 方
合, 天刃星_{천인성}, 馬夫殺_{마부살}, 三災天權_{삼재천권}.

戌은 偏印_{편인}, 庚戌, 魁罡殺_{괴강살}, 伏吟_{복음}, 衰宮_{쇠궁}, 華蓋殺_{화개살},
官庫_{관고}, 印綬庫_{인수고}, 同合, 方合, 天藝星_{천예성}, 急脚殺_{급각살},
三災地災_{삼재지재}, 梟神殺_{효신살}.

亥는 傷官_{상관}이 食神_{식신}, 泄氣_{설기}, 金沈_{금침}, 病宮_{병궁}, 劫殺_{겁살}, 天喜
神_{천희신}, 天壽星_{천수성}, 乾宮_{건궁}, 暗藏에는 丁壬合, 甲庚沖, 文
昌貴人_{문창귀인}, 天廚貴人_{천주귀인}.

■ 庚戌이

木에는 官星_{관성}, 財星_{재성}.

火에는 財星_{재성}, 傷官_{상관}, 食神_{식신}.

土에는 傷官_{상관}, 食神_{식신}, 比肩_{비견}, 比劫_{비겁}.

金에는 比肩_{비견}, 比劫_{비겁}, 印綬_{인수}.

水에는 印綬_{인수}, 官星_{관성}.

寅午戌生은 申酉戌年에 三災殺삼재살이다. 地災지재 申酉戌年에는 午 南方이 大將軍方位대장군방위다. 大將軍方位는 白虎方位백호방위다. 一時停止일시정지와 같다. 增築증축이나 修理수리는 避피함이 좋고 上下 구별 없이 厄액이 따른다. 戌에는 子가 喪門상문이요 申이 弔客조객. 十惡日십악일은 戊戌, 甲子旬中갑자순중에는 戌亥가 旬中空亡순중공망. 申酉戌月에 戌은 急脚殺급각살. 午月生에 戌은 斷矯關殺단교관살. 亥月에 戌은 活人星활인성. 未戌은 六破殺육파살. 酉戌은 六害殺육해살. 巳戌은 怨嗔殺원진살, 鬼門關殺귀문관살. 戌月에 入胎月입태월은 丑. 辰戌日生 入胎日은 296日. 戌土는 변하기도 잘하면서 변하지 않을 때도 있다. 寅月生에 戌은 水隔殺수격살. 酉와 亥사이에 戌이 夾이다.

庚戌의 變化

庚金은 金生水도 잘하고 金剋木도 잘한다. 그러나 地支 戌土에는 生剋制化생극제화를 할 수가 없으며 乙庚合은 仁義之合인의지합이라 하며 庚金은 天干을 生도 剋도 하며 形而上學的형이상학적으로는 地支戌土에 生剋制化를 잘한다. 戌土는 地支끼리 生剋制化를 할 수 있으며 勢力세력으로도 따라가며 天干에도 生剋制化를 할 수 있다.

연초에 폭우성 우박이나 큰비로 과일이나 채소는 피해가 예상된다. 고전적인 가구를 찾는 사람이 늘어날 것으로 예상된다. 종교로 인한 관광이나 순례자가 늘어날 것으로 예상된다. 학생은 문과, 군경, 체육학과, 건축공학, 공과기술, 육군사관학교, 공군 사관학교 등이 인기도가 높다고 예상된다. 예년에 비해 강우량이 적다고 예상되며 물 부족 또는 물과 관련된 것은 업무는 물 때문에 피해가 있다고 예상된다. 주차장이나 노래방 또는 장소를 제공하여 주는 임대업무는 성수기를 맞이할 것이 예상된다. 생활 체육이나 스포츠 운동에 관심이 많아질 것으로 예상된다. 광산개발이나 석산 개발이 좋은 계기가 될 것으로 예상된다. 건설경기가 살아나니 노동자의 일손도 모자랄 것이 예상된다. 병원은 심장병이나 고혈압, 당뇨로 인한 환자가 많아질 것이 예상된다. 부동산은 불모지에서 대지로 대지에서 건물로 변화되는 과정이 있을 수 있다라고 예상된다. 시장물가는 변동폭이 적다고 예상은 되나 시장바구니는 가벼워진다고 본다. 고물상업이나 고철가격은 올라간다고 예상되며, 소비제품이 예년에 비해 덜 팔린다고 예상된다. 관리감독이 강화되고 비밀이 노출된다고 예상된다.

庚戌의 비밀성 變化

가을이 봄을 끌어오니 꾸미기를 좋아하며 멋을 창조한다. 봄과 가을은 독서의 계절이라 책을 가까이 하게 되고, 의류 디자이너와 관련된 직종에 관심이 많아지며, 문서로 인한 관재 시비가 발생하게 되며, 직장에서 해외 연수차 외국을 나가게 되며 또는 외국근무도 되며, 형제 중에 교육자가 있으며 육영사업을 하게 되고, 친구 때문에 멍들고 손재가 따르며, 재정직 감독이나 산림청 감사에 업무가 많아지게 되며, 직원관리를 잘하면 노동의 대가가 나에게 오게 되며, 아들 낳고 재수가 있게되고 수입이 날로 늘어나며, 예감이 적중하니 쉽게 돈이 벌어지게 되며, 부군이 어린애와 같으며 위법행위를 서슴지 않고 행하고, 고고학, 지리학, 역학공부에 취미가 있으며 사학에도 관심이 많아지며, 관청 일이나 서류업무에 대하여서는 일가견이 있고 직장 경쟁률이 심하고 친구나 동료에게 밀려나며, 직장생활이 권태증이라 사업에 뛰어들게 되며, 공부는 커닝을 잘하게 되고 기술비밀이 누설되며, 직업은 동시통역이나 무역이 아니면 관광가이드가 제격이며, 어머니가 관청에 근무하고 엄하시며, 조경사업이 잘되고 돈이 되니 신바람이 나며, 환경을 다루는 직업이 적격이요 또는 교육자가 되기도 하며, 봄과 가을이라 시작을 했다하면 끝맺음을 잘하게 되고, 수출보다는 수입이 많아지며 재고가 쌓이게 되며, 배움과 동시에 풀어 먹는 것이 직업이요, 나의 능력이 인정되어 연봉이 인상되기도 하며.

庚戌의 노출성 變化

도시계획 상 재개발이 이루어지며, 중장비 운영이 돈이 되며 일이 많아지게 되고, 필화사건에 휘말리며 부도의 위기가 발생하게 되며, 부정한 서류라 서류의 변조가 심하여지며, 서류보증 때문에 나의 재산에 압류와 관련이 있게 되고, 윗사람의 도움이라 할지라도 도움이 안되며 자기 고집으로 손해를 보게 되며, 안 되는 것만 찾아다니며 행하게 되고, 머리가 무거워 공부는 안되고 잠만 늘어나며, 건망증이 심하여지고 무엇이든 나만이 된다는 것이 잘못이요, 형제로 인하여 처가 신경이 날카로워지며 시집살이를 시키고, 친구형제로 인하여 가정불화는 보증이 문제시되고, 동업으로 인한 사업은 도중에 배신을 당하게 되며, 후배가 직장까지 찾아와 도움을 청하니 입장이 곤란하고, 원류가 두절이라 순행이 아니라 역류로 돌아가며, 농사는 작황이 줄어들어 농민들은 고통스러워하며, 채소가격이 올라감으로 소비자의 가계는 어려워지며, 노동자는 노조 때문에 나의 행동이 거북해지며, 신경성두통이 시력까지 이상이 있어 병원출입을 하게 되고, 위장병에 먹는 것마다 걸리는 것은 성격이 급한 탓이요, 종교 때문에 싸움이라 내가 설 곳이 없어지며, 허리에 통증이 오는 것은 음식을 빨리 먹는데서 오게되며, 형제가 싸움이라 아버지는 마음이 상하여 몸둘 바를 모르며, 질서를 지키지 않으니 들리는 소식마다 위법행위요, 아랫사람이 치받고 올라오니 하극상과 같으며, 학생은 학교가 아니라 학원가가 아니면 전학이다.

辛亥

■ 辛

形而上學형이상학 精神정신 始시 東 有情유정 上半期상반기 前進전진 得득 實실 생각 生成 上體상체 겉모양 外的외적 勝승 吉길 先 明 낮 地上 太過태과 自由. 天干은 天干끼리 生剋制化생극제화를 할 수 있다. 天干은 地支를 生剋制化 할 수 없다.

■ 亥

形而下學형이하학 物質물질 終종 西 無情무정 下半期하반기 後退후퇴 失실 虛허 行動행동 消滅소멸 下體하체 속 모양 內的내적 敗패 凶흉 後후 暗암 밤 地下 不及불급 拘束구속 地支는 天干을 生도 剋도 할 수 있고 地支는 地支끼리 生剋制化를 할 수 있다. 亥水는 生도 하고 剋도 잘하며 변화가 많다. 亥水는 合이 될 때도 있고 안될 때도 있다.

■ 辛

寒露한로 陰金음금 柔金유금 新신 霜상 細金세금 鐘종 生金생금 軟金연금

龜귀 兵草병초 우박 꿩 更新갱신 義理의리 冷靜냉정 急速급속 改革性개혁성 肅殺之氣숙살지기 變革性변혁성 昆蟲類곤충류 土石 美人 貴金屬귀금속 金佛象금불상 非鐵金屬비철금속 金銀珠玉금은주옥 變化動物변화동물 胛骨動物갑골동물.

■ 亥

立冬입동 小雪소설 湖水호수 海水해수 江水강수 浦水포수 停止水정지수 橫流횡류 暖流난류 乾方건방 天河水천하수 天門星천문성 天壽星천수성 魚種類어종류 六陰之氣육음지기 動物동물은 猪저 收藏수장 陽水양수 死水사수 雪설 寒한 凝응 終종이면서 始作시작 空亡공망은 房內念佛방내염불이다. 核핵 外陰內陽외음내양 外柔內强외유내강 午後 9時에서 11時까지 질서를 잘 지킨다.

職 業

■ 辛

寺刹사찰, 宗敎종교, 飮酒음주, 金屬금속, 齒科치과, 音樂음악, 樂器악기, 金銀細工금은세공, 古物고물, 工具공구, 洋品양품, 술그릇, 資材자재, 皮膚美容피부미용, 理髮師이발사, 스포츠마사지.

■ 亥

바다, 外國語외국어, 海運해운, 船舶선박, 水産수산, 食品식품, 貿易무역,

沐浴湯목욕탕, 海草類해초류, 外國외국, 法법, 佛國불국, 修道人수도인, 宗教指導者종교지도자, 旅館여관, 水泳場수영장.

性 格

　얼굴은 각이 지면서도 깨끗하며 준수한 용모를 갖추었으며 선견지명에 기억력이 좋아 일독지십으로 만인의 칭찬을 받으며 지혜로서 덕을 베풀 줄 알고 인정에는 약하나 반항의식이 있어 매도 무서워하지 않는 경향도 있으며 겉으로는 얌전한척하지만 내심으로는 욕심이 많고 억척같으며 한번 마음먹으면 참지를 못하고 결실을 보아야 한다. 행동은 빠르고 민첩하며 재복은 좋으나 낭비가 염려되며 매사에 극으로 치닫기 쉬우니 자신을 잘 다스림이 좋을 것이다. 희생정신이 좋아 말로서 돈을 벌어야 하며 수양을 잘만 쌓는다면 언론은 물론 교수까지 바라볼 수 있으며 해외와도 인연이 있다. 처궁은 부실하나 처덕은 좋으며 노년에는 외롭고 고독하며 자식은 임종할 자식이 없는 것이 안타깝다 하겠다. 여명은 부부궁의 부실로 만혼이 좋은데 아니면 독신을 고수하고 자식을 낳고 이별이 아니면 별거가 되기 쉬우며 외국인과도 인연이 있으며 자손은 貴子귀자를 두게 된다.

　직업으로는 교육, 재정, 법정, 의과, 무역, 생산업에 종사함이 좋겠으며 건강은 혈액순환장애와 신장, 방광에 주의가 필요하다.

人物인물 : 裁判軍人재판군인, 警察官경찰관, 調査官조사관이요.

場所장소 : 警察署경찰서, 法政법정, 刑務所형무소, 높은 곳 등이다.

健康건강 : 肺폐, 大腸대장, 氣管支기관지, 骨格골격, 皮膚피부, 鼻비, 痔疾치질, 齒牙치아, 盲腸맹장, 腎臟신장, 膀胱방광, 生殖器생식기, 泌尿器비뇨기, 耳이, 排泄物배설물, 聽覺청각, 붓는 증상.

天干으로 辛金은 4數요 變化변화하면 1數에 壬水가 된다. 맛은 매운맛과 짠맛이요 색상은 백색과 흑색이며, 亥水의 方位는 西北間方간방에 乾건 方向이요 季節계절로는 亥月은 겨울이요 하루로는 午後 9時부터 11時까지이며 六陰之氣육음지기요 地支 亥水는 數理수리로는 6數이며 水生木도 잘하고 水剋火도 잘한다.

■ 地藏干 : 壬 甲

暗藏암장은 비밀스러운 것, 생각이 많은 것이다. 남에게 밝히기를 싫어하며 미래를 내다보는 것도 된다. 暗藏合은 다정한 것, 내심 명분을 잘 따진다. 暗藏合에는 丁壬合, 甲己合이 있는데, 天干에 丁, 己가 있으면 本人의 생각대로 하려 하고, 沖에는 丙壬沖, 甲庚沖이 있는데 天干에 丙, 庚이 있으면 변화가 많고 내심 精神散漫정신산만도 된다.

亥는 亥卯未, 亥未, 亥卯, 卯未는 三合局, 震卦진괘, 亥子丑은 方合, 寅亥는 六破殺육파살, 申亥는 六害殺육해살, 辰亥는 怨嗔殺원진살, 鬼門關殺귀문관살, 十惡日십악일은 丁亥, 己亥, 癸亥日, 亥에 水隔殺수격살은 辰. 酉는 大將軍대장군, 巳午未는 三災삼재.

■ 辛亥가 아래 天干을 만나면

甲은 正財정재, 浮木부목, 生宮생궁, 漂木표목, 月德貴人월덕귀인, 文曲貴人문곡귀인.

乙은 偏財편재, 乙亥, 浮木부목, 死宮사궁, 乙辛沖, 天德貴人천덕귀인.

丙은 正官정관, 絶地절지, 胞宮포궁, 暗藏에는 丙辛合, 丙壬沖.

丁은 偏官편관, 丁亥, 胎宮태궁, 暗藏에는 丁壬合, 十惡日십악일, 天乙貴人천을귀인.

戊는 正印정인, 埋金매금, 絶地절지, 胞宮태궁, 土流토류, 財官同臨재관동림, 不情胞胎부정포태.

己는 偏印편인, 己亥, 土流토류, 絶地절지, 胎宮태궁, 暗藏에는 甲己合, 十惡日십악일.

庚은 比劫비겁, 病宮병궁, 暗藏에는 甲庚沖, 天廚貴人천주귀인, 文昌貴人문창귀인.

辛은 比肩비견, 辛亥, 伏吟복음, 金沈금침, 盜氣도기, 泄氣설기, 浴宮욕궁.

壬은 傷官상관, 冠宮관궁, 水多金沈수다금침.

癸는 食神식신, 癸亥, 旺宮왕궁, 十惡日십악일, 大海水대해수, 水多金沈수다금침.

■ 辛亥가 아래 地支를 만나면

子는 傷官상관이 食神식신, 水多金沈수다금침, 桃花殺도화살, 天貴星천귀성, 文昌貴人문창귀인, 生宮생궁, 方合, 天廚貴人천주귀인.

丑은 偏印편인, 辛丑, 急脚殺급각살, 方合, 自己庫藏자기고장, 暗藏에는

甲己合, 天厄星천액성, 養宮양궁, 月殺월살.

寅은 正財정재, 財官同臨재관동림, 亡神殺망신살, 暗藏에는 丙辛合, 丙壬沖, 旬中空亡순중공망, 胎宮태궁, 六合, 天權星천권성, 六破殺육파살, 天乙貴人천을귀인.

卯는 偏財편재, 辛卯, 懸針殺현침살, 亥卯三合, 絶地절지, 胞宮포궁, 將星殺장성살, 天破星천파성, 旬中空亡순중공망, 暗藏에는 乙辛沖.

辰은 正印정인, 水隔殺수격살, 怨嗔殺원진살, 鬼門關殺귀문관살, 急脚殺급각살, 天奸星천간성, 攀鞍殺반안살, 墓宮묘궁, 傷食庫상식고, 紅鸞星홍란성, 截路空亡절로공망.

巳는 偏官편관이 正官정관, 辛巳, 巳亥沖, 暗藏에는 丙辛合, 甲庚沖, 丙壬沖, 天文星천문성, 死宮사궁, 驛馬殺역마살, 黑氣三災흑기삼재, 截路空亡절로공망.

午는 正官정관이 偏官편관, 暗藏에는 丁壬合, 甲己合, 天福星천복성, 馬夫殺마부살, 絶地절지, 病宮병궁, 陰氣三災음기삼재, 天乙貴人천을귀인, 文曲貴人문곡귀인.

未는 偏印편인, 辛未, 亥未三合, 暗藏에는 甲己合, 丁壬合, 乙辛沖, 財庫재고, 衰宮쇠궁, 天驛星천역성, 華蓋殺화개살, 白殺三災백살삼재, 梟神殺효신살.

申은 比劫비겁, 旺宮왕궁, 暗藏에는 甲庚沖, 六害殺육해살, 天孤星천고성, 劫殺겁살, 落井關殺낙정관살.

酉는 比肩비견, 辛酉, 祿녹, 冠宮관궁, 大將軍대장군, 災殺재살, 天刃星천인성, 天轉殺천전살.

戌은 正印정인, 帶宮대궁, 印綬庫인수고, 官庫관고, 乾宮건궁, 暗藏에는
　　　丁壬合, 天藝星천예성, 天殺천살, 羊刃殺양인살, 活人星활인성, 天
　　　喜神천희신.
亥는 食神식신이 傷官상관, 辛亥, 浴宮욕궁, 金沈금침, 伏吟복음, 天壽星
　　　천수성, 地殺지살, 方合, 同合, 孤鸞殺고란살.

■ 辛亥가

木에는 官星관성, 印綬인수.

火에는 財星재성, 官星관성.

土에는 傷官상관, 食神식신, 財星재성.

金에는 比肩비견, 比劫비겁, 傷官상관, 食神식신.

水에는 印綬인수, 比肩비견, 比劫비겁.

巳酉丑生은 亥子丑年에 三災殺삼재살이다. 天敗천패 亥子丑年에는
酉 西方向이 大將軍方位대장군방위다. 大將軍方位는 白虎方位백호방위
다. 一時停止일시정지와 같다. 增築증축이나 修理수리는 避피함이 좋고
上下 구별 없이 厄액이 따른다. 亥에는 丑이 喪門상문이요 酉가 弔
客조객. 甲子旬中갑자순중에는 戌亥가 旬中空亡순중공망. 丙丁日에 亥酉
가 天乙貴人천을귀인, 寅卯辰月에 亥가 急脚殺급각살. 子月에 亥는 斷
矯關殺단교관살 活人星활인성, 戌과 子 사이에 夾은 亥. 亥가 辰을 보
면 死豚사돈이다. 亥水는 잘 變하기도 하지만 變하지 않을 때도 있
다. 亥月에 入胎月입태월은 寅. 巳亥日生 入胎日은 286日. 寅亥合은

六合 亥가 寅을 보면 德_덕이 없고 官災_{관재} 損財_{손재}가 多發_{다발}, 亥는 잠이 많고 筋肉_{근육}이 없어 물을 좋아한다. 丁亥 丁酉日生은 一貴格_{일귀격}이다. 亥가 文昌_{문창}이면 水産_{수산}, 醫療_{의료}, 敎員_{교원}, 敎授_{교수}에 該當_{해당}된다. 亥生에 亥日이면 一專心崇佛_{일전심숭불}이면 天思_{천사}를 입는다. 亥가 巳火를 沖_충하면 불꽃이 일고 화려하다. 亥는 丙火를 보면 잔산한 湖水_{호수}이므로 長久官印_{장구관인}에 該當_{해당}된다.

辛亥의 變化

辛金은 金生水에는 인색하나 金剋木은 잘한다. 그러나 地支 卯木에는 生剋制化_{생극제화}를 할 수가 없으며 丙辛合은 威制之合_{위제지합}이라 하며 辛金은 天干을 生도 剋도 하며 形而上學的_{형이상학적}으로는 地支亥水에 生剋制化를 잘한다. 亥水는 地支끼리 生剋制化를 할 수가 있으며 세력으로도 따라가며 天干에도 生剋制化를 할 수 있다.

예년에 비해 냉해와 강우량이 많아진다고 보니 홍수나 산사태 풍이나 비로 인하여 각종 피해가 있어질 것으로 예상된다. 태풍으로 인한 농작물 피해가 또한 크다고 할 수 있으며, 비철금속이나 귀금속가격은 약간의 하락세가 예상된다. 예년에 비해 수입과 지출 면에 있어서는 소비량이 늘어난다고 보며 수입보다는 수출이 늘어날 것으로 예상된다. 무역이 늘어나고 해외여행객도 많아지는 추세라고 예상된다. 이사로 인한 유동인구가 많이 움직인다고 보는데 시골에서 도시로 진출이 더욱 심화된다고 예상된다. 학생은 교육, 언론, 신문방송, 정치외교, 해군사관학교, 외국어, 의과, 해양전문대학, 문과 등에 인기가 있을 것으로 예상된다. 철강이 물에 가라앉는 형상이니 해난사고, 해상사고에 각별한 주의가 필요하다고 예상된다. 아랫사람이 상사보다 더 빨리 승진이 잘된다고 예상된다. 윗사람의 부정행위가 드러나며 분위기가 좌불안석이 되기도 하고, 부하의 직언이 잘 맞아 들어간다고 예상된다. 天干천간이 무너지는 형상이니 건축물이 붕괴도 된다고 예상된다. 한번의 투자가 부가가치가 늘어나며 기분이 좋은 한해가 되기도 하며 또한 경제도 살아난다고 예상된다.

辛亥의 비밀성 變化

부동산 구입에 본인이 생각했던 것보다 의외의 수입이 있게 되며, 돈이 나가고 문서가 들어오니 부동산이나 증권을 구입하게 되며, 경제학, 연구직은 좋으나 사업은 불가요, 처가 사채놀이에 돈이 돈을 달고 들어오게 되며 돈이 불어나는 재미로 살아가며, 계획과 희망이 커지며 욕심이 많아지게 되고, 공부는 외국으로 유학까지 가게 되나 환경에 적응은 잘하며, 처가에서 주택까지 사주고 원하던 공부까지 시켜주며, 처는 나를 출세시키기 위하여 공부하는데 뒷바라지를 다하며, 직장 때문에 상심이요 좌천당하고 매사가 역행이요, 자손으로 관재요 사고가 연발이라, 부군이 인정이 과다하여 돈 쓰는데 명수요, 송사가 많으며 윗사람이 아랫사람으로 바뀌게 되며 생각지도 않던 일이 발생되며, 직장에서 파농은 함정에 걸려들고, 나의 직업은 감사가 아니면 감독관이 적격이요, 가르치면서 돈을 벌고 교육이나 언론에 적성이 맞으며, 종업원의 숫자만큼의 돈이 되니 생산업에 적격이요, 일이라는 것은 시작은 어려우나 끝맺음은 잘하게 되며, 말하는 것이 돈이 되니 언론방송 기자가 적격이요, 음식솜씨가 좋아 대중음식점으로 돈을 벌며, 가정이 화목한 것은 내가 일보양보를 한 것이요, 조경사업에 투자를 한 것이 적중을 하고, 한번투기로 재산형성이 되고 사업밑천이 되며, 바다에 등대라 선장이 되어 보기도 하며, 술장사가 직업에 적격이니 돈을 벌게 되고, 무에서 유를 창조해내니 아이디어를 창출해내며.

辛亥의 노출성 變化

언어 실수로 나의 위신이 떨어지니 조심할 것이며, 언론으로 모든 것을 이기려고 하는 것은 시한폭탄과 같은 것이요, 성급함은 있으나 잔재주나 두뇌회전은 빠르며, 직장은 길게 못 다니며 상업에 투자는 실수로 연결되며, 아버지와 인연이 없으니 충돌이 많아지고, 처와 형제간에 화목하지 못하고 우애가 없으며, 차갑게 느껴지지만 속마음은 따뜻하며 여자한테는 잘해주며, 갑자기 애인이 변심이라 실망이 거듭되며, 두통, 치통, 신경통, 통풍에 시달리는 자가 많아지고, 부하가 상사를 이기려고 하니 배신감에 곤욕을 치르게 되며, 사업의 변동폭 곡선이 너무나 크게 움직이며, 쇠가 물에 가라앉는 형상이라 선박파손이 우려되기도 하며, 원망도 못하고 시든지 모르게 시들시들하게 시들어가며, 직장이 변동이라 하극상이 문제요 내 자리를 물려주게 되며, 건망증으로 분실하였다 하면 돈지갑이요, 갑상선, 임파선, 편도선염이 자주 있어 건강에 신경이 쓰이며, 변덕이 심하여지고 나도 모르게 위법행위를 자주 하게 되고, 내가 설 땅이 없어지며 가는 곳마다 술렁거리며, 운이 좋지가 못하다는 개념이 생기고 남의 탓으로 돌리고, 행동이 무모해진 줄 모르고 시작은 좋은데 결과는 부실하며, 수입이 아니라 지출이 거듭되며 주머니가 펑크나며 좋은 일 하여주고 배신당하며 시비가 생기게 되며, 자식 낳고 재산이 슬금슬금 줄어들며, 뇌물 주고 이권을 찾으려고 하나 이미 봇물은 터져 버렸으며, 뜬구름을 잡으려고 하나 생각지도 않은 일만 발생한다.

壬子

■ 壬

形而上學형이상학 精神정신 始시 東 有情유정 上半期상반기 前進전진 得득 實실 생각 生成 上體상체 겉모양 外的외적 勝승 吉길 先 明 낮 地上 太過태과 自由. 天干은 天干끼리 生剋制化생극제화를 할 수 있다. 天 干은 地支를 生剋制化 할 수 없다.

■ 子

形而下學형이하학 物質물질 終종 西 無情무정 下半期하반기 後退후퇴 失실 虛허 行動행동 消滅소멸 下體하체 속 모양 內的내적 敗패 凶흉 後후 暗암 밤 地下 不及불급 拘束구속 地支는 天干을 生도 剋도 할 수 있고 地支는 地支끼리 生剋制化를 할 수 있다. 子水는 生이 吝嗇인색하 며 剋은 잘하고 變化변화가 없다.

■ 壬

大雪대설 雲운 精정 水氣수기 밤 冬節동절 雪설 氷빙 始作시작 進化진화

萬物만물의 宗主종주요. 澤택 연못 海水해수 湖水호수 停止水정지수 陽水양수 死水 江水 收藏수장 智慧지혜 霜露상로 戰場전장 妊임 浦水포수 流水유수 橫流횡류 江河강하 氷雪빙설 監獄감옥 玄武현무 陰凶음흉 呻吟신음 秘密비밀 欺滿기만 凝固응고 結氷결빙 遲延지연 溶解용해 忍耐인내 流動유동 妊娠임신 始시와 終종. 適應적응을 잘함. 물은 東南으로 흐른다. 字義자의는 川 江 水 性은 險難험난하고 奸詐간사하고 智謀지모 淫음.

■ 子

陰水음수 11月 一陽始生일양시생 冬至동지 子正자정 始作시작 寒冷之水한냉지수 揆규 鼠서 氷雪빙설 寒流한류 泉水천수 川水천수 外陽內陰외양내음 從流종류 流水유수 活水활수 生水 流下之性유하지성 始시 風流풍류 첫 번째 地支 正北 坎宮감궁 黑色흑색 1.6數 짠맛 智慧지혜 天貴星천귀성 十二支의 首수. 水氣수기. 하루의 始作시작 四旺之局사왕지국. 정신을 집중한다. 水生木은 인색하나 水剋火는 잘한다. 어둡다. 黑色흑색. 인색하다. 他 五行을 만나도 變化변화가 안 된다. 象상은 陰極之水음극지수이다.

職 業

■ 壬

바다, 外國語외국어, 船舶선박, 海運해운, 水産수산, 法務법무, 外務외무, 食品식품, 酒類주류, 氷菓類빙과류, 冷凍業냉동업, 貿易무역, 沐浴湯목욕탕,

풀장, 研究家연구가, 敎育교육, 造景조경, 微生物미생물.

■ 子

水産物수산물, 氷菓類빙과류, 旅館여관, 養殖業양식업, 沐浴湯목욕탕, 낚시, 外國語외국어, 海運해운, 풀장, 세탁, 연못, 水平線수평선, 法曹界법조계, 海洋業해양업, 分水분수, 漁場어장, 旅行業여행업.

性 格

겉으로는 평온하나 내적으로는 복잡다단한 생활이고 시작은 잘하나 끝이 없으며 하나를 얻으면 셋을 잃으니 용두사미라, 마음이 넓고 만인에 평등하나 성질이 났다하면 급한 성격에 앞뒤 구분을 가리지 않고 거세게 밀어붙이는 성미이기도 하다. 무엇이든 하고자하는 의지는 강하나 의심 많고 고집은 꺾을 자가 없으며 의지는 대단한데 성공이 어려우며 본인이 너무 강하여 부모를 꺾겠고 형제 덕도 없으며 교우관계도 부실하다. 또한 탈 재가 번다하며 버는 자 따로 있고 쓰는 자 따로 있으니 먹여 살려야 하는 식구는 많고 들어오는 수입은 적구나. 겉 다르고 속 다르며 겉으로는 강한 척 하나 속은 물러 끝마무리를 못하는 것이 흠이다. 처덕도 없으며 처궁 또한 부실하고 미모부터 보니 예쁘지 않으면 상대를 하지 않는 성격으로 의처증이 있으며 가정이 편안함이 없다고 하겠다. 여명 또한 부궁이 좋지 않아 한곳에 정착하기 힘들고 도처에 시기 질투를 받게 되어 있으니 몸가짐에 주의해야 할 것이다.

직업으로는 군경, 법조계, 해군사관학교, 아니면 어업, 식품, 여관 등에 인연이 있으나 火財가 되어 산이라 취재하기 힘들겠고 건강은 하나 동상, 혈압, 중풍, 수액에 주의하고 타인보다 藥약량이 배가되며 긴 병 앓다 죽는 것이 특징이기도 하다.

人物인물 : 발명가, 연구가.

場所장소 : 海洋해양, 연못, 夜間야간, 미생물.

健康건강 : 腎臟신장, 膀胱방광, 耳鳴이명, 泌尿器비뇨기, 生殖器생식기, 聽覺청각, 睾丸고환, 水分수분, 睡液타액, 몸이 붓는 증상.

天干으로 壬水는 1數요 變化변화하면 8數에 乙木이 된다. 맛은 짠맛이요 색상은 흑색이며, 子水에 方位는 正北에 屬속하고 季節계절로는 子月 겨울이요, 하루로는 밤 11時에서 1時까지이며 一陽始生일양시생이요 地支의 子水가 數理수리로는 1數요 水生木에는 吝嗇인색하나 水剋火는 잘한다.

■ **地藏干 : 癸**

暗藏암장은 비밀스러운 것, 생각이 많은 것이다. 남에게 밝히기를 싫어하며 미래를 내다보는 것도 된다. 暗藏合은 다정한 것, 내심 명분을 따진다. 暗藏合에는 戊癸合이 있는데, 天干에 戊土가 있으면 본인의 계획대로 하려 하고, 冲에는 丁癸冲이 있는데,

天干에 丁火가 있으면 변화가 많고 정서가 불안하다.

子는 申子辰, 申子, 子辰, 申辰은 三合局, 亥子丑은 方合, 天貴星천귀성, 子酉는 六破殺육파살, 鬼門關殺귀문관살, 子未는 六害殺육해살, 怨嗔殺원진살, 子卯는 刑殺형살, 子에 水隔殺수격살은 寅, 寅卯辰은 三災삼재.

■ 壬子가 아래 天干을 만나면

甲은 食神식신, 甲子, 梟神殺효신살, 浴宮욕궁, 浮木부목, 天赦星천사성.

乙은 傷官상관, 病宮병궁, 浮木부목.

丙은 偏財편재, 丙壬沖, 丙子, 火熄화식, 胎宮태궁, 絶地절지, 地轉殺지전살.

丁은 正財정재, 丁壬合, 丁癸沖, 火熄화식, 絶地절지, 胞宮포궁.

戊는 偏官편관, 戊子, 戊癸合, 土流토류, 絶地절지, 胎宮태궁.

己는 正官정관, 土流토류, 絶地절지, 胞宮포궁.

庚은 偏印편인, 庚子, 泄氣설기, 盜氣도기, 死宮사궁.

辛은 正印정인, 泄氣설기, 生宮생궁, 文昌貴人문창귀인, 天廚貴人천주귀인.

壬은 比肩비견, 壬子, 伏吟복음, 羊刃殺양인살, 月德貴人월덕귀인, 旺宮왕궁, 天轉殺천전살.

癸는 比劫비겁, 祿녹, 冠宮관궁.

■ 壬子가 아래 地支를 만나면

子는 比肩비견이 比劫비겁, 壬子, 羊刃殺양인살, 方合, 同合, 將星殺장

성살, 天貴星천귀성, 伏吟복음, 旺宮왕궁, 天轉殺천전살.

丑은 正官정관, 方合, 六合, 天厄星천액성, 攀鞍殺반안살, 印綬庫藏인수고장, 衰宮쇠궁, 急脚殺급각살.

寅은 食神식신, 壬寅, 泄氣설기, 文昌貴人문창귀인, 天廚貴人천주귀인, 病宮병궁, 暗藏에는 丙壬沖, 驛馬殺역마살, 天權星천권성, 三災天蟲삼재천충, 旬中空亡순중공망, 截路空亡절로공망, 水隔殺수격살.

卯는 傷官상관, 子卯刑殺자묘형살, 紅鸞星홍란성, 泄氣설기, 盜氣도기, 死宮사궁, 天破星천파성, 馬夫殺마부살, 三災天刑삼재천형, 天乙貴人천을귀인, 旬中空亡순중공망, 截路空亡절로공망.

辰은 偏官편관, 壬辰, 魁罡殺괴강살, 暗藏에는 戊癸合, 子辰三合, 墓宮묘궁, 華蓋殺화개살, 自己庫藏자기고장, 天奸星천간성, 急脚殺급각살, 三災天劫삼재천겁.

巳는 正財정재가 偏財편재, 暗藏에는 戊癸合, 丙壬沖, 絶地절지, 胞宮포궁, 天乙貴人천을귀인, 天文星천문성, 天德貴人천덕귀인.

午는 偏財편재가 正財정재, 壬午, 子午沖, 丁癸沖, 丁壬合, 胎宮태궁, 天福星천복성, 災殺재살, 飛刃殺비인살.

未는 正官정관, 傷食庫상식고, 暗藏에는 丁癸沖, 丁壬合, 子未, 怨嗔殺원진살, 六害殺육해살, 養宮양궁, 天殺천살, 天驛星천역성.

申은 偏印편인, 壬申, 生宮생궁, 地殺지살, 申子三合, 天孤星천고성, 十惡日십악일, 梟神殺효신살, 文曲貴人문곡귀인.

酉는 正印정인, 子酉, 六破殺육파살, 天喜神천희신, 桃花殺도화살, 天刃星천인성, 鬼門關殺귀문관살, 浴宮욕궁.

戌은 偏官편관, 壬戌, 魁罡殺괴강살, 財庫재고, 官庫관고, 月殺월살, 暗藏
　　에는 丁壬合, 戊癸合, 丁癸沖, 天藝星천예성, 帶宮대궁, 落井關
　　殺낙정관살, 白虎大殺백호대살, 懸針殺현침살.

亥는 比肩비견이 比劫비겁, 祿녹, 冠宮관궁, 亡神殺망신살, 天壽星천수성,
　　斷嬌關殺단교관살, 活人星활인성, 方合.

■ 壬子가

　　木에는 印綬인수.

　　火에는 官星관성.

　　土에는 財星재성.

　　金에는 傷官상관, 食神식신.

　　水에는 比肩비견, 比劫비겁.

　　巳酉丑生은 亥子丑年에 三災殺삼재살이다. 地戶지호 亥子丑年에는
酉 西쪽이 大將軍方位대장군방위다. 大將軍方位는 白虎方位백호방위인
데 일시정지와 같다. 增築증축이나 修理수리는 避피함이 좋고 上下
구별 없이 厄액이 따른다. 子에는 寅이 喪門상문이요 戌이 弔客조객.
戊癸日에는 子丑이 截路空亡절로공망. 甲寅旬中갑인순중에는 子丑이
旬中空亡순중공망, 乙己日에 子申이 天乙貴人천을귀인. 寅卯辰月인묘진월
에 亥子는 急脚殺급각살, 12月生에 子는 斷嬌關殺단교관살. 乙庚日에
子는 落井關殺낙정관살, 子月에 入胎月입태월은 卯. 子午日生 入胎日
은 276日, 丑月에 子는 活人星활인성. 亥와 丑사이에 夾은 子이다.

子는 變하지 않으나 生에는 인색하고 剋은 잘한다.

壬子의 變化

壬水는 水生木도 잘하고 水剋火도 잘한다. 그러나 地支의 子水에는 生剋制化생극제화를 할 수 없으며 丁壬合은 淫亂之合음란지합이라 하며 壬水는 天干에 生도 剋도 하며 形而上學的형이상학적으로는 地支子水에 生剋制化를 잘한다. 子水는 地支끼리도 生剋制化를 할 수 있으며 勢力으로도 따라가며 天干에도 生剋制化를 할 수 있다.

예년에 없는 많은 비가 예상되며 장마와 홍수피해, 해일, 물이 넘치는 현상, 급류, 태풍, 침수 등 수해로 인한 피해가 예상된다. 어패류, 해초류 가격은 많은 것은 넘치는 현상이므로 물고기나 해초류가 풍년의 현상으로 하락세로 이어진다고 예상된다. 해안 환경으로 인한 불법오염이나 고기잡이의 경비가 검문검색이 강화된다고 예상된다. 학생은 교육, 해양학과, 조경, 정치외교, 해군사관학교, 무역학과, 외국어과에 인기가 있을 것으로 예상된다. 겉은 잔잔하나 속은 급류라 그 마음의 깊이를 알 수가 없으니 기술이 외부로 유출됨을 암시하고 있다 하겠다. 물은 꼬리가 없어 누수현상이 되니 버는 자와 쓰는 자가 각각 다르다는 것을 의미하며 호시탐탐 기술을 노리는 것도 해당된다. 관광객은 개인보다는 단체여행객이 많아질 것으로 예상되며 또한 숙박업계도 성수기가 예상이 된다. 무역이 늘어나고 외교가 많아지며 내적인 것보다 외적인 것을, 소보다 대를 많이 개척해나갈 것으로 예상된다. 해양업무가 많아지고 법이 새로 제정될 것으로 보며 아니면 업무가 이중적으로 분리될 것으로 예상된다. 새로운 음료수개발도 예상되며 경쟁이 심하여진다고도 본다.

壬子의 비밀성 變化

식품 생산 가공에 많은 투자를 하고 싶어한다. 조경 또는 묘목으로 인한 환경조성이 인기업종이 되며, 물은 미생물연구라 아이디어 창출개발에 새로운 발견의 획기적인 발표가 있을 것으로 예상된다. 처는 교육자요 언론가로 말을 잘하게 되며, 형제는 대중음식점으로 돈을 벌며, 누이동생이 결혼하여 연회장에 초대하며, 부친의 재산이 손자에게 넘어가며, 돈 때문에 관재요 마음이 속상하고 외로움을 느끼며, 직장 생활하다 사업하고 융자가 쉽게 되며, 친구로 인한 대리근무가 직장을 잃게 만들고, 취직 부탁하였다가 사기 당하기가 일쑤요, 내가 다니는 직장에서 기술을 탈취하는 스파이가 있으며, 노동자가 자기권리를 찾겠다고 집단으로 뭉쳐 대항하고, 벼슬의 목적은 돈을 바라고 있으며, 어둠을 상징하니 뒷거래가 성행하고 비밀을 조장하며, 고된 사업으로 인한 심장병환자가 많아진다고 보며, 유통업이나 유흥음식점을 하고 싶어하며, 냉동사업이 적격이요 수출입에 큰 이익이 생기며, 합동작전 아이디어로 개발이 착수되고, 자연생태계의 환경보존

캠페인이 사회운동으로 번지며, 땅이 가라앉는 현상이니 침수가 예상되며, 기나긴 밤이 지나가고 새아침이 밝아 오니 개척자의 정신이 살아나며 무에서 유를 창조하니 흙으로 물을 막아 담수라 크나큰 어장이 돈이 되고 재산으로 직결되며,

壬子의 노출성 變化

게으름이 변하여 잔재주에 꾀만 늘어나고, 처의 건강이 부실하여지니 시름시름 아파 가며, 급하게 먹는 것이 체하고 위장, 허리통증에 시달리며, 거래가 원활하지 못하며 사업은 부도나고 돈을 떼이며 부동산의 투자가 안정이 되며 적격이요, 동업하면 선장이 둘이라 배가 산으로 올라가니 버는 자, 쓰는 자 따로 있으니 어느 누구 한사람은 함정에 빠지고 배신을 당하며 종내는 재판까지 이르게 되며, 아버지가 사업하다 부도나니 가정이 불안하여지고, 비가 많은 해가 되니 홍수 침수로 불안하여지며, 여자가 개입하면 실패요 여자와 복잡한 관계가 있게 되며, 금융은 금전사고 예방이 필요하며, 나에게 부탁하는 친구는 많아도 내가 의지하는 진정한 친구가 없으니 도움이 안되며, 낭비벽이 심하여지고 건망증, 분실 실수에 자꾸만 돈이 물 세듯 세며, 재래시장을 찾게 되고 물가의 변동이 있게 되며, 호텔, 숙박업, 여행객이 줄어들고 변동사항이 많아지며, 노도가 심하여지니 선박 침몰사고가 예상되며, 성격이 급하다 보니 일을 서두르게 되어 있으니

한 템포 늦추는 것이 올바르다고 생각되며, 믿는 도끼에 발등 찍히는 꼴이라 내 것 주고 배신당하며, 처가 치받고 올라오니 말문이 막히며 어안이 벙벙하고, 애인을 사귀었다 하면 들통이 잘나고 바꾸기를 잘하며, 패싸움에 끼어 들지 말 것이며 인마를 살상할까 염려된다. 직업은 힘이 넘치니 바다고기 포를 뜨는 횟집이 적격이다.

癸丑

■ 癸

形而上學형이상학 精神정신 始시 東 有情유정 上半期상반기 前進전진 得득 實실 생각 生成 上體상체 겉모양 外的외적 勝승 吉길 先 明 낮 地上 太過태과 自由. 天干은 天干끼리 生剋制化생극제화를 할 수 있다. 天干은 地支를 生剋制化 할 수 없다.

■ 丑

形而下學형이하학 物質물질 終종 西 無情무정 下半期하반기 後退후퇴 失실 虛허 行動행동 消滅소멸 下體하체 속 모양 內的내적 敗패 凶흉 後후 暗암 밤 地下 不及불급 拘束구속 地支는 天干을 生도 剋도 할 수 있고 地支는 地支끼리 生剋制化를 할 수 있으며 丑土는 生을 잘하며 剋은 못하고 變化변화가 많다. 丑土는 合이 될 때도 있고 안될 때도 있다.

■ 癸

小寒소한 揆규 陰水음 柔水유수 弱水약수 雲霧운무 泉水천수 川水천수

生水생수 活水활수 溪水계수 遲延지연 收藏수장 智慧지혜 霜露水상로수 안
개 地下水지하수 潤下之性윤하지성 困厄性곤액성 凝固응고 破壞性파괴성 장
마비 反覆반복 玄武현무 陰凶음흉 呻吟신음 秘密비밀 슬픔 欺滿기만 結氷
결빙 雨露水우로수 流動유동 溶解용해 忍耐인내 始시와 終종 動物동물은 박
쥐 適應적응을 잘함. 東南으로 흐른다. 性성은 險難험난 奸詐간사 智
謀지모 淫음. 字義자의는 川 江 水.

■ 丑

大寒대한 寒土한토 紐유 牛우 陰土음토 凍土동토 濕土습토 二陽之氣이양
지기 昆蟲類곤충류 生土 柔土유토 胛骨動物갑골동물 金庫금고 墓宮묘궁 四
庫之局사고지국 허리 옆구리 불모지 땅. 天厄星천액성 곡식이 안 되는
土. 言語寡默언어과묵 乙丑이면 乾草건초다. 毒劇物독극물 艮方간방 丑月
에 酉는 死. 官星관성 印星인성을 暗藏암장하고 있다. 背배. 萬物만물이
자라지 못하는 不生土불생토다. 惡氣악기가 많은 土다. 丑은 火가
반드시 必要필요하다. 鑛山광산으로는 必要필요한 土다. 土生金은 잘
하나 土剋水는 못한다. 寒土한토로서 버려진 땅이라고는 하나 개
발의 여지가 있다.

職 業

■ 癸

藝術工藝예술공예, 宇宙工學우주공학, 旅館여관, 세탁소, 法曹界법조계,

풀장, 造船조선, 船員선원, 茶房다방, 外航船외항선, 海洋學科해양학과, 外務部외무부, 微生物工學미생물공학, 物理學물리학, 水産物수산물, 氷菓類빙과류, 곰팡이 균 硏究연구, 무역, 言論언론, 食品식품, 酒類주류, 술집, 養殖場양식장, 上下水道상하수도, 外國語외국어, 海運해운, 情報정보, 술, 食堂식당, 魚貝類어패류.

■ 丑

毒劇物取扱독극물취급, 消防소방, 鑛山광산, 炭鑛탄광, 개발여지의 땅, 古物商業고물상업.

性 格

근면 성실하기는 하나 큰 포부를 가지고 있기 때문에 이상이 높고 한번 마음먹으면 성질대로 해버려야 하는 성격에 급하고 난폭하기도 하다. 성격이 급한 나머지 일을 그르치기가 십상이며 가끔가다 세상을 비관하는 것이 흠이요 인마를 살상할까 염려되며 화상의 흉터가 있겠고 없으면 평생 화재를 주의해야 하며 끈기가 있고 준법정신은 좋으니 자수성가하여야 하는 팔자이다. 부모 덕이 없어 공부는 도중하차하겠고 어머니의 잔병으로 고심이 많으며 처덕 또한 없으니 어디 가서 한탄하겠는가. 재복 또한 없으며 귀자 보기도 어려우니 욕심을 버리는 것이 현명한 방법일 것 같다. 여명은 비록 애교는 있다하나 까다롭고 급한 성격에 비위맞추기 힘들며 만혼함과 동시에 연령차이가 많아야 하며 몸에 흉터가 있으며 혈액순환장애로 냉습이 당권 하여 잔병으로 고생을 하니 보온에 힘써야 하겠으며 신앙을 가지고 음덕을 쌓는 것이 본인은 물론 자손 그리고 후세에도 영광이 있을 것이다. 직업은 무관, 법정, 교육, 외교에 입신함이 제격이며 문화출판, 서점, 의약계 또는 정육점 등에 성공할 수 있으며 건강으로는 풍습에 혈압, 위장병, 신장, 방광계통에 병이 있으니 주의해야 할 것이다.

人物인물 : 研究官연구관, 情報官정보관, 調査官조사관, 檢査官검사관.

場所장소 : 움직이는 곳, 놀고 즐기는 곳, 세는 곳.

健康건강 : 腎臟신장, 膀胱방광, 泌尿器비뇨기, 耳이, 睾丸고환, 水分수분, 唾液타액, 몸이 붓는 症狀증상, 脾비, 胃腸위장, 허리, 腹部복부, 口, 肌肉기육, 虛驚허경, 귀에 소리나는 증상, 大腸대장, 便秘변비, 齒痛치통, 冷帶河냉대하, 痔疾치질, 凍傷동상, 濕疹습진, 무좀, 糖尿당뇨, 氣管支기관지, 呼吸氣호흡기.

天干으로 癸水는 6數요 變化변화하면 7數에 丙火가 된다. 맛은 짠맛과 단맛이요 색상은 흑색과 황색이요, 丑土에 方位로는 東北艮方간방이며 季節계절로는 12월 겨울이요, 하루로는 새벽 1時에서 3時까지이며 二陽之氣이양지기요, 地支에 있어서 丑土가 數理수리로는 10數에 해당하며, 土生金은 잘하고 土剋水는 못한다.

■ 地藏干 : 己 辛 癸

暗藏암장은 비밀스러운 것, 생각이 많은 것이다. 남에게 밝히기를 싫어하며 미래에 계획이 있게 된다. 暗藏合은 다정한 것 내심 명분을 따진다. 暗藏合에는 甲己合, 丙辛合, 戊癸合이 있는데 天干에 甲丙戊가 있으면 본인의 계획대로 하려 하고, 沖에는 丁癸沖, 乙辛沖이 있는데 天干에 乙丁이 있으면 변화가 많고 마음도 조급할 수 있다.

丑은 巳酉丑, 巳丑, 巳酉, 酉丑은 三合局, 兌卦태괘, 亥子丑은 方合, 丑戌未는, 三刑殺삼형살, 湯火殺탕화살, 丑辰은 六破殺육파살, 丑午는 六害殺육해살, 怨嗔殺원진살, 鬼門關殺귀문관살, 華蓋殺화개살, 水隔殺수격살은 子, 三災삼재는 亥子丑, 丑月은 急脚殺급각살.

■ 癸丑이 아래 天干을 만나면

甲은 傷官상관, 暗藏에는 甲己合, 絶地절지, 無根무근, 帶宮대궁, 官庫관고.

乙은 食神식신, 乙丑, 衰宮쇠궁, 冬木동목, 財殺地재살지, 財官同臨재관동림, 暗藏에는 乙辛沖.

丙은 正財정재, 盜氣도기, 泄氣설기, 晦氣회기, 養宮양궁, 暗藏에는 丙辛合, 財庫재고.

丁은 偏財편재, 丁丑, 泄氣설기, 晦氣회기, 白虎大殺백호대살, 暗藏에는 丁癸沖, 財庫재고.

戊는 正官정관, 養宮양궁, 暗藏에는 戊癸合, 陰地음지, 惡山악산, 溪谷계곡, 傷食庫상식고.

己는 偏官편관, 己丑, 陰地田畓음지전답, 墓宮묘궁, 冬土동토, 鐵分過多절분과다, 傷食庫상식고.

庚은 正印정인, 自己庫藏자기고장, 古鐵고철, 天月德貴人천월덕귀인, 墓宮묘궁.

辛은 偏印편인, 辛丑, 養宮양궁, 古金고금, 古物商고물상, 自己庫藏자기고장.

壬은 比劫비겁, 衰宮쇠궁, 印綬庫인수고.

癸는 比肩비견, 癸丑, 伏吟복음, 白虎大殺백호대살, 絶地절지, 懸針殺현침살, 帶宮대궁, 羊刃殺양인살, 湯火殺탕화살, 印綬庫인수고.

■ 癸丑이 아래 地支를 만나면

子는 比劫비겁이 比肩비견, 祿녹, 方合, 六合, 活人星활인성, 天貴星천귀성, 三災地戶삼재지호, 斷橋關殺단교관살, 水隔殺수격살, 馬夫殺마부살, 截路空亡절로공망.

丑은 偏官편관, 癸丑, 同合, 方合, 天厄星천액성, 華蓋殺화개살, 急脚殺급각살, 三災地刑삼재지형, 帶宮대궁, 印綬庫인수고, 白虎大殺백호대살, 懸針殺현침살, 羊刃殺양인살, 截路空亡절로공망.

寅은 傷官상관, 丑寅艮合축인간합, 暗藏에는 甲己合, 丙辛合, 劫殺겁살, 浴宮욕궁, 天權星천권성, 紅鸞星홍란성, 旬中空亡순중공망.

卯는 食神식신, 癸卯, 泄氣설기, 寅而夾인이협, 暗藏에는 乙辛沖, 生宮생궁, 災殺재살, 天破星천파성, 天乙貴人천을귀인, 落井關殺낙정관살, 文昌貴人문창귀인, 天廚貴人천주귀인, 旬中空亡순중공망.

辰은 正官정관, 急脚殺급각살, 六破殺육파살, 暗藏에는 乙辛沖, 戊癸合, 天殺천살, 天奸星천간성, 自己庫藏자기고장, 養宮양궁.

巳는 偏財편재가 正財정재, 癸巳, 絶地절지, 三合, 暗藏에는 丙辛合,
　　戊癸合, 胎宮태궁, 地殺지살, 天文星천문성, 天乙貴人천을귀인.

午는 正財정재가 偏財편재, 暗藏에는 丁癸冲, 桃花殺도화살, 丑午, 怨
　　嗔殺원진살, 六害殺육해살, 鬼門關殺귀문관살, 胞宮포궁, 天福星천복성.

未는 偏官편관, 癸未, 絶地절지, 丑未冲, 暗藏에는 乙辛冲, 丁癸冲,
　　天驛星천역성, 月殺월살, 墓宮묘궁, 傷食庫상식고.

申은 正印정인, 天喜神천희신, 天孤星천고성, 死宮사궁, 亡神殺망신살.

酉는 偏印편인, 癸酉, 酉丑三合, 梟神殺효신살, 將星殺장성살, 天刀星천인성,
　　文曲貴人문곡귀인, 大將軍대장군, 病宮병궁, 地轉殺지전살.

戌은 正官정관, 衰宮쇠궁, 丑戌刑殺축술형살, 天藝星천예성, 財庫재고, 暗
　　藏에는 丁癸冲, 戊癸合, 官庫관고, 攀鞍殺반안살.

亥는 比肩비견이 比劫비겁, 癸亥, 暗藏에는 甲己合, 三災天敗삼재천패,
　　天壽星천수성, 方合, 驛馬殺역마살, 旺宮왕궁, 十惡日십악일.

■ 癸丑이

　木에는 印綬인수, 財星재성.

　火에는 官星관성, 傷官상관, 食神식신.

　土에는 財星재성, 比肩비견, 比劫비겁.

　金에는 傷官상관, 食神식신, 印綬인수.

　水에는 比肩비견, 比劫비겁, 官星관성.

　巳酉丑生은 亥子丑年에 三災殺삼재살이다. 地刑지형 亥子丑年에는

酉 西方이 白虎方位백호방위다. 大將軍方位대장군방위는 白虎方位다. 나의 右側方位우측방위다. 일시정지와 같다. 增築증축이나 修理수리는 不可 厄액이 있다. 上下 구별 없이 厄액이 따른다. 丑에는 卯는 喪門상문, 亥는 弔客조객. 戊癸日에는 子丑이 截路空亡절로공망, 甲寅旬中갑인순중에는 子丑이 旬中空亡순중공망. 丑月에는 丑辰이 急脚殺급각살. 巳月에 丑은 斷嬌關殺단교관살. 寅月에 丑은 活人星활인성, 丑月에 入胎月입태월은 辰. 丑未日生 入胎日은 266日. 丑에 申은 天喜神천희신. 子와 寅의 夾은 丑. 丑戌未는 三刑殺삼형살, 背信之刑배신지형이다. 丑은 戌로 鍵건하고 開門개문한다. 鑛山광산, 炭鑛탄광으로 성공하려면 丑이 필요하다. 霜降以後상강이후 立春입춘까지는 調喉不及조후불급은 穀食곡식이 안 되는 土다. 丑은 戌이 있어야 不動産開發부동산개발을 잘한다. 丑日生은 言語寡默언어과묵하다. 外面외면은 陰음이나 內心내심은 陽性양성이다. 丑日 己未時라면 月光월광이 柄枝병지에 照映조영하니 上格상격이다. 陰極음극하면 陽生양생하니 陽氣양기가 地下에서 始動시동한다.

癸丑의 變化

癸水는 水生木에는 인색하나 水剋火는 잘한다. 그러나 地支 丑土에는 生剋制化생극제화를 할 수 없으며, 戊癸合은 無情之合무정지합이라 하며 癸水는 天干에 生도 剋도 하며 形而上學的형이상학적으로는 地支 丑土에 生剋制化를 잘한다. 丑土는 地支끼리도 生剋制化를 할 수 있으며 勢力세력으로도 따라가며 天干에도 生剋制化를 할 수 있다.

예년에 비해 잦은 비가 내린다고 보며 연초 꽃필 무렵의 냉해로 인한 과일농사는 피해가 속출할 것으로 예상된다. 학생은 의과, 한의과, 해군사관학교, 경찰학교, 종교, 공과기술, 이과, 사학 또는 역사학, 한문 등이 인기가 있을 것으로 예상된다. 외부로 인한 타의 유전성병균이 침입이 있을 것으로 예상된다. 산불이나 불조심예방대책이 필요하다고 여겨진다. 관리감독이나 조사과정이 불균형을 이루고 있음을 예상된다. 교통사고나 연대사고 또는 합동사고가 있을 것으로 예상된다. 남이 하지 않는 과목을 공부하고 싶어하는 해이기도 한다. 한문이나 고서를 찾거나 공부를 하고 싶어하며, 부동산 경기가 살아날 것으로 예상된다. 의료시설이 좋아지기도 하며 또한 병원끼리도 손님모시기에 열띤 경쟁이 있을 것으로 예상된다. 눈이 자주 내리고 겨울이 길어질 것으로 보며 날씨가 차가우니 눈썰매장이나 겨울스포츠 장이 성수기를 누릴 것이 예상된다. 광산, 석산 개발이 잘되고 토목공사도 많아진다고 예상된다. 불모지 땅이 개척되어 형질변경이 되어 돈이 되며, 여행객은 국내보다는 국외로 나가는 현상이라고 예상된다. 물에 살이 있으니 바다에서 익사사고나 선박사고가 예상된다.

癸丑의 비밀성 變化

벼슬길에 오르는데 장모님이 뒷받침해주며, 포부가 커서 정치에 큰 뜻을 품는 해이며 자식이 승진에 승진이라 정계에 입신하게 되며 아랫사람이 돈을 탐하여 나의 것을 빼앗아가고 말실수로 관재 시비가 생기니 말조심을 할 것이며 노력의 대가를 동료로 인해 탈취 당하게 되며 지혜와 기술을 도둑맞으니 직장에 스파이가 있게 되며 증권투자해서 손해가 많으며 귀인이 도둑으로 변하게 되며 학점을 컨닝 당하고 발각이 잘되며, 직장에 들어가는데 경쟁자가 많으며, 불모지 땅에 과실수 나무를 심어 활용하는 해가 되고, 친구는 취직을 잘하는데 나는 못하며, 동업투자가 계산상으로는 돈이 남는 것처럼 보이나 실제로는 남는 것보다는 제 몸 하나 빠져나오기도 힘이 들며, 돈이 모이지 않으며 처가 다른 주머니를 차게 되고, 배우자의 마음이 자주 변하기도 하며, 정육점이나 식육식당에서 일 하는 자는 액이 소멸되며, 일을 한 대가가 친구에게로 넘어가며 나의 기술이 동료에게 빼앗기며 과다한 일 때문에 허리까지 아파 오고, 건설보다는 토목분야가 나에게는 적격이요 하는 일이 잘되며, 동료의 고발로 세무감사를 받고 세금추징을 당하기도 하며, 의료기구나 또는 무역업종이 나의 직업이요, 순발력은 있으나 급하게 서두르면 사고로 연결된다. 앞서가는 두뇌로 노도가 요란하니 인내가 필요하며, 꿈이 크나 대장부의 야망이 너무나 큰 것이 흠이라면 흠이요.

癸卯의 노출성 變化

제방이 무너지고 땅이 갈라지고 노도가 심하게 흔들리니 하늘이 먹구름이라 앞길이 캄캄하여 보이지 않으며, 등대가 보였다 안보였다 하니 재물이 달아나게 되고, 물이 갈라지는 현상이니 내 마음도 한치의 앞길을 모르며, 땅이 방수가 되지 않는 격이니 일의 하자가 자꾸 생겨나고. 일이 들쭉날쭉하며 해 보았자 제자리걸음이요, 뜬구름 잡다 놓치게 되고 눈뜨고 도둑맞게 되며, 계획이 빗나가고 지혜가 막히며 하는 일이 어긋나게 된다. 직장에서 이간질하는 동료가 있게 되며, 선생님과 제자사이에 말꼬리를 물고늘어지며, 윗사람이 도움을 준다고 하는데 잔소리로 들리며, 상사와 유대관계가 원만하지를 못하며 시비구설에 오르며, 직장에서 서류 기록관계로 말못할 고민에 빠지고, 직장을 자주 옮기니 철새라는 별명이 붙으며, 손아랫사람이 상사인데 꾸중을 자꾸 들으니 권태증이 나기도 하며, 여자에게 관심은 많아지나 잘 이루어지지는 않으며, 직장동료 때문에 애인과 헤어지게 되니 속이 상하게 되고, 일하여주고 누명을 쓰는 격이니 성격이 난폭하여지고, 잦은 비로 인하여 토사가 있게 되며, 비관 음독하는 자가 많아지며 노숙자도 늘어나게 된다. 다 지어놓은 농사가 천재 또는 수해로 인하여 손해를 보며 악몽과 두통, 정신불안 증세에 시달리게 되고, 오는 말이 고와야 가는 말이 고우며, 소매치기, 날치기에 주의가 필요하며, 자갈 땅에서 농사를 짓는 것과 같으니 얼마나 힘들겠는가.

甲寅

■ 甲

　形而上學형이상학 精神정신 始시 東 有情유정 上半期상반기 前進전진 得득 實실 생각 生成 上體상체 겉모양 外的외적 勝승 吉길 先 明 낮 地上 太過태과 自由. 天干은 天干끼리 生剋制化생극제화를 할 수 있다. 天干은 地支를 生剋制化 할 수 없다.

■ 寅

　形而下學형이하학 物質물질 終종 西 無情무정 下半期하반기 後退후퇴 失실 虛허 行動행동 消滅소멸 下體하체 속 모양 內的내적 敗패 凶흉 後후 暗암 밤 地下 不及불급 拘束구속 地支는 天干을 生도 剋도 할 수 있고 地支는 地支끼리 生剋制化를 할 수 있다. 寅木은 合이 될 때도 있고 안될 때도 있다.

■ 甲

　十干之首십간지수 匣갑 雨雷우뢰 棟樑之木동량지목 陽木양목 死木사목 無

根之木무근지목 驚蟄경칩 長木장목 巨木거목 直木직목 高林고림 山林산림 頭上두상 精神정신 家長가장 龍雷용뢰 신맛 剛木강목 溫暖온난 酸素산소 供給源공급원 靑龍청룡 大林木대림목 胞포 生育생육 寡默과묵 十干은 戶主호주다. 萬物만물의 根本근본을 主帝주제. 動物동물은 여우. 頭두 神신 長장 性성은 靑청.

■ 寅

立春입춘 憂愁우수 生木생목 演연 호랑이(虎호) 陽木양목 嫩木눈목 死木사목 三陽之氣삼양지기 燥木조목 仁情인정 正月之氣정월지기 初春초춘이요 三數삼수 靑色청색 危險物위험물 棟樑之木동량지목 引火物質인화물질 爆發物폭발물 湯火殺탕화살 새벽 3時~5時 만물을 일깨워준다. 天權星천권성 부지런하다. 木剋土도 잘하고 木生火도 잘한다. 寅中 甲木은 土中에 싹이다. 어두운 세상을 밝혀준다. 暗藏丙火암장병화가 있어 때로는 變身변신을 잘하기도 한다

職　業

■ 甲

木材목재, 家具가구, 紙物지물, 樂器악기, 竹細工죽세공, 木刻목각, 衣類의류, 造林조림, 敎育교육, 宗敎종교, 社會事業사회사업, 建設건설, 建築건축, 不動産부동산, 保健衛生보건위생, 纖維섬유, 藝能예능, 粉食분식, 醫科의과, 文敎문교, 遞信체신, 保社보사, 文化문화, 織物직물, 앞장서는 것.

■ 寅

危險物위험물, 消防소방, 寺刹사찰, 宗敎종교, 塔탑, 社會事業사회사업, 文化院문화원, 藥局약국, 搭탑, 溫床온상, 寅中, 甲木은 纖維섬유, 紙類지류, 農場농장, 家畜가축, 牧場목장이다.

性 格

인정이 과다하며 정직하고 솔직하고 정을 모르며 남에게 받는 것보다는 베풀려는 마음씨가 참으로 아름다우나 주는 것으로 만 족해야지 욕심을 내면 화를 자초할 것이다. 두뇌가 명철하고 뜻을 굽힐 줄 모르며 활동성이 강하며 아집이 대단하다. 때로는 자기 일에만 도취되어 주위를 망각할까 염려되며 개방된 생각은 남보다 앞서가게 되며 한번 결심하면 실행에 옮기고 크게 되면 국가의 동량지재가 될 것이다. 그러나 처궁은 부실하여 낭비가 있는 반면에 씀씀이가 크고 의처증과 여자문제로 인한 가정불화로 힘들어지며 처의 비관 음독에도 주의에 귀를 기우려야 하겠다. 여명은 본인이 똑똑하여 상대방을 꺾는 격이니 맞벌이 부부가 제격이며 역마살이 있어 가정에만 있는 성격이 아니기에 밖으로 나도는 경향이 많고 가구주 노릇을 해야만 직성이 풀리는 것이 특징이기도 하다.

직업으로는 교육, 외교, 신방과, 정치언론이 제격이며 사업으로는 문화, 의약, 목재, 건설에도 좋으나 사업보다는 두뇌만 제공하는 것이 더욱 좋겠다고 느껴진다. 건강으로는 위산과다에 신경성 위장병이 있고 기관지가 약하며 화상의 흉터에 차액을 주의해야 하겠다.

場所장소 : 林임, 山中산중, 山神산신, 酸素산소, 供給源공급원.

健康건강 : 肝간, 膽담, 神經性신경성, 咽喉인후, 甲狀腺갑상선, 淋巴腺임파선, 手足수족, 毛髮모발, 頭두, 痲痺마비, 關節관절, 中風중풍.

天干으로 甲木은 3數요 變化변화하면 10數에 己土가 된다. 맛은 신맛이며 색상은 청색과 녹색이요, 寅木에 方位로는 東北 艮方간방이며 季節계절로는 1월 봄이요, 人物로는 中女이며 하루로는 새벽 3時에서 5時까지이고, 地支에 있어서는 寅은 木으로서 修理수리로는 3이요, 木生火도 잘하고 木剋土도 잘한다.

■ 地藏干 : 甲 丙

暗藏암장은 비밀스러운 것, 생각이 많은 것, 남에게 밝히기를 싫어하는 것, 술책 미래를 내다보는 것, 다정한 것, 내심 대가성을 따진다. 暗藏合에는 甲己合, 丙辛合이 있는데, 天干에 己土와 辛金이 있으면 본인의 계획대로 하려 하고, 沖에는 甲庚沖, 丙壬沖이 있는데, 天干에 庚, 壬이 있으면 변화도 많고 성격도 조급해진다.

寅은 寅午戌, 寅午, 寅戌, 午戌은 三合局, 離卦이괘, 寅卯辰은 方

合, 寅巳申은 三刑殺삼형살, 湯火殺탕화살, 寅月의 水隔殺수격살은 戌. 山神산신, 寅卯辰年에 子는 大將軍대장군. 申酉戌年月은 三災삼재.

■ 甲寅이 아래 天干을 만나면

甲은 比肩비견, 甲寅, 祿녹, 孤鸞殺고란살, 冠宮관궁.

乙은 比劫비겁, 旺宮왕궁.

丙은 食神식신, 丙寅, 生宮생궁, 月德貴人월덕귀인.

丁은 傷官상관, 死宮사궁, 天德貴人천덕귀인.

戊는 偏財편재, 戊寅, 天赦星천사성, 殺印相生살인상생, 生宮생궁.

己는 正財정재, 殺印相生살인상생, 天干, 甲己合, 暗藏에는 甲己合, 死宮사궁.

庚은 偏官편관, 庚寅, 絶地절지, 胞宮포궁, 財官同臨재관동림, 不情胞胎부정포태, 暗藏에는 甲庚沖.

辛은 正官정관, 胎宮태궁, 財官同臨재관동림, 暗藏에는 丙辛合.

壬은 偏印편인, 壬寅, 泄氣설기, 天廚貴人천주귀인, 文昌貴人문창귀인, 病宮병궁, 暗藏에는 丙壬沖.

癸는 正印정인, 浴宮욕궁, 泄氣설기, 盜氣도기.

■ 甲寅이 아래 地支를 만나면

子는 偏印편인이 正印정인, 甲子, 浮木부목, 漂木표목, 浴宮욕궁, 災殺재살, 急脚殺급각살, 天貴星천귀성, 冬木동목, 夾협은 丑, 天赦星천사성,

大將軍대장군, 梟神殺효신살, 旬中空亡순중공망.

丑은 正財정재, 丑寅合, 艮土간토, 冬木동목, 帶宮대궁, 天厄星천액성, 天殺천살, 官庫관고, 紅鸞星홍란성, 暗藏에는 甲己合, 丙辛合, 活人星활인성, 天乙貴人천을귀인, 旬中空亡순중공망.

寅은 比肩비견, 甲寅, 祿녹, 天權星천권성, 同合, 方合, 斷矯關殺단교관살, 湯火殺탕화살, 地殺지살, 冠宮관궁, 孤鸞殺고란살, 截路馬절로마, 또는 雙疊馬쌍첩마.

卯는 比劫비겁, 羊刃殺양인살, 天破星천파성, 桃花殺도화살, 方合, 旺宮왕궁.

辰은 偏財편재, 甲辰, 白虎大殺백호대살, 天奸星천간성, 印綬庫藏인수고장, 方合, 衰宮쇠궁, 月殺월살, 帶木之土대목지토, 十惡日십악일.

巳는 傷官상관이 食神식신, 寅巳刑殺인사형살, 天文星천문성, 亡神殺망신살, 悔氣회기, 病宮병궁, 暗藏에는 甲庚沖, 六害殺육해살, 落井關殺낙정관살, 文昌貴人문창귀인, 天廚貴人천주귀인.

午는 食神식신이 傷官상관, 甲午, 泄氣설기, 紅艷殺홍염살, 死宮사궁, 天福星천복성, 寅午三合, 將星殺장성살, 暗藏에는 甲己合, 天赦星천사성.

未는 正財정재, 天驛星천역성, 自己庫藏자기고장, 墓宮묘궁, 鬼門關殺귀문관살, 攀鞍殺반안살, 天乙貴人천을귀인, 天喜神천희신, 暗藏에는 甲己合.

申은 偏官편관, 甲申, 懸針殺현침살, 絶地절지, 殺印相生살인상생, 天孤星천고성, 寅申沖, 胞宮포궁, 驛馬殺역마살, 暗藏에는 甲庚沖, 丙壬沖, 三災人皇삼재인황, 截路空亡절로공망.

酉는 正官정관, 怨嗔殺원진살, 暗藏에는 丙辛合, 天刃星천인성, 三災天權삼재천권, 截路空亡절로공망, 胎宮태궁, 馬夫殺마부살.

戌은 偏財편재, 甲戌, 絶地절지, 天藝星천예성, 暗藏에는 丙辛合, 寅戌
三合, 傷食庫상식고, 財庫재고, 養宮양궁, 華蓋殺화개살, 三災地災삼
재지재, 水隔殺수격살.

亥는 正印정인이 偏印편인, 寅亥六合, 急脚殺급각살, 天壽星천수성, 六破
殺육파살, 文曲貴人문곡귀인, 劫殺겁살, 生宮생궁, 暗藏에는 丙壬沖.

■ 甲寅이

木에는 比肩비견, 比劫비겁.

火에는 印綬인수.

土에는 官星관성.

金에는 財星재성.

水에는 傷官상관, 食神식신.

申子辰生은 寅卯辰年에 三災殺삼재살이다. 天蟲천충 寅卯辰年에는
子 北方이 大將軍方位대장군방위인데 나의 右側方位우측방위다. 大將軍
은 一時停止일시정지와 같다. 增築修理不可증축수리불가 厄액이 따르고
上下 구별이 없다. 寅에는 辰이 喪門상문 子가 弔客조객이다. 丁壬
日에는 寅卯가 截路空亡절로공망. 甲辰旬中갑진순중에는 寅卯가 旬中
空亡순중공망, 申酉戌月에 寅戌은 急脚殺급각살. 正月은 自體자체가 斷
矯關殺단교관살, 卯月에 寅은 活人星활인성, 寅은 湯火殺탕화살, 寅未는
鬼門關殺귀문관살, 天喜神천희신, 寅月에 入胎月입태월은 巳. 寅申日生
入胎日은 256日. 庚寅은 破祿馬파록마, 財星驛馬재성역마, 故고로 貿易

무역, 運送운송, 輸送수송, 交易교역, 庚寅은 財殺地재살지, 財官同臨재관동림, 不情胞胎부정포태, 總角得子총각득자, 寅月에 丁은 天德貴人천덕귀인 丙은 月德貴人월덕귀인. 亥子丑生에 寅은 喪妻殺상처살. 寅月에 戌은 水隔殺수격살, 丑과 卯사이에 夾은 寅이다.

甲寅의 變化

壬水는 水生木도 잘하고 水剋火도 잘한다. 그러나 地支 寅木에는 生剋制化생극제화를 할 수 없으며, 丁壬合은 淫亂之合음란지합이라 하며 壬水는 天干에 生도 剋도 하며 形而上學的형이상학적으로는 地支 寅木에 生剋制化를 잘한다. 寅木은 地支끼리도 生剋制化를 할 수 있으며 勢力세력으로도 따라가며 天干에도 生剋制化를 할 수 있다.

독자적인 행동을 자주 하여 독불장군이라는 말을 잘 듣는다. 나무가 소비되니 건설경기가 살아나며 산불에 주의가 필요하다. 물가가 어느 한쪽으로 편중된 것에 주의가 필요하다. 회사는 기술스파이를 조심해야하며 눈을 뜨고도 도둑을 맞게 되고 믿는 자가 기술을 훔쳐 빼돌리게 될 것이라 예상된다. 녹색채소가 풍년을 이루어 가격이 하락되는 것이 예상된다. 비닐하우스 재배농가는 이익이 보장됨이 예상된다. 의약계에 약으로 중독이나 식중독 또는 원인을 모르는 신종 병으로 인하여 곤욕을 당하게 됨이 있을 것으로 예상된다.

학생은 한의학과, 공군사관학교, 교육계, 정치외교, 신문방송, 기술교육학과, 불교학과, 인체공학에 인기가 있다고 예상된다. 건강으로는 신경성관절염, 위산과다증상, 류마티스 관절염, 슬관절, 간 질환 환자가 많아질 것이라 예상된다. 야산을 개발하여 목축업이나 비닐하우스 농장을 새로 시작하는 농어민이 늘어날 것으로 예상된다. 정부와 야당 국민이 일치단결이 잘되는 해라고 예상된다. 노동자는 권리를 찾게 되고 노동쟁의가 줄어든다고 예상된다. 여행자가 늘어나며 단체관광자가 많을 것이라 예상된다. 인체공학에 관하여 새로운 연구발표가 나온다고 예상된다.

甲寅의 비밀성 變化

동업으로 인하여 합작회사를 설립하여 운영하게 되고, 형제와 아버지가 힘을 합하여 사업체를 만들며, 노력의 대가가 희망이 보이며 힘이 생겨나며, 자식이 공무원에 합격하니 집안가문에 영광이요, 처가 억세어지며 돈맛을 알게 되니 밤낮을 가리지 않고 바쁘며, 관청이 귀인이요 관에서 부모를 찾아주며, 자식이 성장하여 결혼을 하여서 의복을 선물로 사주며, 직장에서 공부시켜주며 교육으로 세월을 보내게 되고, 교육계에서 배우자와 근무를 같이 하게되며, 금속공학, 목공예에 인기가 집중되며, 건설분야가 살아나며 목공기술자의 부족현상이 나타나기도 하며, 친구 때문에 경쟁에서 밀려나며, 처가 부동산으로 횡재를 하며 복부인으로 전향하고, 남편이 희생으로 집문서가 들어오며, 사업하다 보증으로 주택이 넘어가게 되며, 직업은 부동산개발이 적격이요 목공예가 적격이요, 악기류가격이 인상이 된다라고 예상이 되고, 화재를 조심해야하며 등한시하는데서 화재가 발생하며, 독신주의자가 늘어나며 결혼에 실패하면 나이가 먹을수록 더욱더 재혼을 싫어하며, 은근히 명예와 명분을 찾으며 보이지 않는 욕심이 가득 차 있으며 상대에게 지거나 실패하면 잠이 오지를 않으며 보이지 않는 노력을 더 열심히 하게 되고, 자세가 흔들림이 없으며 옳고 그름이 더욱 정직하며, 생활신조가 속임이 없으며 남에게 누를 끼칠 줄 모르며, 단체로 관광을 하는 여행자가 많아지기도 한다.

甲寅의 노출성 變化

중요한 기술보존이 어려우며 관리하기가 힘들어지며, 언어부실로 거래처가 떨어져나가기도 하며, 자식은 학교 전학을 자주 하게되고 꾀만 늘어가며, 형제가 악몽과 정신병에 시달리게 되며, 갑자기 마음이 변하기가 쉬우며 믿지를 못하며, 동에서 얻어맞고 서쪽에서 화풀이를 하게되며, 출근시간이 일정치가 않으며 밤낮의 규칙이 없으며, 대리근무를 시키면 수입과 지출이 일정치가 않으며, 일용직 근무자란 기술이 없으면 어디를 가나 서러운 것이요, 독신의 고독은 독신자만이 알지 누가 알아주겠는가. 맞벌이의 사생활에 조금씩 금이 가기도 하며, 교통사고로 팔다리를 다쳐보며 수술하여보고, 갑상선이나 간암의 환자가 병원 출입을 많이 하여보며, 합동사고는 장기적인 여행을 조심하여야 하며, 친구나 형제간에 시비구설을 피함이 좋으며, 아주 작은 실수라도 형제간에는 오해가 됨이 길게 가며, 도둑도 있게 되고 비밀이 많으며 의심도 많고 건망증도 심하며 또한 분실수가 있게 되니 주의가 필요하다. 대리근무가 직업을 잃게 되며 의리까지 나빠지게 된다. 의리 때문에 빌려주거나 보증서는 것은 나를 함정에 몰아넣는 이치와 같으며, 감추지 말고 투명하게 하라 그래야 길게 간다. 포부가 크고 꿈은 원대하나 뜻대로는 되지가 않는다. 큰일에 대하여서는 기대하지 마라 상대가 나를 믿어주지 않는다. 나는 변화를 하여도 매형은 변화가 없으며 매형 때문에 취직을 하게 되고 누이의 덕을 톡톡히 본다.

乙卯

■ 乙

形而上學형이상학 精神정신 始시 東 有情유정 上半期상반기 前進전진 得득 實실 생각 生成 上體상체 겉모양 外的외적 勝승 吉길 先 明 낮 地上 太過태과 自由. 天干은 天干끼리 生剋制化생극제화를 할 수 있다. 天干은 地支를 生剋制化 할 수 없다.

■ 卯

形而下學형이하학 物質물질 終종 西 無情무정 下半期하반기 後退후퇴 失실 虛허 行動행동 消滅소멸 下體하체 속 모양 內的내적 敗패 凶흉 後후 暗암 밤 地下 不及불급 拘束구속 地支는 天干을 生도 剋도 할 수 있고 地支는 地支끼리 生剋制化를 할 수 있다. 卯木은 生이 인색하며 剋은 잘한다.

■ 乙

清明청명 矯木교목 陰木음목 生木 軋알 枝葉木지엽목 活木활목 濕木습목

柔木유목 草초 草木초목 風풍 樹木수목 根근 同化作用동화작용 楊柳木양류목 屈木굴목 藤木등목 綠色녹색 角木각목 曲處곡처 陰地木음지목 繁華之木번화지목 달 春춘 硬化경화 呼호 雷뢰 長장 農場농장 浮부 林임 藝能예능 木刻목각 樂器악기 觸角촉각 智明지명 動物동물은 수달피. 木剋土를 잘한다.

■ 卯

驚蟄경칩 春分춘분 長木장목 二月之氣이월지기 濕木습목 活木활목 生木생목 柔木유목 楊柳木양류목 昇승 草根초근 正東정동 繁華之木번화지목 風풍 綠色녹색 仁情인정 觸角촉각 兎묘 四陽之氣사양지기 陰木음목 午前 5時부터~7時까지 木生火는 인색하고 木剋土는 잘한다. 이는 木多火熄목다화식을 두고 하는 말이다. 天破星천파성 鐵鎖開金철쇄개금 懸針殺현침살 丙火를 봄이 좋다. 특히 藝能分野예능분야에 특출하나 경박성은 있다. 상대방 가슴에 응어리지는 소리를 잘한다. 辰月에 卯는 화려한 장식 피복 복지와 같다.

職 業

■ 乙

그림, 글씨, 藝術예술, 藥草약초, 農場농장, 韓醫師한의사, 言論언론, 피아노, 花園화원, 粉食분식, 디자인, 娛樂오락, 씨앗, 衣類의류, 作曲작곡, 家具가구, 合版합판, 상자, 齒科치과, 理髮師이발사.

■ 卯

醫藥의약, 法법, 宗敎종교, 哲學철학, 農林농림, 三月에 卯木은 服飾業복식업, 藝能예능, 卯戌은 文章家문장가 春色춘색이다. 卯未는 果樹園과수원, 植木식목, 盆栽林분재림이다.

性 格

인정이 많은 것 같으나 인색한 편이며 신경이 예민하여 날카로운 인상이 엿보이며 바른말은 잘하나 상대방 가슴에 응어리지는 소리를 잘 하는 것이 흠이라 하겠다. 인물은 준수하나 지나치게 강직하고 매사를 자기위주로 생활하며 똑똑하면서도 타인에게 인정받기 어려운 것이 하나의 단점인 것이며 그러나 명분을 내세워주면 인정과 의리를 잘 지키며 헌신적으로 희생하는 스타일이다. 자기의 명분이나 명예를 손상시키는 것을 제일 싫어하며 예능 분야에 특출한 재능을 가지고 있으나 운이 좋지 못하면 성공하기 어렵고 돈에 관한 것에는 너무나 쉽게 생각하는 것도 있어 경영에 관심도 크다. 男命남명은 夫婦宮부부궁이 부실하여 처가 신경통으로 고생을 하겠고 도화살을 놓고 있어 의심은 면할 길이 없겠으며 女命여명 또한 애교가 만점이며 자기위주의 생활을 하며 한번 마음의 정을 주면 헌신적으로 희생하는 편에 속하나 속마음은 대가성을 바라고 있다.

직업으로는 공무원이나 교육, 행정이 제격이며 경영, 경제, 무

역, 조경, 예체능에 소질이 다양하며 건강으로는 습진, 風疾풍질,
위산과다, 신경통이 있으니 보온에 힘써야 하겠다.

場所장소 : 놀이장소, 새로운 것 개발.

健康건강 : 肝간, 膽담, 神經痛신경통, 咽喉인후, 手足수족, 毛髮모발, 風풍,
頭두, 痲痺마비, 關節관절, 風疾풍질, 偏頭痛편두통, 關節炎관절염,
肩견.

天干으로 乙木은 8數요 變化변화하면 9數에 庚金이 된다. 맛은
신맛이요 색상은 녹색이며, 卯木에 方位는 正 東쪽에 속하며 季
節계절로는 2월 봄이요, 人物로는 長男에 속하고 하루로는 午前 5
時에서 7時까지이며, 四陽之氣사양지기요 地支에 卯木이 數理수리로
는 8數요 木生火는 吝嗇인색하나 木剋土는 잘한다.

■ 地藏干 : 乙

暗藏암장은 혼자만의 비밀 생각이 많은 것이다. 남에게 밝히기
를 싫어하며 미래를 내다보는 것도 된다. 暗藏合은 다정한 것
대가성을 내심 따진다. 暗藏合에는 乙庚金이 있는데 天干에 庚金
이 있으면 본인의 계획대로 하려 하고 沖에는 乙辛沖이 있는데
天干에 辛金이 있으면 변화도 많고 성격도 급해진다.

卯는 亥卯未, 亥卯, 卯未, 亥未는 三合局, 震卦진괘, 寅卯辰은 方
合, 子卯는 三刑殺삼형살. 卯辰은 六害殺육해살. 卯申은 怨嗔殺

원진살, 鬼門關殺귀문관살, 卯에 水隔殺수격살은 申. 卯는 天破星천
파성. 子는 大將軍대장군.

■ 乙卯가 아래 天干을 만나면

甲은 比劫비겁, 羊刃殺양인살, 旺宮왕궁, 月德貴人월덕귀인.

乙은 比肩비견, 乙卯, 祿녹, 天轉殺천전살, 冠宮관궁.

丙은 傷官상관, 浴宮욕궁.

丁은 食神식신, 丁卯, 病宮병궁, 文曲貴人문곡귀인.

戊는 正財정재, 絶地절지, 浴宮욕궁, 惡山악산에 雜木잡목.

己는 偏財편재, 己卯, 絶地절지, 懸針殺현침살, 病宮병궁.

庚은 正官정관, 絶地절지, 胎宮태궁, 乙庚合.

辛은 偏官편관, 辛卯, 地轉殺지전살, 絶地절지, 胞宮포궁, 懸針殺현침살,
    乙辛冲, 牛山之木우산지목.

壬은 正印정인, 死宮사궁.

癸는 偏印편인, 癸卯, 生宮생궁, 泄氣설기.

■ 乙卯가 아래 地支를 만나면

子는 正印정인이 偏印편인, 子卯刑殺자묘형살, 桃花殺도화살, 天貴星천귀성,
    病宮병궁, 急脚殺급각살, 紅鸞星홍란성, 大將軍대장군, 浮木부목, 冬
    木동목, 旬中空亡순중공망, 天乙貴人천을귀인, 文曲貴人문곡귀인, 落
    井關殺낙정관살.

丑은 偏財편재, 乙丑, 官庫관고, 月殺월살, 絶地절지, 暗藏에는 乙辛冲,

天厄星천액성, 衰宮쇠궁, 乾草건초, 旬中空亡순중공망.

寅은 比劫비겁, 旺宮왕궁, 亡神殺망신살, 方合, 天權星천권성, 活人星활인성, 비닐하우스재배.

卯는 比肩비견, 乙卯, 祿녹, 冠宮관궁, 將星殺장성살, 同合, 方合, 天破星천파성, 斷矯關殺단교관살.

辰은 正財정재, 卯辰, 六害殺육해살, 印綬庫藏인수고장, 攀鞍殺반안살, 天奸星천간성, 帶宮대궁, 方合, 暗藏에는 戊癸合, 羊刃殺양인살, 稅務財세무재.

巳는 食神식신이 傷官상관, 乙巳, 泄氣설기, 暗藏에는 乙庚合, 浴宮욕궁, 驛馬殺역마살, 三災삼재, 黑氣흑기, 天文星천문성, 十惡日십악일, 孤鸞殺고란살.

午는 傷官상관이 食神식신, 泄氣설기, 生宮생궁, 午卯, 六破殺육파살, 六害殺육해살, 三災陰氣삼재음기, 天福星천복성, 天喜神천희신, 天廚貴人천주귀인, 文昌貴人문창귀인.

未는 偏財편재, 乙未, 絶地절지, 養宮양궁, 白虎大殺백호대살, 卯未三合, 華蓋殺화개살, 自己庫자기고, 天驛星천역성, 三災白殺삼재백살.

申은 正官정관, 卯申, 怨嗔殺원진살, 鬼門關殺귀문관살, 暗藏에는 乙庚合, 天孤星천고성, 絶地절지, 胎宮태궁, 天德貴人천덕귀인, 劫殺겁살, 天乙貴人천을귀인, 水隔殺수격살.

酉는 偏官편관, 乙酉, 絶地절지, 胞宮포궁, 懸針殺현침살, 災殺재살, 天刃星천인성, 卯酉沖, 暗藏에는 乙辛沖.

戌은 正財정재, 卯戌六合, 絶地절지, 暗藏에는 乙辛沖, 墓宮묘궁, 天

藝星천예성, 傷食庫상식고, 財庫재고, 天殺천살.

亥는 偏印편인이 正印정인, 乙亥, 浮木부목, 漂木표목, 亥卯三合, 天壽 星천수성, 急脚殺급각살, 死宮사궁, 地殺지살.

■ 乙卯가

木에는 比肩비견, 比劫비겁.

火에는 印綬인수.

土에는 官星관성.

金에는 財星재성.

水에는 傷官상관, 食神식신.

申子辰生은 寅卯辰年에 三災殺삼재살이다. 天刑천형 寅卯辰年에는 子 北方이 大將軍方位대장군방위이다. 大將軍은 一時停止일시정지와 같 다. 大將軍은 增築修理不可증축수리불가 厄액이 따르고 上下 구별이 없다. 卯에는 巳가 喪門상문 丑이 弔客조객이다. 丁壬日에는 寅卯가 截路空亡절로공망. 甲辰旬中갑진순중에는 寅卯가 旬中空亡순중공망, 二月 은 亥子가 急脚殺급각살. 여름 生月에 卯가 急脚殺급각살, 卯月은 斷 矯關殺단교관살. 辰月에는 卯가 活人星활인성. 卯申은 鬼門關殺귀문관살, 怨嗔殺원진살. 卯는 天破殺천파살. 午月에 卯는 天喜神천희신, 戊癸日生 에 卯는 落井關殺낙정관살. 己卯는 懸針殺현침살, 卯月에 入胎月입태월 은 午. 卯酉日生 入胎日은 246日. 寅과 辰사이에 夾은 卯. 卯는 변함은 없으나 인색함은 있다. 卯戌合은 春秋合춘추합이라하여 讀

書독서 또는 文章華麗문장화려다. 卯木은 午時에 꽃 문을 열고 亥時에 꽃 문을 닫는다. 卯는 才藝재예에는 特出특출하나 輕薄경박함은 있다. 卯는 丙火가 없으면 꽃이 피지 않는 柔木유목 無花果무화과나무다.

乙卯의 變化

乙卯는 木生火에는 인색하나 木剋土는 잘한다. 그러나 地支의 卯木에는 生剋制化생극제화를 할 수가 없으며 乙庚合은 仁義之合인의지합이라 하며 乙木은 天干에 生도 剋도 하며 形而上學的형이상학적으로는 地支 卯木에 生剋制化를 잘한다. 卯木은 地支끼리도 生剋制化를 할 수가 있으며 勢力세력으로도 따라가며 天干에도 生剋制化를 할 수 있다.

녹색의 농산물은 의외의 수확을 얻으며 풍작이 예상된다. 나무는 바람을 일으키니 태풍이 있을 거라고 예상된다. 환자는 간염이나 신경통, 관절염환자가 많아진다고 예상된다.

학생은 경제학, 경영학, 무역학과, 해군사관학교, 농업분야, 조경학과, 예체능분야에 인기가 있다고 보며 자기의 직업적성에 맞지가 않는 학과를 선택하기가 쉽다고 예상된다. 놀이시설에 맞는 업종이 성수기를 만난다고 예상된다. 나가는 것이 인색하니 수출이 수입보다 줄어든다고 예상된다. 여당이나 야당, 국민이 삼위일체가 되니 국가발전과 국익에 있어서 한 목소리가 나오며 화합의 다짐이 예상된다. 나무사랑과 환경 살리기 운동에 정부나 국민이 각별한 관심이 있게 된다고 예상된다. 새로운 것에 연구가 많아지며 특히 생명공학이나 전자공학, 물리학연구에 투자가 많아진다고 예상된다. 젊은 세대의 인물이 나와 인기집중을 하게 된다고 예상된다. 농산물에 있어서 종자개발에 연구를 집중하게 된다고 본다. 새로운 디자인과 포장기술에 연구발전이 있음을 말한다. 개인보다는 단체중심이 되며 바라는 것보다는 희생이 많다고 보며 지출이 적으며 외적보다는 내적으로 일을 이룬다.

乙卯의 비밀성 變化

직장이나 취직에 경쟁률이 많으나 합격을 하게 되고, 장남장녀의 역할을 하게되니 공무원이 제격이요, 동료로 인해 동료는 승진하나 나는 승진에서 밀려나며, 노래방이나 놀이장소를 제공하는 PC방 등에 인기가 있으며, 기술을 익히고 배워 아이디어창출이 부를 이룰 수가 있으며, 여자는 남편에게 헌신적으로 희생하며 봉사를 잘하게 되고, 여자친구에게 나의 애인을 소개하면 빼앗긴다고 보며, 대리근무는 시키지 마라 구설수와 직장을 잃을까 염려된다. 형제가 나를 도와주어서 승진을 하고 취직도 되는 경우다. 직장에서 누명쓰고 의심을 받으며 구설수에 오르내리며, 친구는 비밀조직에서 근무하는 경우도 있으며, 친구로 인해 관재가 발생하며 함정에 빠지기도 한다. 일의 업무량이 많아지며 기관장에 압박을 받으며, 처로 인하여 지출처가 많아지고 소비량도 는다. 내 돈 쓰고 구설수요 여자로 인하여 구설수에 오르게 되고, 돈 나가고 돈 빼앗기고 잔병 또는 퇴직까지 하게 되며, 독서의 계절이니 책 속에서 아이디어를 찾아 응용하게 되고, 신경통, 관절염환자가 많아지기도 하는 해이며, 움직일 때마다 부부가 같이 행동을 하려고 하며, 낮 사랑에 끈끈한 사랑이요 어깨동무가 사랑이요, 알뜰한 생활에 가정밖에 모르며 하루가 제한되며, 재물 앞에서는 대가성이 없이는 논하지 않게 되고, 문명이 약한 것이 흠이라 잠이 많으며, 인정과 의리 때문에 항상 손해를 많이 보게 되고, 마음만은 따뜻하나 누가 알아주는 이가 없으며.

乙卯의 노출성 變化

일은 많으나 처리는 잘못하며 자랑할만한 직장이 없으며, 직장은 철새요 임시직으로 헤매게 되며, 친구로 인해 애인과의 사이가 멀어지는 해이기도 하며, 정신적인 압박에 시달리며 악몽과 꿈에 시달린다. 나에게는 좋은 직장은 하늘에 별 따기보다도 힘들며, 남편으로 인한 이별에 없는 병까지 얻게 되며, 임시로 일을 하며 하루살이와 같고 몸은 피곤하여지며, 남이 들을 때에는 별정직이요 고급인력으로 통하기도 하고, 꿈은 크나 뜬구름이요 꿈만 먹고 살아가기도 하며, 남편한테 얻어맞고 친정 가서 화풀이를 하게되고, 연애결혼으로 인하여 나의 꿈이 져버리게되며,

귀가 엷고 남의 말을 잘 들으며 화가 백가지로 늘어난다. 자손이 두려워서 자손 앞에서는 할말을 못하며, 사업에 투자를 했다하면 손해요 사기를 당하게 되고, 서두르다 기회를 놓치게 되고 놀기를 좋아하게 되며, 눈뜨고 도둑을 맞으며 부도에 압박을 당하며, 친구나 형제로 인하여 가정불화가 생기며, 사고에 수술까지 있게 되며 몸이 성한 곳이 없으며, 팔다리가 부러지고 다치는 환자가 많이 발생하게되며, 여자는 자궁질환에 주의가 필요하니 검사가 필수적이요, 정신압박으로 인한 가위눌림으로 정신병에 시달리게 되며, 심하게 되면 귀신 병까지 가게되고 무당 집을 찾게되며, 마음은 착하나 사회환경이 나를 좋게 이용을 하지 않으며, 동서남북으로 다니며 천한 일만 골라서 일하며, 배움이 곧 문명이요 나를 편안케 해준다는 것을 알아야한다.

丙辰

■ 丙

形而上學형이상학 精神정신 始시 東 有情유정 上半期상반기 前進전진 得득 實실 생각 生成 上體상체 겉모양 外的외적 勝승 吉길 先 明 낮 地上 太過태과 自由. 天干은 天干끼리 生剋制化생극제화를 할 수 있다. 天 干은 地支를 生剋制化 할 수 없다.

■ 辰

形而下學형이하학 物質물질 終종 西 無情무정 下半期하반기 後退후퇴 失실 虛허 行動행동 消滅소멸 下體하체 속 모양 內的내적 敗패 凶흉 後 暗암 밤 地下 不及불급 拘束구속 地支는 天干을 生도 剋도 할 수 있고 地支는 地支끼리 生剋制化를 할 수 있다. 辰土는 生은 잘하나 剋은 잘못하며 변화가 많다.

■ 丙

芒種망종 起火기화 陽火양화 炳병 動物동물은 사슴 밝다 太陽之火태양 지화 君王之火군왕지화 爐冶之火노야지화 電氣전기 光線광선 電波전파 紫外

線자외선 赤外線적외선 放射線방사선 超能力초능력 빛 死火사화 旺火왕화 純陽순양 强熱之火강열지화 透視力투시력 逆上역상 불꽃 太陽태양 화려한 것 펼쳐만 놓는다. 字義자의는 日 昌창 光광 陽양 高고요 소리는 雄壯웅장한곳. 場所장소는 밝은 곳 晝間주간이요 繁昌藏蓄地번창장축지. 在來市場재래시장 器物기물은 大衆대중 集合집합 場所장소다. 性質성질은 明朗명랑 快活쾌활이다.

■ 辰

清明청명 穀雨곡우 陽土양토 龍용 震진 五陽之氣오양지기 濕土습토 眞土진토 泥土이토 稼穡之土가색지토 三月之氣삼월지기 溫暖之土온난지토 巽方손방 東南間方동남간방 信 黃色황색 五數오수 雜氣잡기 風濕풍습 中性子중성자 調節神조절신 過渡期과도기 遲延지연 地震지진 復古風복고풍 宗敎종교 中和作用중화작용 思사 信用신용 岸안 堤防제방 田畓전답 土産品토산품 不動産부동산 足腹類족복류 建築건축 濕疹습진 沃土옥토 魁罡殺괴강살 天羅地網殺천라지망살 天奸星천간성 이무기 夢中得金몽중득금 想像상상의 動物동물 山 水地車藏수지고장 四庫之局사고지국 金之養宮금지양궁 바람神 午前 7時~9時까지 亥水를 보면 死藏사장시킨다. 土生金은 잘하나 土剋水는 못한다.

職 業

■ 丙

雜貨商잡화상, 車차, 駐車場주차장, 石油석유, 가스 燃料연료, 航空항공,

火藥화약, 煖房난방, 電話전화, 在來市場재래시장, 眼鏡안경, 檢査검사, 行政工作행정공작, 政治정치, 照明器具조명기구, 勞動問題노동문제, 運動운동, 電氣전기, 運輸業운수업, 通信통신, 美容室미용실, 硝子초자, 文敎문교, 言論언론, 産資部산자부.

■ 辰

生物생물, 不動産부동산, 宗敎종교, 哲學철학, 農水産物농수산물, 土建토건, 醫學의학, 藥房약방, 農場농장, 藝術예술, 工藝공예, 人蔘인삼, 旅行여행, 국악, 歌手가수, 作曲家작곡가, 海水浴場해수욕장, 마사지, 魚貝類어패류, 養殖양식, 粉食분식, 飮食음식.

性 格

항시 마음이 넓어 남에게 베풀려는 마음씨가 너무나 아름다우나 인정이 많아 손해 보는 것이 많으며 상하 빈부 귀천을 가리지 않고 사심 없이 대하여 주며 맑고 밝게 살려고 하나 뜻대로 되지 않으며 지구력이 부족하여 펼쳐만 놓았지 수습을 못하는 것이 흠이라 하겠다. 배우자를 알게 되면 학업을 중단하게 되며 일찍이 직업전선에 뛰어들어 배짱으로 밀고 나가는 성격의 소유자이며 젊어서는 의기양양하나 결혼하여 세월이 흐르면 처가 잔병으로 고생을 하며 또한 본인의 기가 약하여 기진맥진하여지고 멍든 지 모르게 멍들어 가는 것이 안타까울 일이다. 官庫관고로서 자식을 앞세울 수도 있으니 명랑함 속에 수심이 숨어 있고 여명은 내 것 주고 배신당하며 남편의 잔병으로 고생을 하겠고 부정포태와 타자양육도 하여보며 심신의 안정을 찾으려면 신앙으로 극복하는 것이 좋겠으며 공부하여 교육계로 입신하면 모든 재앙이 소멸될 것을 명심하라. 직업으로는 교육공무원이나 비밀조사업무가 적합하며 건강으로는 혈압, 당뇨, 습진, 시력, 위하수증으로 고생하니 채식을 위주로 하는 것이 건강에 좋을 듯 싶다.

場所_{장소} : 밝은 곳, 주간 공간, 시장, 대중집합장소, 미생물 늪지.

健康_{건강} : 心臟_{심장}, 小腸_{소장}, 心包_{심포}, 三焦_{삼초}, 眼病_{안병}, 體溫_{체온}, 血壓_{혈압}, 熱_열, 舌_설, 精神_{정신}, 口_구, 循環期系統_{순환기계통}, 視力_{시력}, 腦溢血_{뇌일혈}, 脾腸_{비장}, 胃腸_{위장}, 腰_요, 腹部_{복부}, 肌肉_{기육}, 脅_협, 皮膚_{피부}, 濕疹_{습진}, 糖尿_{당뇨}.

天干으로 丙火는 7數요 變化_{변화}하면 6數에 癸水가 된다. 맛은 쓴맛과 단맛이요 색상은 적색과 황색이요, 辰土에 方位는 東南쪽 巽方_{손방}에 속하며 季節_{계절}로는 辰月 봄이요, 巽卦_{손괘}요 人物로는 中男이다. 하루로는 午前 7時에서 9時까지이며 五陽之氣_{오양지기}요. 地支에 辰土는 數理_{수리}로 5數요 陰陽_{음양}이 駁雜_{박잡}되어 있으며, 土生金은 잘하나 土剋水는 못한다.

■ 地藏干 : 戊 乙 癸

暗藏_{암장}은 비밀스러운 것, 생각이 많은 것이다. 남에게 밝히기를 싫어하는 것, 술책, 미래를 내다보는 것, 暗藏合은 다정한 것 내심 명분 대가성을 따진다. 暗藏合에는 戊癸合, 乙庚合이 있는데 天干에 癸, 庚, 戊가 있으면 본인의 계획대로 하려 하고, 沖에는 乙辛沖, 丁癸沖이 있는데, 天干에 辛, 丁이 있어서 沖을 하면 不和불화와 變化변화가 시작된다.

辰은 申子辰, 申子, 辰子, 申辰은 三合局, 坎卦감괘, 寅卯辰은 方合, 辰午酉亥는 自刑殺자형살, 卯辰害殺辰亥怨嗔殺묘진해살진해원진살, 鬼門關殺귀문관살, 辰月에 水隔殺수격살은 午. 寅卯辰이 三災삼재.

■ 丙辰이 아래 天干을 만나면

甲은 偏印편인, 甲辰, 白虎大殺백호대살, 衰宮쇠궁, 絶地절지, 得根득근, 印綬庫藏인수고장.

乙은 正印정인, 絶地절지, 羊刃殺양인살, 稅務財세무재, 帶宮대궁.

丙은 比肩비견, 丙辰, 晦氣회기, 泄氣설기, 火土食神화토식신, 帶宮대궁, 官庫관고.

丁은 比劫비겁, 暗藏에는 丁癸沖, 衰宮쇠궁, 晦氣회기, 盜氣도기.

戊는 食神식신, 戊辰, 魁罡殺괴강살, 白虎大殺백호대살, 暗藏에는 戊癸合, 帶宮대궁, 財庫재고.

己는 傷官상관, 늪지, 眞土진토, 衰宮쇠궁.

庚은 偏財편재, 庚辰, 魁罡殺괴강살, 暗藏에는 乙庚合, 養宮양궁, 傷食庫상식고.

辛은 正財정재, 墓宮묘궁, 埋金매금, 丙辛合, 衾금, 傷食庫상식고.

壬은 偏官편관, 壬辰, 魁罡殺괴강살, 墓宮묘궁, 自己庫藏자기고장, 天德천덕, 月德貴人월덕귀인.

癸는 正官정관, 養宮양궁, 戊癸合, 自己庫藏자기고장.

■ 丙辰이 아래 地支를 만나면

子는 偏官편관이 正官정관, 丙子, 沒光몰광, 火熄화식, 子辰三合, 急脚殺급각살, 大將軍대장군, 胎宮태궁, 暗藏에는 戊癸合, 天貴星천귀성, 將星殺장성살, 旬中空亡순중공망.

丑은 傷官상관, 財庫재고, 六破殺육파살, 攀鞍殺반안살, 天厄星천액성, 暗藏에는 丙辛合, 乙辛沖, 戊癸合, 養宮양궁, 晦氣회기, 火熄화식, 旬中空亡순중공망.

寅은 偏印편인, 丙寅, 方合, 生宮생궁, 驛馬殺역마살, 天權星천권성, 三災天蟲삼재천충, 梟神殺효신살, 文曲貴人문곡귀인.

卯는 正印정인, 六害殺육해살, 馬夫殺마부살, 浴宮욕궁, 天破星천파성, 活人星활인성, 三災天刑삼재천형, 方合.

辰은 食神식신, 丙辰, 晦氣회기, 火熄화식, 辰辰, 同合, 方合, 天奸星천간성, 華蓋殺화개살, 官庫관고, 三災天劫삼재천겁, 늪지, 截路空亡절로공망, 帶宮대궁, 戊癸合.

巳는 比劫비겁이 比肩비견, 辰巳, 巽宮손궁, 바람, 暗藏에는 乙庚合, 戊癸合, 祿녹, 天文星천문성, 劫殺겁살, 天喜神천희신, 天廚貴人천주귀인, 截路空亡절로공망, 冠宮관궁.

午는 比肩비견이 比劫비겁, 丙午, 羊刃殺양인살, 旺宮왕궁, 災殺재살, 天福星천복성, 水隔殺수격살, 暗藏에는 丁癸冲.

未는 傷官상관, 暗藏에는 丁癸冲, 衰宮쇠궁, 天殺천살, 天驛星천역성, 印綬庫藏인수고장, 羊刃殺양인살.

申은 偏財편재, 丙申, 地殺지살, 財殺地재살지, 斷矯關殺단교관살, 暗藏에는 丙壬冲, 乙庚合, 申辰三合, 絶地절지, 天孤星천고성, 文昌貴人문창귀인, 落井關殺낙정관살, 病宮병궁.

酉는 正財정재, 辰酉六合, 絶地절지, 暗藏에는 丙辛合, 乙辛冲, 天刃星천인성, 死宮사궁, 桃花殺도화살, 天乙貴人천을귀인.

戌은 食神식신, 丙戌, 墓宮묘궁, 辰戌冲, 暗藏에는 戊癸合, 丁癸冲, 乙辛冲, 月殺월살, 天藝星천예성, 自己庫藏자기고장, 傷食庫藏상식고장, 寡婦殺과부살, 白虎大殺백호대살.

亥는 正官정관이 偏官편관, 急脚殺급각살, 辰亥, 怨嗔殺원진살, 鬼門關殺귀문관살, 天乙貴人천을귀인, 天壽星천수성, 胞宮포궁, 紅鸞星홍란성, 亡神殺망신살.

■ 丙辰이

木에는 傷官상관, 食神식신, 財星재성.

火에는 比肩비견, 比劫비겁, 傷官상관, 食神식신.

土에는 印綬인수, 比肩비견, 比劫비겁.

金에는 官星관성, 印綬인수.

水에는 財星재성, 官星관성.

申子辰生은 寅卯辰年에 三災殺삼재살이다. 天劫천겁 寅卯辰年에는 子北方이 大將軍方位대장군방위다. 大將軍은 一時停止일시정지와 같다. 大將軍은 上下 구별이 없고 厄액이 따르며 增築증축이나 修理수리는 不可. 辰에는 午가 喪門상문 寅이 弔客조객이다. 丙辛日에는 辰巳가 截路空亡절로공망. 甲午旬中갑오순중에는 辰巳가 旬中空亡순중공망, 辰月 은 亥子가 急脚殺급각살. 亥子丑月에는 丑辰이 急脚殺급각살, 申月에 는 辰이 斷橋關殺단교관살. 巳月에는 辰이 活人星활인성. 辰亥는 怨嗔 殺원진살, 鬼門關殺귀문관살, 紅鸞星홍란성. 辰巳는 天羅地網殺천라지망살, 天喜神천희신, 辰은 造化조화가 非常비상하다. 卯와 巳사이에 夾은 辰 이다. 辰月에 入胎月입태월은 未. 辰戌日生에 入胎日은 296日.

丙辰의 變化

丙火는 火生土도 잘하고 火剋金도 잘한다. 그러나 地支의 辰土 에는 生剋制化생극제화를 할 수 없으며 丙辛合은 威制之合위제지합이 라 하며 丙火는 天干을 生도 剋도 하며 形而上學的형이상학적으로는 地支 辰土에 生剋制化를 잘한다. 辰土는 地支끼리도 生剋制化를 할 수 있으며 勢力세력으로도 따라가며 天干에도 生剋制化를 할 수 있다.

적극적인 것이 소극적으로 변하며 투명이 밀실로 변화되며 재래시장이 약화되어 농산물 직거래시장으로 변해간다고 예상된다.

광섬유나 광전자개발이 지연되기도 하며 体체는 있으나 用용이 없으며 보이기는 하나 잡히지가 않으며 시원스럽게 해결이 늦어지는 것이 흠이라고 예상된다. 농업분야나 토지개발은 예상보다 빠르게 진행된다고 보며 부동산이나 건축업에 변화가 예상이 된다. 일은 많아 진행은 잘되나 지연과 막힘이 있을 것이 예상되며 땅의 변화란 지진도 되니 대비책이 필요하다고 본다. 다른 해에 비해 이혼율이 많아질 것으로 예상되기도 하며 종교나 예술계의 혁신이 있으리라 예상되며, 물 속에 재물이라 수산물의 풍년이 예상된다. 비밀조직이 늘어나며 조사나 감시기능도 강화된다고 본다. 학생은 교육계, 언론계, 정치외교분야, 육군사관학교, 경찰학교, 의약계, 이공계분야에 인기가 높아진다고 예상된다. 눈병으로 안과 병원에 문전성시를 하겠으며, 교육계획이 변화가 있겠다고 예상되며, 비바람이 부는 곳에는 때에 따라서는 게릴라성도 포함된다. 사람의 마음이 변덕이 심하고 내 마음 나도 모르게 되며.

丙辰의 비밀성 變化

재산을 취득한 연후에 명예가 따르고 벼슬을 얻게 되며, 결혼하여 자식을 낳은 후부터 철이 들어가며, 돈주고 승진하고 처 때문에 승진은 하나 상사에게 아첨하며, 돈과 여자 때문에 누명 쓰며 처자에 멸시 당하고, 장모의 잔병으로 돈이 지출되며, 문서나 증서가 현금으로 변화하니 돈이 만들어지고, 직장 생활하다

장사를 하려하며, 아랫사람으로 인하여 밀림을 당하기도 하며, 귀인이 와서 도와주며 부동산으로 인한 현금이 만들어지며, 노복이나 자손으로 인한 손버릇이 있으며 지혜를 도둑맞으며, 직장에서는 비밀이 누출되니 적자와 관련이 되기도 하며, 어머니의 희생으로 돈은 마련되나 고마운 줄을 모르며, 채소나 과일장사는 도매로 하는 장사가 인기 있으며, 놀이를 제공하여주는 노래방이나 PC방에 손님이 몰리며, 자식은 직장을 잡지를 못하며 백수직업이요, 대인관계에 있어서나 자식이야기만 나오면 말문이 막히며, 자식 낳고 득병하니 건강에 신경 써야 하며, 비밀정보직업이나 감독직업에 근무하는 것이 좋으며, 대리근무로 인한 시비구설이 따르며, 직장에서 말 한마디 한 것이 유언비어로 확장되며, 서류가 돈이 되니 중개업무가 적격이요, 친구로 인하여 애인이 생기고 활기에 넘쳐 일도 잘되며, 희생이 병이라 무리를 하는 것은 건강에 해로우며, 친구 때문에 언론에 선전광고가 되기도 하며, 태양이 먹구름이라 얼굴표정부터 바꾸어야 발전이 있으며.

丙辰의 노출성 變化

나로 인해 부모님의 싸움이 많아지고 가정이 불안하여지며, 하던 일도 갑자기 중단하게 되고 자주 일이 바꿔지며, 학생은 공부를 중단하고 기술을 배우며, 정신이 산만하여지니 말을 함부로 하게되고, 말실수로 윗사람으로부터 귀여움을 받지 못하며, 남편으로 인해 악몽에 시달리며 시름시름 앓게 되며, 우울 증세에 가슴앓이로 병원출입을 하게 되기도 하며, 친구나 형제가 개입하게 되면 일에 문제가 발생하고, 부동산경기가 침체되고 부도위기로 몰리기도 하며, 담보나 보증문제로 나의 재산인 부동산이 없어지며, 먹는 것마다 체하고 소화불량으로 고생을 하며, 자식이 친구들과의 패싸움으로 학교를 중단하게 되고, 자식 낳고 남편 직장이 떨어지며, 노복의 노사문제로 회사의 적자가 누적되며, 나의 애인관계는 어머니가 반대를 하며, 친구가 대리 근무하고 비밀을 빼내어가며, 여명은 언어가 방정이요 입이 거칠어지며 한 가정을 이루기가 어려워지며 자포자기까지 하게 되며, 서류와 돈의 계산이 맞지 않으며, 친구의 잦은 면회로 직장에서 눈치만 보게 되며, 내 마음 나도 모르게 변덕이 심하여지기도 하며, 모방기술이 나에게는 적절한 직업이 되기도 하며, 위법행위가 눈만 돌리기만 하면 행하여지고, 귀가 얇어 남의 말에 잘 속아넘어가며 손해를 보고, 귀인의 도움을 받으려고 하나 이루어질 수가 없다.

丁巳

■ 丁

形而上學_{형이상학} 精神_{정신} 始_시 東 有情_{유정} 上半期_{상반기} 前進_{전진} 得_득 實_실 생각 生成_{생성} 上體_{상체} 겉모양 外的_{외적} 勝_승 吉_길 先 明 낮 地上 太過_{태과} 自由. 天干은 天干끼리 生剋制化_{생극제화}를 할 수 있다. 天干은 地支를 生剋制化 할 수 없다.

■ 巳

形而下學_{형이하학} 物質_{물질} 終_종 西 無情_{무정} 下半期_{하반기} 後退_{후퇴} 失_실 虛_허 行動_{행동} 消滅_{소멸} 下體_{하체} 속 모양 內的_{내적} 敗_패 凶_흉 後_후 暗_암 밤 地下 不及_{불급} 拘束_{구속} 地支는 天干을 生도 剋도 할 수 있고 地支는 地支끼리 生剋制化를 할 수 있다. 巳火는 生은 잘하나 剋은 못하며 변화가 있다. 巳火는 合이 될 때도 있고 안될 때도 있다.

■ 丁

小暑_{소서} 陰火_{음화} 生火 별 燈_등 燭_촉 電波_{전파} 逆上_{역상} 壯丁_{장정} 백

화점 祈禱기도 호텔 빛 燈臺등대 신호 禮式場예식장 消防소방 航空항공 羽族類우족류 電氣전기 光線광선 赤外線적외선 紫外線자외선 放射線방사선 불꽃 星辰성진 孤獨고독 老火노화 動物동물은 獐장.

■ 巳

立夏입하 小滿소만 蛇사 陽火양화 死火 六陽之氣육양지기 强熱之火강열지화 四生之局사생지국 孟夏맹하 起기 巽方손방 天羅地網殺천라지망살 赤外線적외선 紫外線자외선 放射線방사선 二數이수 禮儀예의 明朗명랑 達辯달변 外陰內陽외음내양 午前 9時에서 11時. 긴 動物동물. 金之生宮금지생궁. 바람 火生土는 잘하나 火剋金은 못한다. 巳月에 辰과 亥는 죽는다. 冬節동절에 巳火는 濕土습토요 溫床온상이며 農場농장 또는 穀物곡물이다. 뜨거운 廣場광장이다. 巳는 複雜복잡한 大驛대역이요 市場시장이다. 大驛土대역토는 熱土열토에 屬속한다. 巳는 긴 動物동물이며 地上에 말없이 달리는 것이니 交通手段교통수단이다. 暗藏암장에는 丙戊庚이 있다.

職 業

■ 丁

禮式場예식장, 호텔, 運輸業운수업, 修道人수도인, 占術점술, 化粧品화장품, 眼鏡안경, 寫眞사진, 美容室미용실, 圖書館도서관, 절, 寺刹사찰, 祈禱기도, 어려운 일이 닥치면 촛불 켜고 기도하면 좋은 일 생김.

■ 巳

雜貨商잡화상, 車차, 駐車場주차장, 石油석유, 가스 燃料연료, 航空항공, 火藥화약, 煖房난방, 電話전화, 그림, 재래시장, 電氣전기, 通信통신, 美容室미용실, 硝子초자, 文教문교, 言論언론, 밀가루, 教育界교육계, 국수, 글씨, 製菓제과, 旅行業여행업.

性 格

　명랑하고 예의 바르며 거짓을 모르고 직언을 잘하는 것까지는 좋으나 말이 씨가 되니 함부로 말하지 말 것이며 감정에 따라 음성의 톤이 높아지며 남의 비밀을 지킬 줄 모르는 것이 흠이다. 겉으로는 약해 보이나 내적으로는 강하며 실속을 차리는데는 일가견이 있고 무슨 일이든 갈수록 열을 올려 매진할 것이고 보이지 않는 돈을 잡기 위해 꾸준히 노력은 하나 자칫 잘못하면 하루아침에 없어지고 마는 것이 특징이다. 타인의 모방보다는 새로운 것에 힘쓰며 어학이 발달하여 국제적으로 활동하는 것 또한 좋을 듯 싶다. 무에서 유를 창조하는 힘이 있으므로 자수성가를 하게 되니 항상 기도로서 신중하게 결정을 해야 할 것이다. 여명은 말이 많고 다소 시끄러운 면은 있으나 판단력이 좋아 똑똑하다는 소리를 들으며 배우지 않고도 일반상식을 많이 안다할 수 있다. 그러나 너무 잘난 체 하다보면 대인관계에서 멀어지게 되며 결혼은 늦게 하는 것이 좋겠다. 직업은 교육이나 재정, 법

정에 종사함이 좋겠으며 사업으로는 예식장, 호텔, 운수업 등에
도 좋겠고 건강은 염려 없으나 수분과 타액이 부족하여 변비와
치질이 염려되니 술을 삼가는 것이 좋겠다.

場所_{장소} : 도서관, 절, 주차장, 광장.

健康_{건강} : 心臟_{심장}, 小腸_{소장}, 心包_{심포}, 三焦_{삼초}, 視力_{시력}, 體溫_{체온},
　　　　血壓_{혈압}, 精神病_{정신병}, 熱_열, 舌_설.

　天干으로 丁火는 2數요 變化_{변화}하면 3數에 甲木이 된다. 맛은
쓴맛이요 색상은 적색이며, 巳火에 方位는 辰巽巳_{진손사} 東南쪽 間
方_{간방}에 屬속하며, 季節_{계절}로는 巳月 여름이요, 人物로는 長女이
다. 하루로는 午後 9時에서 11時까지이며 六陽之極_{육양지극}이요, 地
支에 巳火가 數理_{수리}로는 2數요, 火生土는 잘하나 火剋金은 못할
때도 있다.

■ 地藏干 : 丙 戊 庚

　暗藏_{암장}은 비밀스러운 것, 생각이 많은 것이다. 남에게 밝히기
를 싫어하는 것, 술책, 미래를 내다보는 것, 다정한 것 대가성을
내심 따진다. 명분을 찾는다. 暗藏合에는 丙辛合, 戊癸合, 乙庚合
이 있고 天干에 辛, 癸, 乙이 있으면 본인의 계획대로 하려 하
고, 冲에는 丙壬冲, 甲庚冲이 있으며 天干에 壬, 甲이 있으면 변
화가 많고 성격도 조급해진다.

巳는 巳酉丑, 巳丑, 酉丑, 巳酉는 三合局, 兌卦태괘, 巳午未는 方合,
寅巳申은 三刑殺삼형살. 巳戌은 怨嗔殺원진살, 鬼門關殺귀문관살.
巳亥는 沖충. 三災삼재는 亥子丑. 巳月에 水隔殺수격살 辰. 大
將軍대장군은 卯.

■ 丁巳가 아래 天干을 만나면

甲은 正印정인, 暗藏에는 甲庚沖, 病宮병궁.

乙은 偏印편인, 乙巳, 木焚목분, 孤鸞殺고란살, 泄氣설기, 暗藏에는 乙
庚合, 浴宮욕궁.

丙은 比劫비겁, 祿녹, 冠宮관궁.

丁은 比肩비견, 丁巳, 孤鸞殺고란살, 旺宮왕궁.

戊는 傷官상관, 祿녹, 冠宮관궁.

己는 食神식신, 己巳, 旺宮왕궁.

庚은 正財정재, 絶地절지, 生宮생궁, 月德貴人월덕귀인.

辛은 偏財편재, 辛巳, 絶地절지, 死宮사궁, 天德貴人천덕귀인, 暗藏에는
丙辛合.

壬은 正官정관, 暗藏에는 丁壬合, 丙壬沖, 絶地절지, 胞宮포궁.

癸는 偏官편관, 癸巳, 絶地절지, 暗藏에는 戊癸合, 丁癸沖, 胎宮태궁.

■ 丁巳가 아래 地支를 만나면

子는 正官정관이 偏官편관, 胞宮포궁, 馬夫殺마부살, 天貴星천귀성, 暗藏에
는 戊癸合, 丁癸沖, 三災地戶삼재지호, 旬中空亡순중공망.

丑은 食神식신, 丁丑, 泄氣설기, 華蓋殺화개살, 巳丑三合, 暗藏에는 丁癸沖, 戊癸合, 丙辛合, 墓宮묘궁, 財庫재고, 斷矯關殺단교관살, 三災地刑삼재지형, 湯火殺탕화살, 天厄星천액성, 晦氣회기, 旬中空亡순중공망, 白虎大殺백호대살.

寅은 正印정인, 暗藏에는 甲庚沖, 寅巳刑殺인사형살, 死宮사궁, 劫殺겁살, 天權星천권성, 六害殺육해살, 截路空亡절로공망.

卯는 偏印편인, 丁卯, 急脚殺급각살, 截路空亡절로공망, 梟神殺효신살, 暗藏에는 乙庚合, 病宮병궁, 天破星천파성, 大將軍대장군, 災殺재살, 文曲貴人문곡귀인.

辰은 傷官상관, 辰巳, 巽爲風손위풍, 暗藏에는 戊癸合, 乙庚合, 天奸星천간성, 活人星활인성, 官庫관고, 衰宮쇠궁, 天殺천살, 天喜神천희신, 水隔殺수격살.

巳는 比肩비견이 比劫비겁, 丁巳, 伏吟복음, 地殺지살, 天文星천문성, 同合, 方合, 孤鸞殺고란살, 旺宮왕궁.

午는 比劫비겁이 比肩비견, 祿녹, 冠宮관궁, 巳午方合, 桃花殺도화살, 天福星천복성, 天廚貴人천주귀인.

未는 食神식신, 丁未, 羊刃殺양인살, 急脚殺급각살, 巳未方合, 印綬庫藏인수고장, 天驛星천역성, 暗藏에는 乙庚合, 帶宮대궁, 月殺월살.

申은 正財정재, 暗藏에는 丁壬合, 丙壬沖, 浴宮욕궁, 巳申刑殺사신형살, 六合, 亡神殺망신살, 天孤星천고성, 六破殺육파살.

酉는 偏財편재, 丁酉, 絶地절지, 天刃星천인성, 天乙貴人천을귀인, 將星殺장성살, 暗藏에는 丙辛合, 生宮생궁, 巳酉三合, 十惡日십악일, 文

昌貴人문창귀인.

戌은 傷官상관, 養宮양궁, 墓宮묘궁, 攀鞍殺반안살, 怨嗔殺원진살, 鬼門關殺귀문관살, 天藝星천예성, 暗藏에는 丙辛合, 紅鸞星홍란성, 落井關殺낙정관살, 自己庫藏자기고장, 傷食庫상식고.

亥는 偏官편관이 正官정관, 丁亥, 絶地절지, 胎宮태궁, 天壽星천수성, 三災天敗삼재천패, 驛馬殺역마살, 暗藏에는 丁壬合, 丙壬沖, 甲庚沖, 巳亥沖, 十惡日십악일, 天乙貴人천을귀인.

■ 丁巳가

木에는 傷官상관, 食神식신.

火에는 比肩비견, 比劫비겁.

土에는 印綬인수.

金에는 官星관성.

水에는 財星재성.

亥卯未生은 巳午未年에 三災殺삼재살이다. 黑氣흑기 巳午未年에는 卯 東方이 大將軍方位대장군방위다. 大將軍方位는 白虎方位백호방위다. 一時停止일시정지와 같다. 大將軍은 上下 구별 없이 厄액이 따르며 增築증축이나 修理수리는 不可. 巳에는 未가 喪門상문 卯는 弔客조객. 丙辛日에는 辰巳가 截路空亡절로공망, 甲午旬中갑오순중에는 辰巳가 旬中空亡순중공망. 巳月은 卯未가 急脚殺급각살, 酉月에 巳는 斷橋關殺단교관살. 甲己日生 巳는 落井關殺낙정관살, 午月에 巳는 活人星활인성.

巳戌, 怨嗔殺원진살, 鬼門關殺귀문관살, 辰巳는 地網殺지망살. 巳는 變化변화가 非常비상하다. 奸邪星간사성이다. 巳月에 入胎月입태월은 申. 巳亥日生 入胎日은 286日이다. 辰과 午사이에 夾은 巳이다. 巳日辰時는 발이 없는 馬가 바람을 타고 가니 千里龍馬천리용마라 한다.

丁巳의 變化

丁火는 火生土에는 吝嗇인색하나 火剋金은 잘한다. 그러나 地支의 巳火에는 生剋制化생극제화를 할 수 없으며 丁壬合은 淫亂之合음란지합이라 하며 丁火는 天干에 生도 剋도 하며 形而上學的형이상학적으로는 地支巳火에 生剋制化를 잘한다. 巳火는 地支끼리도 生剋制化를 할 수 있으며 勢力세력으로도 따라가며 天干에도 生剋制化를 할 수 있다.

구매심리가 충동을 일으켜 살아나는 한해이기도 하며, 종교나 호텔 조용한 분위기를 찾아다니길 좋아하고 공공장소보다는 대중적인 것을 선호할 것이 예상된다. 학생은 문과보다는 이과를 선호하게 되고 조경학과, 공군사관학교, 한의학과, 언론방송학과에 인기가 있게 된다고 보며, 다른 해에 비하여 결혼식이 한해로 과다하게 많음을 예견하고, 여행객이 늘어나며 합동이나 단체로 관광을 즐기며, 육양지기에 하지절이라 무더운 기온이 상승을 예견하며, 火가 많아 극에 이르니 불조심이 예상되며, 식목과 관련되어 나무를 사랑하고 환경을 가꾸며, 자동차사고 예상과 비행

기사고 또는 고장도 예상된다. 부채가 늘어나며 독촉 받으며 비밀이 없어지며. 언론에 압박을 받으면서도 누명에서 벗어나며, 유흥업소는 비수기가 성수기로 전환된다고 예상된다. 광고나 선전효과가 적중하고 외교문화가 발전하며, 전자나 전파, 광선산업이 개발되거나 발전하며, 너무 밝아도 어두운 곳이 보이지 않는 법이니 안경점이나 또는 안과 병원출입을 많이 하게 되며, 온도가 높아지는 해이니 혈압이나 뇌출혈에 주의가 요망된다.

丁巳의 비밀성 變化

오빠와 올케 언니가 힘을 합하여 직장을 구해주고, 형님이 엄하시며 형제 중 비밀을 담당하는 요원이 있게 되며, 친구 때문에 누명쓰고 협박당하며 배신을 하게 된다. 나의 여자친구를 친구에게 소개했더니 어느 날 친구와 애인사이로 변해있으며, 부하로 인해 손재요 말을 잘못하여 직장이 떨어지며 아랫사람이 윗사람 노릇을 하게 되니 나의 상사가 되며 처와 어머니가 힘을 합하여 사업자금을 만들어주며 사업을 하는데 어머니가 필요하며 희생까지 하게 되고 노래방이나 주점, 놀이를 제공하여주는 직업이 돈이 되며 친구끼리 도와주면서도 꼭 대가성을 바라게 되고, 도자기나 초자 같은 모방기술을 배우게 되고, 처가 부동산으로 직업전환하고 새로운 희망을 가지며 무더위가 기승을 부려 채소 류가 잘 자라지 못하며, 호텔이나 숙박업이 잘되며 성수기를 맞으며, 모방한 사업이 수입은 있으나 길게 가지를 못하며, 부모님의 친분과 예절은 내가 배울만하며, 회사의 사장과 노조가 힘을 합하며, 유언비어로 인해 사채금융업을 하다 잘못되고, 임시직이나 대리근무가 정식직원으로 바뀌며, 만나지 못했던 친구를 만나게 되니 반가워하며, 융자를 얻으려고 하나 친구가 도와주며, 어려울 때 친구가 도와주며 형제가 도와주고, 투명한 것은 살길이요 감추는 것은 자살행위와 같으며, 보증 때문에 소송을 하게 되고 원수 되며.

丁巳의 노출성 變化

친구가 방해하고 친구 때문에 직장이 떨어지며, 부모싸움에 형제가 불안하여 공부가 되지 않으며, 공부보다는 돈에 눈을 먼저 뜨고 여자를 먼저 알게 되며, 여자를 알게 되니 공부는 자연 멀어지며 책이 눈에 안 들어오며, 다혈질에 체온이 높아 술을 찾게 되며 간 질환을 조심해야하며, 빙과류, 목욕탕, 해수욕장이 잘되며, 더위가 기승을 부리니 시원한 아이스크림이나 음료수 장사가 잘되며, 돈 때문에 처와 어머니의 사이가 좋지를 못하며, 목재가격의 변동이 많아지고 사람의 마음이 잘도 변하며, 서두르다 놓치고 눈뜨고 도둑맞으며, 보증만 섰다하면 지출이요 좌불안석이요, 현금으로 주택을 마련했다하면 하자가 발생하게되며, 계획에 차질이 생기고 거래처가 멀어지며 거래처에서 구입이 없어지며 사업에 지장이 있으며, 어려운 일이 있으면 촛불 켜고 기도하면 좋은 일이 생긴다. 사고도 많고 화재도 많은 해이기도 하며, 날씨가 덥다고 깊은 물에 들어가지 않는 것이 좋으며, 사고는 전화통화나 정신장애로 일어나며, 불면증, 불감증 때문에 병원출입을 하게 되며, 극과 극은 물 조심이요 상대를 믿지 말아야하며, 단체나 합동으로 여행은 삼가는 것이 좋으며 군중심리 때문에 직업이 없어지며 후회하게 되고, 시장개방이 되니 잡화상이 늘어나고 질서가 문란해지며, 똑똑한 인물이 많이 나오며 자기자랑을 많이 하게 되고, 전체적인 성적은 올라가며 문제는 쉽게 출제된다.

戊午

■ 戊

形而上學형이상학 精神정신 始시 東 有情유정 上半期상반기 前進전진 得득
實실 생각 生成 上體상체 겉모양 外的외적 勝승 吉길 先 明 낮 地上
太過태과 自由. 天干은 天干끼리 生剋制化생극제화를 할 수 있다. 天
干은 地支를 生剋制化 할 수 없다.

■ 午

形而下學형이하학 物質물질 終종 西 無情무정 下半期하반기 後退후퇴 失실
虛허 行動행동 消滅소멸 下體하체 속 모양 內的내적 敗패 凶흉 後후 暗암
밤 地下 不及불급 拘束구속 地支는 天干을 生도 剋도 할 수 있고
地支는 地支끼리 生剋制化를 할 수 있다. 午火는 生도 잘하고
剋도 잘하며 변화가 없다.

■ 戊

陽土양토 茂무 山 언덕 堤防제방 剛土강토 高原고원 茂盛무성 荒野황야

死土사토 中央중앙 久구 안개 霧무 廣場광장 泰山태산 蹇滯건체 脅협 句陳구진 復古風복고풍 이슬비 大地대지 高土고토 中性子중성자 過渡期과도기 濛雨몽우 黃氣황기 求心點구심점 黃砂現象황사현상 際제 磁力자력 傳播전파 外觀裝飾외관장식 象상은 艮土간토 高山고산이요. 性성은 위대하다. 體체는 느리나 用용은 빠름. 묵은 것 오래된 것, 풍족을 바라는 것.

■ 午

夏至하지 仲夏중하 五月之氣오월지기 正午 陰火음화 生火 柔火유화 活火활화 燈등 燭촉 正南정남 離宮이궁 七數칠수 馬마 盛火성화 四旺之局사왕지국 紅艷殺홍염살 湯火殺탕화살 紅色홍색 散산 꽃 苦고 舌설 精神정신 逆上역상 羽族類우족류 赤外線적외선 紫外線자외선 電氣전기 火藥類화약류 引火物質인화물질 飮毒음독 悲觀비관 外陽內陰외양내음 赤黃色적황색 一陰始生일음시생 地上지상에 交通手段교통수단이다. 豊풍 달리는 馬는 移動馬이동마가 되니 運送交通운송교통에 종사한다. 午日生은 外食性외식성으로 活動활동이 奔走분주하다. 火生土도 잘하고 火剋金도 잘한다. 暗藏암장에는 丁己가 있다.

職 業

■ 戊

漢文한문, 自然科學자연과학, 考古學고고학, 土産品토산품, 農場농장, 運動운동, 골프, 登山등산, 運動場운동장, 運動器具운동기구, 垈地대지, 土建

토건, 예체능, 不動産부동산, 建設部건설부, 內務部내무부, 穀物곡물, 밀가루, 骨董品골동품, 宗敎종교, 仲介業중개업, 登山등산, 哲學철학.

■ 午

醫藥의약, 毒劇物取扱독극물취급, 危險物取扱위험물취급, 消防官소방관, 爆藥폭약, 引火物質인화물질, 化工화공, 電子전자, 祈禱기도, 建築건축, 호텔, 自動車部品자동차부품.

性 格

신용과 예의를 위주로 생활하나 묵은 소리를 잘하고 후중하며 주체는 강하나 성질이 급하여 자기위주로 살아가는가 하면 겉으로는 느리게 보이나 행동은 빠르고 매사에 말로 앞장서며 다혈질이 되어 경거망동하기 쉬워 남들의 지탄이 되기도 한다. 그러나 순발력은 있어 재주가 다양하고 성실하며 책임감이 강한가 하면 이론가이면서 자기고집대로 하다가 안되면 비관하며 부모 탓으로 돌리는 것이 흠이다. 남명은 멋쟁이요 상대의 미모를 위주로 보며 예쁘지 않으면 쳐다보지 않으며 처를 얻고 고부간의 갈등이 있겠으며 사방에 여자가 많다. 여명은 멋을 부리기로 유명하고 배움이 있고 똑똑하며 잘생긴 남성을 원한다. 부군의 작첩으로 결혼생활에 불만이 많아 비관 음독할까 염려된다.

직업으로는 교육이나 군경, 운동이 좋겠고 사업으로는 종교,

문화, 건설이 적당하며 재복은 없으니 욕심을 탐하지 않는 것이 좋겠다. 건강은 위염, 피부질환, 변비, 당뇨에 주의하고 편식은 될 수 있으면 피하는 것이 좋겠으며 수분을 적당히 섭취해 주는 것이 좋으리라 본다.

場所장소 : 運動場운동장, 山산, 岸안, 神신.

健康건강 : 脾胃비위, 腰요, 腹部복부, 肌肉기육, 脅협, 皮膚피부, 濕疹습진, 糖尿당뇨, 盲腸맹장, 口구, 臭覺취각, 心臟심장, 小腸소장, 心包심포, 三焦삼초, 眼病안병, 體溫체온, 血壓혈압, 熱열, 舌설, 精神정신, 視力시력, 循環期系統순환기계통, 腦溢血뇌일혈, 胃炎위염.

天干으로 戊土는 5數요 變化변화하면 2數에 丁火가 된다. 맛은 단맛과 쓴맛이요 색상은 황색과 적색이며, 午火에 方位는 正 南쪽에 속하며 季節계절로는 午月 여름이요, 離卦이괘요 人物로는 中女이다. 하루로는 午前 11時에서 午後 1時까지이며 一陰일음의 始生處시생처다. 地支에 午火는 數理수리로는 7數요 外陽內陰외양내음으로서 겉은 陽양이나 속은 陰음이요 體체와 用용이 각각 다르다. 火剋金도 잘하고 火生土도 잘한다.

■ 地藏干 : 丁 己

暗藏암장은 비밀스러운 것, 생각이 많은 것, 남에게 밝히기를 싫어하며 미래를 내다보는 것도 된다. 暗藏合은 다정한 것, 대가 성을 내심 따진다, 체통을 찾는다. 暗藏合에는 丁壬合, 甲己合이 있는데 天干에 壬, 甲이 있으면 本人의 計劃계획대로 하려 하고, 沖에는 丁癸沖이 있는데 天干에 癸水가 있으면 變化변화가 있게 되며 짜증도 많이 낸다.

午는 寅午戌, 寅戌, 午戌, 寅午는 三合局, 離卦이괘, 巳午未는 方合, 午未는 六合, 丑午는 怨嗔殺원진살, 鬼門關殺귀문관살, 午卯는 六破殺육파살, 湯火殺탕화살, 午月에 水隔殺수격살은 寅. 申酉戌이 三災삼재.

■ 戊午가 아래 天干을 만나면

甲은 偏官편관, 甲午, 天赦星천사성, 死宮사궁, 泄氣설기, 盜氣도기, 木焚목분, 暗藏에는 甲己合.

乙은 正官정관, 生宮생궁, 泄氣설기, 木焚목분, 文昌貴人문창귀인.

丙은 偏印편인, 丙午, 羊刃殺양인살, 旺宮왕궁, 月德貴人월덕귀인, 天轉殺천전살.

丁은 正印정인, 祿根녹근, 冠宮관궁.

戊는 比肩비견, 戊午, 伏吟복음, 羊刃殺양인살, 旺宮왕궁, 地轉殺지전살.

己는 比劫비겁, 祿根녹근, 冠宮관궁.

庚은 食神식신, 庚午, 絶地절지, 浴宮욕궁, 紅艶殺홍염살.

辛은 傷官상관, 病宮병궁, 絶地절지, 埋金매금.

壬은 偏財편재, 壬午, 丁壬合, 胎宮태궁, 絶地절지, 財官同臨재관동림.

癸는 正財정재, 戊癸合, 暗藏에는 丁癸沖, 絶地절지, 胞宮포궁.

■ 戊午가 아래 地支를 만나면

子는 偏財편재가 正財정재, 戊子, 絶地절지, 土流토류, 胎宮태궁, 子午沖, 暗藏에는 丁癸沖, 天貴星천귀성, 災殺재살, 旬中空亡순중공망, 截路空亡절로공망.

丑은 比劫비겁, 傷食庫상식고, 天殺천살, 丑午, 怨嗔殺원진살, 鬼門關殺귀문관살, 六害殺육해살, 養宮양궁, 天厄星천액성, 湯火殺탕화살, 暗藏에는 丁癸沖, 旬中空亡순중공망, 截路空亡절로공망, 天乙貴人천을귀인.

寅은 偏官편관, 戊寅, 寅午三合, 地殺지살, 水隔殺수격살, 天權星천권성, 暗藏에는 甲己合, 生宮생궁, 天赦星천사성, 文曲貴人문곡귀인.

卯는 正官정관, 午卯, 天喜神천희신, 六破殺육파살, 浴宮욕궁, 天破星천파성, 桃花殺도화살, 大將軍대장군, 急脚殺급각살, 落井關殺낙정관살.

辰은 比肩비견, 戊辰, 眞土진토, 財庫재고, 暗藏에는 丁癸沖, 戊癸合, 帶宮대궁, 月殺월살, 天奸星천간성, 白虎大殺백호대살.

巳는 正印정인이 偏印편인, 祿녹, 巳午方合, 亡神殺망신살, 冠宮관궁, 天文星천문성, 活人星활인성.

午는 偏印편인이 正印정인, 戊午, 伏吟복음, 羊刃殺양인살, 同合, 天福星천복성, 旺宮왕궁, 方合, 將星殺장성살, 地轉殺지전살, 梟神殺효신살.

未는 比劫비겁, 急脚殺급각살, 官庫관고, 方合, 攀鞍殺반안살, 天驛星천역성, 羊刃殺양인살, 衰宮쇠궁, 天乙貴人천을귀인.

申은 食神식신, 戊申, 孤鸞殺고란살, 病宮병궁, 驛馬殺역마살, 天孤星천고성, 暗藏에는 丁壬合, 三災人皇삼재인황, 天赦星천사성, 文昌貴人문창귀인, 天廚貴人천주귀인.

酉는 傷官상관, 紅鸞星홍란성, 馬扶殺마부살, 三災天權삼재천권, 死宮사궁, 天刃星천인성.

戌은 比肩비견, 戊戌, 午戌三合, 天藝星천예성, 華蓋殺화개살, 斷嬌關殺단교관살, 自己庫藏자기고장, 墓宮묘궁, 印綬庫인수고, 三災地災삼재지재, 十惡日십악일.

亥는 正財정재가 偏財편재, 天德貴人천덕귀인, 劫殺겁살, 絶地절지, 胞宮포궁, 天壽星천수성, 暗藏에는 丁壬合, 甲己合.

■ 戊午가

木에는 財星재성, 傷官상관, 食神식신.

火에는 傷官상관, 食神식신, 比肩비견, 比劫비겁.

土에는 比肩비견, 比劫비겁, 印綬인수.

金에는 印綬인수, 官星관성.

水에는 官星관성, 財星재성.

亥卯未生은 巳午未年에 三災殺삼재살이다. 陰氣음기 巳午未年에는 卯 東方이 大將軍方位대장군방위다. 大將軍方位는 白虎方位백호방위다. 一時停止일시정지와 같다. 大將軍은 上下 구별 없이 액이 따르며 增築증축이나 修理수리도 不可. 午에는 申이 喪門상문이고 辰은 弔客조객이다. 乙庚日에는 午未가 截路空亡절로공망. 甲申旬中갑신순중에는 午未가 旬中空亡순중공망. 辛日에 寅午가 天乙貴人천을귀인. 戌月에 午는 斷嬌關殺단교관살, 未月에 午는 活人星활인성. 丑午는 怨嗔殺원진살,

鬼門關殺귀문관살. 午火는 變化변화가 없다. 天福星천복성. 巳와 未사이에 夾은 午이다. 午月에 入胎月입태월은 酉. 子午日生 入胎日은 276日.

戊午의 變化

戊土는 土生金도 잘하고 土剋水도 잘한다. 그러나 地支 午火에는 生剋制化생극제화를 할 수 없으며, 戊癸合은 無情之合무정지합이라 하며 戊土는 天干을 生도 剋도 하며 形而上學的형이상학적으로는 地支午火에 生剋制化를 잘한다. 午火는 地支끼리도 生剋制化를 할 수 있으며 勢力세력으로도 따라가며 天干에도 生剋制化를 할 수 있다.

기온이 높아져 땅바닥이 갈라지는 무더운 한해라 하겠으며, 날씨가 너무 더워 에어컨이나 선풍기가 잘 팔릴 것이 예상된다. 냉동식품이 금년 한해는 성수기로 맞으며, 농업분야는 물 부족현상이 있으리라 보며, 과일이 당도는 높으나 속이 썩는 현상도 생긴다고 본다. 열병으로 인한 뇌일혈이나 뇌출혈로 인한 사고가 예상된다. 관광수입이 늘어나기도 하며 숙박업도 성수기로 보며 개인보다는 단체여행객이 많아진다고 예상된다. 땅이 열에 의해 갈라지는 현상이니 지진도 예상된다. 땅이 열을 받는 형상이니 지구의 온난화현상도 예상되며, 야채가 금싸라기 가격으로 변하게 된다라고 예상된다. 병원은 위병환자나 수술환자가 예년에 비해 많아질 것이 예상된다. 또한 눈병도 예상되고 전염병에도 주의가 예상된다. 학생은 이공계, 기술분야, 육군사관학교, 공군사관학교, 건축설계, 전자공학, 공대분야에 인기가 있다고 보며 문과에서 이과로 전환하는 경향이 많아질 것으로 예상된다. 화학분야나 과학분야가 큰 발전이 있을 것이라 예상된다. 국민은 정부정책에 잘 따른다고 예상된다. 산불이 많이 나는 해이기도 하니 불조심에 주의해야하며 외국연수 교육으로 왕래가 많아질 것으로 예상되며.

戊午의 비밀성 變化

공부의 목적은 취재와 법관에 있으며, 처음은 좋으나 나중에 후회하고 급하게 일 처리를 하게 되며, 문서로 인하여 관재가 발생하고 함정에 빠지게 되며, 불필요한 친구와 동료가 많아지고 진정한 친구는 없으며 친구에 배신당하고 방해자가 많으며 직업까지 잃게 되며, 학생은 경쟁률이 높아질 것으로 본다. 불모지 땅을 매입하여 조경수를 심어 옥토로 만들고, 건설, 호텔, 외식사업이 활발하여지며, 돈을 벌기 위한 기술이나 경영기법에 관심도가 높아지며, 겉으로는 욕심이 많아 보이나 실제로는 청백함이 많고, 출세하는데 처와 어머니의 역할이 크게 작용을 하며, 처가 들어오니 가정이 살아나고 꽃을 피우며, 패션계의 유행은 적황색이 인기를 모으게 된다. 선물은 의복선물을 받기 좋아하며, 겉과

속이 급하니 속전속결을 해야하며, 결론을 빨리 내린 만큼 나에게는 손해가 찾아오며, 순발력이 좋아 운동이나 군경에 직업이 알맞기도 하며, 친구에게 애인을 소개받고 얼굴이 밝아지기도 하며, 운수업이나 자동차부품사업이 적격이요, 부동산은 형질변경이나 개발지가 알맞으며, 건설에는 측량이나 설계가 적격이요, 관청의 도움으로 사업이 확장되고 찾아오는 손님이 많아지며, 아내가 나보다 더 큰일을 해내니 자랑스럽게 보이고, 자식이 친구가 너무 많으며 건망증에 씀씀이가 헤프며, 집안의 형제가 모두 기술자가족이요.

戊午의 노출성 變化

보증서면 내 돈 쓰고 처와 사이도 멀어진다. 원류가 두절되니 부도의 위기에 몰리게 되어있으며, 지혜가 막히고 계획이 삐뚤어지며, 필화사건으로 문서상에 오점을 남기며, 귀인이 아니라 원수요 처가 집을 나가게 되고, 부모싸움에 가정불안은 물론 형제까지 좌불안석이요, 부모싸움에 공부는 도중하차요 직업전선에 뛰어들며 기술자로 입신하게 되며 여자를 빨리 알게 되고, 욕심이 가로막아 급한 나머지 앞이 보이는 것이 없으며, 계산은 보이나 뜬구름이요 앞으로 남고 뒤로 손해보며 부모 잃고 처도 잃고 가정이 없으니 방랑객이요, 은행원은 금전사고가 났다하면 조사의 대상자요, 고부간에 갈등이라 중간에서 입장만 난처해지며,

관리력이 떨어지니 통솔력이 없어지며, 가슴앓이로 통증이 유발되니 가슴이 두근거리며, 친정에서는 부모에게 꾸중이요 시집에서는 시어머니에 꾸중이라. 바람만 피웠다하면 들통이 잘나고, 나의 상사는 일을 할 때 허리도 못 펴게 하고 일을 시키며, 원인도 모르는 유언비어에 거래처가 돌아서며, 한밤중에 촛불이 꺼지는 격이라 외로움을 많이 느끼며 바다에 등불이라 등대지기가 적성에 맞으며, 땅위에 온통 불이라 불조심이 걱정이 되며, 순발력이 있어 운동이 적격이요 잔재주가 많으며, 기회를 자주 놓치고 도움을 받아도 도움이 안되며, 상사의 사고가 나에게까지 영향을 미친다.

己未

■ 己

形而上學형이상학 精神정신 始시 東 有情유정 上半期상반기 前進전진 得득 實실 생각 生成 上體상체 겉모양 外的외적 勝승 吉길 先 明 낮 地上 太過태과 自由. 天干은 天干끼리 生剋制化생극제화를 할 수 있다. 天干은 地支를 生剋制化 할 수 없다.

■ 未

形而下學형이하학 物質물질 終종 西 無情무정 下半期하반기 後退후퇴 失실 虛허 行動행동 消滅소멸 下體하체 속 모양 內的내적 敗패 凶흉 後후 暗암 밤 地下 不及불급 拘束구속 地支는 天干을 生도 剋도 할 수 있고 地支는 地支끼리 生剋制化를 할 수 있다. 未土는 生은 인색하나 剋은 잘하며 변화가 있다. 未土는 合이 될 때도 있고 안될 때도 있다.

■ 己

陰土음토 柔土유토 田전 田園전원 雲운 活人활인 起기 生土 氣기 脾비 休息期휴식기 腹部복부 沃土옥토 仲媒중매 低地帶저지대 平地평지 野야 中

央중앙 騰蛇등사 虛驚허경 寒滯한체 口 運動神經發達운동신경발달. 쉬는 其間기간이 많다. 時間은 午時 他人타인을 위하여 活人활인을 잘한다. 갈아버리면 말라버린다.

■ 未

小暑소서 大暑대서 羊양 陰土음토 味미 二陰之氣이음지기 旺土왕토 燥土조토 足腹類족복류 木之庫藏목지고장 火餘氣화여기 四庫之局사고지국 信신 天驛星천역성 三伏之氣삼복지기 모래땅 자갈땅 赤外線적외선 引火物質인화물질 電池전지 電子전자 放射線방사선 火藥類화약류를 함유하고 있다. 심술성 土中에는 뜨거운 土다. 不毛地불모지 땅. 샘이 많다. 土生金은 인색하나 土剋水는 잘한다. 亥水를 감당 못한다. 紅色홍색을 지닌 땅 木에 庫藏고장이므로 낮은 野山야산이다. 夏節하절 沙土사토로 人工培養土인공배양토다. 午後 1時에서 午後 3時까지 관장.

職 業

■ 己

술, 食堂식당, 土地토지, 藝術工藝예술공예, 九流術業구류술업, 哲學철학, 不動産부동산, 建築건축, 醫藥業의약업.

■ 未

土木建設토목건설, 農業농업, 乾草건초(漢藥한약), 술, 食堂식당, 土地토지,

藝術工藝예술공예, 九流術業구류술업, 哲學철학, 不動産부동산, 醫藥業의약업.

性 格

예의범절을 중요시하며 신용과 의리를 첫째로 삶 하기에 약속을 어기는 자를 싫어하며 순발력이 있고 정복력이 강하다. 예민하고 아집이 대단하여 다소 까다로운 면이 있으나 깔끔하고 정리정돈이 잘되어 있어야 하기에 비위맞추기 힘들며 남의 말을 믿으려 하지 않고 자기의 고집을 더 내세우며 직장보다는 자기 사업하기를 더 좋아한다. 손재주가 좋아 기술을 배워 익히면 선망의 대상이요 어디 가서든지 환대를 받을 것이다. 보수적이고 옛것을 좋아하며 깔끔한 뒤처리에 관청 일을 잘 보나 직장생활은 길게 하지 못하는 것이 흠이고 한번 손을 놓으면 쉬는 시간이 많아 가정생활에 지장이 많은 것이 특징이다. 허약하고 운이 없으며 잡일을 안 해본 것이 없으며 일이 많아 꿈자리가 사나워 정신압박에 시달리기도 하며 어렸을 때 잔병으로 부모님의 걱정이 있겠고 이복형제가 아니면 형제로 인한 고심이 있겠다. 자식은 관고로서 어려움이 많겠고, 여명은 부군의 작첩에 독수공방은 면하기 어려우며 친구를 조심해야 할 것이다. 관으로는 대민 업무가 아니면 외교업무가 적합하고 사업으로는 무역, 종교철학, 약초, 부동산, 토산품 등에 성공하며 건강으로는 간담이 허약하고 비뇨기 계통과 위장, 허리, 늑막 아니면 피부 건조증이 있겠으며 운동과 함께 수분섭취가 중요하다 하겠다.

場所장소 : 平地평지, 田園전원, 野야.

健康건강 : 脾비, 胃腸위장, 허리, 腹部복부, 口, 肌肉기육, 虛驚허경(깜짝
깜짝 놀라는 것), 糖尿당뇨, 骨節골절, 특히 合倂症합병증을
조심.

　

天干으로 己土는 10數요 變化변화하면 5數에 戊土가 된다. 맛은
단맛이요 색상은 황색이며, 未土에 方位는 未坤申미곤신 南西쪽에
屬속하며 季節계절로는 未月 여름이요 人物로는 長男이다. 하루로
는 午後 1時에서 3時까지이며 二陰之氣이음지기요. 地支에 未土는
數理수리로 10數수요 土生金은 인색하나 土剋水는 잘한다.

■ 地藏干 : 己 丁 乙

暗藏암장은 비밀스러운 것, 생각이 많은 것이다. 남에게 밝히기
를 싫어하며 미래를 내다보는 것도 된다. 暗藏合은 다정한 것
대가성을 내심 따진다. 暗藏合에는 甲己合, 丁壬合, 乙庚合이 있
는데 天干에 甲, 壬, 庚이 있으면 本人의 계획대로 하려 하고,
冲에는 丁癸冲, 乙辛冲이 있는데 天干에 癸, 辛이 있으면 변화
가 많고 내심 성격도 급하다.

未는 亥卯未, 亥未, 亥卯, 卯未는 三合局, 震卦진괘, 巳午未는 方
合, 午未는 六合, 寅未는 鬼門關殺귀문관살, 子未는 怨嗔殺원진살,

六害殺육해살, 巳午未는 三災삼재, 未月에 水隔殺수격살은 子. 三
殺삼살은 亥子丑.

■ 己未가 아래 天干을 만나면

甲은 正官정관, 天月德貴人천월덕귀인, 墓宮묘궁, 自己庫자기고, 甲己合,
　　　天乙貴人천을귀인.

乙은 偏官편관, 乙未, 白虎大殺백호대살, 自己庫자기고, 墓宮묘궁, 養宮양궁,
　　　乾草건초, 漢藥한약.

丙은 正印정인, 衰宮쇠궁, 印綬庫藏인수고장, 羊刃양인.

丁은 偏印편인, 丁未, 羊刃양인(陰刃음인), 帶宮대궁, 印綬庫藏인수고장.

戊는 比劫비겁, 羊刃양인, 衰宮쇠궁, 官庫관고.

己는 比肩비견, 己未, 羊刃양인, 燥土조토, 모래, 자갈 땅, 陽地양지,
　　　帶宮대궁, 官庫관고.

庚은 傷官상관, 財庫재고, 帶宮대궁, 暗藏에는 乙庚合.

辛은 食神식신, 辛未, 衰宮쇠궁, 財庫재고, 暗藏에는 乙辛冲, 梟神殺효신살.

壬은 正財정재, 養宮양궁, 傷食庫藏상식고장, 暗藏에는 丁壬合.

癸는 偏財편재, 癸未, 墓宮묘궁, 絶地절지, 暗藏에는 丁癸冲, 傷食庫상식고.

■ 己未가 아래 地支를 만나면

子는 正財정재가 偏財편재, 桃花殺도화살, 絶地절지, 胞宮포궁, 天貴星천귀성,
　　　怨嗔殺원진살, 暗藏에는 丁癸冲, 六害殺육해살, 水隔殺수격살, 旬
　　　中空亡순중공망, 天乙貴人천을귀인.

丑은 比肩비견, 己丑, 墓宮묘궁, 傷食庫상식고, 丑未沖, 月殺월살, 凍土동토, 旬中空亡순중공망, 暗藏에는 丁癸沖, 乙辛沖, 天厄星천액성, 湯火殺탕화살, 十惡日십악일.

寅은 正官정관, 死宮사궁, 鬼門關殺귀문관살, 暗藏에는 甲己合, 天權星천권성, 殺印相生살인상생, 亡神殺망신살, 天喜神천희신, 湯火殺탕화살.

卯는 偏官편관, 己卯, 卯未三合, 大將軍대장군, 將星殺장성살, 天破星천파성, 急脚殺급각살, 病宮병궁, 懸針殺현침살, 文曲貴人문곡귀인.

辰은 比劫비겁, 衰宮쇠궁, 財庫재고, 攀鞍殺반안살, 天奸星천간성, 暗藏에는, 丁癸沖, 眞土진토.

巳는 偏印편인이 正印정인, 己巳, 梟神殺효신살, 暗藏에는 乙庚合, 旺宮왕궁, 驛馬殺역마살, 落井關殺낙정관살, 天文星천문성, 巳未는 方合, 三災黑氣삼재흑기.

午는 正印정인이 偏印편인, 冠宮관궁, 馬夫殺마부살, 天福星천복성, 六合, 方合, 活人星활인성, 祿녹, 三災陰氣삼재음기.

未는 比肩비견, 己未, 伏吟복음, 羊刃殺양인살, 帶宮대궁, 急脚殺급각살, 華蓋殺화개살, 同合, 方合, 官庫관고, 燥土조토, 天驛星천역성, 三災白殺삼재백살.

申은 傷官상관, 浴宮욕궁, 美人計미인계, 天孤星천고성, 暗藏에는 丁壬合, 乙庚合, 泄氣설기, 盜氣도기, 劫殺겁살, 未申合, 紅鸞星홍란성, 天乙貴人천을귀인, 截路空亡절로공망.

酉는 食神식신, 己酉, 天刃星천인성, 災殺재살, 生宮생궁, 暗藏에는 乙辛沖, 斷橋關殺단교관살, 文昌貴人문창귀인, 截路空亡절로공망, 天廚

貴人천주귀인.

戌은 比劫비겁, 暗藏에는 乙辛冲, 未戌刑殺미술형살, 印綬庫인수고, 自己
　　庫藏자기고장, 天殺천살, 六破殺육파살, 天藝星천예성, 墓宮묘궁, 養宮양궁.

亥는 偏財편재가 正財정재, 己亥, 絶地절지, 胎宮태궁, 地殺지살, 天壽星
　　천수성, 亥未三合, 十惡日십악일, 暗藏에는 甲己合, 丁壬合.

■ 己未가

木에는 財星재성.

火에는 傷官상관, 食神식신.

土에는 比肩비견, 比劫비겁.

金에는 印綬인수.

水에는 官星관성.

亥卯未生은 巳午未年에 三災殺삼재살이다. 白殺백살 巳午未年에는
卯 東方이 大將軍方位대장군방위다. 大將軍方位는 白虎方位백호방위다.
一時停止일시정지와 같다. 增築증축이나 修理수리는 避피함이 좋고 上
下 구별 없이 厄액이 따른다. 未에는 酉가 喪門상문이요 巳가 弔客
조객이다. 乙庚日에는 午未가 截路空亡절로공망. 寅未는 鬼門關殺귀문
관살, 甲申旬中갑신순중에는 午未가 旬中空亡순중공망. 子未는 怨嗔殺원진살,
六害殺육해살, 甲戊庚日에 丑未가 天乙貴人천을귀인. 巳午未月生에 未
는 急脚殺급각살. 亥月生에 未는 斷矯關殺단교관살. 申月에 未는 活
人星활인성. 未는 變하기도 잘하지만 變하지 않을 때도 있다. 未月

에 入胎月입태월은 戌. 丑未日生 入胎日은 266日. 午와 申의 夾협은
未이다.

己未의 變化

己土는 土生金에는 인색하나 土剋水는 잘한다. 그러나 地支의
未土에는 生剋制化생극제화를 할 수 없으며, 甲己合은 中正之合중정지합
이라 하며 己土는 天干에 生도 剋도 하며 形而上學的형이상학적으로
는 地支未土에 生剋制化를 잘한다. 未土는 地支끼리도 生剋制化
를 할 수 있으며 勢力세력으로도 따라가며 天干에도 生剋制化를
할 수 있다.

건설 건축경기가 살아난다고 보며 바쁜 한해라고 예상된다. 대
지가 형질변경이 되니 대지가 관에 수용되는 것과 같으며 대지
가 선상으로 되었으니 중소도시나 농촌에 구획정리가 있을 것으
로 예상된다. 건축은 때에 따라 부실공사가 예상되기도 한다. 기
술이 발전하고 기술에 관한 논문발표가 많아진다고 보며, 학생은
무역학과, 육군사관학교, 기술교육과, 체육학과, 건축과, 토목과,
경찰학과, 한문, 역사학과에 인기가 몰릴 것이 예상된다. 羊刃양인
이 되는 해라 경쟁이 심하다고 여겨지며 비밀은 없어지고 투명
할 수밖에 없으며 공조가 분명하여 원가절약이 되기도 하며 또
한 부실원자재를 쓸 수도 있게된다. 메마른 땅이라 건조하니 물
부족 현상이 있겠다고 예상된다. 찜통더위에는 냉동식품이나 빙

과류장사가 성수기를 이룰 것이 예상되기도 하며 휴가가 길어지기도 하며 냉방기계류나 양수기 등이 물품이 품절 되는 현상이 있으리라 예상된다. 땅이 갈라지는 현상이니 지진이나 화산도 예상되기도 하며 메마른 땅에 나무가 없으니 산불도 예상된다. 土가 生을 못하니 쟁투가 많아지며 편이 갈라지기도 한다. 마음은 변하지가 않으나 행동은 변화를 하게 된다.

己未의 비밀성 變化

취직부탁을 하였다가 사기를 당하기도 하며 눈뜨고 도둑맞고, 직장의 경쟁률이 심하여지니 하늘에 별 따기요, 금전보다는 명예를 우선하며, 부모님의 뒷받침으로 벼슬길에 오르기도 하며, 동료로 인하여 직장을 잃고 애인도 빼앗기게 된다. 관청을 상대로 하는 사업을 좋아하며, 정보계통이나 통신기술, 건축감독 직종에 소질이 있으며, 외국으로 진출하여 기술을 습득하고 돈을 벌 연구를 하고, 저당되어있는 집을 매입하여 이사를 하게 되며, 보증서류로 인한 관재가 발생하기도 한다. 모방기술로 인해 새로운 연구개발을 하게되며, 마음이 급하여 서두르다 놓치기 쉬우며, 허황된 꿈에 부풀어 정치에 입문하여 일확천금을 노릴 궁리를 하며, 일하는 자보다 놀고 먹는 자가 많으며, 불모지 땅에 형질변경이나 개발이 돈이 되며, 주는 것이 인색하나 나가면 돌아올 줄 모르며, 투자를 하고싶어하나 회수능력이 줄어들고, 일은 하나 내 것이라는 개념이 없으니 진전이 없으며, 의리는 있으나 비밀이 없으며 일등은 못하니 후보나 보결이요, 빗대기는 잘하나 말 뿐이요, 나무가 없어지는 형상이니 불조심하라는 뜻이요, 직장에서 동료가 생기니 이상이 잘 맞으며, 비밀조직의 직업이 잘 맞으니 감찰이나 감독이 적격이며, 직업은 언론방송이나 신문기자가 잘 맞으며, 행정업무에는 통달을 하였으며.

己未의 노출성 變化

관재 구설에 말 한번 잘못하여 누명쓰고 쫓겨나며, 직장이 아니라 호랑이 굴속과 같으며, 성질이 급하여 속전속결하는 것이 흠이요, 친구나 동료에게 마음을 선뜻 주지 못하며, 사귀는 친구가 많지 않으며 내성적이고 인색하며, 직업변동이 많으며 일하는 기간보다 노는 날이 많기도 하며, 현금으로 집을 사면 바로 뒤에 돈 쓸 일이 생기며, 기억력이 없어지고 눈에 피로감이 자주 오며, 부모싸움에 가정이 불안하여지며 공부가 안되고, 술친구는 많아도 진정한 친구는 없으며, 계 조직을 하였다하면 잘못되며 하는 것마다 잘못되며, 형제로 인하여 가정불화가 심하여지고, 투자를 하였다하면 속임수에 빠져들고, 비밀이 오래가지 못하니 이간질을 잘하게 되고, 비방이 앞서며 정상적이 아니라 빗대는 소리를 잘하며, 갑자기 신경성위장장애가 발생하며 고통을 받기도 하고, 마음이 좁으니 이익금 분배에는 양보가 없으며, 불합격통지서에 웬 말인가 애인마저 떨어져나가며, 소식이 왔다하면 위반한 서류에 범칙금이 늘어나고, 동가식서가숙이라 말 한마디에 매를 맞으며, 모처불화에 하루도 편한 날이 없으며, 백수들의 모임에 참석했다 하면 쟁투가 벌어지며, 건망증이 늘어나니 분실이 많아지고, 이사를 했다하면 집이 동토 나서 돈을 까먹게 되고, 친구에게 하소연하나 부탁하나 들어주지 않는다.

庚申

■ 庚

形而上學형이상학 精神정신 始시 東 有情유정 上半期상반기 前進전진 得득 實실 생각 生成 上體상체 겉모양 外的외적 勝승 吉길 先 明 낮 地上 太過태과 自由. 天干은 天干끼리 生剋制化생극제화를 할 수 있다. 天 干은 地支를 生剋制化 할 수 없다.

■ 申

形而下學형이하학 物質물질 終종 西 無情무정 下半期하반기 後退후퇴 失실 虛허 行動행동 消滅소멸 下體하체 속 모양 內的내적 敗패 凶흉 後후 暗암 밤 地下 不及불급 拘束구속 地支는 天干을 生도 剋도 할 수 있고 地支는 地支끼리 生剋制化를 할 수 있다. 申金은 生도 잘하며 剋도 잘하고 변화도 잘한다. 申金은 合이 될 때도 있고 안될 때 도 있다.

■ 庚

月星월성 純金순금 煉金연금 剛金강금 鋼鐵강철 陽金양금 死金사금 更갱

무쇠 兵草之權병초지권 命分명분 改革性개혁성 更新갱신 風霜풍상 白氣백기 雨雹우박 革命家혁명가 古物고물 肅殺之氣숙살지기 變革性변혁성 義理의리 冷靜냉정 急速급속 剛直강직 골격 昆蟲類곤충류 胛骨動物갑골동물 白露백로 龜귀 變化動物변화동물 動物동물은 까마귀 造化조화가 五行 中에 第一 많다. 勇敢용감 輕薄性경박성 果斷性과단성 名譽명예 體統체통 決斷力결단력 一身일신이 恒時항시 고되다.

■ 申

立秋입추 處暑처서 改革개혁 肅殺之氣숙살지기 變革변혁 更新갱신 神氣신기 霜상 神신 角각 兵草병초 陽金양금 猴후 坤方곤방 白色백색 冷氣냉기 燥조 國防국방 交通교통 運輸운수 機械기계 製鐵제철 怒노 剛金강금 急速급속 鐵物철물 四生之局사생지국 三陰之氣삼음지기 白虎백호 名分명분 體統체통 昆蟲類곤충류 龜구 血光혈광 堅固견고 老窮노궁 義理의리 冷靜냉정 頑金丈鐵완금장철 胛骨動物갑골동물 變化動物변화동물 懸針殺현침살 骨格골격 痔疾치질 肺폐 大腸대장 盲腸맹장 鐵馬철마 自動車자동차 天孤星천고성 結實결실 模倣모방 夕陽석양 凉양 神신을 관장 포부가 크다. 强柔강유 함축 金生水도 잘하고 金剋木도 잘한다. 午後 3時에서 5時까지.

職 業

■ 庚

車차, 運輸業운수업, 整備정비, 武器무기, 材料商재료상, 資材자재, 機械

기계, 交通교통, 製鐵제철, 鐵物철물, 駐車場주차장, 兵器병기, 軍人군인, 警察경찰, 運動운동, 皮膚美容피부미용, 理髮師이발사, 스포츠마사지, 撮影촬영, 建設건설, 建築건축, 敎育교육.

■ 申

寺刹사찰, 自動車자동차, 運輸業운수업, 鐵物철물, 整備정비, 機械기계, 軍人군인, 運動운동, 武器무기, 資材자재, 針침, 皮膚美容피부미용, 마사지.

性 格

주관이 너무 강하여 냉정하다 못해 차갑게 보이며 지나치게 완벽하여 거만하게 보이는 것이 흠이요 영리하고 재주는 있으나 인정이 부족하고 의리 때문에 약자 편에 서다보니 항상 손해를 보며 형제로 인한 탈재가 번다하다. 겉으로 보기에는 일편단심 변하지 않을 것 같으나 내심으로는 잘 변하기도 하고 또한 따뜻한 면도 있다. 그러나 남들이 잘 믿어주지 않으며 선뜻 다가서기가 어려운 면도 있다. 명예를 우선으로 삶 하기에 명분을 내세워주면 본인의 간이라도 떼어줄 정도로 남을 믿는 것이 흠이며 체통 없는 일에는 가담하지 않으며 결단력이 강하고 매사에 계획이 있어 끝맺음을 잘하는 스타일이다. 일거리를 스스로 만들기 때문에 일신이 항시 고되고 혁명가의 기질로 타고나 선두에 나서는 일이 많다. 여명도 지나치게 강하여 독신주의가 많으며 본인이 가구주로서 의심이 많으면서도 친구로 인한 손해는 면할 길이 없다. 관으로는 군인, 경찰이 제격이며 사업으로는 운수, 식품, 주차장, 운동가에 해당되며 큰 재복은 없으니 명예를 우선으로 따라감이 좋겠으며 건강은 간담 허약에 기관지나 폐에 주의를 요하며 항시 몸을 따뜻하게 하는 것이 좋겠다.

場所장소 : 야영장, 카바레, 촬영, 풍월이 노는 곳.

健康건강 : 肺폐, 大腸대장, 氣管支기관지, 骨格골격, 皮膚피부, 鼻비, 齒牙치아, 痔疾치질, 盲腸맹장, 血液혈액, 嗅覺후각, 腸疾扶謝장질부사, 循環期系統순환기계통.

天干으로 庚金은 9數요 變化변화하면 4數에 辛金이 된다. 맛은 매운맛이요 색상은 백색이며, 申金은 未坤申미곤신 西南쪽 方位이며 季節계절로는 申月 초가을이요 人物로는 中男에 속하고 하루로는 午後 3時에서 5時까지이며 三陰之氣삼음지기요 地支 申金은 數理수리로 9數요 金生水도 잘하고 金剋木도 잘한다.

■ 地藏干 : 庚 壬

暗藏암장은 비밀스러운 것, 생각이 많은 것이다. 남에게 밝히기를 싫어하며 미래를 내다보는 것도 된다. 暗藏은 다정한 것 속사정 후중한 것 대가성을 내심 따진다. 暗藏合에는 乙庚合, 丁壬合이 있는데 天干에 乙, 丁이 있으면 본인의 계획대로 하려고 한다. 沖에는 甲庚沖, 丙壬沖이 있는데 天干에 甲, 丙이 있으면 변화가 많고 내심 성격도 급하다.

申은 申子辰, 申子, 子辰, 申辰은 三合局, 坎卦_{감괘}, 申酉戌은 方
合, 卯申은 怨嗔殺_{원진살}, 鬼門關殺_{귀문관살}. 申亥는 六害殺_{육해살}.
寅卯辰은 三災_{삼재}. 寅巳申은 三刑殺_{삼형살}. 申에 水隔殺_{수격살}
은 戌.

■ 庚申이 아래 天干을 만나면

甲은 偏財_{편재}, 甲申, 懸針殺_{현침살}, 殺印相生_{살인상생}, 甲庚沖, 絶地_{절지},
胞宮_{포궁}, 活人_{활인}.

乙은 正財_{정재}, 暗藏에는 乙庚合, 絶地_{절지}, 胎宮_{태궁}.

丙은 偏官_{편관}, 丙申, 暗藏에는 丙壬沖, 財殺地_{재살지}, 財官同臨_{재관동림},
月德空_{월덕공}, 絶地_{절지}, 不情胞胎_{부정포태}, 病宮_{병궁}, 文昌貴人_{문창귀인}.

丁은 正官_{정관}, 財殺地_{재살지}, 暗藏에는 丁壬合, 淫亂之合_{음란지합}, 浴
宮_{욕궁}, 月德合_{월덕합}.

戊는 偏印_{편인}, 戊申, 孤鸞殺_{고란살}, 文昌貴人_{문창귀인}, 天廚貴人_{천주귀인},
病宮_{병궁}, 泄氣_{설기}, 天赦星_{천사성}.

己는 正印_{정인}, 泄氣_{설기}, 盜氣_{도기}, 土變_{토변}.

庚은 比肩_{비견}, 庚申, 專祿_{전록}, 伏吟_{복음}, 冠宮_{관궁}, 敬神_{경신}.

辛은 比劫_{비겁}, 旺宮_{왕궁}.

壬은 食神_{식신}, 壬申, 十惡日_{십악일}, 梟神殺_{효신살}, 長生宮_{장생궁}, 月德貴
人_{월덕귀인}, 文曲貴人_{문곡귀인}.

癸는 傷官상관, 死宮사궁, 天德貴人천덕귀인.

■ 庚申이 아래 地支를 만나면

子는 食神식신이 傷官상관, 庚子, 泄氣설기, 死宮사궁, 金沈금침, 天貴星천귀성, 旬中空亡순중공망, 申子三合, 水局수국, 將星殺장성살, 落井關殺낙정관살.

丑은 正印정인, 天喜神천희신, 攀鞍殺반안살, 自己庫자기고, 天厄星천액성, 天乙貴人천을귀인, 旬中空亡순중공망, 墓宮묘궁.

寅은 偏財편재, 庚寅, 驛馬殺역마살, 寅申冲, 暗藏에는 丙壬冲, 甲庚冲, 天權星천권성, 絶地절지, 胞宮포궁, 子宮閉塞症자궁폐색증, 金木相戰금목상전, 三災天蟲삼재천충, 急脚殺급각살, 十惡日십악일.

卯는 正財정재, 暗藏에는 乙庚合, 馬夫殺마부살, 怨嗔殺원진살, 鬼門關殺귀문관살, 三災地刑삼재지형, 天破星천파성, 胎宮태궁.

辰은 偏印편인, 庚辰, 魁罡殺괴강살, 斷矯關殺단교관살, 申辰三合, 華蓋殺화개살, 三災天劫삼재천겁, 養宮양궁, 傷食庫상식고, 暗藏에는 乙庚合, 戊癸合, 天奸星천간성, 梟神殺효신살.

巳는 正官정관이 偏官편관, 巳申刑殺사신형살, 劫煞겁살, 生宮생궁, 暗藏에는 丙壬冲, 天文星천문성, 六破殺육파살, 文曲貴人문곡귀인.

午는 偏官편관이 正官정관, 庚午, 暗藏에는 丁壬合, 天福星천복성, 大將軍대장군, 紅艶殺홍염살, 絶地절지, 浴宮욕궁, 災殺재살, 截路空亡절로공망.

未는 正印정인, 未申은 坤土곤토, 財庫재고, 暗藏으로 丁壬合, 乙庚

合, 截路空亡절로공망, 天驛星천역성, 帶宮대궁, 紅鸞星홍란성, 天殺
천살, 活人星활인성, 鬼神門귀신문, 天乙貴人천을귀인.

申은 比肩비견, 庚申, 祿녹, 伏吟복음, 同合, 地殺지살, 方合, 鐵馬철마,
冠宮관궁, 天孤星천고성.

酉는 比劫비겁, 羊刃殺양인살, 桃花殺도화살, 旺宮왕궁, 天刃星천인성, 方合.

戌은 偏印편인, 庚戌, 魁罡殺괴강살, 水隔殺수격살, 印綬庫인수고, 官庫관고,
月殺월살, 天藝星천예성, 暗藏으로 丁壬合, 衰宮쇠궁, 急脚殺급각살,
方合, 梟神殺효신살.

亥는 傷官상관이 食神식신, 病宮병궁, 金沈금침, 天壽星천수성, 亡神殺망신살,
暗藏으로 甲庚沖, 六害殺육해살, 文昌貴人문창귀인, 天廚貴人천주귀인.

■ 庚申이

木에는 官星관성.

火에는 財星재성.

土에는 傷官상관, 食神식신.

金에는 比肩비견, 比劫비겁.

水에는 印綬인수.

寅午戌生은 申酉戌年에 三災殺삼재살이다. 人皇인황 申酉戌年에는
午 南方이 大將軍方位대장군방위다. 大將軍方位는 白虎方位백호방위로
일시정지와 같다. 增築증축이나 修理수리는 避피함이 좋고 상하 구별
없이 厄액이 따른다. 申에는 戌이 喪門상문이요 午가 弔客조객이다.

甲己日에 申酉가 截路空亡절로공망. 甲戌旬中갑술순중에는 申酉가 旬中空亡순중공망. 乙己日에는 子申이 天乙貴人천을귀인. 辰月에 申은 斷矯關殺단교관살, 酉月에 申은 活人星활인성. 卯申은 怨嗔殺원진살, 鬼門關殺귀문관살, 申亥는 六害殺육해살, 寅巳申은 三刑殺삼형살, 申巳는 六破殺육파살, 三殺삼살은 巳午未, 申은 變하기도 잘하지만 변하지 않을 때도 있다. 申月에 入胎月입태월은 亥. 入胎日은 寅申日生은 256日. 酉와 未의 夾은 申.

庚申의 變化

庚金은 金生水도 잘하고 金剋木도 잘한다. 그러나 地支의 申金에는 生剋制化생극제화를 할 수 없으며 乙庚合은 仁義之合인의지합이라 하며 庚金은 天干에 生도 剋도 하며 形而上學的형이상학적으로는 地支申金에 生剋制化를 잘한다. 申金은 地支끼리도 生剋制化를 할 수 있으며 勢力세력으로도 따라가며 天干에도 生剋制化를 할 수 있다.

냉해로 인한 농작물 피해가 클 것이 있을 것으로 예상된다. 국내외 단체여행객이 많아질 것이 예상된다. 자동차사고는 합동사고에 주의가 필요하다고 예상된다. 학생은 기계공학과, 해양학과, 해군사관학교, 경찰대학교, 불교학과, 예능계열에 인기가 있을 것으로 예상된다. 경쟁이 심하고 투자가 늘어나니 경영업무가 바쁘다고 본다. 동반자가 나타나며 의로운 형제로 인하여 좋은 인연이 된다. 기술취득은 쉬워지나 산업스파이로 인한 구설이 예상된다. 모든 것이 급해지고 성급함으로 인하여 인사사고나 쟁투가 대상자요 인내가 필요하며 시비구설이 있게 된다. 교육정책이 예전과 변함이 없으며 인색함이 있다고 예상된다. 기술자가 남아 돌아가니 보수가 적어진다고 예상된다. 내 것이라는 개념이 적기 때문에 한량기질로 변할 수 있으며, 비밀은 많으나 오래가지 못하며 건망증에 분실수가 있으며, 경쟁에 있어서는 후보나 보결로 밀려나니 이긴다는 개념이 줄어들고 진다는 압박감에 시달릴 수가 있게 된다. 남의 말을 잘 믿으며 믿는 만큼 손실은 따르게 되어 있으며, 의리 때문에 손실을 입게 되고 대리근무에 손실이 따르며, 군인이나 경찰은 돌발사고에 주의가 필요하다고 예상된다.

庚申의 비밀성 變化

음식문화와 노는 장소가 성수기를 이루며 돈의 소비량이 많아질 것이 예상된다. 친구하나 잘못 사귀게되면 패가망신하게 되고, 맞벌이를 하거나 부부가 장사를 같이 하게 되며, 친구의 우정이 재물로 연결되기도 하며, 불필요한 친구가 많아지며 의심과 동시 시기질투 모함에 시달리며 욕심이 많아지고 돈과 여자에 탐도 많아지게 된다. 학생은 등급에서 밀려나게 되며 점수가 나오지를 않으며, 지혜가 적중되니 쉽게 돈을 벌려하고 노력의 대가를 따지며, 투자확장의 경영에 큰 뜻을 품고 매진하며, 돈놀이에 사채, 도박을 하게되고 금전독촉에 시달리며, 채소는 서리나 우박에 고사되며 씨앗의 발아가 늦기도 한다. 농사는 흉작에 가격은 올라가기만 하고, 여행객이 늘어나며 관광의 해가 되기도 하며, 운수업과 물류센터가 성수기를 맞이하게 되고, 친구에게 애인은 함부로 소개시키지 않아야 하며, 묘목을 키우는 것이 돈이 되며 씨앗장사가 잘되며, 본래가 기술자라 일이 없으면 스스로 일을 만들어서 하고, 운수업이나 중장비가 적성에 잘 맞으며, 일이 끊어지면 장기간 휴지기라 철저한 대비가 필요하며, 사진이나 영화촬영에 소질이 많으며, 본인은 인색하지 않다고 하나 남이 보고 판단할 때에는 인색함이 있게 되고, 차갑게 보이나 인정이 많으며, 강한 자에게는 강하고 약한 자에게는 인정에 약하며, 부지런한 만큼의 노력의 대가성은 적으며.

庚申의 노출성 變化

갑상선, 임파선, 편도선이 약하여 감기에 잘 걸리며, 여자는 자궁질환에 자궁암까지 염려되기도 하며, 육친불화에 다혈질이요 성급함이 문제요 인내가 필요하며, 여자는 직업변화가 많으며 애인을 자주 바꾸고, 金은 피부라 피부마사지 직업이 제격이요, 말투의 억양이 거세지고 톤이 높아지며 거칠어지고, 직업은 철새요 하루가 편안한 날이 없으며, 부모님의 돈벌이가 약하여 항상 허덕이며, 東西가 부딪치는 경우라 앞뒤 순서가 없으며, 건강은 타고났으나 어느 누가 알아주는 이가 없으며, 수입은 작고 지출은 많아지며 주머니가 빈털터리요, 무쇠주먹이라 싸움은 잘하니 운동이 제격이요, 군인이나 경찰이 적성에 잘 맞으며 기술자에 속하고, 금속기술에는 일가견이 있어 따를 자가 없으며, 계산은 빠르나 상하구별을 못하고 안정을 찾지 못하며, 이긴다는 것은 이기는 것이 아니라 지는 것이요, 나를 간섭하는 것을 가장 싫어하며 내심으로는 최고가 되기를 바란다. 남의 여자가 내 여자로 둔갑해 보이며, 모든 것에 인색하나 여자에게는 인색하지가 않으며, 배짱은 두둑한 것처럼 보이나 내심 두근거림이 많으며, 내가 관리를 하고싶어하나 관리를 당하는 것은 싫으며, 동네북에 사업을 하였다하면 실패가 눈앞에 보이며, 눈썰미는 있으나 일반상식이 적으며 배움이 부족하고, 내 것이라는 개념이 안으로는 가득 차 있으며, 빗대는 소리를 잘하며 변화를 하고 싶어한다.

辛酉

■ 辛

　　形而上學형이상학　精神정신　始시　東　有情유정　上半期상반기　前進전진　得득　實실　생각　生成　上體상체　겉모양　外的외적　勝승　吉길　先　明　낮　地上　太過태과　自由.　天干은　天干끼리　生剋制化생극제화를　할　수　있다.　天干은　地支를　生剋制化　할　수　없다.

■ 酉

　　形而下學형이하학　物質물질　終종　西　無情무정　下半期하반기　後退후퇴　失실　虛허　行動행동　消滅소멸　下體하체　속　모양　內的내적　敗패　凶흉　後후　暗암　밤　地下　不及불급　拘束구속　地支는　天干을　生도　剋도　할　수　있고　地支는　地支끼리　生剋制化를　할　수　있다.　酉金은　生은　인색하나　剋은　잘하고　변화가　없다.　酉金은　合이　되어도　변함이　없다.

■ 辛

　　寒露한로　陰金음금　柔金유금　新신　霜상　細金세금　鐘종　生金생금　軟金연금　龜구　兵草병초　우박　꿩　更新갱신　義理의리　冷靜냉정　急速급속　改革性개혁성

肅殺之氣숙살지기 變革性변혁성 昆蟲類곤충류 土石토석 美人미인 貴金屬귀금속 金佛象금불상 非鐵金屬비철금속 金銀珠玉금은주옥 變化動物변화동물 胛骨動物갑골동물.

■ 酉

白露백로 秋分추분 鷄계 陰金음금 生金생금 軟金연금 金금 銀은 珠玉주옥 針침 非鐵金屬비철금속 燥조 輕金屬경금속 製鍊제련된 金금 淸白청백 正西정서 四旺之局사왕지국 兌宮태궁 結實결실 白色백색 角각 冷氣냉기 銅線동선 鳳凰봉황 急速급속 白虎백호 名分명분 體統체통 龜구 血光혈광 堅固견고 老窮노궁 義理의리 冷靜냉정 胛骨動物갑골동물 昆蟲類곤충류 變化動物변화동물 霜상 貴金屬귀금속 술독 가위 收수 酒器주기 午後 5時에서 7時까지 칠면조 굽힐 줄을 모른다. 天刃星천인성 霜雪상설 肅殺之氣숙살지기 懸針殺현침살 타인을 잘 돕는다. 새로운 것, 金生水는 인색하나 金剋木은 잘한다.

職　業

■ 辛

寺刹사찰, 宗敎종교, 飮酒음주, 金屬금속, 齒科치과, 音樂음악, 樂器악기, 金銀細工금은세공, 古物고물, 工具공구, 洋品양품, 술그릇, 資材자재, 皮膚美容피부미용, 理髮師이발사, 스포츠마사지.

■ 酉

貴金屬귀금속, 非鐵金屬비철금속, 寺刹사찰, 鍾종, 時計시계, 武科무과, 針침, 齒科치과, 皮膚美容피부미용, 洋品양품, 마사지, 理髮師이발사, 運動운동, 寫眞機사진기, 兵器병기, 機械기계, 音樂家음악가, 樂器악기.

性 格

인물이 준수하고 깔끔하며 신사다운 면이 있으며 의리와 명예로서 살아가니 선망의 대상이며 뭇 여성들이 많이 따르겠다. 똑똑하고 영리하여 두뇌회전이 빠르고 언어구사 능력에도 능하나 너무나 깨끗하여 결벽증이 있고 완벽함을 요하며 한번 마음먹으면 끝까지 파고드는 성격의 소유자이기도 하다. 세심하면서도 결단력이 있어 차가운 면은 있으나 어려운 난관에 부딪쳐도 차분하게 대처해 나가는 것이 특징이다. 지나치게 청백함은 오히려 고독을 자초하니 과신은 금물이며 또한 돈이 따르지 않으니 탐재하지 말고 명예를 우선으로 하는 것이 좋을 듯 싶다. 부모 덕이 없어 일찍 사회에 진출하여 사업성의 기질을 타고났지만 사업보다는 공무원이 제격이며 배우자 또한 공직이 제격이니 맞벌이 부부가 현명할 것이며, 여명은 청순하고 예쁘게 꾸미길 좋아하나 세심하고 까다로운 인상에 결벽증이 있으며 일명 공주병에 가깝다 하겠다. 남편 덕이 없으며 부군의 작첩으로 독수공방하기 쉽고 종교와 인연이 깊다.

직업으로는 행정, 문화, 경찰관, 감사관, 형무관, 치과, 금은세공, 전자통신 등에 종사함이 제격이며 건강으로는 냉한 체질에 간담이 약하고 폐에 병이 오면 백약이 무효이니 각별히 주의를 요하며 대장, 치질에도 주의하기 바란다.

人物인물 : 裁判軍人재판군인, 警察官경찰관, 調査官조사관이요.

場所장소 : 警察署경찰서, 法政법정, 刑務所형무소 等등이다.

健康건강 : 肺폐, 大腸대장, 氣管支기관지, 骨格골격, 皮膚피부, 鼻비, 痔疾치질, 齒牙치아, 盲腸맹장, 血疾혈질, 臭覺취각, 造血조혈.

天干으로 辛金은 4數요 變化변화하면 1數에 壬水가 된다. 맛은 매운맛이요 색상은 백색이며, 酉金은 方位는 西쪽이요 季節계절로는 가을이며, 하루로는 午後 5時에서 7時까지이며 四陰之氣사음지기요 地支 酉金이 數理수리로는 4數요 金生水는 吝嗇인색하나 金剋木은 잘한다.

■ 地藏干 : 辛

暗藏암장은 비밀스러운 것, 생각이 많은 것이다. 남에게 밝히기를 싫어하며 미래를 내다보는 것도 된다. 暗藏은 다정한 것 대가성을 내심 따진다. 暗藏合에는 丙辛合이 있으며 天干에 丙火가 있으면 本人의 계획대로 하려 하고, 冲에는 乙辛冲이 있는데 天干에 乙木이 있으면 변화가 많을 뿐더러 본인의 계획대로 안 된다.

酉는 巳酉丑, 巳酉, 丑酉, 巳丑은 三合局, 兌卦태괘, 申酉戌은 方
合, 子酉는 六破殺육파살, 寅酉는 怨嗔殺원진살, 戌酉는 六害殺
육해살, 天刃星천인성, 午는 大將軍대장군. 申酉戌은 三災삼재, 水
隔殺수격살은 申.

■ 辛酉가 아래 天干을 만나면

甲은 正財정재, 絶地절지, 胎宮태궁.

乙은 偏財편재, 乙酉, 絶地절지, 懸針殺현침살, 胞宮포궁, 乙辛沖, 坐不安
席좌불안석, 鍼術침술.

丙은 正官정관, 絶地절지, 丙辛合, 死宮사궁.

丁은 偏官편관, 丁酉, 絶地절지, 生宮생궁.

戊는 正印정인, 埋金매금, 死宮사궁.

己는 偏印편인, 己酉, 泄氣설기, 生宮생궁.

庚은 比劫비겁, 月德貴人월덕귀인, 旺宮왕궁, 羊刃양인.

辛은 比肩비견, 辛酉, 祿녹, 伏吟복음, 內庭白虎내정백호, 天轉殺천전살.

壬은 傷官상관, 浴宮욕궁.

癸는 食神식신, 癸酉, 病宮병궁, 地轉殺지전살, 文曲貴人문곡귀인, 梟神殺
효신살.

■ 辛酉가 아래 地支를 만나면

子는 傷官상관이 食神식신, 子酉, 六破殺육파살, 天喜神천희신, 鬼門關殺
귀문관살, 三災地戶삼재지호, 天貴星천귀성, 馬夫殺마부살, 生宮생궁, 泄

氣설기, 天廚貴人천주귀인, 文昌貴人문창귀인, 旬中空亡순중공망.

丑은 偏印편인, 辛丑, 養宮양궁, 酉丑三合, 自己庫藏자기고장, 華蓋殺화개살,
三災地刑삼재지형, 天厄星천액성, 梟神殺효신살, 旬中空亡순중공망.

寅은 正財정재, 暗藏으로 丙辛合, 劫殺겁살, 胎宮태궁, 天德貴人천덕귀인,
急脚殺급각살, 天權星천권성, 天乙貴人천을귀인, 怨嗔殺원진살.

卯는 偏財편재, 辛卯, 懸針殺현침살, 卯酉沖, 暗藏으로 乙辛沖, 金木
相戰금목상전, 災殺재살, 天破星천파성, 絶地절지, 胞宮포궁, 牛山之木
우산지목.

辰은 正印정인, 埋金매금, 辰酉六合, 天奸星천간성, 墓宮묘궁, 暗藏으로
戊癸合, 乙辛沖, 傷食庫상식고, 天殺천살, 陰陽음양이 駁雜박잡,
截路空亡절로공망.

巳는 偏官편관이 正官정관, 辛巳, 巳酉三合, 暗藏으로 丙辛合, 死宮
사궁, 天文星천문성, 斷矯關殺단교관살, 地殺지살, 截路空亡절로공망.

午는 正官정관이 偏官편관, 桃花殺도화살, 天福星천복성, 紅鸞星홍란성, 大
將軍대장군, 文曲貴人문곡귀인, 病宮병궁, 天乙貴人천을귀인.

未는 偏印편인, 辛未, 衰宮쇠궁, 財庫재고, 月殺월살, 天驛星천역성, 暗藏
으로 乙辛沖, 夾申협신, 梟神殺효신살.

申은 比劫비겁, 水隔殺수격살, 方合, 亡神殺망신살, 天孤星천고성, 旺宮왕궁,
退身퇴신, 落井關殺낙정관살, 活人星활인성.

酉는 比肩비견, 辛酉, 祿녹, 伏吟복음, 冠宮관궁, 方合, 同合, 天刃星천
인성, 將星殺장성살, 冠宮관궁, 天轉殺천전살.

戌은 正印정인, 羊刃殺양인살, 官庫관고, 印綬庫인수고, 急脚殺급각살, 六

害殺_{육해살}, 方合, 帶宮_{대궁}, 攀鞍殺_{반안살}, 天藝星_{천예성}.

亥는 食神_{식신}이 傷官_{상관}, 辛亥, 泄氣_{설기}, 盜氣_{도기}, 金沈_{금침}, 浴宮_{욕궁}, 驛馬殺_{역마살}, 天壽星_{천수성}, 三災天敗_{삼재천패}, 孤鸞殺_{고란살}.

■ 辛酉가

木에는 官星_{관성}.

火에는 財星_{재성}.

土에는 傷官_{상관}, 食神_{식신}.

金에는 比肩_{비견}, 比劫_{비겁}.

水에는 印綬_{인수}.

寅午戌生은 申酉戌年에 三災殺_{삼재살}이다. 天劫_{천겁} 申酉戌年에는 午 南方이 大將軍方位_{대장군방위}다. 大將軍方位는 白虎方位_{백호방위}이 며 一時停止_{일시정지}와 같다. 增築_{증축}이나 修理_{수리}는 避_피함이 좋고 上下 구별 없이 厄_액이 따른다. 酉에는 亥가 喪門_{상문}이요 未가 弔 客_{조객}. 甲己日에는 申酉가 截路空亡_{절로공망}. 甲戌旬中_{갑술순중}에는 申 酉가 旬中空亡_{순중공망}. 丙丁日에 亥酉가 天乙貴人_{천을귀인}. 未月生에 酉는 斷矯關殺_{단교관살}, 戌月에 酉는 活人星_{활인성}. 春月_{춘월}에 酉日酉 時는 盲人殺_{맹인살}, 寅酉는 怨嗔殺_{원진살}. 子酉는 鬼門關殺_{귀문관살}, 六 破殺_{육파살}, 酉戌은 六害殺_{육해살}, 酉는 變하지 않는 것이 특징이기 도 하나 때로는 고집이 쌔다. 庚日에 酉는 羊刃殺_{양인살}. 酉月에 入胎月_{입태월}은 子. 三殺_{삼살}은 寅卯辰. 卯酉日生 入胎日_{입태일}은 246

日. 申과 戌의 夾_협은 酉. 佛國_{불국}에 鐘_종. 노래 소리 歌聲_{가성} 樂器_{악기} 神器_{신기}요 他人介入性_{타인개입성}.

辛酉의 變化

辛金은 金生水에는 인색하나 金剋木은 잘한다. 그러나 地支의 酉金에는 生剋制化_{생극제화}를 할 수 없으며 丙辛合은 威制之合_{위제지합}이라 하며 辛金은 天干을 生도 剋도 하며 形而上學的_{형이상학적}으로는 地支酉金에 生剋制化를 잘한다. 酉金은 地支끼리도 生剋制化를 할 수 있으며 勢力_{세력}으로도 따라가며 天干에도 生剋制化를 할 수 있다.

비철금속과 귀금속 가격이 오름세를 나타낼 것으로 예상된다. 날씨가 고르지 못하며 찬 공기가 불규칙적이라고 예상된다. 학생은 정치외교학과, 해군사관학교, 금속공학과, 전자공학과, 도시공학과, 교육학과, 경찰학과 등에 인기가 있을 것으로 예상된다. 냉동식품은 예년에 비해 소비가 줄어들 것으로 예상된다. 금형가공의 일이 많아지고 금속공작의 일이 많아진다고 보며 기계류 수출도 늘어난다고 예상된다. 철도와 자동차기술이 개발이 예상되고 전자산업의 기술개발로 인해 귀금속의 수요가 늘어날 것으로 예상된다. 상품이 품질향상으로 불량상품은 자연 후퇴하게 된다고 본다. 외적인 것보다 내실을 다지는 한해가 될 것으로 예상된다. 대가성 없는 투자는 하지 않으려 하나 명분 있는 사업에는 많은 투자자들이 몰릴 것으로 예상된다. 원자재 가격이 상 승을 하게되고 소모품의 소비가 늘어날 것이 예상된다. 사고가 났다하면 큰 사고로 연결될 것으로 예상된다. 법률이 강화되거나 감사조사가 엄하게 진행된다고 예상된다. 소비자는 새 상품을 좋 아하고 구매심리가 살아날 것으로 본다. 강한 인상으로 타협 같 은 것은 통하지 않을 것 같으나 속은 유순하여 타협의 여지는 남아있다고 본다.

辛酉의 비밀성 變化

행정공무원, 감독관, 비밀수사기관에서 근무하는 것이 좋으며 금은보석이나 가공금속이 오름세를 나타낼 것으로 보며, 전기통 신사업에 변화를 가져오며, 채권 돈놀이, 사채시장이 행보가 바 빠지며, 여자는 새 옷 선물 받기를 좋아하며, 보증서면 집 잃고 직장도 떨어지며 정신적인 압박을 받으며, 경쟁률이 심하니 직장 이 점점 들어가기가 어려워지며, 실업자는 예년에 비해 수치가 늘어날 것으로 본다. 친구나 동료로 인하여 손실을 입으며 배신 이나 사기 당하고, 자식의 사고나 위법행위로 인해 스트레스를 많이 받으며, 공직생활하며 육영사업자에게 도움을 주게 되고, 송사가 많으며 윗사람이 아랫사람과 자리바꿈을 하게되고, 부군 이 어린애와 같으며 대리근무는 함정에 빠지고, 서리나 우박으로 인한 피해가 있을 것으로 보며, 타인의 것이 내 것이 되니 욕심이 많아지게 되고, 연인과 연애가 많아지고 결혼식이 많아지며, 여자는 짝사랑에 빠지고 사랑하는 사람 앞에서 말문이 터지지 않으며, 포부가 커지고 아는 것이 많아지니 마음이 든든하고, 교육이나 언론 또는 정치에 꿈이 많아지며, 나의 제자를 키우고 싶으며 강한 성격에 더욱 강해지고, 안으로는 강하고 밖으로는 부드러우며 외강내유에 속하며, 바꾸기를 좋아하거나 꾸미기를 좋아하고, 비교적 성격이 단순하기는 하나 모순된 점은 없으며, 복잡한 것을 싫어하고 쉬운 일만 택하고 싶어하며, 보석이 불빛이라 항상 마음은 밝으며 아름답다.

辛酉의 노출성 變化

신경이 날카로우며 편두통에 시달리기도 하며, 분재나 수형 전지를 잘하는 기술자가 되기도 하며, 처의 건강이 부실하여지고 신경성질환에 시달리며, 갑자기 허리나 위장장애가 일어날 수 있으며, 눈뜨고 도둑맞게 되며 배신당하고 내 돈 쓰고 구설수에 오르내리게 되고, 형제로 인하여 고생이 떠날 사이가 없으며, 성급한 판단으로 일을 그르치면 처도 망하고 의심 의처증이 심하여지며, 서리나 우박으로 인한 피해가 속출하며 채소과일은 품귀현상이 나타나기도 하며, 욱하는 성격으로 인한 판단착오가 많아지기도 하며, 뜬구름 잡다 놓치니 일확천금을 노리지 말 것이며, 친구로 인하여 돈 떨어져 애인 떨어져 갈곳이 없어지고, 급히 먹는 음식은 체하는 격이니 서두르지 말 것이며, 東西가 충을 하니 월식과 같으며 앞이 캄캄하여지고, 여자는 자궁질환이나 또는 약한 것이 흠이요, 잔머리는 잘 돌아가니 꾀도 많고 요령도 좋다 할 수 있고, 차가운 인상이라 말을 건네기가 어려우며, 치아가 기형이며 손톱발톱이 기형이요 피부병에 시달리고, 폐병에 관하여 한번 병이 걸리면 백가지 약이 무효라. 완벽주의자에 까다로움이 많으며 또한 재주는 알아줄 만하며, 욕심으로 시작은 하나 욕심 때문에 패망의 원인이 되며, 서리맞고 없어지니 그림 속에 떡이요 앞이 보이지 않으며, 승자가 아니라 패자요 이긴다는 생각의 자체가 잘못이요, 관리가 아니라 사람이 멀어져가고 있으며, 도와주고 뒤집어쓰며 좋은 일 하여주고 욕먹는다.

壬戌

■ 壬

形而上學형이상학 精神정신 始시 東 有情유정 上半期상반기 前進전진 得득 實실 생각 生成생성 上體상체 겉모양 外的외적 勝승 吉길 先 明 낮 地 上 太過태과 自由. 天干은 天干끼리 生剋制化생극제화를 할 수 있다. 天干은 地支를 生剋制化 할 수 없다.

■ 戌

形而下學형이하학 物質물질 終종 西 無情무정 下半期하반기 後退후퇴 失실 虛허 行動행동 消滅소멸 下體하체 속 모양 內的내적 敗패 凶흉 後후 暗암 밤 地下 不及불급 拘束구속 地支는 天干을 生도 剋도 할 수 있고 地支는 地支끼리 生剋制化를 할 수 있다. 戌土는 生도하며 剋도 잘하고 변화가 많다. 戌土는 合이 될 때도 있고 안될 때도 있다.

■ 壬

大雪대설 雲운 精정 水氣수기 밤 冬節동절 雪설 氷빙 始作시작 進化진화 萬物만물의 宗主종주요. 澤택 연못 海水해수 湖水호수 浦水포수 停止水정지수 陽水양수 亥水해수 死水사수 江水강수 收藏수장 智慧지혜 霜露상로 戰場전장 妊임 流水유수 橫流횡류 江河강하 氷雪빙설 監獄감옥 玄武현무 陰凶음흉 呻吟신음 秘密비밀 欺滿기만 凝固응고 結氷결빙 遲延지연 溶解용해 忍耐인내 流動유동 姙娠임신 適應적응을 잘함. 始시와 終종. 물은 東南동남으로 흐른다. 性성은 險難험난하고 奸詐간사하고 智謀지모 淫음. 字義자의는 川 江 水.

■ 戌

寒露한로 霜降상강 寒土한토 滅멸 狗구 晚秋之氣만추지기 陽土양토 旺土왕토 燥土조토 剛土강토 火山화산 언덕 堤防제방 天門星천문성 乾宮건궁 西北艮方서북간방 天羅地網천라지망 魁罡殺괴강살 敬神性경신성 燃料연료탱크 宗敎종교 寺院사원 四庫之局사고지국 信신 午後 7時에서 9時까지 大驛土대역토 五陰之氣오음지기 土生金은 吝嗇인색하나 土剋水는 잘한다. 開發개발을 할 수 있는 땅이다. 收穫수확의 時期시기 寺刹사찰은 戌土가 있으면 운영을 잘한다. 活人활인을 잘한다.

職 業

■ 壬

바다, 外國語외국어, 船舶선박, 海運해운, 水産수산, 法務법무, 外務외무, 食品식품, 酒類주류, 氷菓類빙과류, 冷凍業냉동업, 貿易무역, 沐浴湯목욕탕, 풀장, 硏究家연구가, 敎育교육, 造景조경, 微生物미생물.

■ 戌

變電所변전소, 乾電池건전지, 蓄電池축전지, 家電製品가전제품, 動資部동자부, 商工部상공부, 電氣전기, 電子전자, 技術者기술자, 宗敎종교, 易學역학, 道人도인, 僧人승인, 巫堂무당, 場所장소, 佛國불국나라, 不動産부동산, 警備경비, 倉庫창고, 醫藥業의약업, 九流術業구류술업, 敬神경신.

性 格

지혜가 있고 인정이 많으며 성품이 강건하고 똑똑하며 남성다운 기질이 있으며 까다로운 성격에 급하면서도 완벽한 것을 좋아하고 꾀가 많은 것이 특징이다. 남을 돌보아주기를 좋아하기는 하나 대가성을 바라고 있기에 돈에 집착력이 강하게 보이며 욕심이 많은 것이 흠이다. 겉으로는 잔잔하고 편안하게 보이나 속으로는 회오리치는 파도와 같이 급한 성격이기에 매사를 대화로 풀어나가야 하겠고 壬水는 하늘이요 戌土는 천문에 지기라 옥황상제의 출입문이니 만큼 신기가 있으며 미세한 소리까지 감지할 수 있으니 기억력이 좋고 선견지명에 앞날을 내다보며 자기에 책임임무를 잘 이행하는 편이다. 水 자체는 흘러가는 물이라 물이라는 것은 흐르지 못하면 썩는 물이 되어 질병을 유발하니 운동으로서 몸을 움직여주어야 하겠고 재복은 있으나 처의 잔병이 있겠으며 여명은 시어머니 잔병에 편안한 날이 없으며 평생 일복은 타고났다 하겠다. 관으로는 재정, 법정, 군경이나 의과에 입신하는 것이 좋겠고 사업으로는 식품, 의약, 부동산에 소질이 있어 부귀를 겸전하나 건강으로는 결석, 당뇨, 혈압 등으로 고생을 하겠다.

人物인물 : 발명가, 미생물연구가.

場所장소 : 海洋해양, 연못, 夜間야간.

健康건강 : 腎臟신장, 膀胱방광, 耳鳴이명, 泌尿器비뇨기, 生殖器생식기, 聽覺청각, 睾丸고환, 水分수분, 唾液타액, 몸이 붓는 증상, 脾胃비위, 腰요, 腹部복부, 肌肉기육, 口구, 脅협, 皮膚피부, 血壓혈압, 糖尿당뇨, 結石결석.

　天干으로 壬水는 1數요 變化하면 8數에 乙木이 된다. 맛은 짠맛과 단맛이요 색상은 흑색과 황색이며, 戊土에 方位는 戌乾亥술건해, 乾方건방 西北 間方간방이요 季節계절로는 戌月 가을이요 人物로는 中女이다. 하루로는 午後 7時부터 9時까지이며 五陰之氣오음지기요 地支 戊土는 數理수리로 5數요 土生金은 吝嗇인색하나 土剋水는 잘한다.

■ 地藏干 : 戊 丁 辛

　暗藏암장은 비밀스러운 것, 생각이 많은 것이다. 남에게 밝히기를 싫어하며 미래를 설계하는 것도 된다. 暗藏合은 다정한 것 사랑이요 내심 명분을 찾는 것이다. 暗藏合에는 戊癸合, 丁壬合, 丙辛合이 있는데, 天干에 癸, 壬, 丙이 있으면 본인의 계획대로 하려 하고 沖에는 丁癸沖, 乙辛沖이 있는데 天干에 癸, 乙이 있으면 변화도 많고 역시 다혈질이 되기도 한다.

戌은 寅午戌, 寅戌, 午戌, 寅午는 三合局, 離卦이괘, 申酉戌은 方合, 酉戌은 六害殺육해살, 丑未戌은 三刑殺삼형살, 未戌은 六破殺육파살, 巳戌은 怨嗔殺원진살, 鬼門關殺귀문관살, 天藝星천예성, 天羅地網殺천라지망살. 水隔殺수격살은 午, 三殺삼살은 寅卯辰.

■ 壬戌이 아래 天干을 만나면

甲은 食神식신, 甲戌, 絶地절지, 折木절목, 財官同臨재관동림, 養宮양궁, 財庫재고, 傷食庫상식고.

乙은 傷官상관, 絶地절지, 墓宮묘궁, 折木절목, 暗藏으로 乙辛沖.

丙은 偏財편재, 丙戌, 白虎大殺백호대살, 天月德貴人천월덕귀인, 暗藏으로 丙辛合, 丙壬沖, 墓宮묘궁, 泄氣설기, 自己庫藏자기고장, 傷食庫상식고.

丁은 正財정재, 丁壬合, 泄氣설기, 盜氣도기, 養宮양궁.

戊는 偏官편관, 戊戌, 魁罡殺괴강살, 十惡日십악일, 墓宮묘궁, 自己庫자기고, 印綬庫藏인수고장.

己는 正官정관, 養宮양궁.

庚은 偏印편인, 庚戌경술, 魁罡殺괴강살, 衰宮쇠궁, 官庫관고, 印綬庫藏인수고장.

辛은 正印정인, 羊刃殺양인살, 埋金매금, 帶宮대궁.

壬은 比肩비견, 壬戌, 伏吟복음, 魁罡殺괴강살, 懸針殺현침살, 白虎大殺백

호대살, 暗藏으로 丁壬合, 帶宮대궁, 絶地절지, 流塞유색, 財官同
臨재관동림, 財庫재고, 官庫관고.

癸는 比劫비겁, 暗藏으로 戊癸合, 丁癸沖, 絶地절지, 財官同臨재관동림,
衰宮쇠궁, 流塞유색.

■ 壬戌이 아래 地支를 만나면

子는 比肩비견이 比劫비겁, 壬子, 羊刃殺양인살, 暗藏으로 戊癸合, 丁癸
沖, 旺宮왕궁, 災殺재살, 天貴星천귀성, 旬中空亡순중공망.

丑은 正官정관, 丑戌, 三刑殺삼형살, 衰宮쇠궁, 天殺천살, 土木, 骨材골재,
鑛山광산, 天厄星천액성, 印綬庫인수고, 暗藏으로 戊癸合, 丁癸沖,
旬中空亡순중공망.

寅은 食神식신, 壬寅, 泄氣설기, 寅戌, 三合局, 地殺지살, 天權星천권성,
急脚殺급각살, 病宮병궁, 暗藏으로 丙壬沖, 丙辛合, 截路空亡절
로공망, 文昌貴人문창귀인, 天廚貴人천주귀인.

卯는 傷官상관, 死宮사궁, 卯戌六合, 讀書合독서합, 暗藏으로 乙辛沖, 絶地
절지, 桃花殺도화살, 天破星천파성, 截路空亡절로공망, 天乙貴人천을귀인.

辰은 偏官편관, 壬辰, 魁罡殺괴강살, 辰戌沖, 暗藏으로 丁癸沖, 乙辛
沖, 戊癸合, 天奸星천간성, 墓宮묘궁, 月殺월살, 自己庫藏자기고장.

巳는 正財정재가 偏財편재, 絶地절지, 胞宮포궁, 亡神殺망신살, 暗藏으로
丙辛合, 丙壬沖, 巳戌, 鬼門關殺귀문관살, 怨嗔殺원진살, 天文星
천문성, 紅鸞星홍란성, 天乙貴人천을귀인.

午는 偏財편재가 正財정재, 壬午, 斷矯關殺단교관살, 將星殺장성살, 水隔

殺_{수격살}, 午戌三合, 絶地_{절지}, 胎宮_{태궁}, 天福星_{천복성}, 大將軍_{대장군}, 暗藏으로 丁壬合.

未는 正官_{정관}, 傷食庫_{상식고}, 未戌, 三刑殺_{삼형살}, 六破殺_{육파살}, 攀鞍殺_{반안살}, 養宮_{양궁}, 天驛星_{천역성}, 暗藏으로 丁壬合, 乙辛冲.

申은 偏印_{편인}, 壬申, 生宮_{생궁}, 天孤星_{천고성}, 驛馬殺_{역마살}, 暗藏으로 丁壬合, 三災人皇_{삼재인황}, 文曲貴人_{문곡귀인}, 方合, 梟神殺_{효신살}.

酉는 正印_{정인}, 六害殺_{육해살}, 活人星_{활인성}, 方合, 天刃星_{천인성}, 馬夫殺_{마부살}, 三災天權_{삼재천권}, 浴宮_{육궁}.

戌은 偏官_{편관}, 壬戌, 魁罡殺_{괴강살}, 伏吟_{복음}, 絶地_{절지}, 帶宮_{대궁}, 華蓋殺_{화개살}, 官庫_{관고}, 財庫_{재고}, 同合, 方合, 懸針殺_{현침살}, 白虎大殺_{백호대살}, 天藝星_{천예성}, 急脚殺_{급각살}, 三災地災_{삼재지재}, 落井關殺_{낙정관살}.

亥는 比劫_{비겁}이 比肩_{비견}, 祿_녹, 冠宮_{관궁}, 劫殺_{겁살}, 天喜神_{천희신}, 天壽星_{천수성}, 乾宮_{건궁}, 暗藏으로 丁壬合.

■ 壬戌이

木에는 印綬_{인수}, 財星_{재성}.

火에는 官星_{관성}, 傷官_{상관}, 食神_{식신}.

土에는 財星_{재성}, 比肩_{비견}, 比劫_{비겁}.

金에는 食神_{식신}, 傷官_{상관}, 印綬_{인수}.

水에는 比肩_{비견}, 比劫_{비겁}, 官星_{관성}.

寅午戌生은 申酉戌年에 三災殺삼재살이다. 地災지재 申酉戌年에는 午 南方이 大將軍方位대장군방위다. 大將軍方位는 白虎方位백호방위다. 一時停止일시정지와 같다. 增築증축이나 修理수리는 避피함이 좋고 上下 구별 없이 厄액이 따른다. 戌에는 子가 喪門상문이요 申이 弔客조객. 十惡日십악일은 戊戌. 甲子旬中갑자순중에는 戌亥가 旬中空亡순중공망. 申酉戌月에 戌은 急脚殺급각살. 午月生에 戌은 斷矯關殺단교관살. 寅申月에 戌은 水隔殺수격살. 亥月에 戌은 活人星활인성. 酉와 亥의 夾은 戌. 未戌은 六破殺육파살. 酉戌은 六害殺육해살. 巳戌은 怨嗔殺원진살, 鬼門關殺귀문관살. 戌月에 入胎月입태월은 丑. 辰戌日生 入胎日은 296 日. 戊土는 변하기도 잘하면서 변하지 않을 때도 있다.

壬戌의 變化

壬水는 水生木도 잘하고 水剋火도 잘한다. 그러나 地支의 戊土에는 生剋制化생극제화를 할 수 없으며 丁壬合은 淫亂之合음란지합이라 하며 壬水는 天干을 生도 剋도 하며 形而上學的형이상학적으로는 地支戊土에 生剋制化를 잘한다. 戊土는 地支끼리도 生剋制化를 할 수가 있으며 勢力세력으로도 따라가며 天干에도 生剋制化를 할 수 있다.

재주가 너무 많아 어느 한가지에 특별한 것이 없으며, 학생은 한의학과, 정치외교학과, 해군사관학교, 육군사관학교, 경찰학과, 신문방송학과, 무역학과, 의약계, 철학과 등에 인기가 있다고 본다. 또한 편입도 경쟁이 심할 것으로 예상된다. 대체로 비가 많은 편이라 예측되며 해산물가격 등락 폭이 편차가 클 것으로 예상된다. 유행성질환으로 여기는 피부질환 또는 전염병으로 인한 세균질환 때문에 고생을 하게된다고 예상된다. 殺_살이 重重_{중중}하여 사고가 났다하면 큰 사고로 예상된다. 포위망이 좁혀드니 수사나 관리감독이 엄할 것이 예상된다. 물이 스며드는 현상이니 하자보수나 부실공사가 예상되고 음식물에 있어서는 식중독이나 감염환자가 예상되기도 하며, 의사는 군의관이 아니면 경찰병원의 경쟁이 심하여지고, 외교나 무역에 집중하며 갑자기 일이 늘어나며 바쁘게 된다. 땅속이 따뜻한 고로 지하수개발 또는 온천수개발이 잘되고 노천온천에 인기가 집중되고 많은 인파가 몰릴 것으로 본다. 물이 넘치는 현상이니 배관공사하자가 발생된다고 예상된다. 부패된 음식이나 다름없으니 식중독에 주의가 필요하며, 의약품, 유전자개발이 개가를 올릴 것이 예상된다.

壬戌의 비밀성 變化

시작은 좋으나 결과는 부실하니 금전독촉을 받으며, 음식장사나 토속적인 민속주점이 늘어날 것으로 보며, 부동산 경매물건에 관심도가 높아지며 투자가 많아지며, 명예와 돈과 바꾸고 아들이 돈벌어다주니 마음이 찡하고, 예감이 맞고 신기가 있어 앞일을 예측하기도 하며, 학생은 공부보다는 놀고 먹는데 관심이 더욱 많아지고, 과식은 위 무력증 내지 위하수증으로 나타나며, 부모님 사업을 물려받아 학장까지 하게되며, 남편의 능력이 돈으로 환산되고, 일은 많으나 소득 면에는 부실하고, 마음속으로는 돈을 벌어야겠다는 생각밖에 없으며, 사회에 봉사하는 기여도가 높으니 칭찬할만하며, 어깨너머로 배운 기술이 돈벌이로 연결되며, 컴퓨터나 오락 또는 예능분야의 뛰어난 재주가 있으며, 일하는 목적은 필연코 대가성으로 연결되며, 주택을 저당 잡혀 사업확장을 하면 사기로 넘어가기 쉬우며. 친구가 옆에 있는 주간공부는 기억력이 부실하여지고, 심근경색에 마음이 불안하여지고 초조하여지며, 법을 위반하고 타협을 보려하나 잘되지 않으며, 물위에 등불이라 등대지기와 같으니 처량하고 외로우며, 친구소개로 만난 남자는 나에게 만족하고 생활에 충족하며, 형제는 많아도 가족이 화합을 잘하고 분위기가 좋으며, 부모님의 재산은 형제들에게 골고루 나누어 돌아가고, 아버지의 형제가 화합을 잘 하고 서로가 도움을 주며, 우리 집은 기술자 집안으로 대를 이어가며.

壬戌의 노출성 變化

임시직마저 그만두게되고 믿었던 종교도 개종하게 된다. 먹는 것을 밝히며 여자한테는 잘하지만 처가 잔병에 시달리게 되고, 눈병이 많은 해이라 병원출입이 많아지고, 처와 시동생이 거리가 멀어지며 우애가 없으며, 돈답게 써 보지도 못하고 패망하게 되며, 월급 생활하다 모은 돈을 친구 꼬임으로 친구에게 다 날리며, 자식 하는 일이 안되고 되는 일이 없으니 말을 더듬게 된다. 비바람을 동반한 해일과 같은 일에 걸려들기도 하며, 부동산이 법망에 걸려 위기에 몰리기도 하며, 돈 때문에 친구 잃고 남편에게 싫은 소리 들으며 친정에 가 화풀이한다. 일을 하다보면 실수가 많아 하자가 발생이 되고, 예능방면에 타고난 재주는 있으나 발굴을 못하고, 법에 저촉되는 일을 잘하며 위법행위는 밥 먹듯이 하며, 형제의 교사로 처가 이혼제기를 해오며, 자식 때문에 고향을 떠나야 살 수 있으며, 동서지간의 교사로 시어머니와 잦은 투쟁이요, 돈을 빌려주었다 하면 받지 못하고 속병이 생기고, 애인을 자주 바꾸는 이치라 철새와 같으며 믿음이 없게 되고, 한 번 실수에 낙태수술로 고생을 하여보고, 과식으로 인한 포만에 위장장애가 많아지며, 허리가 약한 증상은 음식을 빨리 먹기 때문이니 천천히 먹어야 할 것이며, 과부 살에 바른 소리 잘하니 외로워도 외롭지 않다 생각하며, 유랑팔자에 마음이 조급하여 장래성이 없으며, 성격이 급해 받을 자세가 되어있지 않으니 인내가 필요하다.

癸亥

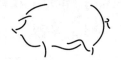

■ 癸

形而上學형이상학 精神정신 始시 東 有情유정 上牛期상반기 前進전진 得득 實실 생각 生成 上體상체 겉모양 外的외적 勝승 吉길 先 明 낮 地上 太過태과 自由 天干은 天干끼리 生剋制化생극제화를 할 수 있다. 天干 은 地支를 生剋制化 할 수 없다.

■ 亥

形而下學형이하학 物質물질 終종 西 無情무정 下牛期하반기 後退후퇴 失실 虛허 行動행동 消滅소멸 下體하체 속 모양 內的내적 敗패 凶흉 後후 暗암 밤 地下 不及불급 拘束구속 地支는 天干을 生도 剋도 할 수 있고 地支는 地支끼리 生剋制化를 할 수 있다. 亥水는 生도하며 剋도 잘하고 변화가 많다. 亥水는 合이 될 때도 있고 안될 때도 있다.

■ 癸

小寒소한 揆규 陰水음수 柔水유수 弱水약수 雲霧운무 泉水천수 川水천수 生水생수 活水활수 溪水계수 遲延지연 收藏수장 智慧지혜 霜露水상로수 안

개 地下水지하수 潤下之性윤하지성 困厄性곤액성 凝固응고 破壞性파괴성 장
마비 反覆玄武반복현무 陰凶음흉 呻吟신음 秘密비밀 슬픔 欺滿기만 雨露
水우로수 結氷결빙 流動유동 溶解용해 忍耐인내 始시와 終종 動物동물은 박
쥐 適應적응을 잘함. 東南으로 흐른다. 性은 險難험난 奸詐간사 智謀
지모 淫음. 字義자의는 川 江 水.

■ 亥

立冬입동 小雪소설 湖水호수 海水해수 江水강수 浦水포수 停止水정지수
橫流횡류 暖流난류 乾方건방 天河水천하수 天門星천문성 天壽星천수성 魚種
類어종류 六陰之氣육음지기 動物동물은 猪저 收藏수장 陽水양수 死水사수 雪설
寒한 凝응 終종이면서 始作시작 空亡공망은 房內念佛방내염불이다. 核핵
外陰內陽외음내양 外柔內强외유내강 午後 9時에서 11時까지, 질서를
잘 지킨다.

職 業

■ 癸

藝術工藝예술공예, 宇宙工學우주공학, 旅館여관, 세탁소, 法曹界법조계,
풀장, 造船조선, 船員선원, 茶房다방, 外航船외항선, 海洋學科해양학과, 外
務部외무부, 微生物工學미생물공학, 物理學물리학, 水產物수산물, 氷菓類빙과
류, 곰팡이 균 研究연구, 무역, 言論언론, 食品식품, 酒類주류, 술집, 養
殖場양식장, 上下水道상하수도, 外國語외국어, 海運해운, 情報정보, 술, 食
堂식당, 魚貝類어패류.

■ 亥

바다, 外國語외국어, 海運해운, 船舶선박, 水産수산, 食品식품, 貿易무역, 沐浴湯목욕탕, 海草類해초류, 外國외국, 法법, 佛國불국, 修道人수도인, 宗敎指導者종교지도자, 旅館여관, 水泳場수영장.

性 格

주체가 강하여 어느 누구의 도움 없이도 충분히 이겨나가며 선견지명에 천재적인 두뇌요 잔잔한 성품이며 외유내강에 마음이 넓고 지혜가 있어 어디를 가든 환대를 받을 것이다. 예감이 빠르고 두뇌가 좋아 발명가의 소질이 있어 목표를 향하여 묵묵히 매진함은 따를 자가 없겠고 명예를 우선으로 하는 국제적인 인물이 될 것이며 그 무한한 잠재력은 높이 평가할 만하다. 그러나 화가 났다하면 앞뒤 보이는 것이 없으며 운이 좋지 못하면 공부를 중단하게 되고 일찍 사회에 진출하여 친구들과 어울리게 되며 닥치는 데로 일을 저지르며 되는 일이 없어 거꾸로 세상을 살아가게 될 것이다. 부모 덕은 없으나 처덕은 좋아 처의 내조로 자수성가 할 수 있으며 어려운 난관에서도 슬기롭게 대처해가면 좋은 결과가 있을 것이다. 여명은 본인이 너무 똑똑하여 장남 장녀의 역할을 하겠고 어떤 일이든 나서서 하는 스타일이며 남을 도와주려는 마음 또한 기특하다.

직업으로는 법정, 외교, 교육계에 입신함이 좋겠고 건강은 신장, 방광에 주의를 해야하며 항상 밝고 명랑한 마음가짐으로 가벼운 운동과 함께 생활하는 것이 건강의 비결이라 하겠다.

人物_{인물} : 硏究官_{연구관}, 情報官_{정보관}, 調査官_{조사관}, 檢査官_{검사관}.

場所_{장소} : 움직이는 곳, 놀고 즐기는 곳, 쉬는 곳.

健康_{건강} : 腎臟_{신장}, 膀胱_{방광}, 泌尿器_{비뇨기}, 耳_이, 睾丸_{고환}, 水分_{수분}, 唾液_{타액}, 몸이 붓는 症狀_{증상}.

天干으로 癸水는 6數요 變化하면 7數에 丙火가 된다. 맛은 짠맛이며 색상은 흑색이요, 亥水의 方位는 西北 間方_{간방}에 乾 方向이요 季節_{계절}로는 亥月은 겨울이요 하루로는 午後 9時부터 11時까지이며 六陰之氣_{육음지기}요 地支 亥水는 數理로 6數이며 水生木도 잘하고 水剋火도 잘한다.

■ 地藏干 : 壬 甲

暗藏_{암장}은 비밀스러운 것, 생각이 많은 것이다. 남에게 밝히기를 싫어하며 미래를 내다보는 것도 된다. 暗藏合은 다정한 것 내심 명분을 잘 따진다. 暗藏合에는 丁壬合, 甲己合이 있는데, 天干에 丁, 己가 있으면 本人의 생각대로 하려 하고 沖에는 丙壬沖, 甲庚沖이 있는데 天干에 丙, 庚이 있으면 변화가 많고 내심 정신 산만도 된다.

亥는 亥卯未, 亥未, 亥卯, 卯未는 三合局, 震卦_{진괘}, 亥子丑은 方

合, 寅亥는 六破殺육파살. 申亥는 六害殺육해살, 辰亥는 怨嗔殺원진살, 鬼門關殺귀문관살, 十惡日십악일은 丁亥, 己亥, 癸亥日, 亥에 水隔殺수격살은 辰. 酉는 大將軍대장군 巳午未는 三災삼재.

■ 癸亥가 아래 天干을 만나면

甲은 傷官상관, 生宮생궁, 漂木표목, 月德貴人월덕귀인, 文曲貴人문곡귀인.

乙은 食神식신, 乙亥, 浮木부목, 死宮사궁, 天德貴人천덕귀인, 梟神殺효신살.

丙은 正財정재, 絶地절지, 胞宮포궁, 暗藏으로 丙壬沖, 天乙貴人천을귀인.

丁은 偏財편재, 丁亥, 胎宮태궁, 暗藏으로 丁壬合, 丁癸沖, 十惡日십악일, 天乙貴人천을귀인.

戊는 正官정관, 絶地절지, 胞宮포궁, 土流토류, 財官同臨재관동림, 不情胞胎부정포태, 戊癸合.

己는 偏官편관, 己亥, 土流토류, 絶地절지, 胎宮태궁, 暗藏으로 甲己合, 十惡日십악일.

庚은 正印정인, 病宮병궁, 暗藏으로 甲庚沖, 天廚貴人천주귀인, 文昌貴人문창귀인.

辛은 偏印편인, 辛亥, 金沈금침, 盜氣도기, 泄氣설기, 浴宮욕궁, 孤鸞殺고란살.

壬은 比劫비겁, 冠宮관궁, 暖流난류.

癸는 比肩비견, 癸亥, 十惡日십악일, 大海水대해수.

■ 癸亥가 아래 地支를 만나면

子는 比劫비겁이 比肩비견, 祿녹, 桃花殺도화살, 天貴星천귀성, 冠宮관궁,

方合, 旬中空亡_{순중공망}, 截路空亡_{절로공망}.

丑은 偏官_{편관}, 癸丑, 急脚殺_{급각살}, 方合, 印綬庫藏_{인수고장}, 暗藏으로 甲己合, 天厄星_{천액성}, 月殺_{월살}, 帶宮_{대궁}, 羊刃殺_{양인살}, 白虎大殺_{백호대살}, 懸針殺_{현침살}, 旬中空亡_{순중공망}, 截路空亡_{절로공망}.

寅은 傷官_{상관}, 亡神殺_{망신살}, 暗藏으로 丙壬沖, 浴宮_{육궁}, 六合, 天權星_{천권성}, 六破殺_{육파살}.

卯는 食神_{식신}, 癸卯, 亥卯三合, 將星殺_{장성살}, 天破星_{천파성}, 天乙貴人_{천을귀인}, 文昌貴人_{문창귀인}, 泄氣_{설기}, 生宮_{생궁}, 天廚貴人_{천주귀인}, 落井關殺_{낙정관살}.

辰은 正官_{정관}, 水隔殺_{수격살}, 怨嗔殺_{원진살}, 鬼門關殺_{귀문관살}, 急脚殺_{급각살}, 天奸星_{천간성}, 攀鞍殺_{반안살}, 養宮_{양궁}, 紅鸞星_{홍란성}, 自己庫藏_{자기고장}.

巳는 偏財_{편재}가 正財_{정재}, 癸巳, 巳亥沖, 暗藏으로 甲庚沖, 丙壬沖, 戊癸合, 天文星_{천문성}, 胎宮_{태궁}, 驛馬殺_{역마살}, 黑氣三災_{흑기삼재}, 天乙貴人_{천을귀인}.

午는 正財_{정재}가 偏財_{편재}, 暗藏으로 丁壬合, 丁癸沖, 甲己合, 馬夫殺_{마부살}, 絶地_{절지}, 天福星_{천복성}, 胞宮_{포궁}, 陰氣三災_{음기삼재}.

未는 偏官_{편관}, 癸未, 亥未三合, 暗藏으로 甲己合, 丁壬合, 丁癸沖, 絶地_{절지}, 傷食庫_{상식고}, 墓宮_{묘궁}, 天驛星_{천역성}, 華蓋殺_{화개살}, 白殺三災_{백살삼재}, 斷橋關殺_{단교관살}.

申은 正印_{정인}, 死宮_{사궁}, 暗藏으로 甲庚沖, 六害殺_{육해살}, 天孤星_{천고성}, 劫殺_{겁살}.

酉는 偏印편인, 癸酉, 病宮병궁, 大將軍대장군, 災殺재살, 天刃星천인성, 文曲貴人문곡귀인, 地轉殺지전살, 梟神殺효신살.

戌은 正官정관, 絶地절지, 衰宮쇠궁, 財庫재고, 官庫관고, 乾宮건궁, 暗藏으로 丁壬合, 戊癸合, 丁癸冲, 天藝星천예성, 天殺천살, 活人星활인성, 天喜神천희신.

亥는 比肩비견이 比劫비겁, 癸亥, 旺宮왕궁, 伏吟복음, 天壽星천수성, 地殺지살, 方合, 同合.

■ 癸亥가

木에는 印綬인수.

火에는 官星관성.

土에는 財星재성.

金에는 傷官상관, 食神식신.

水에는 比肩비견, 比劫비겁.

巳酉丑生이 亥子丑年에 三災殺삼재살이다. 天敗천패 亥子丑年에는 酉 西方向이 大將軍方位대장군방위다. 大將軍方位는 白虎方位백호방위다. 一時停止일시정지와 같다. 增築증축이나 修理수리는 避피함이 좋고 上下 구별 없이 厄液액액이 따른다. 亥에는 丑이 喪門상문이요 酉가 弔客조객. 甲子旬中에는 戌亥가 旬中空亡순중공망. 丙丁日에 亥酉가 天乙貴人천을귀인, 寅卯辰月에 亥가 急脚殺급각살. 子月에 亥는 斷矯關殺단교관살, 子月에 亥는 活人星활인성. 戌과 子 사이에 夾은 亥, 亥

水는 잘 變나 變하지 않을 때도 있다. 亥月에 入胎月입태월은 寅. 巳亥日生 入胎日은 286日. 寅亥合은 六合 亥가 寅을 보면 德덕이 없고 官災관재 損財손재가 多發다발, 亥가 辰을 보면 死豚사돈이다. 丁 亥 丁酉日生은 一貴格일귀격이다. 亥는 잠이 많고 筋肉근육이 없어 물을 좋아한다. 亥가 文昌문창이면 水産수산, 醫療의료, 敎員교원, 敎 授교수에 該當해당된다. 亥生에 亥日이면 一專心崇佛일전심숭불이면 天 恩천사를 입는다. 亥가 巳火를 冲충하면 불꽃이 일고 화려하다. 亥 는 丙火를 보면 잔잔한 湖水호수이므로 長久官印장구관인에 該當해당 된다.

癸亥의 變化

癸水는 水生木에는 인색하나 水剋火는 잘한다. 그러나 地支 亥 水에는 生剋制化생극제화를 할 수 없으며 戊癸合은 無情之合무정지합 이라 하며 癸水는 天干에 生도 剋도 하며 形而上學的형이상학적으로 는 地支亥水에 生剋制化를 잘한다. 亥水는 地支끼리도 生剋制化 를 할 수 있으며 勢力세력으로도 따라가며 天干에도 生剋制化를 할 수가 있다.

금년은 유난히 비가 많으며 장마와 태풍 또는 홍수의 수해로 인한 피해가 클 것에 예상되어 그 대비책이 필요하다고 본다. 학생은 외국어학과, 정치외교학과, 해군사관학교, 미생물학과, 교 육학과, 해양학과, 상대, 생명공학에 인기가 있을 것으로 예상된다. 관광은 국내보다는 외국으로 여행을 하는 비율이 높을 것으로 예상되나 숙박업은 비수기가 될 것으로 본다. 건축은 긴 장마로 인해 침수되거나 산사태 누수현상의 피해가 클 것으로 예상된다. 무역이 확대 발전하며 외교상 서로간에 교역이 필요하다고 느끼게 될 것으로 예상된다. 환경의 변화에 따른 수질변화가 클 것이라고 예상된다. 화재는 줄어든 반면에 수재는 늘어날 것으로 예상된다. 비밀이 많아지고 도둑이 늘어나며 사회가 밝지를 못하며 법을 지키지 못한 자가 행동을 하며 국제적인 스파이 사건이 산업과 무역에 있어서 기술이 누출될 것으로 예상된다. 남을 비방하는 자가 많으며 경쟁이 치열할 것으로 예상된다. 여야가 한목소리로 국민의 편에서 봉사한다고 예상된다. 식당이나 요식업은 장사가 잘될 것으로 예상된다. 선박업이 발달하고 연구나 새로운 개발이 될 것이 예상된다.

癸亥의 비밀성 變化

생산업종이나 경영 쪽에 무리한 투자자가 많아지고, 돈에 관한 수리계산이나 암산능력이 빠르며 발달하고, 기술투자의 근원인 응용력과 상상력이 살아나며, 바다에는 태풍과 바람을 동반한 풍랑이 많고 노도가 심하다고 본다. 두뇌회전이 빠르고 교육계에 입신하며 승진하고, 자손이 관직에 입신하며 자손 때문에 명예가 생겨오며, 내가 생각하는 것은 큰 벼슬에 꿈을 품고 있으며, 주체는 강한데 성격이 급하여 생각할 겨를도 없이 일을 저지르고 좋은 일 하여주고 망신을 당하며 말을 한번 잘못하여 관재가 생기며 친구들과 집단행동으로 위반행위를 잘하며, 짧은 생각에 좌불안석이라 돈을 쓰는 데는 명수요, 부친의 재산이 손자에게 넘어가며 돈이 나가고 자손이 생기며 아버지의 하는 일이 할머니와 같으며, 잔재주는 많은데 재주부리다 자기 꾀에 넘어가며 함정에 빠지게되고, 친구와 동료로 인하여 돈의 손실을 보게 되며, 친구에게 소개받은 여자는 나보다 친구를 더 좋아하고, 자식의 직업은 건축이 아니면 공무원이 최고요, 미생물분야의 선구자로 좋은 결과가 있게되고, 단체로 여행가고 싶어하며 관광가이드를 하고싶어하며, 무게중심이 친구에게로 쏠리니 의리 때문에 멍들게 되고, 대여품목의 장사가 재미가 있으며, 장모가 처의 역할을 대신하며 장모가 젊어 보이고, 마음이 안정이 되지를 않아 밖으로 나돌게 되며, 가도 가도 보이지 않는 수평선이라 피로가 자주오며, 마음을 비우고 좋은 일 할 때에만 하는 일이 잘 되게 된다.

癸亥의 노출성 變化

정도가 아닌 편도로 행하면 보급로를 차단 당하게 되며, 말 한마디 실수로 탈락이라는 쓰라린 맛을 보며, 윗사람이(상사가) 신임하지 않으니 아부를 해야하며, 어머니의 잔소리는 자식간에 불화를 조성하게 되며, 하던 공부가 중단이라 직업전선에 뛰어들게 되고, 욕심이 많은 나머지 동업하거나 장사를 하면 사기를 잘 당하게 되고, 친구 때문에 갑자기 처의 마음이 변하며, 편도선, 임파선, 갑상선감기나 피부염증에 주의가 필요하며, 형제와 처는 안보면 보고싶고 보면 정이 없어지며, 유류 가격의 변동이 많으며, 해운업, 수산업에 조상조치가 내려지며, 양어 양식장은 해일로 인한 피해가 예상되기도 하며, 수인성질환 환자가 발생하면 전염예방에 주의가 필요하며, 식중독에 각별히 신경을 써야 하며, 노도가 심하니 돈의 흐름이 막히고 부도나며, 근원이 막히는 것은 내말 한마디 실수로 인한 것이요, 경쟁이 심하면 비밀도 노출이 되는 것이요, 상대방을 배짱으로 불안하게 만들면 나에게 접근을 하지 않으며, 나가면 들어오지 않으며 약속과 신용이 없으며, 위로 올라가길 바라나 종내는 내리막길이요, 경쟁에 있어서 거짓말은 본의 아니게 하는 것이요, 겉치레가 문제요 계획이 빗나가는 포장이 문제요, 참기가 힘들며 너무 크게 바라는 것이 흠이요, 남의 여자가 내 여자로 둔갑해 보이는 것이 흠이요, 배움의 목적은 써먹고 가르치며 봉사하는데 있다.

전화번호를 연구하게 된 사연

　사업을 하면서 경제적으로 안정을 얻어 이만하면 되겠다는 생각을 하던 어느 날 내게 병마가 찾아왔다. 이병원 저 병원 안 써본 약이 없이 백방으로 노력을 해 보았지만 병은 더 깊어가고 백약이 무효였다.

　그 무렵 우연한 인연으로 사주 추명학과 자미두수, 육효, 풍수지리를 접하게 되어 깊이 심취하게 된 결과 그 후로 내 병을 스스로 고치게 되어 지금은 건강을 되찾게 되었다. 그 후 나의 사주팔자는 물론 주변의 친지, 친구들, 가족들의 운명을 보면서 의문을 품고 연구를 하다가 느낀바가 있어 역학원을 시작하게 되었다.

　나처럼 어려움을 겪고 있는 딱한 이들의 상담을 하게 된지도 강산이 여러 번 바뀌고도 어언 몇 년째, 무언가 나 나름대로의 새로운 것을 연구해 보아야겠다고 결심한 뒤 그동안 건성으로 지나쳤던 주변의 사물 등을 유심히 관찰하게 되었다. 그러던 어느 날 전화번호부를 들여다보며 사람들의 이름과 숫자를 무심히 보던 중 섬광처럼 아이디어 하나가 떠올랐다.

　"아! 바로 이것이다!" 나는 무릎을 탁 쳤다. 관공서 장에서부터 직업을 가진 사람들에 관련된 번호는 모두 숫자를 이용한 기호로 이루어졌다. 그런데 전화번호란 나만의 고유번호인데 과연 어떤 역학관계가 있는 것일까? 사람들이 나를 부를 때는 이름을 부르면 대답을 하지만 전화는 소리가 들리지 않는 먼 곳에서도 숫자를 눌러 연결이 되면 대답하게 된다. 그렇다면 전화번호란 개개인의 암호와 같은 것이 아닐까?

이런 생각을 하게된 나는 "전화번호 같은 숫자와 개개인의 운명과의 함수 관계를 한번 파헤쳐 보자"는 의미에서 연구를 시작하게 되었다.

모든 일에는 시작과 결말이 있게 마련이다. 세속적인 일에 종사하게 되면 누구나 자기 이름 뒤에 전화번호를 붙여 쓰게 되는데, 거기에는 어떤 상관관계가 있을까? 세상일에는 반드시 까닭이 있게 마련이며 시작이 있으면 끝이 있는 법, 모든 일은 사필귀정인 것이니. 이것이 연구과제의 화두였으며 그 결과는 다음과 같다.

관공서와 같이 봉사를 위주로 하는 전화번호, 또는 봉사단체의 전화번호.

안정을 바라는 전화번호.

돈을 벌려고 하는 전화번호.

결재를 해야하는 전화번호.

일만을 열심히 하는 전화번호.

관리를 잘하는 전화번호.

재미있는 것은 본인의 사주와 연관하여 운이 좋은 사람은 대개 전화번호도 좋았다. 그러나 실패한 사람들의 번호는 무언가 숫자 속에 결여된 기호나 암호 같은 것이 있어 나쁜 결과에 오히려 보탬이 되고 있었다. 그러면 A라는 사람에게 안 좋은 번호라고 해서 B라는 사람에게도 나쁜가 하면 그렇지는 않다는 것이다. 직업에 따라 또는 그 사람의 운명에 따라 좋고 나쁜 점도 다르게 작용한다.

하나의 예를 들어보자.

119, 113, 112같은 번호는 국민에게 봉사하는 전화번호이다.

어느 관공서는 00국에 0001 또는 0010과 같은 번호는 주로 관리장의 지휘체계로써 결재하는 번호인 것이다. 참으로 재미있는 것은 성공하는 자와 실패하는 자의 번호는 완전히 다르다는 것을 알 수 있다.

나에게 인연이 있고 나에게 좋은 번호란 열심히 일하고, 일한 만큼의 대가를 얻는 번호인 것이다. 누구에게나 분수에 맞는 번호는 따로 있었다.

저자와의
협의하에
인 지 를
생략합니다.

육십갑자 해설

초판1쇄 찍은날	2005년 9월 24일
초판1쇄 펴낸날	2005년 10월 5일

지은이	선 우 인
펴낸이	서 영 애

펴낸곳	대양미디어
주 소	서울시 중구 충무로5가 8-5 삼인빌딩 303호
전 화	(02)2276-0078, 0067
팩 스	(02)2267-7888
등 록	2004년 11월

ⓒ선우인, 2005

ISBN 89-955924-5-1 93150